Fahne, Anto

Urkundenbuch des Geschlechts Meschede

Fahne, Anton

Urkundenbuch des Geschlechts Meschede

Inktank publishing, 2018

www.inktank-publishing.com

ISBN/EAN: 9783747769881

All rights reserved

Urkundenbuch

des

Geschlechts Meschede

von

A. Fahne.

Mit einer Ansicht, vielen Siegeln und Wappen auf 27 Tafeln,
und einem vollständigen Inhaltsverzeichnisse.

Cöln,
bei J. M. Heberle (H. Lempertz).
1862.

Vorwort.

Goethe legt mit vollem Rechte grossen Werth
auf die Erlebnisse einzelner Menschen und weist
vielfach auf den Nutzen hin, den man aus der Füh-
rung von Tagebüchern zieht. Jedoch wichtiger
noch als das Individuum ist die Familie und ihr
Fortwirken durch die Jahrhunderte, die Corporation
und das Gesellschaftsleben mit deren Einflüssen auf
die Mitwelt!

Hiervon durchdrungen haben viele ehrenhafte
Federn, denen Wahrheit am Herzen lag, sich mit
Biographie, Familien-, Stifts-, Kloster-, Universitäts-
und ähnlichen Special-Geschichten beschäftigt und
dadurch manchen werthvollen Beitrag zur Erwei-
terung unserer Kenntnisse und insbesondere zur Be-
lebung der Geschichte geliefert. Wir haben auf
diesem Wege ein immer reicheres Material für Cul-
tur-, Sitten- und Volks-Geschichte erlangt und da-

durch, zum Glück für das Wohl und Interesse des Ganzen, die bis dahin nur bearbeitete, der Allgemeinheit wenig dienende deutsche Schlachten- und Regenten-Familien-Geschichte praktisch und nützlich ergänzt und überholt.

Das Material ist indessen noch lange nicht erschöpft. Immer noch liegen viele Archive unbenutzt, deren Veröffentlichung zur besseren Auffassung des Volkslebens und seiner Interessen wünschenswerth, ja nothwendig bleibt. Davon stehen einige zur Last des Staats,*) andere sind dem Privatfleisse vorbehalten. Zu den Letzteren rechne ich folgende, welche diese Sammlung zu umfassen bezweckt.

1. Die Archive einiger Familien. Ich sage einiger, denn nur wenige erfreuen sich des Vorzugs, ein eigentliches Archiv zu besitzen, weshalb ich diese zu den hervorragenden, wie der Titel sagt, zähle und auch die Veröffentlichung ihrer Archive durch eine nicht übermässige Bände-Zahl für möglich halte.

2. Die Archive verschiedener Stifter und Klöster. Wenngleich der Kreis, innerhalb dessen diese sich bewegen, ein enger ist, so enthalten sie doch

---

*) Man kann nach dem Maasse, in welchem die einzelnen Staaten nach dieser Seite ihre Pflichten erfüllt haben, ihre Bildungsstufe bemessen. Am höchsten stehen Belgien, England, Frankreich, Holland. Das letztere kleine Land nährt noch, beiläufig gesagt, 800 Buchhändler.

ein wichtiges, culturhistorisches Material. Die grosse
Anzahl dieser Archive würde der Veröffentlichung
unübersteigliche Schwierigkeiten bieten, wenn nicht
zweierlei zu Hülfe käme. Die meisten dieser Ar-
chive behandeln gleichartige Gegenstände, so dass
die minderwichtigen durch Noten an die wichti-
geren angeschlossen werden können. Ausserdem
beruhen die meisten derselben in zugänglichen
Staatsarchiven, so dass dieserhalb ihre Herausgabe
nicht so dringlich ist als derjenigen, die in Privat-
besitz übergegangen und mehr oder weniger unzu-
gänglich gemacht sind.

3. Die Familien - Chroniken. Ich kenne davon
einige über kleinere oder grössere Zeitabschnitte,
deren Werth um so grösser ist, als sie das trockene
Urkundenmaterial beleben und zu Bild und Scene
ausmalen.

Ich beginne die Veröffentlichung mit dem Ar-
chive des Geschlechtes von Meschede. Es wird da-
durch manche Nachricht geboten über die Rechte
der Familienglieder am Familiengute und die Art
ihrer Abfindung bei der Veräusserung (Nr. 4, 6,
12, 13, 30, 33, 42, 51, 55, 62 etc.); über die Noth-
wendigkeit der öffentlichen Abtretung des Eigen-
thums (16, 22, 27, 96 etc.); über die Form der
gerichtlichen Auflassung (10, 11, 12); über Gewähr-
leistung (6, 12, 23, 33, 51, 61 etc.); über die Ge-
richte der Freien (12, 22, 27); über die Rechte
der Ministerialen bei Veräusserung des herrschaft-

lichen (Ministerial-) Vermögens (6); über Territo-
rialherrschaft (6, 178); über die Besetzungsform
geistlicher Stellen (9, 293, 403); über Vogteiver-
hältnisse (14, 21, 29), Burgfrieden, Faustrecht (17,
39, 40, 43, 145, 175, 178, 453, 471, 472); über
die Mittel zur Erhaltung von Recht, Ordnung und
Ruhe, namentlich über Poenalclauseln, Bann (17),
Eid (17, 31, 33, 70, 83, 116, 145, 389), Compromiss
auf Schiedsrichter (17, 18, 23, 145, 261), Bürgen
(55, 79, 83), Handschlag (122, 459), Einlager (83,
85); Verklagen vor Gottesgericht (470, Seite 289,
290); über das Marschallamt (40, 47, 65, 66); über
Landesverwaltung während der Gefangenschaft des
Erzbischofs (4); über Ackerwirthschaft (46, 52, 186,
201, 219, 310, 351, 356, 371, 372, 445, 456);
Laten und Hörigkeitsverhältnisse (43, 49, 178, 186,
198, 332, 372, 397, 445, 483), wobei sich zeigt, dass
selbst noch 1555 freie Männer in Hörigkeit über-
gehen konnten (332); über Wohnungen und deren
innere Einrichtungen (67, 77, 92, 110, 186, 195,
201, 219, 285, 341, 391, 414, 442, 456); über
Präbendeverhältnisse (31, 45); über Bestallungen
verschiedener Art und Einkünfte der Aemter (9, 47,
134, 366, 389, 418, 423); über die Stellung des
Adels zu den Fürsten (178, 292, 319, 380, 397,
427, 428, 436, 448, 449, 452, 470), zu den Freien
und Hintersassen (293, 397, flexis genibus); über
die Beschäftigung des Adels mit Ackerbau (67, 138,
201, 229, 281, 285, 341, 349, 371, 392, 450, 490),

Kriegsdiensten (134, 381, 426), Jagd (471), aber
auch mit Handwerken (63); über die Anbahnung
von Familienfideicommissen und desfallsigen geschei-
terten Versuchen auf Grund eines angeblichen adli-
gen Gewohnheits- und Vorrechts (414, 490, 552 u. f.);
über die Pflichten der Siegelnden, für die von ihnen
besiegelten Urkunden aufzukommen (414); über die
Siegelfähigkeit nicht Adliger (338); über Sonn-
tagsfeier und Verhandlungen in der Kirche (s. das
Register); über Rector magnificus (423); über
Concubinat der Geistlichen und dessen Fortbestehen
bis ins 17. Jahrhundert (siehe Register). Ausser-
dem enthält das Werk viele Beiträge zur Spra-
chen-, Wappen- und Siegelkunde, Genealogie,*) To-
ograph ie.

---

*) Zur Ergänzung der Padberger Genealogie in meiner
Geschichte der Westphälischen Geschlechter, S. 316—318,
möge hier, neben dem was gegenwärtiges Werk sonst lie-
fert, noch der Inhalt von vier Urkunden folgen, welche sich
in dem Archiv des Geschlechts v. Meschede finden;
1362, sabbato ante festum Lucie virginis (11. Dec.) Johann
und Friedrich von Patberg, Söhne des verstorbenen Rit-
ters Goscalc von Patberg, majoris castri Patberg, unter
Zustimmung Alheyds, der Frau des ersteren, verkaufen
ihr Viertel des Zehnten zu Glindene (in villa et extra
villam Glindene site cum omnibus pertinentiis suis, agris
videlicet cultis et incultis, silvis, pratis, pascuis, viis
aquis aquarumque decursibus aliisque proventibus et
fructibus universis) dem Kloster Bredelar. Auf dem
Rücken der Urkunde steht von alter Hand: Glinde uff
Matfeld.

XII

Der nächste Band, welcher unmittelbar nach diesem unter die Presse geht, wird eine Chronik der von Rump, der dritte das Urkundenbuch der Grafen von Rietberg enthalten. Dem zweiten Bande wird auch die Abhandlung über die Siegel Engelbert des Heiligen, Erzbischofs von Cöln, beigegeben werden; sie ist grösser geworden als ich dachte und würde daher diesen Band zu stark gemacht haben.

Fahnenburg bei **Düsseldorf** am Mariahimmelfahrtstage 1861.

Fahne.

1370, ipso die bte Barbare virg. (4. Dec.) gestatten Friderich van Pathberg van dem Nygenhus, Hille desselven elike husvrowe, Godscalc unde Johan unse sone, dass Johann Kalyf (Kalf) Bürger zu Brilon und dessen Frau Jutta, ein Viertel des Zehnten zu Wirsinchusen dem Kloster Bredelar für ein Jahresgedächtnis abtreten.

Johann von Patberg von dem alten Hause bekennt von seinem verstorbenen Bruder Friedrich gehört zu haben dass Gobbel dem Schmalen eine Urkunde nicht ordnungsmässig besiegelt sei. 1460, 31. Januar.

Friedrich, Johann und Gosschalk von dem „Nyggen hus to Patbergh" verkaufen den Dickhof zu Meverdinchusen, ihr Eigen gut, an Hinrich Lammerherde. 1460, 2. März.

1. Erzbischof Philipp von Cöln bestätigt der Kirche zu Miste ihren Güterbesitz und darunter auch die Schenkung des Herbold v. Meschede. 1191, 10. August.

Aus v. Steinen, westph. Gesch., Bd. 3, S. 1636.

os Philippus divina favente Clementia Sanctae Ecclesiae Coloniensis Archi Episcopus, Imperii per Italiam Archicancellarius notum esse volumus universis Christi fidelibus. Cum nos in Miste Ecclesiam consecraremus, quod Sifridus majoris Ecclesiae Paderbornensis Praepositus et alii quam plures bonae famae viri, et officium ipsius exercentes de suo patrimonio et de suis bonis ex communi sensu et consilio, quosdam agros in Bestwich, Elverlit et Borchlit vocantur, et quaedam nemora quae Bodenstruch et Bolenlohe vocantur, tam in agris quam in lignis cum omni fructu Deo et beatae Mariae in cujus honore constructa est Ecclesia in Miste pia devotione pro salute animarum suarum et successorum suorum irrevocabiliter obtulerunt. Illorum nomina haec sunt; Almarus de

Horste, Bertramus miles, Anselmus fratres de Bruerdinghausen qui dotem Ecclesiae contulerunt, Godescalcus de Miste, qui locum Ecclesiae beatae Mariae obtulit, Oseke claudus qui Holtgreve fuit, Oseke Calvus (scilicet Kahle) Andreas miles, Everhardus Niger, Volcsarus, Egebertus, Herbertus et Ludolphus fratres de Meeste, Marbodo de Barckhuisen, Wolbrecht de Hatemahr, Heinricus de Kedtlinghausen, *Herboldus de Meschede*, et alii quam plures ad quos pertinebat donatio. Nos igitur praedicta bona sub statu et auctoritate omnipotentis Dei et beatae Mariae virginis et quaecunque de caeteris eidem hona porrigentur Ecclesiae recepimus. Quicunque vero haec attentare vel infringere praesumpserint, auctoritate B Petri excommunicamus et excommunicatos omnibus Christi fidelibus denunciamus, percipientes arctius eos vitari usque ad condignam satisfactionem. Testes sunt: Bruno major praepositus, Widekindus Decanus majoris Ecclesiâe Coloniensis Praepositus Zusatensis Johannes de Kefflike, Everhardus Comes de Altena, Henricus Comes de Volmerstein, Godschalcus de Padtbergh, Renardus de Siedinghausen, Ernestus de Ruthenbergh, Plebanus, Hilgerus Schultetus in Zusato et alii quam plures. Datum anno Domini M⁰.c⁰Lxxxj⁰. ipsa S. Laurentii.

2. Siffridus de Meschethe, Stiftsherr zu Soest, als Zeuge in der Urkunde des Erzbischofs Adolph von Cöln, durch welche derselbe die Schenkung zweier Häuser, zu Gerlenchusen und Ulethe, Seitens des Ritters Hermann genannt Hundermark, an das Kloster zu Rumbeck bestätigt 1204, 2. Februar datum Susati.

Aus Seiberts Urkdb. I. S. 165.

3. Engelbert, Erzbischof von Cöln, schenkt dem Kloster Bredelaer 12 Mansen zu Nutlon, welche zu dem Ende die Ritter Godfrid von Meschede und Henrich von Nutlon in seine Hände übertragen haben. 1225.

Aus dem Originale des Klosters Dalheim.

n nomine sancte et individue trinitatis E. (ngelbertus) divina miseratione sancte Coloniensis sedis archiepiscopus. Universis hanc paginam inspecturis in perpetuum. Quoniam nostra interest pauperum christi utilitati consulere et eorum indempnitati cavere, significamus presentibus et futuris, quod *Godefridus* miles *de Meischethe* bona quedam in Nutlon ab ecclesia nostra in pheodo tenuit, ex quibus bonis patrueli suo Heinthenrico de Nutlon circiter vi mansos inpheodaverat. Convenit autem Godefridus cum monasterio de Breidelar super eisdem bonis et mediantibus quibusdam fidelibus, ab utraque parte in hunc modum processum est. Hentherico quidem xvi marce denariorum, Godefrido vero xxiiij marce denariorum solventes, et quicquid idem Godefridus in Nutlon de nostra ecclesia habuerat in agris cultis et incultis, in silvis, patris, pascuis, totaliter cedit in usus monasterii. Verum quia nostra donatio in hujusmodi contractu summe necessaria fuit, primo quidem Henthericus vi. mansos Godefrido, dein Godefridus totum quicquid ibidem possederat pertinens ecclesie nostre circiter xij mansos, in manus nostras resignavit; nos quoque propter spem que in Deum est, monasterio contulimus. Nam constituti apud Sosatum opidum nostrum cum multa turba clarorum virorum, eandem donationem fecimus, nec aliquem vidimus contradictorem. Vnde districte sub pena excommunicationis arcemus omnes qui eadem bona usurpare vel ledere presumpserint. Hujus rei testes sunt: Peregrinus noster prothonotarius, comes Adolfus, Bertoldus de Buren, Gerlacus de Bodinke, Johannes de Patberg, Heinricus noster Marscalcus, Otricus de Westheim, Heinricus de Budiken, Heinricus Salentin aliique quam plures.

Fahne, Meschede.   1*

Anno ab incarnatione Domini M⁰. cc. xx⁰v. Indictione xiij⁰. Regni monarchiam tenente imperatore Fretherico. Pontificatus nostri anno x⁰.

Das Siegel des Erzbischofs Engelbert werde ich am Schlusse des Werkes mittheilen. Engelbert führte als Bischof drei verschiedene Siegel.

~~~~~~~~~~

4. Godfrid, Marschall des Erzbischofs Conrad von Cöln und Bertold, Burggraf von Büren, als Delegaten des Erzbischofs Conrad von Cöln bestätigen einen Vergleich über Güter zu Nutlon zwischen Conrad genannt von Visbeck, Schwiegersohn des verstorbenen Ritters Godfrid von Meschede und dem Kloster Bredelaer. 1241.

Aus dem Original des Klosters Dalheim.

n nomine Domini Amen. Godefridus Domini C(onradi) coloniensis episcopi marscalcus et Bertoldus castellanus in Buren. Omnibus hoc scriptum intuentibus in perpetuum. Notum esse cupimus tam modernis quam post futuris, quod Conradus dictus de Visbeke, gener *Godefridi* militis *de Mescede* iam pridem defunti ecclesiam in Breydelar ordinis Cysterciensis pro bonis quibusdam in Nuthlon sitis que Abbas et conventus ecclesie memorate a predicto Godefrido legitime comparauerant, sicut privilegium domini Engelberti coloniensis episcopi super eo plenius testatur, generaliter impetebat, dicens uxorem suam hiis bonis tempore emptionis minime cessisse. Quod cum fiet, Nobis in hac causa vicedomini C(onradi) coloniensis episcopi gerentibus, qui interim in capitauite tenebatur aliisque honestis uiris dudum mediantibus, tandem pro bono pacis et concordie arbiterum ex utraque parte deputantur. Ex parte domini Abbatis et sui conventus: Johannes et Godescalcus fratres de Pathberg, Sigobodo de Yttere, Elgerus de Dalwich milites,

5

frater G.... ecclesie prefate conversus. Ex parte predicti
Conradi: Helmwicus de Elsepe, Godefridus de Mescede,
Gerwinus de Bokenuorde, et Johannes Kolue, per quos de-
cretum est, ut abbas et conuentus monasterii prelibati, pre-
fato Conrado sex marcas daret, quod cum uxore et heredibus
actioni et bonis renuntiaret, quod et Mescede coram domina
abbatissa et prepositissa et aliis quoque honestis viris ita
terminatum est. Abbas et sui fratres ex parte ecclesie sue,
sepedicto C(onrado) et uxori sue sex marcas persoluerunt et
insuper Florino, supradicti Conradi filio fertonem dederunt ut
assensum preberet. Deinde iam dictus C(onradus) cum uxore
et Florino heredibusque uniuersis, omni iuri quod in bonis
supradictis in siluis, pratis, pascuis, agris cultis et incultis,
aquis aquarumque decursibus habebat uel uidebatur habere
totaliter renunciauit. Nos uero consilio arbiterorum supra-
positi nequis hanc compositionem infringere attemptet pre-
sentem paginam sigillorum nostrorum et sigillo Johannis de
Pathberg appositione stabilimus, Hujus rei testes sunt cum
arbiteris: Theodericus de Vore, Andreas de Nehen, Herman-
nus Kolue, Johannes de Bruwordinchusen, Heinricus Villicus,
Herbordus de Odinge, Godescalcus judex, Oserus, Johannes
Marscalcus, Hermannus Flache, Heithenricus campanarius, Si-
fridus de Remelinchusen, Harderadus Villicus, Volcquinus
et alii quam plures. Ceterum ego Jutta dei gratia abbatissa
in Mescede hanc compositionem coram nobis et testibus pre-
dictis stabilitam fore presenti scripto, sigillo et nostro munito
protestor. Acta sunt hec anno Domini M°. cc°, xLj°. Indic-
tione xv.

Die Abbildung der Siegel des Godfrid, Marschalls zu Rü-
den, des Burggrafen Bertold von Büren und des Johann von
Padberg erfolgen am Schlusse dieses Werks. Das Siegel des
Klosters, welches ebenfalls anhängt, ist eliptisch, zeigt eine
stehende faltenreiche Figur, in der Rechten einen Zepter-
ähnlichen Stab in der Linken ein offenes Buch. Die Um-
schrift: Jutta . Dei . . . . sa.

5. Ritter Godfrid von Meschede, im Gefolge und Zeuge des Erzbischofs Conrad von Cöln bei dem Vertrago, den letzterer mit dem Kloster Grafschaft wegen der Befestigung der Stadt Schmalenberg abschliesst. 1243.

Aus Seibertz Urkdb. I. S. 287.

6. Aleid, Abtissin zu Borchorst, mit Einwilligung ihrer Stiftsdamen, worunter auch Jutta von Meschede, und ihrer Dienstmannen überträgt das Gut Overkamp der I. O. Commende zu Steinfurt, welche es von dem seitherigen Lehnsträger, Ritter Hermann von Wulmesberg, gekauft hat. 1246.

Aus dem Archiv der Commende zu Steinfurt.

In nomine sancte et individue trinitatis, Amen. Aleidis misericordia divina Abbatissa totusque conventus Ecclesie in Borchorst univeris Christi fidelibus hoc scriptum intuentibus in perpetuum. Ne gestarum rerum memoria processu temporis evanescat et pereat scripture solet testimonio roborari. Qua propter ad notitiam omnium tam presentium quam futurorum volumus devenire (sic) quod nos de communi consilio totius conventus et ministerialium nostrorum in Burghorst nec non aliorum prudentum virorum et maxime quia Ecclesie nostre vidimus esse profectuosum, cencessimus, quod Henricus miles de Wlmesberg, Domum in Overkamp quam a nobis et ab ecclesia nostra loco homagii tenet, Magistro Rodolfo et fratribus hospitalis Iherosolimitani in Steinvorde cum consensu omnium heredum suorum vendidit, quam nos liberam et absolutam ab omni jure quod nobis et ecclesie nostre exinde competebat, pure tradidimus eisdem cum omnibus attinentiis spiritalium sive temporalium, in perpetuum possidendam, protestando quod nos dicto hospitali et fratribus ejusdem, loco et tempore ubicumque de jure facere tenemur plenam super hoc warandiam parate erimus exhibere. Jam dictus vero H. miles in restaurum domus Overcamp predium suum situm Wlmesberge, domum videlicet Uphoven dictam cum omnibus heredibus suis et consensu fratrum suorum Hermanni et Bernardi videlicet, dictorum Dancevut et Rabodonis, nobis et ecclesie nostre cum omnibus attinentiis, agris cultis et incultis, viis et inviis, pratis, pascuis, arboribus, silvis, aquarum decursibus libere resignavit, ac deinde cum manu aggregata uxoris sue Hadwigis et duarum filiarum suarum Evece et Grete loco homagii sub hoc forma recepit, ut (sic) sine herede discesserit, bona jam prefata ad manus nostras libere sint devoluta, potestatem relinquentes eidem, quod licite sexaginta marcas in ,bonis aliis locare potest, que teneat a nobis respectu bonorum prefatorum. Ne autem hanc nostram donationis formam alicujus livoris aculeus aut invidie stimulus valeat obfuscare, sed rata semper permaneat, et a posteris nostris nec non et a nobis inviolabiliter observetur, eam conscriptam sigillis Nobilis viri Domini Ludolfi de Steinvorde, coram quo hec legitime facta sunt, et nostro atque ecclesie nostre placuit communire. Acta sunt hec presentibus et collaudantibus Hildeburga Decana, Lysa custode, Hildegunda, Cunegunda, Jutta de Horstmaria, *Jutta de Meschede*, Jutta de Reinnen Suenehilde et Agnesa, Johanne plebano, Waltero et Bertoldo canonicis ecclesie nostre, Waltero Dapifero in Steinvorde, Arnoldo de Wullen, Johanne de Berchem militibus, Ludolfo de Coruhe Ministerialibus in Steinvorde, Johanne de Wlmesberg, Godefrido militibus, Hermanno de Uppenberge et Hermanno de Holthusen, Ludgero de luninch ministerialibus ecclesie nostre in Borchorst et aliis quam pluribus clericis laijcis. Anno gratiae m. cc. xl. sexto.

7. Gobelinus de Meschede ist bei dem Bündnisse anwesend, welches zu Smerleke bei Soest zwischen dem Erzbischof Conrad von Cöln und dem Bischofe Engelbert von Osnabrück

zum Behufe wechselseitiger Hülfe (Landfrieden)
innerhalb der Lande von Rhein zur Weser
geschlossen wird. Datum 1248, in Annuncia-
tione b. Marie Virg. (25. März).

Lacomblet, Urkdb. II. Nr. 324 S. 170.

8. Gobelo de Meskede, Zeuge in einer Urkunde,
worin die Rathsherren der Stadt Brilon be-
kennen, dass sie in Folge eines Vertrages
(compositio) mit Johann dem Jüngeren von
Padberg und dessen Freunden sich verpflichtet
haben, für das Seelenheil des unlängst (iam
pridem) verstorbenen Herrn Johann des älteren
von Padberg dem Kloster zu Bredelar jährlich
eine Mark Rente zu zahlen. 1248, XVI°.
kalendarum Septembris (17. August.)

Aus dem Orig. des Klosters. Seibertz, Urkb. I. S. 318.

9. Erzbischof Conrad von Cöln gebietet den Pfarr-
genossen zu Attendorn, den Blutsverwandten
des Godfrid von Meschede, ebenfalls Godfried
genannt, als ihren Pastor anzuerkennen. 1249,
5. November.

Aus dem Original des Klosters Grafschaft im Provinzial-
Archive zu Münster.

onradus dei gratia sancte Coloniensis Ecclesie Archi-
episcopus, Ytalie Archicancellarius, apostolice sedis
legatus. Dilectis et fidelibus suis Militibus, Consulibus
et Civibus nec non et vniversis parochianis Ecclesie
in Attendarren gratiam suam et omne bonum. Cum jam du-
dum recepta libera resignatione olim pastoris Ecclesie in
Attendarrn, Ecclesiam ipsam de mandato apostolico contuleremus
mus Dilecto in Christo, Godfrido nunc pastori nostro, con-

sanguineo fidelis nostri, *Godefridi de Meschede*, quem et loci archidiaconus dono altaris et cura animarum ejusdem Ecclesie inuestiuit et insuper tunc temporis ad preces nostras eidem tutelam ejusdem Ecclesie ipsi archidiacono pretextu ejus quod ipse pastor minor annis extitit, competenter remisit cum integritate proventuum ita quod provideretur attentius, ne dicta Ecclesia debitis fraudaretur obsequiis et cura animarum nullatenus negligeretur in ipsa, cumque predictus pastor de nostro mandato juxta consilium viri discreti Decani Christianitatis in Lon virum aliquem ydoneum, qui predictam officiet ecclesiam preficere sit paratus, vobis iniugimus et mandamus, quatenus prefato pastori ad hoc quod in facienda ordinatione predicta in optinendis predicte tutele prouentibus, nullum sustineat impedimentum, a quoquam sitis fauorabiles et benigni in hiis et aliis ei sicut tenemini intendendo. Datum Colonie, nonas Novembris; anno Domini m. cc. xl⁰. nono.

Die Abbildung des Siegels wird am Schlusse dieses Buches erfolgen.

10. Giselerus von Meschede, Ritter und Burgmann, ist zu Arnsberg Zeuge, wie Godfried Graf von Arnsberg den Ritter Hermann von Broichusen und dessen Frau Hildegard mit dem Hofe Vlerike belehnt. 1250.

Aus Kindlinger's Gesch. von Volmestein Bd. II. S. 144.

In nomine Domini amen. Godefridus Comes de Arnsberg universis, ad quos presens scriptum pervenerit eternam in Domino salutem. Ut omnis in posterum dubietas amputetur, notum esse volumus presentibus et futuris, quod Adolphus nobilis de Holthe et Elysabeth uxor ipsius et heredes eorundem, nec non Ermengardis memorate Elysabeth mater, curtem in Vlerike cum agris cultis et inicultis et universis attinentiis suis, quam a nobis in feodo tenuerunt, in nostras manus in castro nostro Arnsberg publice resignarunt. Nos itaque prefatam curtem cum attinentiis suis, Hermanno militi de Broichusen et Hildegardi uxori ipsius nec non heredibus eorundem porreximus in feudum liberaliter et absolute. Ne autem hoc factum nostrum a nobis seu heredibus nostris, vel etiam a supraedicto Domino Adolpho de Holthe séu heredibus suis valeat aliquatenus infringi vel immutari, presens scriptum exinde confectum nostri et ipsius Domini Adolphi sigillorum munimine fecimus roborari. Presentes fuerunt ex parte ipsius Hermanni, cum in Nyhem ipsi et uxori sue prefate dictam curtem porreximus, Waltherus nobilis vir de Dhuleberg, Thidericus de Althena, Gerwinus de Rinchenrodhe, Godefridus de Huvele, Johannes de Broichusen, Gerardus dictus Dukere, Richardus de Boynen milites; Judex Tremoniensis, Wilhelmus de Ole, Cesarius de Horst, Hii presentes fuerunt et astiterunt resignationi ipsius curtis: Hermannus de Nehem, Hunoldus de Odingen, Thidericus dictus Vilarich, Conradus de Meninchusen, Rutgerus de Elnere, Udo de Elsepe, Johannes dictus Biso, *Giselerus de Meschede*, Rudolphus de Borbenne, Bernhardus de Wichlon milites et castellani nostri; item Wernherus Dapifer noster, Helyas filius Domini Henrici dicti Niger, Heidenricus de Thunen, Everhardus dictus Hake, Johannes de Wichlon, Anthonius ferox. Datum et actum in castro nostro Arnsberg anno Domini MCCL°.

---

11. Gobelo von Meschede Zeuge, als zu Lenebruche bei Volmestein Theoderich von Volmestein das Obereigenthum an der Teufelsmühle dem Kloster St. Walburg bei Soest schenkt. 1250, 7. Mai.

Aus dem Originale des Klosters St. Walburg im Provinzial-Archive zu Münster.

In nomine Domini amen. Theodericus de Volmutsthene universis christi fidelibus ad quos presens scriptum pervenerit in domino salutem. Tenore presentium protestamur, recognoscimus et notum facimus presentibus ac futuris, quod cum Arthus de Suevhe quoddam Molendinum quod dicitur

11

Duvellesmule quod a nobis tenebatur in pheodo cum aquis, pascuis, pratis et universis ipsius attinentiis Ecclesie sancte Walburgis extra muros Susatinses de pleno consensu uxoris sue ac legitimorum heredum suorum pro certa summa pecunie vendidisset, jdem Arthus et uxor ipsius ac pueri ejus prefatum Molendinum cum suis pertinentiis bona ac libera voluntate in manus nostras publice resignarunt. Nos itaque circa prefatam Ecclesiam pium gerentes affectum proprietatem ejusdem Molendini et omnium pertinentium ipsius de permissione uxoris nostre et heredum nostrorum liberaliter sibi contulimus pleno jure in perpetuum obtinendam. In cujus venditionis, resignationis et nostre collationis testimonium hanc litteram super his confectam sigillo nostro fecimus roborari. Acta sunt hec anno Domini M°. CC°. L°. apud Lenebruche juxta Volmutstene, crastino Johannis ante portam latinam. Presentes erant. Bertoldus senior de Buren et Bertoldus filius ejus. Hinricus Schultetus Sosatensis, Gobelo de Meschedhe, Gerhardus filius Domini Alberti de Hurdhe, Gerhardus de Linnebeke, Milites; Robertus decanus et Theodericus thesaurarius Sosatienses. Gerlacus Perle, Conradus de Medebeke ciues Sosatienses.

Das Siegel ist grösstentheils zerstört, nur die drei, in Winkel gesetzte Ohren sind noch kenntlich.

12. Ritter Godfrid von Meschede ist als gewählter Schiedsfreund zu Soest anwesend, als Hermann von Blomenstein auf Güter verzichtet, welche Walter Vogt von Soest, Bruder seiner Mutter, zur Stiftung des Klosters Welver geschenkt hat. 1253, 13. Dezember.

Aus d. Orig. des Klosters Welver im Prov.-A. zu Münster.

n nomine sancte et individue trinitatis. Ego Hermannus de Blomenstein necdum adhuc miles, nec legitime uxoratus. Omnibus hanc litteram uidentibus eternam in domino salutem. Ad amputandam cujuslibet dubietatis calump-

niam staluet discretorum prudentia, ut gesta hominum ne nube
oblivionis involvantur, scriptis, sigillis et testibus roborentur.
Noverint igitur presentes et posteri, quod ego controversiam
cum monasterio monialium in Welverburg ordinis cysterciensis
pro tempore habui, super quibusdam bonis que a domino meo
Walthero pie memorie aduocato Susàtensi, Auunculo matris
mee pro quadam summa pecunie titulo emptionis comparaverat
et possedit. Sed ego quia huic emptioni non consenseram,
nec juri mee quod in hiis bonis habere videbar cesseram
claustrum impetiui · presertium cum heres legitimus eorundem
essem bonorum nullo existente coherede. Quod cum fieret
viri honesti se interponentes efficaciter me commonebant
quatinus pro reuerentia domini nostri jesu christi ejusque pie
matris Marie. et religione earundem monialium. et pro salute
tam anime mee quam domini mei Aduocati ab hac impetitione
cessarem . quod et feci· Demum pro bono pacis et concordie
ordinatum est, quod ego triginta et duo marcas legalium de-
nariorum a claustro recepi· ita ut contractum emptionis ratum
habens, iurique meo quod videbar habere cedens nullam
umquam super hiis bonis eidem claustro moverem questionem
sed potius circa ejus intenderem promotionem. Quocirca
prefata bona in Welverburg sita, et aream in qua claustrum
sub honore sancte Marie virginis gloriose nato ejus largiente
est constructum, cum pertinentiis suis. Humbracth cum agris
cultis et incultis . predium in Clothingen cum decima et per-
tinentiis suis, domum in Scethingen cum pertinentiis suis·
Proprietatem cujusdam domus in Sveue, molandinumque
ibidem situm cum pertinentiis suis, et cetera omnia ubicunque
locorum sunt sita in agris videlicet cultis et incultis, silvis
pratis, pascuis, aquis, aquarumque decursibus, viis inviis que
idem conventus in Welverburg a domino meo advocato titulo
emptionis legitime comparvait, cum habitione rati domino
nostro jesu christo ejusque pie matri Marie in Welverburg
patrone sincere obtuli, ratum habens hujus emptionis contrac-
tum, actioni et impetitioni totaliter cedendo, et quicquid juris
in eisdem bonis uidebar habere. Susatis in domo burgensium
voluntarie et sollempniter renuntiaui, eadem bona proprietario
iure Claustro jam dicto assignans libere et quiete perhènniter

possidenda . presentibus et mediantibus affectuose nobilibus viris et dominis, Conrado Burgravio . Jonatha de Ardey, Conrado de Godenberg, Walthero de Duleberg, Heinrico Sculteto colon. Marscalco, Godefrido de Meschede, Heinrico de Medrike militibus, Hildegero Surdo, et Wichmanno de Thunne magistris consulum Susatensium, Radolfo Fernere, et Godescalco fratre suo, Wichmanno Suelyngo et consulibus ibidem uniuersis. Post hec in judicio liberorum quod vulgo Frigedinch dicitur omni juri meo quod in eisdem bonis videbar habere publice cedens, et hec cessio uti moris est et ut id fieri decebat, sententia seculari est confirmata. Ceterum promisi quod claustro predicto de eisdem bonis ubi necessitas exigeret warandiam prestare, et si aliquis ipsa bona nomine hereditarii juris impetere attemptaret quod fideliter me opponerem et talem injuriam pro posse meo fieri prohiberem. Ad hujus vero rei euidentiam pleniorem ut hec mea cessio publice facta rata in euum permaneat et inconuulsa et ne aliquis heredum meorum imposterum aut persona aliqua occasione quauis eam presumat irreuerenter immutare presentem paginam quia sigillum proprium non habeo petiui obnixe sigillis roborare nobilium dominorum predictorum, Conradi videlicet Burcgravii, Jonathe de Ardey, Conradi de Godenberg, Waltheri de Duleberg, Henrici Sculteti colon. Marscalci, Consulum Susatensium, Castellanorum et Burgensium in Wulfhagen. Datum Susati. Acta sunt hec ibidem anno gratie M°. CC°. quinquagesimo tercio. Indictione XI°. in die sancte Lucie virg. et mart. Hujus rei testes sunt cum hiis quos superius inseruimus. Wigerus rector ecclesie in Weluereburg, Bertholdus sacerdos ibidem, Theodoricus miles de Honroth, Heinricus conversus et domina Acela abbatissa in Weluereburg, et totus ibidem conventus et alii quam plures tam clerici quam laici quam ordinis diversi viri religiosi.

Die Urkunde findet sich in einer zwiefachen Ausfertigung vor. An jeder dieser Ausfertigungen hängen nur noch fünf Siegel: des Burggrafen von Stromberg, der Herren von Godensberg und Dulberg, der Stadt Soest und der Burgmannen zu Wolfshagen. Bei der einen hangen die Siegel an Pergamentstreifen, bei der andern, die feierlicher ist, sind die

Siegel an mehrfarbigen, kunstreich geflochtenen und geschmack-
voll mit der Urkunde verbundenen Schnüren befestigt. Ich
lasse am Schlusse dieses Werkes eine Abbildung dieser
Schnurverschlingungen, so wie der Siegel der Gudensberg,
Dulberg und Burgmannen von Wulfeshagen folgen. Bei dem
letzteren darf man nicht an Wulfes-Hegge denken, von dem
Steinen (Westph. Gesch. I. S. 75) spricht, dessen Existenz
überhaupt zweifelhaft bleibt, sondern an die hessische Stadt
Wulfshagen. Wahrscheinlich gehörte Blomenstein zu der
dortigen Burgmannschaft, deren Gewährleistung in diesem
Falle für das Kloster von Wichtigkeit war.

13. Erzbischof Conrad von Cöln bestätigt die
Schenkung des Godfrid von Meschede, der
nur Töchter hat, bestehend in Gütern in der
Villa Weslere, welche er dem Kloster Bredelaer
übertragen hat. 1254, 26. November.

Aus einer alten Abschrift des Almer Archivs, verglichen
mit dem Copiar von Bustorff in Paderborn.

In Nomine sancte et Individue Trinitatis Amen! Conradus
dei Gratia sacre Coloniensis ecclesie Archi-Episcopus
Italie Archi-Cancellarius, omnibus hanc litteram Visuris
eternam in domino salutem. Que geruntur in tempore,
ne nube oblivionis facile involvantur, litteris solent testimo-
nialibus perennari, Sicque memorie Posterorum inculcari, ne
quis valeat de ignorantia accusari. Noverint ergo tam moderni
quam post futuri, quod Godefridus Miles de Mescede minis-
terialis Ecclesie nostre ad omne opus bonum pronus, quedam
bona habuit in Villa Weslere sita proprietario jure ab omni-
bus progenitoribus suis ad ipsum devoluta, et nostro tempore
ea quiete possedit, que bona unctione divina, ut credimus,
primitus inspiratus, deind Consilio Amicorum suorum inductus,
precipue retributionis eterne intuitu et pro remedio anime
sue et uxoris, nec non carorum suorum, de plenario consensu
filiarum suarum, nam filiis caruit, Jutte videlicet et mariti sui

Thymonis. Alheidis et mariti sui Hermanni, et kerstine adhuc innupte, contulit solemniter, beate Marie Virgini gloriose in Bredelaer ordinis Cysterciensis nostra permissione mediante, libere et quiete sine omni impulsatione possidenda perhenniter cum omnibus pertinentiis suis, agris videlicet cultis et in cultis, silvis, pratis, pascuis, aquis aquarumque decursibus, omni juri suo in eisdem honis hactenus habito cum universis heredibus publice cedens, Abbatem Widdekyndum et Fratres predicti claustri posthac in possesionem eorundem bonorum introduxit et Warandiam prestitit et quidquid ad firmitatem hujus donationis pertinuit affectuose totum adimplevit. Nos autem pro reverentia domini nostri jesu christi ejusque pie matris Marie virginis gloriose, quia prefatum claustrum in nostram recepimus protectionem in hac parte ei providentes jam dicti Godefridi religiosam donationem nostra authoritate confirmamus utpote Ministerialis nostri, et in testimonium hujus donationis presentem paginam sigilli nostri appensione roboramus prohibentes et sub anathemate districtius inhibentes, ne quis sepedictum claustrum in eisdem bonis de cetero presumat inquietare vel indebite molestare. Testes hujus rei sunt Henricus in Bedelike prepositus, Luthfridus custos fratrum minorum de Westfalia et socius suus Frater Henricus de Askaria, Frater Conradus quondam Prior Predicatorum in susato et socius suus Frater Andreas Laicus, Werneres Canonicus Paderbornensis in Curbike plebanus, Albertus de Velmede plebanus, milites et militares, Henricus Schultetus susatensis tunc temporis marschallus, Albertus de Stormede preterea Marschallus, Godescalcus de Padberg, Helmwicus de Elsepe, Conradus Friso, Bernardus de Boderike, Goswinus de Bokenevörde, Rethericus Giso, Hermannus de Nehen, Rudolphus de Burbene, Gerhardus de Lindenbike et alii quam plures. Acta sunt hec Anno gratie millesimo ducentesimo quinquagesimo quarto indictione VII. Sedi Apostolice presidente feliciter Papa Innocentio nono, imperium regente Wilhelmo Rege. Datum Colonie in Palatio nostro pontificatus nostri anno decimo septimo concurrente tertio . epacta nulla. Sexto Calendas Decembris.

14. Ritter Gobel von Meschede Zeuge, wie Godescalc, Vogt des Stifts Geseke, auf angemasste Gerechtsame verzichtet. 1258, 16. April.

Aus dem Originale des Stifts im Prov.-Archiv zu Münster, verglichen mit Seiberts Urkdb. I. S. 367.

os Godescalcus Advocatus de Ghesike et Rudolfus ejus primogenitus. Notum facimus universis presentes litteras inspecturis, quod diversis passim jam dudum habitis altercationibus contra venerabilem Dominam nostram Agnetem Abbatissam et Conventum Ecclesio in Gesike, super quibusdam juribus, que nobis hactenus occasione et pretextu advocatie nostre, quam in dicta optinemus ecclesia, contra justitiam usurpavimus ex nunc in antea nostrum in hoc recognoscentes errorem. Tenore presentium litterarum simpliciter confitemur et protestamur manifeste, quod nichil juris amplius in curte Vronehof in opido Gesike sita habuimus nec habemus nec deinceps habebimus, quam dimidiam marcam, que nobis singulis annis in vigilia bti. Jacobi apostoli persolvetur. Item confitemur nos nichil juris habuisse nec habere deinceps nec habituros in locatione sive depositione curcium et mansorum ad eas pertinentium, vel etiam in hereditatibus accipiendis hominum pertinentium Ecclesie memorate. Item confitemur et recognoscimus, quod nichil juris habuimus nec habemus nec deinceps habebimus in lignis sive lucis qui vulgariter Sunderen nuncupantur, que site sunt in Widenbureshusen, in Reke, in Budteshusen in Opsprungen, in Othelmestorp, in Draslehusen, in Borchene, in Herdinchusen, in Rubo apud Stalpe in aliqua lignorum successione ad nostrum usum facienda, et nichilominus recognoscimus captionem pignorum de transgressoribus in dictis lignis, ad dominam nostram abbatissam vel ad villicum de Vronehof pertinere; dicta etiam domina nostra et Conventus et villici earum et mansionarii ad edificia Ecclesie sue et propria et ad cremandum dictis lignis, prout consuetum extitit, possunt uti. Set si ad extirpationem seu dissipationem quod Vullewostene appellamus procederetur. Nos ratione advocatie nostre possumus hujusmodi facto contradicere et contraire . reservamus etiam nobis in dictis lignis judicium quod Kunencgesban dicitur, faciendum. Item confitemur et recognoscimus, nos nichil juris habuisse nec habere nec deinceps habituros in hominibus jure cerecensuali pertinentibus Ecclesie prelibate. Item confitemur, quod jam multis annis pensiones novem solidorum, quos de Rennecampe conventui solvere tenebamur, subtraximus, unde dictum campum predicte ecclesie libere resignamus. Item confitemur quod advocatiam nostram de curte Biginchof sita apud Holthusen pro quinque marcis pignori obligavimus ecclesie supradicte, factis autem a nobis pari voto et unanimi consensu hujusmodi confessionibus et recognitionibus, venerabilis domina nostra Abbatissa et conventus omnibus injuriis, gravaminibus super pressuris, quas a nobis ipsis et Ecclesie sue affirmabant illatas, precise renunciantes. nichilominus omnia debita que usque in hodiernum diem quomodolibet substraximus nobis libere et spontanee remiserunt. Ne vero possit ab aliquibus animo calumpniandi super premissis in posterum vacillari, presentes litteras scribi et nostro sigillo, quo ego Rudolfus sum contentus, quia adhuc sigillo careo proprio, fecimus communiri et nichilominus ad nostram requisitionem, sigilla Domini Swederi prepositi sanctorum apostolorum Petri et Andree Paderbornensium, Domini Johannis majoris Ecclesie Paderbornensis Scolastici, Domini Joachimi plebani in Vilse, Domini Hunoldi per Westfaliam Marscalci venerabilis Domini nostri Coloniensis Archiepiscopi, Gobelini de Meschede, Wezceli de Ervete Militum, opidanorum in Gesike et Johannis de Palberch, qui huic facto nostro presentes aderant, cum Gerhardo et Arnoldo Canonicis ecclesie in Gesike, Hermanno scriptore canonico Susatiensi et Johanne Rectore ecclesie beati Petri, Bogemundo de Ervete, et Godescalco meo filio advocati et multis aliis viris honestis in testimonium sunt appensa. Acta sunt hec in Ecclesia beati cyriaci gloriosi martyris in Gesike. Anno Domini Millesimo ducentesimo quingentesimo octavo. feria tertia post festum sanctorum martyrum Tiburtii et Valeriani.

15. Godfridus de Mescede, zu Brilon anwesend,
als Ludolph der Jüngere von Metzenchusen,
Ritter, dem Kloster Bredelar verschiedene Güter
in der Villa Rösbeck schenkt. 1258, kalendas
May (1 May).

Aus dem Original im P.-A. zu Münster. Seiberts Urkb. I.
S. 390.

16. Godfried, Graf von Arnsberg, entscheidet einen
Streit zwischen Ritter Wicher von Epe und
Wigand von Medebeke, wobei der Priester Go-
defried von Meschede und der Ritter Amelun-
gus von Meschede sich unter dem Umstande
befinden. 1258, 11. Juni.

Aus Wigands Archiv Bd. 6 S. 230.

Godefridus Comes de Arnesburg universis ad quos pre-
sentes littere pervenerint cum sigilli nostri attestatione
protestamur et notum facimus, quod cum inter Wiche-
rum de Epe militem ex una et Wigandum de Mede-
beke quondam burgensem et altera parte super decima in
Morsbeke et Brunwordinchusen dissensionis materiae ali-
quamdiu ventilitatae fuissent, tandem idem W. miles ab
eodem Wig. receptis IIII^or marcis et duo filii sui Eyeboldus
videlicet et Conradus, dictam decimam coram nobis publice
resignarunt, omni impetitioni sive juri quod in ipsa babebant
vel habere videbantur bona et spontanea voluntate renuncian-
tes. Presentes aderant Ecbertus de Remelinchusen, Florinus
de Calle, Godefridus de Mescheda, sacerdotes. Cunradus de
Visbeke, Amelungus de Mescheda, Erenfridus de Bodenvelde,
Milites; Lambertus et Volmarus de Durvelde, Sifridus Schoko,
Eyerhardus de Remelinchusen, Merbode et alii quam plures.
Datum in die Barnabe apostoli . anno gratie, M^o . CC^o . L^mo
nono.

19

17. Ritter Godfried von Meschede, mit drei anderen, wird zum Schiedsrichter in dem Verbunde ernannt, den die Edelherren, Bertold der Aeltere von Büren und dessen Sohn Bertold mit Bertold dem jüngeren von Büren und dessen Sohne Bertold schliessen. 14. Febr. 1258. [1] Nebst Nachtrag von 1269.

Aus einer Abschrift im Prov.-Archiv zu Münster, Abth. Büren.

nter nobiles viros Bertoldum seniorum et Bertoldum filium suum ex parte una, et Bertoldum juniorem et Bertoldum filium ex altera, Dominos de Büren et ipsorum coadjutores, compositionis sic est forma. Praefati Nobiles damnum ab alterutra partium sibi illatum de pleno sufferentes nullam super eo facient de caetero questionem. Item utraque partium in omni honore, jure ac possessione Castrorum, Oppidi, bonorum omnium permanebit, in quo ante motam discordiam fuerat constituta. Item siquis deinceps de partibus praedictis in hac excesserit compositione per occasionem, captivitatem vel ejectionem alterius de castro suo; castrum et oppidum in Buren alterius perpetuo permanebit et ministeriales illius reputabunt pro Domino in quo fuerit compositio violata, atque excedens solvet Domino et sacrae Ecclesiae Coloniensis Archiepiscopo et Domino Paderbornensi Episcopo mille marcas; Praefati vero Coloniensis Archiepiscopus et Paderbornensis Episcopus in restaurationem mille marcarum erunt coadjutores, si necesse fuerit illius in quo fuerit compositio violata, vel heredum illius, si idem fuerit interfectus; si vero alio modo quis istorum excesserit, vel auctoritate propria vel procuratione fuerit evidenter exces-

---

[1] Es scheint die erste Abtheilung: Actum Saltkotten M.CC.LVIIJ XVJ Calend. Marcii in das Jahr 1259 zu gebüren, indem man zu jener Zeit auch im Stifte Paderborn das Jahr wohl erst mit dem 25. März beginnen liess, so dass die Zeit vom 1. Januar bis 25. März nach unserer Zählart schon in das nächstfolgende fiel. Den Nachtrag von 1269 gebe ich, wie ich ihn, vom Abschreiber verdorben, finde.

Fahne, Meschede. 2*

sum, idem excessus emendabitur infra mensem, secundum
quod quatuor ad hoc constituti dixerint emendendum. Duo
enim milites scilicet Hermannus dictus Colvo et Bernardus
de Bodericka a parte nobilis viri Bertoldi senioris et Ber-
toldi filii sui sunt statuti; a parte vero nobilis viri Bertoldi
junioris, Henricus de Elsepa et Godfridus de Mescheda mili-
tes, qui decidant quaestionem quao suscitata fuerit, Statuentes
ut excessus suos excedens corrigat infra mensem. Siquis
vero dictorum quatuor militum decesserit, alius aeque idoneus
infra mensem substituetur eidem. Quod si praedicti quator
nequiverint concordare, Dominus Paderbornensis Episcopus
et Marescalcus Coloniensis, qui tunc fuerint, duos viros ido-
neos adoptabunt, postquam ab alterutra partium fuerint requi-
siti, et ratum et rectum habebitur, quod major pars illorum
decreverit faciendum, et secundum ipsorum decisionem et
ordinationem excessus sicut dictum est, emendabitur infra
mensem. Si autem memoratis quatuor vel sex militibus ob-
temperatum non fuerit, ipsi innocentiam et nocentiam partium
ad Dominos Paderbornensim et Marescalcum, qui tunc fuerint,
deferre debebunt. Praefati vero Paderbornensis Episcopus
et Marescalcus Coloniensis, rebellens si adhuc pertinacia sua
persliterit condemnabit in poena superius annotata, videlicet
ut Castrum et oppidum in Buren et ministeriales illius in quo
compositio fuerit violata, et haeredum suorum perpetuo
permanebit et excedens persolvet Domino Coloniensi Archi-
episcopo et Domino Paderbornensi Episcopo mille marcas.
Actum et Datum in Saltkotten anno Domini m⁰. cc⁰. lviii⁰.
xvj Calend. Marcii.

   Porro nos jam soepe dicti Domini in Buren maturo habito
consilio, nostro atque heredum nostrorum pleno accedente
consensu Castrum in Buren, nobis commune divisimus in hac
forma: videlicet, quod cuilibet nostrum libera cedet voluntas
in partem suam omne suum commodum aedificare dummodo
non cedat in praejudicium et gravamen; hoc etiam adjecto,
quod ad communem necessitatem et commodum, porta una
et ponte eodem communiter potiemur. Hanc separationem
castri nostri, praedictam ordinationem promisimus corporaliter
fidem uterutrum praestito inviolabiliter observare, vallenets

eandem omnino poena et astrictione in compositione nostra superius annotata. Nos igitur Bertoldus junior Dominus in Buren protestamur praesentibus omnia supradicta ita esse et vera, per appensionem sigillorum venerabilis Domini Episcopi Paderbornensis, Marscalci Coloniensis Hermanni de Osede et Regenhardi de Itteren Nobilium, nostri nec non de Buren fecimus communiri. Fide autem corporaliter praestita et juramento promisimus ea quae praedicta sunt perpetuo et violabiliter observare. Actum et Datum Buren anno Domini M⁰. cc⁰. lxviiij⁰. Si quis quam autem post modum aliarum possessionum nostrarum oppidi, ministerialium seu majorum et minorum de communi consensu nostro et amicorum nostrorum consilio separationem factituri simus, sub poena et foedere supradicto, sub sigillo nobilium a Padtberg et de Ardtea.

18. Godefridus de Meschede wird in dem Bündnisse des Cölnischen Erzbischofs Conrad mit Themmo, Abt zu Corvey und Albert Herzog von Braunschweig von Seiten des ersteren unter die 8 Schiedsrichter ernannt, welche die künftigen Streitigkeiten der Parteien schlichten sollen. 1260, III. kalendas Junii (30. Mai).

Aus Lacomblet Urkb. Bd. 2, S. 274. Bei Seiberts I. 396 fehlerhaft.

19. Sigfrid von Meschede und sein Sohn Sigfrid finden sich als Zeugen und wie es scheint auch als Beamte der Stiftskirche zu Meschede in einer Urkunde vor, worin Agnes, Abtissin des genannten Stifts auf ihre Ansprüche an Schloss und Stadt Eversberg zu Gunsten des Grafen Godfrid von Arnsberg verzichtet und dagegen 30 Mark als Capital-Entschädigung auf dem Hofe zu Waldene verpfändet erhält. 1263, ohne Tag.

Aus Wigand Archiv B. 6, S. 238 und Seiberts Urkb. I. S. 412.

20. Theoderich Ritter, Erstgeborener von Volme-
stein beurkundet, dass weder er, noch sein
verstorbener Vater Henrich, dem Ritter Godfrid
genannt von Meschede oder dessen Erben ir-
gend ein Recht an den Hof Mülheim einge-
räumt habe, und verzichtet selbst auf alle seine
eigenen Ansprüche daran zu Gunsten des deut-
schen Ordens, dem der Ritter Herman von
Mülheim, unter Zustimmung seiner Frau, zum
Heile ihrer Seelen diesen Hof vermacht hat.
1267 in prima dominica adventus domini (27.
Nov.)

21. Wilhelm von Meschede unter den Zeugen, als
Agnes, Abtissin zu Meschede, dem Kloster Pa-
radis zu Soest einen Mansen zu Andopen ge-
nannt Rumanninchove eigenthümlich überträgt.
1273, 17. Mai.

Que geruntur in tempore simul evanescunt cum processu
temporis non gestarum rerum oblivio per scripta me-
moriam auferat. Notum igitur esse cupimus universis
Christi fidelibus tam posteris quam modernis, quod nos
Agnes dei gratia Meschedensis ecclesie Abbatissa totusque
conventus ejusdem loci erga Gislam relictam Brunonis pie
memorie de Ebbedischeno et Ambrosium fratrem Brunonis
et heredes eorum, jus hereditatis cujusdam mansi nostri in
Andopen siti dicti Rumanninchove pertinentis curti nostre in
Ebbedischeno, que jure pensionario a conventu nostro pos-
sederant emimus pro quadam summa pecunie, et eandem
emptionem conventui de Paradijso ipsa Gisla et Ambrosio et
heredibus suis consentientibus et jus suum resignantibus dimi-
simus ad idem jus pensionarum cum omnibus attinentibus per-
petue possidendum . hoc autem erit pensio que dictus con-

ventus dabit annuatim. In Cathedra beati Petri dabit singulis annis conventui in Meschede XII mensuras ordei bracii dictas Hofscepel, et duo Maldra siliginis que dicuntur Heremalder. Eodem tempore dabit curti nostre in Ebbedischene XVIII denarios. In die santi Thome apostoli dabit conventui nostro porcum, valentem sex solidos. Promisimus et dicto conventui, quod si aliquis super emptione seu possesione dicti mansi ipsum voluerit incusare vel impetere, ipsum de omni gravamine tuebimus et reddemus indempnem. Preterea procurabimus infra annum, quod Dominus de Bilstene porriget conventui sepius citato jus et libertatem Advocatie ne aliquis ipsum ratione seu nomine Advocati extorquendo aliqua more Advocatorum valeat molestare. Promisimus et prefato Conventui litteras quas super hujus modi contractu emptionis post receptionem Advocatie vel ante firmius conficere vel formare voluerint, sigillis Abbatisse Conventus nostri favorabiliter sigillandas. Cum hi fierent, affuerunt in testimonium hii subscripti: Frater Henricus filius Comitis Arnsbergensis. De couventu Beatrix preposita, Beatrix Celeraria, Mechtildis thesauraria et alie omnes Canonisse, Canonici: Ramundus, Gozwinus, Godefridus, Hermannus et Hermannus. Officiales: Conradus miles de Visbeke, Bernolfus Cammerarius, Godefridus Dapifer, Stephanus Marscaleus, Theodericus de Visbeke. Alii non de Conventu: Adolfus domicellus de Waldicke, Wilhelmus de Meschede, Henricus Notarius, Hartardus, Sifridus Vasolt, Theodericus Celerarius, Sifridus Cammerarius Abbatisse et alii quam plures. Ne vero super hujusmodi ordinationem aliqua calumpniosa actio valeat suboriri, presens scriptum exinde confectum, sigillorum Abbatisse et conventus nostri munimine duximus roborandum. Datum et actum in Vigilia ascensionis, Anno M^o. CC^o. LXX$^\text{o}$. tertio.

Das beiliegende Siegel der Abtissin in elyptischer Form zeigt eine weibliche Figur in weitem Gewande, von der Umschrift ist noch kennbar: Agnitis Abbis. Das Convent-Siegel zeigt eine weibliche Figur mit Heiligenschein in der Rechten einen Palmzweig, in der Linken eine Schaale, Umschrift: † Sigi . . . Walburgis Patrone in Meskede.

22. Godfried von Meschede unter dem Umstande des Freidings zu Vlerike. 1283, 17. Januar.

Aus dem Originale im Pr.-Archiv zu Münster. Kloster Paradies zu Soest.

go Gozwinus dictus de Rodenberg, notum facio universis tam presentibus quam futuris, quod de consensu et voluntate fratrum meorum videlicet Bernhardi et Theoderici proprietatem mansi siti in Endeke, quem vendidit Godefridus dictus de Meskede conventui de Paradiso, dicto conventui contuli et confero per presentes toto jure quo dicta proprietas ad me a antecessoribus meis extitit devoluta. Ad roborationem et firmitatem hujus facti sigillo avunculi mei Themonis de Honrode usus sum in hac, quia proprium sigillum non habeo. Ego vero Themo predictus ad petitionem dicti Gozwini cognati mei sigillum meum duxi presentibus apponendum. Acta sunt hec in Vlereke coram Burghardo milite dicto de Borgelen presidente judicio quod dicitur Vridinc . presentibus predicto Godfrido de Meskede, Johanne de Osthunen, filio suo Henrico, Sifrido preconis, Gerhardo et Arnoldo de Ekdorpe, Gerwino de Andoppen et aliis quam pluribus fidedignis. Anno Domini M°. cc^mo octuagesimo tertio . feria quinta post Octavam Epiphanie Domini.

23. Godfried von Meschede auf Seiten des Erzbischofs Sigfrid von Cöln unter den vier Schiedsrichtern, welche gemäs Vereinigung des gedachten Erzbischofs mit Bischof Otto von Paderborn über künftige Streitigkeiten unter den Parteien richten sollen. 1287, actum Nussia dominica qua cantatur esto mihi.

Aus Seibertz Urkb. I. S. 505 und Schaten Ann. Pad. ad annum 1287.

24. Gotfried von Dedenhuysen, Ritter, besitzt eine jährliche Rente von 6 Mark aus dem Orte

Hallenberg, welche Wartpenninge genannt wer-
den und ihm vom Ritter Godfrid von Meschede,
als Schwiegervater, zur Austeuer bei der
Heirath mit dessen Tochter übertragen sind.
Godfrid von Meschede aber hat sie von Arnold
von Honstaden [1]), als dieser Marschall war, zum
Geschenk erhalten. Aus der Rechnung über
den Bestand des Marschallamts in Westphalen
von 1293 bis 1300.

Bei Seibertz Urkb. II. S. 598.

25. Hermann genannt Woytere, Bürger zu Soest,
besitzt einen Zehnten bei Soest von 30 Malter
Getreide, den ihm Theoderich, Sohn des Ritters
Godfrid von Meschede, für 100 Mark verkauft
hat. Theoderich besass ihn als Burglehn von
Rüden. 1293—1300.

Ebenda S. 612.

26. Schiedsspruch des Bischofs Conrad von Osna-
brück und des Cölner Domdechanten Wicbold
über die Streitigkeiten zwichen Siegfrid, Erz-
bischof von Cöln und Otto, Bischof von Pader-
born, worin unter anderem festgestellt wird,

---

[1]) Arnold von Honstaden oder Hochstaden war 1266
Marschall. (Vergl. Seibertz l. c. I. S. 416 und 420.) Das
Geschenk dieses Marschalls an Godfrid von Meschede leitet
auf dessen Stellung zu diesem. Er war wohl zweifellos einer
der Abtheilungsführer, welche die Bewaffneten befehligten,
die von den Städten und verschiedenen Herren zum Schutze
des Landfriedens angeworben waren, worüber mein Dortmunder
Urkundenbuch weitläufiger Aufschluss gibt. Diese Stellung
erklärt auch das öftere Vorkommen Godfrids in den Urkunden.

dass gedachter Otto den Grafen von Arnsberg
auffordern soll, den Ritter Godefrid von Me-
schede, den er zu seinem Burggrafen (castel-
lanum) von Eversberg gemacht hat, sofort
aus seinem Dienste und Lande zu entfernen.
1294, pronunciatum apud Montem Martis die
dominica proxima ante festum bte Lucie Virg.
(12. Dec.)

Aus Seiberts Urkb. I. S. 551.

27. Godfrid von Meschede, Ritter, mit Genehmigung
seiner drei Söhne: Theoderich, Godfrid und
Thimo, schenkt dem Propste und Kloster zu
Rumbeck verschiedene Güter zu Altengesecke.
1298, 8. Oct.

Aus dem Originale des Klosters Rumbeck im Provinzial-
Archive zu Münster.

Nos Godefridus miles dictus de Messchede vniversis
uisuris vel audituris presentia notum esse volumus et
tenore presentium protestamur. Quod Johannes pre-
positus Ecclesie in Rumbeke nomine et vice conventus
dicte Ecclesie quedam bona sita in Aldengissche comparauit
a Johanne dicto de Medebeke ciui Susatensi et suis heredibus
pro triginta et duabus marcis susatensium denariorum. Hinc
et quod dictus Johannes in presentia nostra constitutus cum
dicta bona a nobis iure teneret homagii nobis resignauit.
Rogans ut ipsa cum proprietate transferemus in Ecclesiam
supradictam. Nos vero de consensu heredum nostrorum,
videlicet Theoderici, Godefridi et Thimonis filiorum nostrorum
et aliorum omnium heredum nostrorum ob salutem anime
nostre, sepedicta bona cum proprietate earumdem sepedicte
Ecclesie fratribus et sororibus ibidem Deo servientibus con-
tulimus iure proprietatis perpetuo possidenda. Acta sunt hec
feria tertia ante Gereonis et Victoris Arnsberge coram judicio,
Lutberto de Hustene tunc judice cum sententiis judicialibus

ad hoc debitis et consuetis. Presentes erant Dominus Wigandus prepositus in Wedinchusen, Dominus Ludolphus prepositus in Vlinchusen, Sifridus de Cheflike, Hinricus dictus Rose sacerdotes Canonici Ecclesie in Wedinchusen, Erenfridus de Bruninchusen, Rabodo dictus Grave, Hinricus de Hustene, Winandus Carnifex. Winandus filius suus, Rutgherus et Dissen, Wolframus, Ludewicus dictus Rouere, Vlricus Carnifex, Godefridus dictus Cnop, Gerwinus filius Thome, Consules Civitatis in Arnsberg et Hinricus nuncius dicte Civitatis et alii quam plures. In cujus rei testimonium presens scriptum super hoc confectum, sigillo nostro dicte Ecclesie dedimus sigillatum. Datum Anno Domini M⁰. CC⁰. nonagesimo octavo.

Das Siegel ist aus weissem Wachs und hängt an leinenen Fäden. Eine Abbildung desselben wird am Schlusse dieses Werkes erfolgen.

28. Godfrid von Meschede, Ritter, besitzt den Zehnten zu Kneuelinchusen bei Miste von den Herrn von Störmede in Pfandnutzung. 1300 in vigilia bti Mathei Apostoli, (20. Sept.)
Seiberts Urkb. III. Nr. 1007. S. 469. [1]

29. Godfrid von Meschede trägt die Vogtei über den Hof zu Ketinghusen, den Hof zu Anröchte und eine Mark Rente, Vogtpfenninge genannt, von dem Grafen zu Arnsberg zu Lehn. 1281 bis 1313.
Seiberts Urkb. II. S. 112 und 122. [2]

[1] Nach dem Güterverzeichnisse der Grafen von Arnsberg war dieser Zehnten ein Unterlehn der Grafschaft Arnsberg und hatte Albert von Störmede ihn an Godfrid von Meschede verpfändet. Seib. Urkb. II. S. 112. — [2] Vergleiche auch Seibertz Bd. II. S. 526. Nach ihm hatte Crofto von Meschede Anröchte (einmal Curia, das andere Mal Domus genannt) in Besitz. Ebenda.

30. Theoderich von Meschede unter den Zeugen, als Conrad, Edelherr von Rudenberg und dessen Familie den Verkauf eines Kotten und Ackers in der Villa Sweve an das Kloster Paradies genehmigt. 1303, 21. May.

Aus dem Originale des Kl. Paradies im Pr.-A. zu Münster.

niversis presentes litteras visuris et audituris. Nos Conradus nobilis dominus de Ruddenberg ad noticiam veritatis in perpetuum. Notum facimus et protestamur quod cum Robertus filius quondam Radolfi dicti Ferner Opidanus Susatiensis bona sua scilicet Casam suam in villa Sweve cum quatuordecim jugeribus agrorum eidem Case annexis de consensu heredum suorum pro viginti quatuor Marcis monete usualis in Susato sibi plene solutis, Cenobio de Paradiso legitime vendidisset, dictus Robertus eadem bona in manus sui infeodatoris scilicet . . . camerarii de Hovestad libere resignavit, renuncians omni jure, siquod ei et suis heredibus in dictis bonis competebat. Quia vero dominium proprietatis de prefatis bonis ad nos pertinebat quod recognoscens dictus . . . camerarius coram nobis comparebat, et omne jus sibi competens in prefatis bonis in manus nostras libere et absolute resignavit. Nos igitur hujusmodi resignatione recepta ob Dei reverenciam et in remedium anime nostre sic ob dilectionem filiarum nostrarum in dicto Cenobio Domino famulantium, proprietatem eorumdem bonorum ad nos pertinentes prefato Cenobio donavimus ac in hiis scriptis donamus perpetuo posssidendam. Accedentibus ad hoc Elisabet uxoris nostre, Godefridi filii nostri, Lucie uxoris Goswini, Agnetis et Rickeze liberorum dicti Godefridi ceterorumque, quorum intererat, bona voluntate et consensu. Ut autem dicto Cenobio de prefata donacione plene perpetuo caveat, de consensu heredum nostrorum predictorum contulimus eidem Cenobio presentes litteras, nostri et fratris nostri Godefridi nobilis de Ruddenberg sigillis communitas. Datum xij. Kalendarum Junii. Anno Domini M°. CCC^mo. tercio. Presentibus Florino de Volkelinchusen majore, Everhardo de Essleve, Petro de

Effle, *Theoderico de Meschede*, Dijthmaro de Anrochte, Luberto de Allaghen, Gerhardo de Hemerde, Hermannő de Lon, Gobelino de Ulede, Theoderico et fratre suo dictis Boninc.

Die Siegel sind abgefallen.

31. Theoderich von Meschede, Knappe, Themo sein Bruder, Jutta und Adele seine Schwestern sühnen sich mit dem Kloster Paradies zu Soest wegen eines Streits über eine dortige Präbende aus, die an gedachte Adele verliehen war. 1304.

Aus einem Coplar des Klosters Paradies im Besitze des Canonicus Schmitz zu Soest, Seite 78.

niversis ad quos presentes littere pervenerint seu exhibite fuerint, ego Theodericus de Meschede famulus et nos Themo ejus frater, Jutta, Adele ipsius sorores recognoscimus et tenore presentium publice protestamur. Quod cum consensu sanctimonialium de Paradijso super discordia et aliis causis quo de prebenda sorori nostre Adele predicte collata fuerat, inter ipsum conventum ex una parte et nos ex altera vertebatur, amicabiliter fecimus compositionem renuntiantes simpliciter et de plano omni juri, quod habere possemus in prebenda predicta, protestantes nichilominus de viginti quatuor marcis denariorum legalium in Sosato, ab eodem conventu in nummerata pecunia, nobis plenius essent satisfactum. Et nos Theodericus predictus et Themo ipsius frater promittimus fide prestita corporali, premissa omnia firmiter, nos observaturos. Et constituerunt dicti Theodericus et ejus frater nec non ipsius sorores predicte Everhardum dictum Brullinchusen suum fideijussorem circa premissa, qui fide prestita corporali, omnia premissa se promisit observaturum, si dicte persone circa eadem essent negligentes vel remisse . preterea nos persone predicte promittimus bona fide, quod eidem conventui litteram super eadem prebenda nobis

datam restituemus si a nobis poterit reperiri. Et ut hujus-
modi ordinatio inconvulsa et firma permaneat, sigillum opidi
in Eversberge et domini Godfridi de Rudenberg Nobilis viri
avunculi nostri dilecti presentibus apponi petivimus in testi-
monium premissorum. Et nos magister civium et consules
in Eversberge ad petitionem dictarum personarum, qui etiam
hoc promittunt bona fide, quod Godefridus frater ipsorum
premissa rata habebat, sigillum nostrum presentibus duximus
apponendum. Et nos Dominus de Rudenberge predictus si-
gillum nostrum ad petitionem earumdum personarum, quia
sigillum non habent, presentem litteram duximus roborandam.
Presentes erant: Walterus dictus Pistor magister civium,
Henricus filius Goswini, Goscalcus Sartor, Johannes de Schede,
Johannes Molendinarius, Johannes dictus Rike, Reynoldus de
Velinchusen, Hermannus de Scede, Johannes Scultetus de
Nutlare, Henricus de Overndorpe, Henricus dictus de Arnes-
dale ac alii plures fide digni. Actum et datum anno Domini
M°. CCC°. quarto, dominica ante conversionem beati Pauli
apostoli Premissis etiam frater Albertus de Ifertvelde et
frater Johannes magister curie de Paradijso interfuerant.
Datum anno et die predictis

~~~~~~~~~~~~~

32. Theoderich von Meschede Zeuge, wie Gerard
    von Rüden (Arnsberg) seine Güter zu Schmer-
    like dem Kloster Benninghausen schenkt. 1308,
    feria quarta post judica (3. April).

    Seiberts Urkb. II, S. 47 Anmerkung.

33. Godefridus miles dictus de Meschede dotirt
    die Magdalenen-Kapelle zu Meschede unter
    Mitwirkung seiner Frau: dominae Luchtrudis,
    seines einzigen Sohnes, Godefrid und seines

Bruders Theoderich, der Ritter ist. [1] 1315, 10. Dec.

Aus einer alten Abschrift im Archive von Alme. Auch bei
Seibertz Urkb. II, S. 144.

n Nomine Domini Amen . Universis Christi fidelibus pre-
sentes litteras visuris et audituris, innoteseat, quod nos
Godefridus miles dictus de Meschede arctius [2] recolentes
devotas promotiones et gratuita beneficia nobis et pro-
genitoribus nostris huc usque ab Ecclesia Meschedensi benig-
nius impensa etiam ob hoc ipsam honoribus quibus poterimus
prosequi et signis debite gratitudinis honorare cupientes Ca-
pellam beate Marie Magdalene infra ambitum dicte Ecclesie
Meschedensis constitutam in qua deo devota Domina Imhildis
felicis memorie fundatrix ipsius Ecclesie Meschedensis est
tumulata, et quam hisce diebus venerabiles viri Domini Pre-
positus, Decanus et Capitulum Mes-hedense ut in ea divinus
cultus reassumatur et habeatur per Vicarium perpetuum in
ipsa Ecclesia Meschedensi habendam statuerunt, in nostrorum
et progenitorum nostrorum remedium peccatorum pro possi-
bilitatis nostre modulo dotare affectantes, cum bona voluntate
Domine Luctrudis uxoris nostre legitime, nec non Godefridi filii
nostri unigeniti et Theodorici militis, fratris nostri, ceterumque
heredum et coheredum nostrorum, pleno accedente consensu
prefatis Ecclesie Meschedensis et Capelle beate Marie Mag-
dalene, ac pro eis Domino Praeposito, Decano et Capitulo pre-
dictis, nomine dotis et in dotem nec non Vicario ejusdem
Capelle pro tempore existenti specialiter et integraliter pro
sustentatione et stipendio duarum marcarum redditus damus,

---

[1] Das Patronat über diese Kirche ist von da ab stets
im Besitze der Familie Meschede geblieben und mit ihrem
Aussterben auf die Familie Bocholtz übergegangen, welche
noch im Besitze ist. 1554, 31. Oct.. übertrug Gerard v.
Meschede die Vicarie auf Resignation des Vicars, Bernard v.
Meschede, dem Domcantor zu Paderborn, Henrich v. Meschede.
(Seib. II, S. 144 u. Note 145) . — [2] Seibertz hat hier und
später irrige Lesarten.

et in his scriptis assignamus singulis annis et nunc et in perpe-
tuum in festo beati Martini hyemalis de Curte nostra in Me-
schede sita, per villicum pro tempore eandem curtim colen-
tem, sine contradictione aliqua nostri vel heredum nostrorum
pre omnibus et ante omnia Vicario dicte Capelle ministrando,
hujusmodi autem redditus una cum heredibus nostris de qui-
bus premittitur simpliciter pure et liberaliter cessimus et ce-
dimus et quoad usus predictos purum allodium fecimus et
facimus et dictam curtim quoad pensionem reddituum predic-
torum dictis Ecclesie et Capelle in Emphyteusin perpetuam
constituimus nec non in signum donationis perfecte inter vivos
perpetuo durature prefatam pensionem de Curti predicta, prout
premissum est ministranda per librum sanctorum Evangeliorum
quem manutenuimus et super altare beate Marie Magdalene
reposuimus Ecclesiae Capelle Preposito Decano Capitulo et
Vicario predictis contulimus et conferimus, donavimus et do-
namus et possessionem ejusdem pensionis in ipsos transferi-
mus per presentes obligantes nos insuper et heredes nostros
debitam prestare Warandinam et omnem justam impetitionem
et questionem deponere ex omni homine penitus depurgare
ac renuntiamus quoad hoc expresse per presentes omni
exceptioni doli mali, ope et remedio cujusvis defensionis ac
omni juris specialis aut communis beneficio per que contra
premissa vel premissorum aliquando venire possimus quoquo
modo. In cujus rei testimonium et firmitatem perpetuam
sigillis nostro proprio et Theodorici militis fratris nostri pre-
dicti, presentes litteras duximus roborandas, et nos Theodoricus
miles de Meschede predictus, quia, premissa prouti narrata
sunt, nostre voluntatis sunt et fuerunt, in signum nostri con-
sensus sigillum nostrum duximus presentibus apponendum.
Actum et datum apud Meschede in Capella beate Marie Mag-
dalene supradicta. Anno incarnationis Dominice Millesimo
trecentesimo quinto decimo. Indictione XIII, quarto Idus
Decembris, Apostolica sede per mortem Domini Clementis
Pape quinti vacante etc. Illustribus Dnis. Fridericico et
Ludowico Bavarie Ducibus pro Romano Imperio litigantibus, nec
non Henrico de Virneburg Coloniensem Ecclesiam gubernante.

34. Friedrich von dem alten Hause Padberg, Ritter, belehnt Herrn Diedrich v. Meschede mit dem Hof zu Effelen, genannt von Alters her der von Meschede Hof. 1317, Tag Gertrudis (den 17. März.)

Aus einer alten Abschrift im Archive von Alme.

ch Ffrederich van dem alden huyss Padborch ritter, do kund vnd bekenne vor mich vnd myne eruen vnd nakommen, dat ich hain beleent vnd belene ouermidtz dussen breeff hern Diderich van Messchede myt dem houe tho Effele syner to behoringhe ind rechte in manstat in alle der wyse als de van Messchede den alleweghe van vnsse alderen hebben gehatt to enen rechten manlene van aldes geheten der Messcher hoff . vnd ich Frederich sal vnd wyl hern Dederich vurgt. des vorgenannten Lens waren vullen komelykenn als eyn her syne man dorch recht sall vnd ick vnd myne eruen sollen hern Diderich vnd syne eruen des vorgenompten houes bekennen, wan se eme volghen als man guds recht is. ₰To orkunde dusser lenynghe so hain ich Ffrederich egenant myn jngesegel wytilichen van mich, myne eruen vnd nakommelinghe an dussen breff gehangen. Hyr synt ouer vnd an gewesen myne beleende man Johann van Horhusenn vnd Valentyn van dem Berghe vnd ander vrommer lude genoch . Gegeuen na Godesgeborde dusent iar, drihundert iar vnd seuentheyn vff der hylghenn iuncfrouwen dach sunte gertruyt.

---

35. Godfrid von Meschede, Ritter, besiegelt für Conrad, genannt von Brylon und Johann, Sohn Volmars von Weluer eine Urkunde, worin letztere dem Kloster Weluer rückständige Fruchtrenten quittiren. 1317, in die bti Bonifacii episcopi et M. (14. Mai).

Seiberts Urkb. II, Nr. 370, S. 147

36. Godfrid von Meschede, Ritter, Zeuge in der
Urkunde des Grafen Wilhelm von Arnsberg,
als dieser den Streit zwischen dem Kloster
Oelinghausen und den Genossen der Herdrin-
ger Mark entscheidet. 1321, iij kal. Januarii
(30. Dec.)
Seibertz Urkb. II, Nr. 585, S. 173.

37. Godfried von Meschede als Zeuge bei der Ur-
kunde zugegen, durch welche sich Henrich II.,
Erzbischof von Cöln und Henrich, Graf von
Waldeck, über das Burglehn des letzteren zu
Rüden und über den Antheil des ersteren an
Wetterburg vergleichen. 1323, in assumptione
ble Marie V. (15. August.)
Seibertz Urkb. II, Nr. 597, S. 187.

38. Theoderich von Meschede an der Spitze der
Burgmänner zu Rüden ist bei der Urkunde als
Zeuge zugegen, durch welche sich das Kapitel
zu Meschede mit den Knappen Godfrid und
Gerhard von Meldrike über die Renten und
Abgaben des Hofes zu Horne vergleichen.
1323, fer. III post festum ble Lucie V. (15
Dec.) [1])
Seibertz Urkb. II, Nr. 602, S. 193.

39. Die Burgmänner und Städte des Herzogthums
Westphalen, namentlich auch die Burgmänner
zu Alme, vereinigen sich zu einem gemeinen
Landfrieden. 1325, ghegheven und gemaket

---

[1]) Seibertz hat irrig den 21. Dec.

to Suyst 1325 des anderen Sunnendaghes in
der Vasten (3. März).

eiberts Urkb. II, Nr. 610, 8. 209.

40. Erzbischof Heinrich II. von Cöln, Graf Ruprecht
von Virneburg, als Marschall von Westphalen,
und sämmtliche Städte und Burgmannschaften
des Herzogthums Westphalen, darunter die
Burgmannschaft zu Alme, schliessen mit der
Reichsstadt Dortmund ein Schutz- und Trutz-
Bündniss zur Aufrechrerhaltung des Landfrie-
dens. 1326, Sunnendaghes vor mit vasten
(23. Feb).

Seibertz Urkb. II, Nr. 615, 8. 215. Fahne Urkundenbuch
der freien Reichstadt Dortmund I. 1, 8. 113, Nr. 90.

41. Godefrid genannt von Meschede, Ritter, besie-
gelt eine Urkunde der Agnes von Sledesen,
Stiftsdame zu Heerse. 1326, 13. August.

Aus dem Originale des Kapitels zu Meschede im Pr.-Archive
zu Münster.

Noveritis universi et singuli ad quos presentes littere
pervenerint. Quod Ego Agnes de Sledesen Canonica
secularis Ecclesie in Hyrse, redditus trium Marcarum
susatensium denariorum, quos quidem redditus Decanus
et Capitulum Ecclesie Meschedensis annuatim secundum or-
dinationem Reverendi in Christo patris et domini, domini
Henrici Coloniensis Ecclesie Archiepiscopi pro usufructu et
viteductu mihi persolvere tenebantur, prout in ejusdem do-
mini Archiepiscopi litteris, super hoc confectis plenius conti-
tinetur. Decano et Capitulo de Meschede predictis pro qua-
tuor decim Marcis susatensium denariorum voluntarie vendidi,
et de predicto precio michi esse satisfactum ab eisdem
recognosco per presentes . Insuper promitto quod predictam
Ecclesiam Meschedensem vel Decanum et Capitulum predictos
super aliquibus juribus vel redditibus tamquam michi debitis

Fahne, Meschede.   3*

vel competentibus ab eisdem, per me vel per alium ammodo non inpetam, nec eos inpediam vel inpedire faciam quoquo modo, sed pro posse mea promovebo bona fide, utque predicta vendicio firma permaneat, renuntio etiam exeptionem juris et facti, doli mali et cujus libet consuetudinis defensionem, que michi, ut manus premissa servarem, suffragari possent in futurum. Testes super dictum contractum fuerunt: Godefridus dictus de Mesckede miles, Henricus dictus Rusticus et Arnoldus dictus de Hoghenschede famuli et alii quam plures fide digni. Ad majorem vero evidentiam et firmitatem premissorum, sigilla honorabilium virorum officialis prepositi Susatensis et Godefridi de Meschede militis predicti, una cum sigillo quo ego et sorores mee domicelle de Sledesen communiter utimur presentibus peto appositionem. Et nos officialis et Godefridus miles predicti ad petitionem prefate Agnetis de Sledesen sigilla nostra presentibus duximus apponenda. Datum Anno Domini M. ccc, vicesimo sexto ipso die Ypoliti et socio:um ejus.

Die zwei Siegel sind nur theilweise erhalten.

42. Unter Vermittelung der Ritter Hermann von Scharpenberg und Godfried von Meschede übertragen Conrad von Hustene, Ritter, und seine Anverwandte den Zehnten zu Kellinghusen dem Kloster zu Bredelaer. 1328, 25. März.

Aus dem Original des Klosters Bredelar im Pr.-A. zu Münster.

Omnibus hoc scriptum visuris et audituris. Nos Conradus dictus de Hustene miles, et Godfridus famulus, filius quondam Conradi dicti de Hustene famuli, felicis memorie salutem et cognoscere veritatem. Quoniam acta hominum plerumque elabuntur a memoria, que res labilis est a prudentibus decretum est, ut scriptis autenticis perhennentur. Hinc est quod presentes scire cupimus et posteros nolumus ignorare. Quod nos pari manu unanimique consensu, de bona voluntate filiorum mei primoscripti

Conradi militis, Rotgeri videlicet, Friderici, Conradi et Thide-
rici nec non de consensu et voluntate heredum ac coheredum
meorum mei secundo scripti Gotfridi famuli ac aliorum om-
nium legitimorum heredum et coheredum nostrorum quorum-
cunque proprietatem dominii sive jus proprietatis cujusdam
decime dicte in Kellinchusen, in confinibus opidi Ruden
site, cum omni sua integritate et fructibus, et quicquid ad
ipsam decimam ex antiquo jure pertinere cognoscitur aliisque
proventibus universis, cujus proprietas nos contigebat, quidam
Conradus dictus de Andepen et Albero filius ejus dictus clot,
a nobis in pheodo tenuerant et in manus nostras libere resig-
narunt, mediantibus probis et honestis viris Hermanno de
Scarpenberg et Gotfrido de Meschede militibus, Religiosis
viris Domino Abbati et Conventui Monasterii in Breydelar
ordinis Cysterciensis, Padibornensis Dyoecesis, respectu Divina
renunciationis vendidimus renunciaviamus et resignavimus, ac
per presentes litteras vendimus renunciamus et resignamus,
pro determinata pecunia nobis integraliter persoluta in pro-
prietatem veri dominii libere et quiete proprietario jure
perhenniter possidendam, omni juri nostro pro nobis unani-
miter et pro omnibus nostris successoribus et legitimis here-
dibus et coheredibus solempniter renunciantes firmam et
justam ejusdem juris proprietatis sive dominii dicte decime
in Kellinchusen cum eisdem viris religiosis necessarium fuerit
pre omni impetitione, hereditaria seu pheodali warandinam
prestituri. Et ut nostram venditionem renunciationem et re-
signationem et eorum possessionem nulla antiquitas temporis
delere valeat, presens scriptum sepedictis Abbati et Con-
ventui Monasterii in Breydelar de pleno consensu heredum
et coheredum nostrorum predictorum mei sigilli primoscripti
Conradi de Hustene militis nec non sigillorum Gotfridi de
Meschede et Hermanni de Scarpenberg militum munimine
in perpetuum testimonium dedimus firmiter roboratum . Quod
ego Gottfridus famulus secundo scriptus proprio sigillo carens
profiteor esse verum. Nos vero Gotfridus de Meschede et Her-
mannus de Scarpenberg' milites ad singulares preces Conradi
de Hustene militis et Gotfridi famuli proprio sigillo carentis et
suorum heredum et coheredum omnium, nostra sigilla ad ma-

jorem evidentiam et perhennem memoriam presentibus duximus apponenda. Datum et actum anno Domini Milesimo trecentesimo vicesimo octavo, in annunciatione Marie virginis gloriose. Testes cum hoc fierent astiterunt, Thidericus et Herbordus dicti de Heldene milites, Hermannus de Heldene et Conradus Kobbenrode famuli et alii quam plures

Die Wappenschilder der drei anhangenden Siegel sollen am Schlusse abgebildet werden.

43. Wilhelm, Graf von Arnsberg und sein Sohn Godart, nehmen Herrn Godert von Meschede, ihren Burgmann und Ritter, und dessen Burg Bradebeken, welche er in ihrer Herrschaft Arnsberg erbauet, und ihnen zu einem offenen Hause aufgetragen, in ihren besondern Schutz, belehnen ihn mit einem Erbburglehn zu Eversberg von sechs Mark Goldes jährlich und versprechen seine Eigenbehörige durch Aufnahme unter die Städter, ihm nicht zu entfremden. 1328, 3. April.

Aus dem Original auf Pergament

i Wilhelm greue uan Arnsberg ende Godart onse soyn doyn kunt euelyken al den dye solen dissen breyf seyn of horen leysen, dat wi dat bekennent ende geluuent, dat wi, ende onse eruen beschutden solen truweliken heren Godarde uan Meschede onsen borchman ende onsen ritder, to alle siner not, ende sine rechten eruen, to vorders sine woninge to brachbeke, de he gebuwet heuet in onse hirschap, ende heuet si ons geopent ende gegeuen, to eyme openen hoys, dat wi dar af-ons behelpen solen, doyn, ende laten, als uan anderen onsen sloten, to al onser not, ende ons bederf, ende alle dye ombe onse willen doyn ende laten willen, solen sine lude ende sin goyt beschutden to rechte, vort sol wi den seluen heru Godarde, ende sine eruen vordedingen ende uorhalden, als eyn her sine borch-

manne van rechte sal ende en keren neyn onrecht tot in,
mere wi solen in eyn genedich here sin, oych bekennen wi
dem vorgenanten heren Godard ende sine rechten eruen eynis
erfborchleynis to dem Eruersbergo (gegeben zu haben), sich
onrechtes daraf to erwerren, also als erfborchmannen recht
ist, dar to sol wi in des iares sez march geldes geuen, wan
sie dat borchlene to dem eruersberge besitten, dri march to
sent walberge dage ende dri to sent michelis dage ende als
lange als ons disse borchmanschap nicht op enwirt gesacht
to dem eruersberge van dem seluen heren Godart ende sinen
rechten eruen, so en sol wi irre lude in onse stede nicht
enfayn to borgeren, noch in onse wichbolde, ende dat dye
selue her Godard ende sine rechten eruen dis van ons sigcher
ende gewis sin ende oich van onsen eruen, so han wir onse
ingesegel an dissen breyf gehangen. dis breyf ist gegeuen to
arnsberg op den payschdach na den iaren onses heren Godes,
dat man scriuet M⁰. ccc⁰. xxviij⁰. [1]

44. Godefrid von Meschede Zeuge, als Wilhelm
    Graf von Arnsberg der Stadt Eversberg ihre
    Freiheiten bestätigt. 1331, feria sexta proxima
    post dominicam exurge domine (8. Februar).
    Seiberts Urkb. II, S. 36.

45. Sophie, ältere Herrin und Gräfin zu Waldeck
    bestätiget, dass vor ihr Anteffana und deren
    Söhne Herbord und Albert genannt von Hottepe
    zu Gunsten des Klosters Bredelar auf alle ihre
    Ansprüche an die Hälfte des Zehnten zu Alme
    und an die Collation über eine Präbende in

[1] In dieser Jahreszahl haben wir einen Anhalt, wie weit
die Datirung der Nummer 665 des Seibertschen Urkunden-
buchs, worin obige Auflassung vermerkt ist (Band II, S. 301)
voll begründet erscheint.

eben der Art verzichtet haben, als dieses be-
reits von Conrad genannt dem Schwarzen (dic-
tus Niger) auch Sohn der obigen Anteffana
und Bruder der oben Genannten, geschehen
ist. 1331, den 12. August.

Aus einer Copie, das Original soll auf dem Hause Ostwich
beruhen.

os Sophia dei gratia senior domina atque comitissa in
Waldeck recognoscimus publice per presentes, quod in
presentia nostra Anteffana et eius filij Herbordus et
Albertus dicti de Hottpe constituti pure et expresse
ab omni impetitione qui religiosis viris domino Abbati et
conuentui Monasterij in Bredelar, ordinis cysterciensis, Pader-
bornensis dyocoesis super dimidia decima in Almene sita,
atque collatione vnius prebende et pari vestimentorum mouere
ceperat penitus cesserunt et omni iuri suo, quod se habere
dicebant ac habere possent, omnimodis renunciarunt . secun-
dum cessionis et renunciationis formam debitam et consuetam,
nullam insuper de cetero questionem dictis viris religiosis
super eisdem causis mouere firmiter promiserunt, quidquid
etiam conradus dictus niger, filius dicte Anteffane et frater
Alberti et Herbordi predictorum cum predictis viris religiosis
ordinauit et condixit in hoc, prout sposponderunt omni ex-
ceptione postposita sunt contenti . in horum testimonium si-
gillum nostrum ad singulares preces prefatorum in memoriam
et perpetuum testimonium presentibus duximus apponendum,
Datum et actum anno domini millesimo ter centesimo trigesimo
primo duodecima die mensis Augusti.

46. Herr Godfrid von Meschede, Ritter, und Hen-
sekin von Meschede, Knappe, sind in der Kirche
zu Meschede als Zeugen zugegen, wie das Stift
Meschede der Stadt Eversberg den ganz ver-
wüsteten Hof Wedestapel zu emphyteutischen

Rechten überlässt. Datum et actum apud Meschede in ecclesia nostra 1331 in die bti Mischaelis archangeli (29. Sept.)

Seibertz Urkb. II, Nr. 634, S. 241.

47. Bertold von Buren, welcher für ein Darlehn von 1100 Gulden Marschall von Westphalen geworden ist, bekundet seine Verpflichtungen. 1333, 5. März.

Aus einer alten Copie.

ch Bertolt her von Buren thu kundt allen luden, dat ich gelenet habe meinem erwerdigen hern hern Walrauen Ertzbischoff zu Coln eylfhundert kleine gulden vnd gezalt habe in gereidem gelt vnd op dat he mich des gelds sicher machde so hatt he mich gemacht sinen Marschalck in Westphalen vnd hatt mir beuohlen sin Ambte de hernha geschreuen staen vnd se sint dat Ambt van Waldenberg, dat Ambt van Menden, dat Ambt van Werl, dat Ambt van der Houestadt, dat Ambt van Brilon, dat Ambt van Ruden vnd dat Abmt van Medebach in all sulcher wise a's herna geschreuen steidt . dat is so verstaen, dat ich mich dieser Ambter vurgenant vnderwinnen sall vnd sall sie trulich bewaren vnd in ihren rechte holden. Vortt mehr de bede de des ihars vallen vnder diesen Ambten vurgenant, wanne vnd wu dick dat id were, sall ich mit Vronen mines hern van Colln vorgenant vnd mit mi opnhemen, also dat ich die helfte van allen den beden de vnder der Ambten vurgenantt eruallen mogen, vur mich vnd vur mein theill heuen vnd holden sall . de andere helffte sollen mines hern Vrone vorgenandt vpheuen vnd keren na sinem willen . ock sall ich heuen vnde holden alle de vpkomene als van gerichtes wegen de erfallen mogen in denseluen Ambten van watt kunne sache dat id were, doch sall ich eme daraff recheninge doen. Vort mehr sall ich sine lude stede, dorpe vnd lande we dat de sein in ihrem rechte beschirmen vnd verandwortten na miner macht zu aller zeit wanne vnd op welche statt dat idt noth ist in aller wyse

42

als de Marschalck von Westphalen des gestichtes Lude vnd
Landt pflegen zu beschirmen. Vnd ob datt alle de stucke
vnd puncten die in diesem breue geschrieben sint, vast sin
vnde bliuen vnd ich sie stede halten sall, so habe ich mein
ingesiegell ahn düssen brieff gehangen de gegeuen is in dem
ihar nha vnses hern geburdt dusent dryhundert drey vnd
dreisig des fridages vor sunte Gregorius dage. [1]

---

48. Dideric von Meschede, Ritter, unter den Bei-
sitzern des zwischen dem Erzstifte Cöln und
dem Stifte Paderborn gemeinschaftlichen Ge-
richts zu Stalepe, als dort ein Rechtstreit zwi-
schen Ritter Syvert von Brilon einerseits und
Gerard von Nehen und dessen Stiefsohn Gu-
bele andererseits wegen eines Gutes entschie-
den wird. 1334, des dridden Sundages in der
Vastene (27. Feb.)
    Seiberts II. Nr. 645. S. 262.

49. Theoderich von Meschede, Ritter, genehmigt
den Verkauf von Güter, den seine Laten mit

---

[1] Es liegt bei: Revers des Bischofs Simon von Pader-
born über seine Ernennung zum Marschall von Westphalen
vom 16. Nov. 1382, Urkunde, worin Erzbischof Friedrich
von Cöln dem Edelherrn Simon von Buren die Burg, Stadt und
Amt Alme mit den Leuten, der hohen und niedern Gerichts-
barkeit etc. verpfändet, vom 3. Sept. 1399. Revers der Brü-
der Gerhard und Lippolt von Meschede, dass ihnen Erzbi-
schof Ruprecht von Cöln Hof, Stadt und Haus zu Alme,
welches abbäuig sei, überlassen, um es neu zu bauen, wobei
sie versprechen ihm zu gehorsamen. 1465, 1. Febr. Die
übrigen Urkunden wegen Alme sehe man in Fahne die Dy-
nasten von Bocholtz Bd. I, Abtheilung I, S. 101 und folgende
Seiten und im Verlaufe dieses Werkes Nr. 63 und folgende.

dem Kloster St. Walburg geschlossen haben.
1335, 24. Mai.

Aus dem Originale des Klosters St. Walburg im Pr.-A. zu
Münster.

os Theodericus de Meschede, miles, Castrensis in Rü-
den, notum facimus, coram universis protestando .
Quod Hermannus dictus Slecorf et Walburgis ejus uxor,
homines seu litones nost·i, de communi puerorum suo-
rum bona voluntate, nostro etiam scitu et consensu, pro qua-
tuor marcis et novem solidis denariorum leg '·um et bonorum
in Susato traditis et solutis, vendiderunt rata venditione, do-
mum suam sitam in cymiterio Ecclesie in Hoginchusen;
honorando viro Domino preposito et Conventui Monasterii
sancte Walburgis apud Susatum, jure, hereditario perpetuo
possidendam. In cujus rei testimonium. et robur perpetuum,
pro nobis et hominibus sigillo carentibus, nostrum sigillum
presentibus est appensum. Testes hujus rei sunt: Dominus
Petrus plebanus Ecclesie praedicte, Dominus Brunstenus
de Molendino miles, Lutbertus de Anlagen, Johannes de
Molendino dictus Rabentan, Conradus de Rellinchusen,
Alexander vir Regelandis, Theodericus Boine, Fredericus fa-
mulus Consul in Ruden, Conradus dictus Moc et Albertus
Barbitonsor. Datum anno Domini M°. CCC.mo Tricesimo quinto,
feria secunda ante Ascensionem Domini nostri.

50. Godfrid von Meschede, Ritter, unter den Zeugen,
als Wilhelm, Graf von Arnsberg, als Lehnsherr
die Ueberlassung des Patronats über die Kirche
zu Bergstrasse und der sämmtlichen Wiesen
daselbst Seitens Godfrids von Rudenberg an
Kloster Weddinghausen bestätigt. Datum Arns-
berg 1338, ipso die bti Barnabe Apostoli (11.
Juni).

Seiberts II, Nr. 650, S. 266. Wygands Archiv VI, S. 251,
VII, 201.

51. Godfrid von Hustene, Knappe, in Beiscin seines Anverwandten Thiederich von Meschede überträgt als Lehnsherr den Zehnten zu Kellinchusen dem Kloster Bredelar. 1341, 27. August.

Aus dem Originale des Klosters Bredelar im Pr.-A. zu Münstr.

niversis presentia visuris et audituris. Ego Gotfridus dictus de Hustene famulus natus quondam Conradi de Hustene famuli felicis memorie. Cupio fore notum publice protestando, quod ego in presentia honestorum militum Hermanni de Scarpenberg, Thiderici de Mescede et Gotfridi filii sui consanguineorum meorum nec non aliorum subscriptorum, in Opido Ruden constituti matura deliberatione prehabita proprietatem et directum dominium Decime in Kellinchusen in confinibus dicti Opidi Ruden site, cum universis suis juribus et pertinentiis per me olim, ac Dominum Conradum dictum de Hustene militem cognatum meum pari manu mediantibus honestis militibus Hermanno de Scarpenberg predicto ac Gotfrido de Messcede pie memorie avunculo meo, vero et legitimo provisori, sicut in instrumento Religiosis viris Domino Abbati et Conventui Monasterii in Breydelar ordinis Cysterciensis Paderbornensis Dyoecesis ex tacta scientia pro determinata pecunia mihi et dicto meo provisori persoluta et tradita, rite et rationabiliter venditum, quam decimam a nobis at a nostris progenitoribus Conradus dictus de Andepe et Albero filius ejus dictus Clot quondam in pheodo habuerunt, recepta renunciatione et resignatione ejusdem Decime ab eisdem, hiis diebus debita et consueta, Ex inductu memoratorum consunguineorum meorum premissam venditionem assignationem et renuntiationem magis approbare et ratificare iterato cupiens, proprietatem dicte Decime in Kellinchusen que me et meos legitimos heredes et coheredes ab antiquo contigebat ac spectare dinoscebatur nec non directum Dominium cum suis juribus et pertinentiis universis prefatis viris Religiosis Domino Abbati et Conventui in Breydelar jam dicti Ordinis Cysterciensis donavi, assignavi, tradidi et cum debita renunciatione ad ipsum Monasterium transfero in hiis scriptis in

magnis et minutis habenda jure proprietatis et possessionis
perpetuo et ab ipsis possidenda, Nichil michi juris et meis
heredibus ac coheredibus ex nunc in antea in eadem Decima
et suis pertinontiis penitus reservando, firmam et justam ejus-
dem proprietatis et directi dominii prefate Decime pretactis
viris Religiosis cum requisitus fuero pre omni inpetitione
Warandinam prestiturus omnibus exceptionibus et defensioni-
bus juris Canonici seu civilis michi vel meis heredibus et
coheredibus de jure vel de facto contra premissa suffragari
valentibus posttergatis. In cujus rei testimonium meum Sigil-
lum ac Thiderici et Gotfridi filii sui de Messcede militum
meorum avunculorum sigilla presentibus litteris sunt appensa.
Et nos Thidericus ac Gotfridus de Messcede milites prenomi-
nati ad singulares preces supradicti Godefridi de Hustene fa-
muli meorum cognati ac suorum heredum et coheredum om-
nium cetera premissa atque in evidens testimonium omnium
premissorum Sigilla nostra duximus presentibus litteris appo-
nenda. Datum Anno Domini Milesimo Trecenteslmo quadra-
gesimo primo. vj Kalendas Septembris. Testes cum haec
fierent astiterunt: Sifridus de Brylon miles, Johannes de Scar-
penberg senior, Hermannus et Johannes fratres dicti de Scar-
penberg, Arnoldus et Eugelbertus dicti Hittertat, Everhardus
dictus Munik et Johannes dictus de Sewordinchusen famuli,
et alii quam plures probi fidedigni:,.. —

 Die drei anhangenden Siegel sind in der Umschrift zum
Theile zerstört. Hustene führt den Ketteler'schen Kesselhaken,
Meschede den Sparren.

52. Conrad und Johann, Brüder von Nehen (Neden) verkaufen verschiedene Liegenschaften. 1342, 16. August.

Aus dem Originale auf Pergament.

ch Cord vnd Johan brodere van nehene knapen bekennet
openbare, dat wy mit willen al vnser rechten eruen
hebben vorcoft vnd vorcopet Johannen van nehene den
juncgen mime sone cordes vurgt . de twe deyl des kel-

derts der scure [1]) vp dem kerchoue mit der stede vnd des
canpeshoues vnde huses, also als vns dat vorstoruen is van
Hermanne vnseme broder den got ghenedic zi vnd als gherd
vnse broder heuet den derdel deyl des vorgt. godes vnd
willent don rechte warscap des godes wanne vnd war se
daes behouet Johannen vorgt. elseken zyner eliken husvrowen
eren rechten eruen vnd den helder disses breues. vnd des to
tuge zo hebbtn wi ghebeden hern Ziverde van brilon eine
erwerdighen ritter dat he mit Johanne dem alden vnd mit
Hermanne, cordes zone vor de dussen cop heuet vulbordeghet
vnd gheleuet dussen br: beseghelt mit zyme ynghezeghele
vnd ic cord vorgt. loue dusse dinc stede vnd vast to haldene
vnder der drier inghezegele went ic to desser tyd des mines
nicht ghebruke. Hir was ouer vnd an euerd vnd hermann
gheheten de grote van tulen broder vnd henric van rate-
linchusen vnd ander guder lude ghenoch. datum anno domini
M^0 CCC^0 XLIJ feria secunda post assumptionem bte virg. Marie.

Von den anhangenden Siegel ist das dritte zerstört.
Brilon führt einen Kranz, Nehen drei (2.1) Gleven. Beider
Wappenschilder werde ich am Schlusse geben.

_____

[1]) Solche Scheunen standen in jenen Zeiten im Herzog-
thum Westphalen vielfach auf den Kirchhöfen; wie auch z.
B. aus meinem Urkundenbuche Bocholtz und auch aus Nr. 82
unten hervorgeht. Was hier unter Kelderls, ob Keller, oder
Kelter zu verstehen sei, vermochte ich nicht zu ermitteln.
Das Archiv der Familie Meschede, an welche die Güter der
Nehen und in Folge dessen obige Urkunde übergegangen ist,
sagt nichts davon. Von Syuert von Brilon finden sich noch
zwei Lehnbriefe vor. Der erste vom 14. August (in vigilia
assumpt. bte M. V.) 1341, wornach ihn Symon Herr zur
Lippe mit den Zehnten zu Wersinchusen belehnt und von
sunte Urbans Daghe (25. Mai) 1353, worin er dasselbe Lehn
vom Edelherrn Bernard zur Lippe empfängt Von beiden
finden sich die Originale im Archive des Klosters Bredelar.

53. Cordt von Nehene, Knappe, übergibt, mit Willen
seines Sohnes Hermann und seiner Brüder
Johannes und Gherd, seinem Sohne Johann das
Holzgericht zu Nehene und alle Lehnsware,
wie auch den Pothof zu Nehene mit Zubehör.
Es siegelt: Hermann, des Cordt Sohn, wie auch
Johann, für sich und seinen Bruder Gherd.
Zeugen: Wilhelm von *Verne*, Bernd von *Ette-
len*, Henrich von *Almene*, Nolde von *Wolfte*,
Cordt und Olric, Brüder de *Scilder*, Wilhelm
nnd Reyner, Brüder de Scilder, Reymbert Ra-
meshus. 1344, an Sunte Walburgh Avende
(30. April).

Aus dem Originale auf Pergament.

54. Cordt von dem Rodenberghe mit Einwilligung
Henrichs, seines Bruders, belehnt *Godart von
Meschede* mit dem ganzen Zehnten zu Kneve-
linchusen zu rechtem Mannlehn, sowie solcher
von *Herrn Godart, Herrn Diedrich's Vater
von Meschede*, ererbt und den Vorfahren des
Lehnsherrn abgekauft ist. 1344 in festo Jo-
hannis Baptistae (24. Juli).

Aus dem Copeibuche S. 108.

55. Herr Crafft von Meschede [1]), Ritter nnd Burg-
mann zu Eversberg, wird Bürge für Godfrid

---

[1]) Dieser Craft kommt auch bei Seibertz II. S. 300 und
526 vor. Das letzte Mal als Lehnsnachfolger des Godfrid
von Meschede. Um dieselbe Zeit erscheint ein Rittergeschlecht
von Alme, wie aus folgenden zwei Urkunden, beide von
1346, 3. Nov., hervorgeht, welche in U. F. Kopp Verfassung

Grafen von Arnsberg, als dieser dem Hof zu Vlercke bei Werl dem Kloster Oelinghausen

der heimlichen Gerichte in Westphalen S. 521 stehen: „Nos Herbordus et Arnoldus de W'lfte (Wulfte) fratres famuli nec non singuli nostri heredes. Recognoscimus publice per presentes. Quod effestucando resignavimus et per presentes resignamus pensionem decem et octo solidorum, quam annuatim habuimus in Comitia Rodenberg. Nobili domicello Ottoni Comiti de Waldecke et suis veris heredibus. Ita videlicet, quod nos et nostri heredes predictum Comitem et suos heredes impedire vel impetere volumus nec debeamus pensione de prenarrata. In cujus resignationis testimonium ego Herboldus de W'lfte predictus meum sigillum pro me et Arnoldo fratre meo antedicto et nostris heredibus apposui huic scripto, quo ego Arnoldus predictus utor ad presens et contentor. Et in majorem hujus resignationis evidentiam petivimus Dominum Sifridum strenuum militem, ut suum sigillum presentibus fecerit appendisse. Et ego Sifridus miles predictus ob precationem Herboldi et Arnoldi fratrum predictorum famulorum presens scriptum, meo sigillo dedi communitum. Presentes Goscalcus (et) Hermannus de Tulon, Henricus de Almena, Suaderus de Hottope, Conradus de Brochusen armigeri et plures alii fide digni. Datum anno Domini MCCC. quadragesimo sexto. Feria tertia post omnium Sanctorum." —
„Nos Herboldus et Arnoldus de Wlfte fratres, famuli, nec non singuli nostri heredes. Recognoscimus publice per presentes, quod effestucando resignavimus et per presentes resignamus pensionem decem et octo solidorum, quam annuatim habuimus in Comitia Rodenberg. Nobili domicello Ottoni Comiti de Waldecke et suis veris heredibus. Ita videlicet, quod nos et nostri heredes predictum Comitem et suos heredes impedire vel impetere volumus nec debeamus pensione de prenarrata. In cujus resignationis testimonium ego Herboldus de Wlfte predictus, meum sigillum pro me et Arnoldo fratre meo antedicto, et nostris heredibus apposui huic scripto, quo ego Arnoldus predictus utor ad presens et contentor. Et in

gegen Güter zu Leneberg und Glyndenberg vertauscht. 1348 op sente Martinus Daghe in den Wynter (11. Nov.).

Seiberts Urkb. II. S. 712. S. 871.

56. Herr Craft von Meschede, Ritter, besiegelt die Urkunde des Goscalk von Hennclare (Godscalk von Hanxler), worin derselbe das Amt, Kotammet, dem Stifte zu Meschede, von dem es zu Lehn geht, für 16 Mark verkauft. 1349 feria sexta post Gereonis et Victoris (11. Oct.).

Seiberts Urkb. II. Nr. 717. S. 379.

57. Hermann v. Helvelde verkauft Syverde Sanders, Bürger zu Brilon, eine ganze Hufe, zu Nehene

majorem hujus resignationis evidentiam petivimus Dominum Sifridum strenuum militem, ut suum sigillum presentibus fecerit appendisse. Et ego Sifridus miles predictus ob precationum Herboldi et Arnoldi fratrum predictorum famulorum presens scriptum, meo sigillo dedi communitum. Presentes Goschalcus Hermanus de Tulon, Henricus de Almena. Suaderus de Hottore, Conradus de Brochusen armiger, et plures alii fide digni. Datum anno Domini MCCC. quadragesimo sexto. Feria tertia post omnium Sanctorum."

Die Grafschaft Rudenberg gehörte zu dem im Amte Fredeburg gelegenen Grunde Astinghausen, welcher Letztere den Grafen von Waldeck zustand. Zu dieser Grafschaft Rudenberg gehörten ganz oder zum Theile folgende Dörfer: Velmede, Nuttlar, Gevelinghausen, Wigeringhausen, Seringhausen, Werenboldinghausen, (aus welchen beiden ausgegangenen Orten das heutige Dorf Elpe entstand n ist) Dalhausen und Amelösen oder Amelgoldinghausen (zwei Wüstungen) Langenbek, Valme,

Fahne, Meschede.   4

gelegen, welche bis dahin Ludolf Dormans
unter hatte. Diesen Verkauf, bei dem Saat
und Ansaat mit übergehen, genehmigen als
Lehnsherren Cordt und Everhard von Tulon,
sie versprechen den Käufer und dessen Erben
„zu rechter Erbtal" damit zu belehnen. Es
siegeln der Verkäufer und die beiden Lehns-
herren. Zeugen sind: Godefrid Esselins, Cone
Wessels, Johan Lizeganch und Herman Grone,
letzterer Richter zu Brilon. 1359 in die pal-
marum (den 14. April).

Aus dem Originale auf Pergament.

58. Everhard v. Tulon und Conrad v. Tulon, Brü-
der, verkaufen dem Syverde Sanders, Bürger
zu Brilon, eine halbe Hufe, zu Nehene gelegen,
dessen andere Hälfte Topel Helverdes hat.
Auch belehnen sie denselben damit und ver-
schreiben seiner Frau Wendela davon eine
Leibzucht. Es siegeln Everhard und Conrad
v. Tulon. 1359 in die Palmarum (14. April.)

Aus dem Originale auf Pergament.

Diese Tulon stammen von dem jetzigen Thülen, früher
Villa Tulen, dessen Kirche, dem h. Dyonisius gewidmet, Abt
Bodo von Corvey 1393 24. Mai der Propstei zu Marsberg
einverleibte, (Seibertz Urkundenbuch II, S. 682) was Bischof
Johann von Paderborn 1397, 23. Juli bestätigte, wobei Abt
Conrad von Abdinghof als Erzdechant des Decanats zu Hal-
dinghusen seine Einwilligung gab. Schaten Ann. Pad. ad
1397.

59. Goddert, Graf zu Arnsberg, belehnt Wilhelm
von Verne mit dem Dienstmannsgut, gelegen
zu Holthusen bei Geseke auf dem Westernberge

und auf dem Osternberge. 1364, am Tag
Mathie apli (24. Febr.)

Aus dem Copiar S. 172.

60. Conrad von Meschede, Kämmerer des Grafen
Godfrid IV. von Arnsberg, Zeuge, als letzterer
der Stadt Hirschberg ihre Freiheiten bestätigt.
1364 ipso die Andręe Apostoli (30. Nov.)

Seiberts Urkb. III, Nr. 1109, S. 481.

61. Die Brüder Themo und Godfried von Meschede,
der erstere mit Zustimmung seiner Frau und
seines Sohnes, verkaufen dem Kloster Abding-
hof eine Rente aus dem Mescheder Gut in der
Villa Stolpe. 1366, 3. Mai.

Aus dem Originale des Klosters Abdinghof im Pr.-A. su
Münster.

os Themo et Godefridus fratres de Messchede famuli
universis presentia visuris seu audituris facimus mani-
festum; quod nos de beneplacito et consensu omnium
nostrorum heredum et coheredum et specialiter Ymme
uxoris mei Themonis legitime et Godefridi filii mei pro viginti
marcis denariorum paderb. legalium nobis integraliter traditis
et solutis, Religiosis viris dominis Abbati et Conventui mo-
nasterii sanctorum Petri et Pauli paderborne ad ipsorum the-
saurariam. necnon pristinis de ipsorum voluntate pro tempore
conservatoribus rite ac rationabiliter vendidimus, et in hiis
scriptis vendimus, pensiones seu redditus perpetuos sex mol-
diorum siliginis et sex moldiorum ordei de bono ipsorum in
vulgari der von Messchede got, inter oppidum Ghesike et
villam Stalpe situato, nobis jure proprietatis libere, absque
omni onere seu jure feudali absolute pertinenti, singulis annis
in festo beati Michahelis recipiendos et per colonos dicti boni
pro tempore existentes eisdem in oppido Ghesike predicto
ubicumque decreverint absque impedimenti et cujuslibet con-
tradictionis obstaculo in bona annona dicta volgariter Market-

gheve Korn prestandos et solvendos promittentes firmiter pro
nobis et heredibus nostris et specialiter pro uxore et filio,
mei Themonis, supradictis, velle et debere dictis emptoribus
prestare et facere plenam et perfectam Warandiam, ubi, quando
et quoties ipsis fuerit oportunum et quando eis videbitur ex-
pedire, tam in jure canonico quam civili, super impetitione
quacumque, seu de impedimento et angaria reddituum et pen-
sionum prescriptorum. Et omnia suprascripta semper grata
et firma tenere et non contrafacere vel venire per nos seu
per alios aliqua causa vel ingenio de jure vel de facto renun-
ciando omni exceptioni juris canonici vel civilis ac facti cu-
juslibet auxilio quibus contra premissa nos et nostri succes-
sores seu heredes possemus iuvari quomodolibet in futurum.
In quorum omnium robur, testimonium et firmitatem, Nos
Themo et Godefridus pro nobis et nostris heredibus et cohe-
redibus presentibus et futuris et specialiter pro uxore et filio
Themonis mei supradicti, sigilla nostra una cum sigillo Jo-
hannis Jordani judicis secularis in Gheske apposuimus huic
scripto. Et ego Johannes Judex antedictus recognosco, me
sigillum meum una cum sigillis Themonis et Godefridi fratrum
predictorum, ad suorum et Ymme ac Godefridi predictorum,
quia hec omnia coram me in figura judicii acta sunt presen-
tibus appendisse. In testimonium omnium et singulorum pre-
missorum. Quibus sigillis cum proprio ad presens careamus
nos Ymme et Godefridus sepedicti contenti sumus ipsaque
sigilla pro nobis presentibus apponi instanter rogavimus in
nostri consensus et voluntatis testimonium et in robur et mu-
nimen omnium premissorum. Actum et Datum anno Domini
Millesimo ccc^{mo} sexagesimo sexto dominica die qua cantatur
Cantate Domino.

Die Siegel haben den Mescheder Sparren.

62. Goddert von der Husen, Knappe, verkauft seinen
   Hof zu dem Dale bei Wekede im Kirchspiel
   Höygenhuseu dem Knappen Johann von An-
   röchte. Zeugen sind: die edelen lude Junche-

ren tho büren Symon, Henrich vnde Johan
brodere von der Weuelsbergh gheheten, Hin-
rich de Wcsselere, Dyderik von Netelynghen,
Bertold von Holthusen, Knapen. 1367, (31.
Dec.) an sunte siluesters daghe des hylgen
Martylers.

Aus dem Original auf Pergament.

63. Arnold von Rosebiche verpfändet seinem Schwa-
ger Hermann Bosencrodde eine Rente. 1368,
10. Nov.

Aus dem Originale des Klosters Bredelar im Pr.-A. zu Münster.

ch Arnold van Rosebiche, Nolden zoyn van Rosebiche do
kunt allen Luden de dussen Breyf seyt edder horet lesen,
dat ich mit guden Willen Hermans van dem Scarpen-
berghe, Thideriches van Plettenbracht Knapen miner
Leynheren und mit guden Willen al miner Erven hebbe vor
sayt unde vor sette in dusseme openen Breyve Hermanne Bo-
sencrodde mineme Suagere unde al sinen rechten erven an-
derhalf malt Korngulde brylonscher mate, des ses scepel
zollet wessen Roghen, unde ses scepel gersten, unde eyn malt
haveren, ut minemen dele des Teynden tho Wressenchusen,
alle iar up sunte Mertines dagh de in dem Wintere comet to
betalende unde borende. Unde hebbe Hermanne Bosencrodde
dusse Korngulde ghe sayt vor zevene unde dertigh clene
guldene gut van golde unde suar nogh van ghewigte. Unde
we sich mines deyles des teynden vor screwen under windet,
de zal Hermanne Bosencrodde unde sinen erven wor wissen
dusse Korngulde unvertoghet unde sunder hinder unde arge-
list tho betalende up sunte Mertines dagh vor ghescrewen.
Des moghe wi Arnold van Rosebiche vor screwen, Arold van
Rosebiche de Goltsmeyt unde unser beyder rechten erven
alle iar twischen meddewinttere unde paschen aller nest dar
na dusse Korngulde wedder losen an eyneme hope vor zevene
unde dertygh cleyne guldene gut van golde unde suar nogh
van ghewigte, efte eynen halfen del na dem anderen sunder

weddersprake. In eyne belughnisse al dusser vor screwenen
puncte unde stucke so is min jngesegel Hermans van dem
Scarpenberghe vor mich und vor Thideriche van Plettenbrachte
hir an ghehanchen des ich Thideriche van Plettenbracht medde
bruke und bekenne des unde is unser beyder wille unde is
mit unsen willen gescheyn, unde ich Arnold van Rosebiehe
hebbe min Jngesegel hir an ghe hanchen vor mich unde mine
erven, dat ich dusse Korngulde vorscrewen hebbe . al dus
versayt. Tuglude zint Johan Lisegangh tho der tit Borger-
muester tho Brylon und Amelunghes, Herman unde Henrich
Rudemas. Datum anno Domini M⁰. ccc⁰. LX⁰. octavo, proxima
feria secunda ante diem Martini episcopi hyemalis.

Das Siegel des Scharpenberg zeigt einen rechtsschregen
mit Eisenbütlein verzierten Balken, Rosebiche hat einen Ro-
senstock im Schilde.

64. Cuno, Administrator des Erzstifts Cöln über-
    trägt dem Bischofe Heinrich von Paderborn
    das Marschallamt in Westphalen unter beson-
    derer Verpfändung der Schlösser zu Hovestadt,
    Rüden, Nordena, Cogelenberg, Alme und der
    Stadt Lüde. 1370, Donrestages vor Palmen,
    dat is up des heiligen Ambrosius Dach (4.
    April).
    Seiberts Urkb. II, S. 570.

65. Cuno, Administrator von Cöln, zeigt sämmt-
    lichen Unterthanen des Marschallamts von West-
    phalen die Ernennung Henrichs, Bischofs von
    Paderborn, zum Marschall an. 1370, 6. April.
    Aus dem Originale des Domstifts zu Paderborn im Pr.-A.
    zu Münster.

uno dei gratia sancte Trevirensis Ecclesie Archiepiscopus,
sacri Imperii per Galliam Archicancellarius, Vicarius
Ecclesie Coloniensis in spiritualibus et temporalibus
auctoritate apostolica deputatus, dilectis nobis universis

et singulis, Castrensibus, Vasallis ac in Susato in Hervordia
et aliorum quorumcumque Opidorum Officii Marschalcatus
Ecclesie Coloniensis in Westfalia, opidanis et universitatibus
nec non quibuscumque fidelibus et subditis in dicto officio
Marschalcatus residentibus, seu ad ipsum pertinentibus gratiam
nostram cum salute. Noveritis quod nos de legalitate ac fide-
litatis industria venerabilis in christo patris Domini Henrici
Episcopi Paderburnensis, consanguinei nostri dilecti singularem
fiduciam obtinentes ac ad succurrendum tribulitionibus et in-
vadentium insultibus quibus graviter angariamur, ipsum de
consilio et voluntate venerabilium Decani et Capituli Ecclesie
coloniensis, nostrum Marschalcum in Westfalia fecimus et
constituimus, facimus et constitimus per presentes iuxta for-
mam et continentiam aliarum litterarum nostrarum inter nos
et dictum dominum Episcopum super eo confectarum, vobis
et cuilibet vestrum idcirco sub debito fidelitatis quo nobis Ec-
clesie coloniensi astringimini mandantes et seriose volentes,
quatenus eidem Episcopo tamquam vero vestro Marscalco in
omnibus licitis et honestis in Judiciis et extra pareatis fide-
liter et intendatis. In quorum testimonium vicariatus nostri
ac capituli coloniensis predicti sigilla presentibus sunt appensa.
Quod nos Decanus et Capitulum predicti profidemur esse
verum. Datum Gudesberg, anno Domini Millesimo trecente-
simo septuagesimo, in vigilia palmarum.

66. Vorgenannter Cuno theilt dieselbe Nachricht verschiedenen Burgmannschaften, namentlich der von Almc, besonders mit. 1370, 13. April.

Aus dem Originale des Domstifts zu Paderborn im P.-A.
zu Münster.

y Cuno van gotz genaden Ertzebuschoff zu Triere,
Vicarius des Ges'ichtz van Colne in geistlichen und
werentlichen vamme Stule van Rome gegeven, dun
kunt ind ze wissen, uch Dyderiche Schubel unsem
Amptmanne zu der Nordernae ind vort allen ind sunderlingen
unsen Burchluden zu Ruden, zu der Hovestat, zume Cogelen-

berge, zu Almen ind unsen Burgeren zu Lude unsen lieven getruwen dat wir overmitz, rait, willen ind guytdunken der Ersamen lude des Dechens ind Capittels van Colne, den Erwerdigen in gode vader hern Henrich Bysscholf zu Paderburne unsen lieven Maich, unsen und des Gestichtz Marschalck in Westfalen lande gemacht hain, Ind want die vurgescreven Bysschoff van unsen und des vurscreven Capittels van Colne Beden und Geheisse dat selve Marschalckampt geloist hait van den Edlen Manne Goderde wanme Greven zu Arnsberge was umme unser wegen vur Echtdusent sware Guldenen, ind wir yme ouch bevolen ind verluwen hain, dat he die Slosse des Gestichtz van Colne die rechtlichen ind redelichen verpandt weren oder versat, wederlosen, ind ouch eyne Summe geltz van dusent guldenen an etzlichen dieser vurscreven Slosse verbuwen mach na formen ind underschede as wir ind dat Capittel van Colne vurscreven yme darover gegeven hain besigelt, herumb so gebieden wir uch ind uyrre ychtlichen besunder ernstlichen ind willen in den truwen dat yr uns ind den gestichte van Colne verbunden syt, umb dat die vurgenant Byschoff ind syn Gestichte yrs gelds vurscrewen des die sicherre syn dat yr und uyrre ychtlich asbalde as he des van uch gesynnet, yme ind syme Gestichte gelovet ind huldet, zu yrme gelde ind nyt vorder in manyren ind underscheden, as die vurgenante breve cleirlichen ynnehaldent, ind also verre as uch ind uyrre ychtlichen dat antryfft. Ind des cnlaist nyt in geynne wys want wir des myt yme umb kenliche noit ind urber des Gestichtz van Colne in der wise overcomen syn. Ind des zu Urkunde han wir unser Vicarien ind dat Capittel van Colne yrs Capittels Ingesegell an diesen brief dun hangen. Ind wir Dechen ind Capittel der Kirchen van Colne vurgenant bekennen dat alle dise vurscreven dyncg overmitz unsen rait ind guytdunken also geschiet synt ind han des zu urkunde unss Capittels Ingesiegel an disen brief gehangen die gegeven is in den Jaren uns heren dusent dryhundert ind seventzich . up den heiligen Payssschavent.

Am 23. Mai 1370 zahlten Johann von Wintzingerode, Domherr und Kämmerer zu Paderborn, Ritter Friedrich von Brenken und Bertold von Geysmar, Bürger zu Warburg, im

Auftrage des Bischofs Henrich von Paderborn dem Grafen
Godfried von Arnsberg 5000 schwere Gulden auf die Ablösesumme des Marschallamts von Westphalen, wobei, für den
Erzbischof von Cöln, Goswin von Duysborg, Domherr zu Cöln,
und Burchard von Westerholt, Pastor zu Holtheim im Stifte
Cöln, als Zeugen zugegen waren und den Act mit besiegelten,
Westerholt mit dem geschachten Schilde von 6 Plätzen. (Domstift zu Paderborn.) Die Bezahlung des Restes der Lösesumme
wurde dem Bischofe Henrich am 2. August durch Erzbischof
Friedrich quittirt. Siehe meine Geschichte der Dynasten von
Bocholtz I. 1 S. 102 und 103.

67. Godert v. Meschede, wohnhaft zu Effelen, verschreibt seiner Frau Kunneke (Kargen) an
dem Hofe zu Effelen, worauf er wohnt, genannt
der v. Meschedehof, und an dem Hofe, den
Cordt Starkenbergs baut und der vom Stifte
Paderborn lehnrührig ist, eine Leibzucht. —
Es siegeln mit ihm die Burgmänner zu Rüden:
Cordt von dem Rodenberge und Rötger Rump.
1371, ipso die Viti (den 15. Juni).

Aus einer gleichzeitigen Abschrift.

68. Johann v. Nehen, Knappe, verkauft mit Genehmigung Sweders von Nehen, seines Neffen,
dem Gobelen Buchten zu Nehene einen halben
Hof, genannt Helwerdes Hof, zu Nehene gelegen
und belehnt ihn mit demselben. Es siegeln
Johan v. Nehene und Sweder v. Nehene.
1372 feria II. prox. post diem Epiphanie Dni.
(den 7. Jan.)

Aus dem Originale auf Pergament.

69. Erzbischof Fridrich von Cöln verspricht, das Marschallamt binnen drei Jahren vom Bischofe Henrich nicht einzulösen, sofern derselbe zur Verwaltung desselben Körperstärke behält, oder der Erzbischof sich nicht selbst in Westphalen aufhalten wird. 1373, 12. Juli.

Aus dem Originale des Domstifts zu Paderborn im Pr.-A.
zu Münster.

ir Friderich van der Gotz gnaden der heilgen Kirchen zu Colne Ertzebischoff des heilgen romschen Rychs in Italien Ertzkenzellir, Hertoge van Westfalen ind van Enger. Dun kunt allen luden die desen brieff sulen sien off huren lesen, die wir umb sunderlinge trewe ind geloven wille, der wir ons gentzlichen vermoiden zu dem Erwerdigen vader in goide heren Henriche dem Bischoffe zu Paderburne onsme Marschalcke zu Westfalen, jnd umb dat hee die vlisslicher ind die truwelicher ind ouch mit gantzem ernste dat vorscrevene Marschalck Ampt beschirme, verantwerde ind beware, so bekennen wir, dat wir den vurscreven unsen Marschalcke zugesacht ind geloifft han, dat wyr yn van dem vurscreven onseme Marschalck-Ampte nyet ensetzen willen noch sullen bynne dryn Jairen, na datum dys brieffs neist volgende . Id en were dan sache dat wir selver in dem vurscreven onsme Lande van Westfalen syn weulden of dat die vurscreven onse Marschalck also schwach van lyve wurde dat hee dat vurscreven onse Marschalcampt nyet bewaren noch beschirmen kunde, so mugen wir yme sin gelt dat hee hait op dit vurscreven Marschalckampt geven ind betzalen ind yn dan entsetzen beheltnisse doch herenboiven den brieven, die op dat vurscreven Marschalckampt gemachet synt alle yre macht, alle Argelist ind geverde uissgescheiden in desen dingen. Ind dys zu orkunde ind steetgheit so han wir onse siegel an diesen breive dun hangen, die gegeven is in den Jairen ons heren dusent dryhundert dry ind seventzich, des Mandages na Kiliani.

70. Einverleibung von Arnsberg und Recklinghausen in die Pfandschaft des Marschallampts. 1373, 12. Juli.

Aus dem Originale des Pad. Domstifts im Pr.-A. au Münster.

ir Friederich von Goitz genaden der heyliger Kirchen zu Colne .Ertzebusschoff, des heyligen Ryches in Italien Ertzekentzeler hertzoge van Westfalen ind van Enger, dun kunt allen luden, want wir heydenriche van Ore unsen Amptman unss gemeynen Lands und der Grayffschaff van Arnsberg ind ouch der veste van Rekelinchusen gemachet hain, ind yme die zu etzlichen Jaren bevoylen hain, ind dieselve Heydenrich des noch nyt zu rayde wurden is, dat he dem Erwerdigen vadere in goide heren Henriche Bysschoffe zu Paderborne unsem Marschalke in Westfalen sulche geloyfde ind Eyde doe, van der vurscreven lande wegen, van Arnsberg ind van Rekelinchusen, as in den brieven gescreven steit, die up dat Marschalkampt synt gemachet, herumb so bekennen wir, dat die vurscreven unse Marschalck ind syne Nakomelinge uns ind unsme Gestichte nyt verbunden syn solen zu den punten ind vurwarden van der vurscreven Lande wegen, die in den vurscreven brieven van dem Marschalckampte begryffen synt bis alslange dat die vurscreven Heydenrich of de Amptlude zer zyt der vurscreven ·lande yme of synen nakomelingen dese vurscreven geloyfde ind Eyde na ynhalde der vurscreven brieve haven gedain. Ind as sie die gedain haint so solen die vurscreven brieue van deme Marschalckampte gehalden werden in allen yren puncten, so wie sie gelegen synt sunder alle argelist ind geverde Des zu urkunde han wir unse Ingesigel an desen brief dun hangen, die gegeven is zu Duytze in den Jaren unss heren dusent dryhundert dry ind seventzich des Mayndages na sent Kylians dage.

71. Symon, Edelherr v. Büren, beurkundet seine Verpflichtungen für den Fall, dass ihm Alme verpfändet werde. 1374, 16. Juni.

Aus dem Originale des Pad. Domstifts im Pr.-Ar. zu Münster.

Ch Symon edel van Buren bekenne opembar in dissem breve vor my und myne rechten erven. Wan de erwerdighe in gode vader und here, her Hinrik biscop to Paderburne my bewyset vifhundert mark pennynge alse tho Paderburne ghinge und gheve synd, an dem Slote tho Almene, und my daran settet myt willen und breven des erwerdighen in gode vaders und heren des Ertzebisscopes tho Colne, so sal ich und myne erven de vifhundert mark dar an nemen und slan de den vorghescreven mynem heren van Paderburne synen Nakomelinghen und syme Capittele af, twehundert mark de ich und myne erven hebbet an erem dele der Wevelsborgh und drehundert van den dusend marken do se my und mynen erven dar over gegheven hebbet und sollen dat don bynnen den nesten twen Jaren na ghifte desses breves. Und sal ich und myne erven de vyfhundert mark an deme Slote tho Almene beholden also lange went dem selven mynen heren sinen nakomelinghen eder Capitel to Paderburne vorghescreven dat Marschalckampt werde afgheloset van unsem heren van Colne synen Nakomelinghen eder Capittele vorghescreven, und en van den ere gheld dat se dar an liggende he-bet weder gheven und betalet werde, und wan en dat gheld also betalet wert, so solen myn here van Paderburne syne Nakomelinghe oder Capitel my und mynen erven de vifhundert Mark vorghescreven weder gheven und betalen van dem ersten ghelde dat en also van dem Marschalkampte und vor dat Marschalkampt betalet werd, und wan uns dat betalet is so sol dat Slot tho Almene van my 'und mynen erven ledich und los syn. Kunde ich ok und myne erven dat erwerven by unsen heren van Colne, dat he uns lete besitten an Almene vor de vifhundert mark vorghescreven, so solde unse here van Paderburne syne Nakomelinghe und Capitel unsem heren van Colne de vifhundert Mark afslan van der summen und dem ghelde dat he en vor dat Marschalk-

ampt gheven und betalen sal. Ok sall ick Symon vorghenant
myt unsen heren van (Paderborne) und an en welik unser
dat aller erst und best ghedon kan by nnsen heren van Colne
truwelike und endelike dar umme anbyden und werven, dat
wy myt dem ghelde werden van eme ghesat an dat Slot tho
Almene in aller wyse also vorghescreven is, und wan ich
und myne erven an dat Slot to Almene also ghesat syn und
dat ynne und under hebbet, so sole wy unsen heren van
Colne und synen underdanen und unsem heren van Paderburne
synen Nakomelinghen und Capittele und eren underdanen
schaden van dem Slote bewaren na holtnisse der breve de
unse here van Colne den selven unsem heren van Paderburne
und syme Capitele dar over gegheven hevet, und dat vor-
bund sal waren also lange als myn here van Paderburne syne
Nakomelinghe und Capitel dat Marschalkampt under hebbet.
Ok de wile ich und myne erven dat Slot under hebbet so sal
dat mynem heren synen Nakomelinghen und Capitele to Pader-
burne open syn to all eren noden, de wile se dat Marschalk-
ampt under hebbet . Des to vesteninge und tuchnisse hebbe
ich myn Inghezeghel vor my und myne rechten erven an
dissen bref ghehangen. Datum anno Dni. Millesimo trecen-
tesimo sepluagesimo quarto, feria secunda post diem beati
Viti martieris.

~~~~~~~~~~~~~

72. Henrich, Bischof von Paderborn, verpfändet
    dem Edelherrn Symon von Büren das Schloss
    Alme. 1375, 16. Nov.

Aus dem Originale des Pad. Domstifts im Pr.-Ar. zu Münster

yr Henrich von godis gnadin bisscoff tzu Paderburne
bekennen offinlichin in diesem briefe daz wyr daz
Sloiz tzu Almene mid alle siner tzu behoringe daz
wyr ynne han und unsir phand ist mid andirn Slozin
vor eyne summe geldis die wyr an dem Marschalk-
ampte liegendo hain firsastz han und firsetzin mid diesem
briefe mid fulburt und willen des ewirdigen in godo vatirs
unsers heren, hern Frideriches Ertzbisscoffis tzu Colne, dem

Ediln Juncher Symon von Büren und synen rechtin erbin vor funffhundirt marg penninge als nu tzu Paderburne genge und gebe sint und setzin sie in fullekomen were und besitzunge der vorgenanten Slotzys und tzubehoringe, ouch ist geredit wanne uns unsir gelt gebin wyrt daz wyr an dem Marschalk-ampte liegende han und daz von uns unsemStiffte odir naco-melingen geloist wyrt nach ynhalt der briefe die wyr von unsem heren von Colne vorgesereven und syme capitel dar ubir haint, so sulle wyr und wollin dem , - van Büren und synen erbin megenant die funfhundirt marg penninge vorge-screven lazin gevallin und wiedirgebin ane wiedirsprache, odir sie mugen daz gelt an dem Sloize behaldin mid willen unsir heren von Colne, und wir sollin und wollin dan unsyn heren von Colne odir synen nacomen daz gelt abeslain und ynne lazin van und an der summen unsis gelds daz wir an dem Marschalkampte liegende han . Des zu Urkunde han wyr gebedin unsin herin von Colne megenant, daz he in eyne tzechin und kuntssalf syner fulburt und willen fur sich synen Stifft und nacomen vor unsym uud myd unsym Ingesegel and diesen brieff gehangen hait, das wyr Frederich von Godis gnadin Ertzbisscoff tzu Colne uns erkennen . Nach Cristi geburt dritzenhundirt in dem funff- und siebintziegestin Jare, an nehistin fritage na Martini.

Unter demselbigen Tage reversirt Symon von Büren dem Bischofe eidlich, dass er gegen Rückzahlung der 500 Mark das Schloss Alme wieder herausgeben wolle.

73. Gotfrid von Meschede wird zu Soest mit einem Burglehn zu Rüden belehnt, wozu auch die Zehnten zu Deytwerdinchusen und Heyninc-husen bei Soest und Corbecke gehören. 1376.
Seibertz Urkb. I. S. 613. II. S. 526.

74. Erzbischof Fridrich von Cöln löset mit 2000 Goldgulden, welche ihm Soest vorgestreckt hat,

die Burgen und das Land Arnsberg von Hey-
denrich von Oer wieder ein und gelobt vor
Rückzahlung der 2000 Gglden keine weitere
Verpfändung damit vorzunehmen. 1376, 23. Feb.

Seibertz Urkb. II. S. 618.

75. Symon, Edler von Büren, bekennt, dass er
eine Pfandschaft von 200 Mark von der Weuels-
burg auf Schloss Alme übernommen und an
diesem nunmehr 500 Mark zu fordern habe.
1376, 27. März.

Aus dem Originale des Paderb. Domstifts im Prov.-Archive
zu Münster.

ch Symon Edil von Buren bekennen offinliche in diesen
Briefe vor mich und myne rechtin Erbin, daz die Er-
wirdige in Gode Vadir Her Henrich Bisschoff zu Pader-
burn von syner und syns Capitels wegin da selbiz die
zweyhundert Marg Penninge die ich und myne Erben hattin
an erme deyle des Sloizys tzu Wyvelsborg mir bestalt und
gewist han an den Sloize tzu Almena, mit den andern drien-
hundirt Marken die ich dar ame han und mir da bewist syn,
also daz ich unde myne erbin funffhundert marg an dem
Sloize tzu Almena han und behaldin sulln nach Ynhalt der
Briefe die uns dar ubir gebin syn, und sege die vorgescryven
mynen Heren Hern Henriche Bischoffe und daz Capitel tzu
Paderburn der tzweierhundirt Marg die ich an der Wyvels-
borg hatte quit und lois wante ich und myne Erbin an erme
deile des Sloizys tzu Wyvelsborg keynerleige Gelt mer lie-
gende haben . Des tzu Kuntschaff und getzuge han ich myn
Ingesegel vor mich und myne rechtin Erbin an dieszen Brieff
gehangen . In den Jaren unses Heren dritzenhundirt und sees
und siebintzieg, an dem nechistin Donrestage nach dem Sun-
dage als men singet Letare.

Das wohlerhaltene Siegel des Ausstellers zeigt den Bü-
ren'schen Löwen mit der Umschrift: „S. Simonis de Buren."
— 1377, feria sexta post festum Pasche (3. April) stellte

Simon eine Quittung dahin aus, dass der Bischof ihm durch den Kirchherrn von Brakel die schuldigen 500 Mark auf Alme bis auf 10 Mark ausgezahlt habe.

76. Erzbischof Friedrich verpfändet dem Bischofe Henrich von Paderborn Lüde, Cogelberg und Alme, 1377, 5. Feb.

Aus dem Originale des Pad. Domstifts im Pr.-Ar. zu Münster.

Wir Friderich van goitz genaden der heyligen Kirchen zu Colne Ertzebusscoff, des heyligen Roymsschen Rychs in Italien Ertzekenceller hertoge van Westfalen ind van Enger . Dun kunt allen luyden da, want der Erwerdige in goide vader unser alreliefste here ind Oyme her Cune Ertzebusschove zu Triere unsis Gestichtz vur zyden rechte mumper, ind unse Capittel zu Colne dem Erwerdigen in goide vader hern Henriche Busschove zu Paderborne unssim liven vrunde unsze Slosse lande ind luyde unsis Marschallamptz zu Westfalen mit yre zubehoren bevolen ind vur eyne Summe geltz versatzt hatten, jnd yme ind syme Gestichte eyn deil unser Slosse in demselven unsen lande ind Marschallampte zu Westfalen vur alle gebrech die an bezalinge der Summen geltz ind anders gevallen mochte ind mit huldingen dar zu geantwordt hatten na Inhalt sulcher brieve, die derselbe her Henrich Busschoff und syn Capittel zu Paderborne van dem egenanten unsem heren dem Ertzebusschoff van Triere und unsem Capittel van Colne vurscreven dar oyver besigelt hant, So bekennen wir vur uns, unse Nakomelinge ind Gestichte van Colne offentlich dat wir dieselven unse lant ind Marschallampt weder zu uns genomen ind eyme andirn von unsin wegen zu bewaren bevoylen han, ind des gelds dat sy an dem lande ind Marschallampte vurgenant lyghende hatten, yn vunffdusent ind Sesshundert guldene bezalet han, jnd blyven yn der Summen gelds noch schuldig tweydusent ind vierhundert guldene ind vunffhundert guldene, da sy Luyde vur hant geloist jnd Eichhundert gul-

dene die wir yn ouch van rechter schult sunderlingen van
des Marschallampts wegen schuldich syn, dat syn zusamen
Drudusent ind Sievenhundert guldene guyt van Golde ind
swair van gewichte, of yr weert dar vur an anderm gudem
paymente, as zuer zyt der bezalinge in unszer Muntze zu
Soyst genge ind geve is, dar vur Wir yn dieselven unse
Slosse mit namen unser deil der Stat zu Luyde den Cogelen-
berg ind dat Sloss zu Almene mit alle yren zubehoringen,
wie die geheiszen, ind wu die gelegen sint, als sy die zuvur
mit andern Slosse zu underpande hatten gelaissen, verbunden
ind versatzt han, Also dat die vurgenante her Henrich Bus-
schoff zu Paderborne syne Nakomelinge ind Capittel die Slosse
mit allen yren rechten ind zubehoren vor die Summen vurge-
nant semmetliche behalden sullen, aslange bis wir unse Nako-
melinge oder Gestichte yn die Summen vurscreven gentzlichen
widergeven ind bezalen an den steden as die brieve vurger-
ort ynne haldent, voirt so muge wir unse nakomelinge
ind gestichte uns uyss den vorgenannten Slossen behelpen
wider alremellich die unse vyande nu sint of hernamails
werden mugen, uyssgenommen die vurgenante Buschof ind
Gesticht van Paderborne, ind yn behalde der pandschaff vur-
screven, da vur yn die vurscreven Slosse steent verbunden
vorewant yn in den brieven georlovet was, ind ist, dat sie
eyne Summe geltz an den Slossen verbuwen mochten, So ist
unse wille ind orloven, yn dat sy vunff hundert guldenen mit
dem dat an dem Cogelenge ytzund verbuwet is vort in guder
Rechenschaff verbuwen mugen, an den Slossen vurscreven so
wa des alremeist noit is. Vort want demse'ven heren Hen-
riche Busschof ind syme Capittel georlovet was, wat der vur-
screven unser Slasse versatzt were, dat sy die loysen moch-
ten, jnd als wir Johan Raven Ritter ind die anderen Revene
syne neven die gelt an unse Slosse zume Cogelenberge lig-
hende hatten ind hant na Inhalt der brieve an sy gewyst hat-
ten, also wysen wir sy noch an sie ind heisschen dat sei
dieselven bern Henrich syne Nakomelinge ind Capittel zu
loysen, staden ind stain, als sy uns ind unsme Gestichte
schuldig weren ind syn, jnd wat sie des Gelds van der loyse
uyssgeven dat sullen wir unse Nakomelinge oder Gestichte

yn mit der andern Summen wedergeven ind bezalen zu guder
Rechenschaff, vort sulle die egen brieve die sie van unsem
heren dem Ertzebushof van Triere und unsem Capittele van
Colne vurscreven besegelt hant, in aller macht ind moge bly-
ven, zu den puncten ind articlen die in desen brieven begrif-
fen sint, also lange bis yn die Summe geltz vurscreven wirt
bezalet oder bis dat wir vur alle die puncte, stucke ind
article hy ynne begriffen yn nuwe brieve da sy wale ynne
bewaert syn mit unsim ind unsis Capittels van Colne Ingese-
gelen besigelt dar oyver gegeven, jnd wanne wir yn die also
gegeven han, so sulle sy uns die yrsten brieve wider ant-
worten ayn argelist ind geverde. Alle dese vurscreven puncte,
stucke ind article han wir Friederich Ertzebusschof zu Colne
vurscreven gelovet ind geloven in guden truwen vur uns unse
Nakomelinge ind Gestichte den vurscreven hern Henriche
Busschof synen Nakomelingen ind Gestichte van Paderborne
stede ind vaste zu halden sunder Argelist. Des zu Urkunde
so han wir unse Insiegel an desen brieff dun hangen die ge-
geven is in den Jahren uss heren Dusend Dryhundert sieven
ind sieventzich, up sent Agathen dach der heyligen Juncg-
frauwen.

77. Henrich, Bischof von Paderborn, verpfändet Schloss, Burg und Dorf zu Alme dem Edelherrn Simon von Büren 1378, bti. Remigii c. (1. October).

Fahne, Dynasten von Booholtz, Bd. I. Abth. I. S. 103. 1)

¹) Simon stellte unter demselbigen Tage zwei Reverse
aus, einen, worin er die Pfandschaft verbrieft, einen zweiten,
worin er erklärt, dass, falls er 100 Gulden an Alme verbaue,
wie ihm Bischof Heinrich gestattet, er letzterm diese Summe
ersetzen wolle in dem Falle, dass der Erzbischof von Cöln
ihn direct als Pfandinnehaber annehme. (Archiv des Pad.
Domstifts.)

78. Symon, Edelherr zu Büren, verpfändet Schloss und Haus zu Alme für 26 Mark auf zwei Jahre an Johann v. Schorlemmer 1380, 9. Sept.

y Symon van Buren eyn edel man bekennet oppenbare, dat wy myt guden willen unser erven hebbet ghedan und gelaten unse Slot und hus to Almena, myt alme rechte unde tobehoringe war de ghelegen zy . Johanne van Scorlemere den Jungen, Knapen und zynen Erven vor ses und tvintich mark ghelt als to Ghesike ghinc unde gheve is de uns zynt betalet vredelike to bezittende und truwelike to bawarende als irs zelves gut und erve ane arghelist. Also beschedelike dat ze dar ynne moggen wonen twe jar na ghifte disses breves ane wederlose, und zich dar van behelpen teghen allermallike ane unsen heren van Colne und zyne underzaten, und unsen heren van Paderborne. Also weret dat ze wat to zakende hedden myt underzaten unses heren van Colne vorgenant, dat zoln ze vor uns vervolghen tve mant, konde en dar bynnen neyn recht van engheschen zo moghe ze zich dar van behelpen dan kan en recht wedervarn dar an zal en genoghen. Ok hedden ze wat ute stande myt unsen heren vau Paderboene, dat zoln se vor uns vervolghen eynen mant des ghelikes. Vortmer wert dat wy hir enbynnen wolden wonen in dem vorgenanten hus to Almena zo zoln ze uns dat entrumen also lange winte wy unse dinc hebben ghedan, dan zole wy en wederstaden to den vorgenanten hus na als vore, dar en bynnen zole wy en to vorn beghaden der anderen hus eyn to Almena, Cordes van Tulen efte Bocholtes, dat ze dar ynne wonen, also lange winte wy en dat vorgenante hus hebben gherumt ane weddersprake, vortmer zo wan wy efte unse erven na den vorgenanten twen jaren den vorgenanten Johanne zynen erven weder ghevet ses und tvintlich mark des vorgenanten gheldes zo zoln ze uns efte unsen erven dat vorgenante Sclot und hus to Almena weder antworden ledich und los ane weddersprake, hir en bynnen zal uns dat vorgenante Sclot und hus open stan und unse opene Sclot zyn to al unser not und to al unsen behove

und urser erven ane wedersprake. Vortmer zole wy und
unse erven en des vorgenanten Sclotes und huses rechte
warscap don also lange winte wy en dat vorgenannte ghelt
hebben betalct, und de betalinge zole wy efte unse erven en
tovorn eyn verdel Jares kundich don anc arghelisl. Al disse
vorgenannte dinc und stucke love wy Symon vorgenant stede
und vast to holdende und to donde in guden truwen, und
unse Inghezegle vor uns und unse erven ghehangen an dissen
bref, myt Inghezegele her Bertoldes und Johans unser Broder
und wy her Bertolt und Johan Brodere vorgenant bekennet
dat al disse vorgenante dinc war zynt under unse Inghezegele
umme bede willen Symones unses Broders vorgenant to kun-
scsap ghehangen an dissen bref. Datum feria secunda post
festam nativitatis beate marie virginis, anno domini $M^0. ccc^0.$
$LXXX^0.$

~~~~~~~~~~

79. Godert von Meschede verkauft eine Kornrente.
1380, 31. Dezember.

Aus dem Originale des Patroclus-Stifts zu Soest im Pr.-Arch.
zu Münster.

Ich Godert van Meschede de Junghe, Knape bekenne und
betughe openbare in dissen Breve, Dat ich myt guden
Willen und ganser Vulbart al myner rechten Erven ver-
kofft, na rechtem Verkope twe Molt Korngulte Rogghen
und Gersten likevele ut myne gansen Deyle des Teynden to
Stockem in Ghesiker Velde ghelegen, eyme beschedenen
Manne Johanne Bekemanne eynem Borger to Ghesike, Melten
syner rechten Vrowen und eren rechten Erven vor achte und
dertich Mark Penninghe Gheldes als to Sost ghinc und gheve
is und to Ghesike, de my deghere und wol synt belalt, de
vorgenante Gulde alle Jar uppe sunte Michaelis Dagh bynnen
Ghesike war de vorgenante Kopere dat eyschet van den ghe-
veren, de den vorgenanten Teynden to Stochem legget und
varet to betalende, fredelichen to bezittende. Vortmer love
ich und myne Erven den vorgenanten Koperen der vorge-
nanten Gulde vulle und rechte Warscap to donde vor aller-

hande Anspracke geistliches ofte wertliches Rechtes, wanner, war und wo dicke en des Not is ane Wedersprake. Mit sodaner Ghenade umme Woldat und Vrenscap wedergheven alzo dat ich ofte myne Erven de vorgenante Gulde bynnen den nesten veyr Jahren na Gyfte diesses Breves zolen wederkopen ane Wedersprake van den vorgenanten Koperen vor de vorgenante Summen Gheldes twischen sunte Michaelis Dagh und sunte Peters als he up den Stol quam, wan de jargulde . . . . synt deghere betalet . . ene breke Vrenscap na to stande als vore. Vor weliche Warscap jerliche Betalinghe und ouch Wederkop to donde der vorgenanten Gulde ich vor to Borghen zette: Hermane den Stotere Knapen, Alberte den Wreden und Johanne Rump den Olden, de myt my myt zammeder Hant dar vore ghelovet hebbet alzo beschedelichen wert dat der vorgenanten Borghen yenich aflivich worde zo solde ich ofte myme Erven myt den levendighen Borghen eynen alzo guden in des vervallenen stede weder zetten bynnen dem yrsten Mande na syme Dode also dicke als dat geschey dar ouch de vorgenanten Borghen myt my myt zamederhant vore ghelovet hebben ane Wedersprake droghene Arghelist schepene Dagh nye vunde gheleyde und al dat disse vorgenanten Stücke letten und hindern utghescheiden. Al disse vorgenanten Article love ich Godert van Meschede vorgenant eyn Sakewolde Herman de Stotere und Johan Rump Borghen vorgenant stede und vast to holdende und to donde in guden truwen under unsen Inghezeglen ghebanghen an dissen Breif und ich Albert de Wrede vorgenant bekenne dat ich love in allerwys als myne mede Borghen hebben gedaen, disse vorgenanten Article to holdende under Inghezegele Hermans des Stoters vorgenant, des ich myt eme gebruke, gehanghen an dissen Breif. Hir waren over und au beschedene Lude Her Wulbere Scultetich Prester, Cort van Tulen Knape und Lutfert van Stalpe. Datum Anno Domini M⁰. ccc⁰. octuagesimo. In die beati Silvestri papae.

Die Wappen der drei wohlerhaltenen Siegel werden am Schlusse abgebildet.

80. Heyderich von Oer bescheinigt, dass ihm das Amt Werl aus dem Marschallamte verpfändet ist. 1381, 2. April.

Aus dem Original des Pad. Domstifts im Pr.-A. zu Münster.

atum per Copiam. Wy Symon van Godes gnaden bisscop to Paderborne Marschalk unses heren, hern Frederikes Ertzebiscop van Colne, to Westphalen vor uns unde unse Nakomelinge, bekennet in dussen breve, dat wy umme nut unde not unses Stichtes to Paderborne na rade unses stichtes vrunde mit willen unde vulbord der Ersamen heren Domprovestes, Domdekens unde Capitels unser kerken to Paderborne ute deme Marschalkampte vorgescreven bevolen hebbet unde bevelet in dissen breve, dem strengen Heydenrike van Oyre Knape unde synen rechten erven dat Ampt to Werle mit gerichte unde allen tobehoringen wo de gelegen unde benompt sint, Alzo dat Heydenrich vorgenant unde syne erven dat Ampt mit synen tobehoringen vorgescreven up ere eygene wyn unde verlust ungerekent bruklichen besitten unde truweliken vordegedingen unde waren solen, unde alre rente unde gulde des Amptes vor ere kost unde arbeit behalden ut gesproken grote broke, de de Stad tho Werle gemeynliken dede, Also lange dat wy eder unse Nakomen en dusent guldene gud van golde unde swar van gewichte, de uns von Heydenrike vorgenant geworden sint unde an unses heren van Colne vorgenant Marschalkampt to unsen unde unses stichtes nut gekomen synt weder geven unde betalen, dat wy unde unse Nakomen alre jar don mogen, unde wanne wy eder unse Nakomen dat don willet oder Heydenrich unde syne erven ere dusent guldene vorscreven van uns weder hebben willet, dat sal unser eyn dem andern twischen Wynachten unde lechtmissen kuntlichen vorkundigen, unde dar na twischen Lechtmissen unde Paschen aller nest solle wy eder unse Nakomen Heydenriche vorgenant unde synen erven ere dusent guldene vorgescreven beredeliken weder gheven unde betalen ane jenicherleye vortoch. Vortmer is geredet dat dat Slot to Werle uns unde unsem stichte sal open syn unde open bliven to nut unde to nod alse lange

alse dusse bevelynge waret ane argelist, unde dat wy unde
unse Nakomen wan unse here van Colne eder syne Nakomen
van uns syn Marschalkampt wederloset Heydenricke vorge-
nant unde syne erven ere dusent· guldene vorgescreven van
der lose to vorn vallen laten solen alse vorre, alse wy dat
ampt vorscreven von en alrede nicht gelost en hedden. Ok
sal Heydenrick vorscreven unde syne erven unsem heren van
Colne unde syme stichte unde uns unde unsem stichte van
dem ampte to werle vorgenant schaden bewaren unde uns
an den vorbunden dar wy unsem heren von Colne von dem
vorgenanten Marschalkamptes weghene an vorbunden synt ok
truweliken bewaren ane argelist· Alle punte unde article
vorgescreven love wy Symon vorgenant vor uns unde unse
Nakomen, Heydenrike vorgenant unde synen Erven stede unde
vast to haldende unde dar nummer nicht weder to donde in
gerichte oder buten gerichte jenigerleye wys ane argelist.
Des to tuge unde vestenunge hebbe wy unse Ingesegel mit
unses Capitels Ingesegele an dissen breff laten gehangen,
unde wy domprovest, Domdeken unde Capittel to Paderborne
to tuge unses willens unde vulbordes gegeven to dissen din-
gen hebbet unses Capittels Ingesegel gehangen laten an dys-
sen breff. Datum anno Domini m. ccc°. l. xxx primo die
beati Urbani Eppi· et Martyeris. Und ich Heydenrick van
Oyre knape bekenne vor my unde myne rechten Erven dat
alle vorsc. stucke war synt und dat wy an dem vorsc. Ampte
to Werle nicht mer rechtes hebben dan alse vorgescreven is
und hebbe gelovet alle article vorgescreven alse vere alse
uns de anroret stede unde vast to haldende ane Argelist, unde
hebbe des to tuge myn Ingesegel vor my unde myne erven
an dissen bref gehangen. Datum anno et die ut supra.

81. Derselbe, seither Marschall von Westphalen, quittirt 6000 Gulden. 1381, 15. Juli.

Aus dem Original des Pad. Domstifts im Pr.-A. zu Münster.

ch Heydenrich van Ore knape, bekenne unde betuge
openbare in dissen beve vor my unde myne erven,
umme dat Marschalcampt des Stichtes van Colne, dat
myn genedige her Friderich Ertzebisscop to Colne my

bevolen hadde, dat de Erwerdige here her Symon Bisscop to
Paderburne van my dat entlediget hevet in sulker mate; dat
ich mynen heren van Colne vorgenant und syn Gestichte van
Seesdusent guldenen de ich dar an hadde ledich unde los
geseget hebbe, unde segge in dissen breve. Des to tuge
hebbe ich myn Ingesegel an dissen bref gehangen. Datum
anno Domini M⁰ CCC⁰ LXXX primo. Die divisionis apostolorum.

82. Derselbe quittirt dem Bischofe Symon von Paderborn 1381 bei der Belagerung von Steinhaus 1000 Gulden.

Aus dem Originale des Pad. Domstifts im Pr.-Ar. zu Münster.

ch Heydenrich van Oyre knape bekenne unde betuge
openbar in dissen breve vor my und myne rechten
erven, dat de erwerdige here, her Symon bisscop to
Paderburne van alsodanen vif und twintichhundert gul-
denen de he my sculdich was dar ich synen openen bese-
gelden bref up hebbe, my dusent guldene guyt gemaket hevet
to Gudackere, und de dusent guldene solen af gan van der
sumen vorgescreven, unde ich late und segge den vorgenan-
ten heren unde syne borgen der vorscreven dusent guldenen
quyt unde los in dissen breve und hebbe des to tuge myn
Ingesegel an dissen bref gehangen. Datum anno Domini
M. CCC. LXXXJ in obsidione castri Steynhus.

83. Andreas Valsch verkauft Güter zu Anröchte an Godert von Meschede und dessen Frau. 1382, 14. Febr.

Aus dem Originale auf Pergament.

ch Andreas Valsch doy kundich allen luden de dissen bref
zolen seyn, eder horen lesen, vnd bekenne openbare
dat ich myt guden willen vnd vulbord al myner rechten
eruen hebbe verkoft vnd verkope in dessen breue, eynen
vasten erfliken ewighen steden kope, vredeliken vnd vmmer-

mer to besittene, vnd de kope to beholdene alse hir na ghe-
screuen steyt. Tho den irsten, den hof ton bosinchoue myt
al syner rechten olden tobehoringhe, de gheleghen ys in dem
kerspele to Eruethe, vnd mynen hof de nedene in den dorpe
to Anrochte lyghet, den nv to tyde vnderheuet vnd buwet
henneken Hillen vnd vortmer de hove de ghelegen ys in den
dorpe to Anrochte, dar myn steenwerk uppe steyt, myt dem
steenwerke vnd myt allen rechten vnd tobehoringen alse myn
vader my dat gheeruet heft . vnd al myn gud dat in den be-
nompten dorpe to Anrochte gheleghen ys . myt al synen
rechten buten vnd binnen uppe den kerkhove an schürenstede
vnd in kerken an kastensteden myt al eren rechten . vnd den
vorgt. hof, hove vnd gude myt aller tobehoringe in holte, in
velde, in wateren, in weyden, in torve, in twyghe . wo dat
gheleghen sy, Goderde van Messchede, Fygen syner echten
vrowen vnd des seluen Goderdes rechten eruen, vor twe-
hundert mark vnd vor veyrtich mark penninge, ghelt alse to
Sost ghinge vnd gheue ys . welke summen Goderd van
Messchede vors. my — wol betalet heuet . vnd ich Andreas
Valsch vnd al myne eruen louet Goderd — rechte warscap
to donde — Vortmer bekenne ich — dat ich al desse vorss.
punte hebbe ghelouet vnd to den hilghen ghesworn myt up-
gherichteden lyfliken ringern vnd myt ghestauenden Eden
stede to holdene . Were dat ich myne truwe vnd ede nicht
enhelde, des god nicht enwille, so hebbe ich to borghen
ghesat, Johanne van scorlemer den junges'e, Corde den Ke-
telere, hern Rotghers zone des Ketelers, Hermanne van Ney-
hem borchman to der Marke vnde Hunolde, Hermans zone
van plettenbracht Knapen . vnd wy borghen bekennet vnd
louet mit samender hand, an guden truwen goderde van
Messchede vnd goderdes rechten eruen, were dat en dat
vornompte gud myt rechte besproken wurde binne jare und
daghe allerneyst na ghifte desses breues, also dycke alse dat
sche, vnd wy in vnse antworde eder in vnse woninge ghe-
manet werden, so zole wy en de ansprake afleggen vnuor-
toghet vnd irvullen vnd richten en wat ze des to schaden
hedden, eder wy zolen vnuortoghet ryden to Sost in eyne
ghemeyne herberghe vnd leysten dar inne, vnd zolen nicht

weder vthe der stad to Sost kome de ansprake en sy en irst
al af gheleghet vnd en ensy ok irst al gherichtet vnd irvullet
sunder Ede vnd ane enigherhande wedersprake wat ze des
to schaden hedden . In Orkunde hebbe ich Andreas myn
jnghesegbel vor my vnd wy borghen vnse jnghesegbel myt
Inghesegbele Andreses Valsches, vnses sakewolden vorgt.
an dessen bref gehangen . Were ok dat ·desse brief nat oder
flechaflich wurde eder vnser ingheseghel welik tobroken oder
to quesset worde van vngbelucke dat sal vns neyne stade
noch bate don, dan desse bref zal blyuen likewol by al syner
macht. Datum anno Domini M^0. ccc^0. octuagesimo secundo,
ipso die bti. Valenti Mart.

Von dem Siegel ist nur das des Valsch, Nehem und
Plettenberg vorhanden, deren Wappenschilde am Schlusse
abgebildet sind.

84. Symon, Bischof von Paderborn, quittirt dem
Erzbischofe Friedrich von Cöln die Ablöse des
Marschallamts mit Ausschluss von 3700 Gul-
den auf Cogelberg, Lüde und Alme 1382,
16. November.

Seiberts Urkb. II, S. 644.

85. Goddert von Meschede gelobt eine Pfandschaft
binnen sechs Jahre wieder einzulösen. 1386,
11. April.

Aus dem Originale der Herrschaft Büren im Pr.-A. zu Münst.r.

ch Goddert von Meschede Knape bekenne openbare in
dussen Breve vor my und vor alle myne rechten erven,
Dat ich hebbe gelovet und love in dussen breve den
Edelen heren Bertolde heren to Buren, myme Leen-
heren unn synen rechten erven, de dre Marck geldes de ich
verkofft hebbe ute myme deyle des hoves to Berghe, dat ich
und myne erven de weder sollet und willet an den vorge-
nanten hoff, als se dar vor ave gewesz hebbet binnen dussen

neisten sees jaren de neyst volgende synt na gyffte dusses breves. Werdt dat ich Goddert eder myne erven vorgenant des nicht en deden binnen duser tyd, wan ich Godert eder myne Erven dar dan umme gemand worden van dem vorgenanten Edlen heren Bertold eder van synen erven, so solde ich eder myne Erven bynnen achte dagen dar na in ryden tho Buren und dar nycht weder deyn, do dre Marck Geldes an weren eryst weder gelost an den hofl als vorgescreven is. Alle dusse vorgenante Stucke love ich Godert und myne erven dem vorgenanten Edelen heren Bertolde und synen erven in guden truwen stede und vast to haldende sunder argelist, und hebbe des to tugge myn Ingesegel vor my und vor alle myne rechten erven an dussen breff gehangen. Datum feria quarta proxima post Dominicam Judica. Sub anno Domini M⁰. ccc⁰. LXXX sexto.

Das Siegel in grünem Wachs hat den Sparren und die Umschrift .†. S. Gotfridus de Meschede.

---

86. Die Gebrüder Symon, Henrich und Johann von Buren bescheinigen dem Erzbischofe von Cöln, dass sie von ihm die Amtmannsstelle der Burg und Stadt Alme gemeinschaftlich auf Lebzeit besitzen. 1386, 5. Nov.

Fahne die Dynasten von Bocholts Band I, Abth. 1, S. 103.

87. Die vorgenanten drei Brüder von Buren tragen dem Erzbischofe von Cöln mehrere Güter als Burglehne von Alme auf. 1386, 7. Nov.

Aus dem Originale im Pr.-A. zu Münster.

ir Symon, Henrich ind Johan Edele luyde Heren van Buren. Doin kunt allen Luyden, ind bekennen offentlichen overmitz desen Brieff vur uns ind alle unse erven ind Nakomelinge, dat wir umb sunderlinge genade ind gunste, die wir han zu dem guden sent Petere ind syme Gestichte van Colne, ind ouch umb dat die Erwir-

dige ln gode vadere, unse lieve here her Friderich Ertze-
busschoff zu Colne Hertzoge van Westfalen ind van Enger,
syne Nakomelinge ind Gestichte uns sementlichen ind besun-
dere des die vorder ind die willichlicher ze verantwerden
ind zeverdedingen haven, as andere yre Edele manne ind
undersassen demselven unsen heren van Colne synen Nako-
melingen ind Gestichte sleichtz ind puyrlichen opgedragen
ind upgegeven han, mit hande ind mit munde, vur uns ind
alle unse erven, unse vrye lossledige eygen Erve hoyva ind
guyde, mit namen die Steenbeke ind den hoiff zu Ysichusen
tusschen der Nienburgh ind Sydinchusen, dat Reynrosen guyt
halff zu Sydenchusen, den hoiff zu Rolinchusen ind Geve-
linchus guyt by Sylebeke gelegen, mit allen yren rechten
Renten ind zubehoren, jnd han die vurscreven gude alle van
unsme vurscreven heren van Colne zu eyme Burchlene van
Almen widerumb entfangen. Also dat wir gebrudere alle dry
vurscreven die wyle wir sementlichen ind sunderlingen leven,
syne ind synss gestichts gude truwe Burgmanne dar van syn
ind bliven solen zu Almen, jnd ouch solen unse rechte lyffs-
leens erven, van uns geboren, na unsme dode uns vurscreven
heren van Colne synre nakomelinge ind gestichte Burchmanne
zu Almen syn ind bliven van alle den guden vurscreven, ind
die zu rechte Burgleyne alda haven ind behalden van unsen
heren synen nakomelingen ind gestichte vurscreven under
gewoinlichen hulden ind eyden alle zyt as sich geburt darup
ze dune. Ind off wir gebrudere alle dry vurscreven, ayn
rechte Lyffs leens erven sturven, van uns geboren, so solen
die vurscreven gude alle wie sy vurbenant sint mit allen
yren rechten gulden, Renten ind zubehoren vurscreven unsme
vurscreven heren van Colne synen nakomelingen ind gestichte
puyrlichen loss ind ledich widerumb ervallen ind ledich wor-
den syn, also dat sy die selver behalden, off anders alle yren
willen da mit dun mugen, as mit anderen yren vryen eygenen
guden, ze male nyt rechts andern unsen erven off ymanne
anders van unsen wegen daran behalden. Ind herup han wir
unsme vurgescreven heren van Colne ind syme gestichte
hulde ind eyde ghedain ind gesworen as sich van rechte ge-
burt in alsulchen sachen. Deser dinge zu urkunde ind ewi-

ger steitgheit han wir gebrudere van Buren alle dry unse
Ingesigele vur uns ind unse erven an desen brieff gehangen.
Gegeven ind geschiet zu Arnsbergh in dem jaire unss heren
dusent druhundert seess ind eichtzich des gudenstages na
alre heylgen Daghe.

~~~~~~~~~~

88. Godert von Meschede verkauft 12 Morgen
Land in der Feldmark von Kallenhart für 20
Mark Soester Währung an Johan Kulynghe,
Bürger zu Rüden, Wiederlöse vorbehalten.
Zeugen sind: Henrich von dem Ruddenberge,
Knappe, Friedrich von Nettelstede, Bürger-
meister zu Rüden und Gobel de Kale, Bürger
daselbst. 1387, die Dominica qua cantatur
letare jerusalem (17. März).

89. Bertold, Propst zu Werden und sein Bruder
Johann, Edelherren von Büren, verpfänden
Schloss, Burg und Stadt Alme an Bertold von
Büren und dessen Sohn Bertold. 1388, 7. Sept.
Aus dem Oirginale der Herrschaft Büren im Pr.-A. zu Münster.

y Bertold van Buren eyn Provest to Werdene und
Johan van Buren Brodere Edeln Lude, bekennen und
betughen openbare in dussen breve vor uns und vor
al unse rechten erven dat wy vor hundert mark und
vor teyn mark pennynghe gelt alz to Buren ghynghe und
gheve ys, und de uns to unsen guden wiln degher und al
wol betalet zynt, myt guden wiln und myt vordachten mode
hebt vorsat und vorsettet in dussen breve heren Bertolde
heren to Buren und Bertolde zyme zonne und al eren rechten
erven unse Slot Almen, Borch und Staed myt allem rechten
und myt aller to behoringhe und slachte nut, alz dat gleghen
ys alz wy dat under hebt und under hebt gehat, und wir und

al unse rechte erven zollet und willet den vorgenanten heren
Bertolde und Bertolde zynen zonne und al eren rechten erven
des vorgenanten slottes Almen, Borch und Staed myt allen
rechten und to behoringhe rechte warschap don up allen
steden und in allen rechten gheystlich und wertlich wanner
und war und wo dycke en des behof eder not ys zunder
jeyrleyge wedersprake und vortogh alz wy en dat hebt glo-
vet und lovet myt zemender hant vor uns und vor al unse
rechte erven an guden truwen stede und vast to haldene .
Ok zo moghe wy und zollet dat vorgenante slot Almen,
Borch und Staed weder van en losen vor de vorgenanten
hundert mark und teyn mark vorgenanter pennynghe to allen
tyden, wanner wy en dat kuntlichen eyn half Jar vor weten
latet eder ze uns . Ok werd dat wy des behof hedden zo
moghe wy geliche wol eyne Stallynghe hebben uppe der
borch to Almen an der eynen zyden keghen den Bockeberghe
und dar ut und in riden to al unsen behof . Vortmer zo en
zal dusse breff und alle vorgenante article nycht ledych noch
loes zyn in neyr leye wys, wy en hebn dussen zelven unsen
breff weder myt quytansien hern Bertoldes vorgenant und
Bertoldes zynes zonnes eder ercr erven . Alle arghelist und
nyge vunde ut gesproket . To tughe alle dusser vorgenanter
Stucke und article hebbe wy Bertold und Johan Brodere
vorgenant, unse Ingesegele vestlichen an dussen breff ge-
hanghen . Datum anno Domini M^o. ccc^o. lxxx octavo . in
vigilia nativitatis beate Marie virginis.

~~~~~~~~~~~~~~

93. Godert v. Meschedc verkauft der Abtei Holt-
hausen eine Korn-Reute. 1391, 17. März.

Aus dem Original des Patroolus-Stifts zu Soest im Pr.A.
zu Münster.

k Godert van Meschede bekenne und betuge dat ek
myt goden Willen und myt vulbort al myner fechten
Erven hebbe verkoft und verkope to eyme erflichen
steden Kope dre Molt Korns dreyerleye Korn yerliker
und erfliker Gulde de ek hadde alle Yar ute deme Tenden

to Stokhem vor eyne Summe Geldes de my deger und al to Willen wol betalet ys den ersommen Junkvraen Ebdissen, Priorissen und gansen Convente des Cloesters to Holthusen by Buren und de vorgenanten dre Molt Korns solen de, de den vorgenanten Tenden voret und leget den vorgenanten Junkvraen betalen na Gifte desses Breves alle Yar uppe sunte Michahelis to Geseke in eyn Hus war dat de vorgenanten Junkvraen eschet . und de vorgenante Godert sal en dat vorgenante Korn vryen in dat vorgenante hus. Alle desse vorgenante Article love ek Godert vorgenant vor my und vor myne rechten Erven in goden Truen stede und vast to holdene sunder yerleye argelist und hebbe des vort to er meren Sekerheyt myn Ingesegel vor my und myne rechten Erven an dessen Bref gehangen. Datum Anno Domini M°. ccc°. xc° primo, ipso die sancte Gertrudis.

Unter demselbigen Datum reservirt die Abtissin Aleid, die Priorin Regela und der Convent des Klosters zu Holthausen bei Buren, dass Godert v. Meschede obige Kornrente unverjährt zurücklösen kann.

91. Godert von Meschede verkauft den halben Zehnten zu Stochem bei Geseke. 1393, 11. März.

Aus dem Original des Patroolus-Stifts zu Soest im Pr.-A. zu Münster.

ch Ghodert van Meschede Borchman to Ruden zelghen Themen Sone, bekenne und betuge in dessen Breyve dat ich mit Willen und Vulbort Ymmen myner Moder und vortmer myt Willen und Vulbort al unser Erven und Anerven myt guden Vorberade und vorbedachten Mode umme myner Noit willen vor achte hundert gude Guldene de my to mynen Willen deger und all wol betalet synt, hebbe verkoft und verkope in dessen Breyve rechtes stedes erfflikes Kopes mynen Deel des gansen Teynden to Stochem dat dey Helffte ys und welke ander Helffte nu ter Tyt der van Heurde ys, so alse dey belegen ys tuschen Gheyseke und

Stormede myt all syner Thobehoringe in Holte in Velde myt aller schlaehter Nut, myt Besettynge und Entsettynge und myt allen Rechten den Ersamen Heren „ Dekene „ und deme Capyttele van Soest „ und vortmer Hern Bernde van den Saltkotten Official in der Tyt to Soest „ Also beschedeliken dat dey vurgenannten Heren und dat Capyttel van Soest hebbet ghekoft dey helffte van deme vurgenannten halven Teynden „ Und Her Bernd van den Saltkotten Official to Soest vurgenannt dey anderen Helffte des selven halven Teynden vurgenannt to besyttene und to brukene rastliken und vredeliken „ erfflike ewelike und ummer mer sunder alle Wedersprake ledich und vry unbesweret myt jenigen Pechten, Deynsten ofte Rechtes oppe veyrteyn Schillingh Geldes dey men alle Jar dar ut ghevet to Pacht deme Erbern Heren deme Abbate van Syborch to betalene oppe sunte Mychele an Pagimente also to Geyseke genge und gheve ys . Und wy solen und wellt deme benompten Capyttele van Soest „ und Hern Bernde van den Saltkotten Official vurgenannt des benompten halven Teynden to Stochem myt syner Thobehoringe so alse vurgenannt steyt allewege rechte Warschop doin in allen steden, wan und war und wo dicke en des behoyff ys, und van uns dat eyschet aen eren Schaden . Und hebbet vortmer vurtegen und vurtyget in dessen Breyve oppe den benompten halven Teynden als recht ys „ also dat wy unse Erven und Anerven noch neymant van unser wegen dar nummer mer vorder Ansprake an hebben sole noch en welle myt yrleye rechte dat sy gestlik ofte wetllich sunder alle Argelist . Des to eine Tuge der Warheit so hebbe ich Ghodert van Messchede Borchman to Ruden vurgenannt myn Inghesegel vor my vor Ymmen myne Moder und vor alle unse Erven und Anerven an dessen Breyff ghehangen, des ich Ymme, Ghoderdes Moder vurgenannt bekenne und mede ghebruke to desser Tyt, und hebbet vortmer ghebeden to eyner meren Kuntschop und Vestnisse, Ghoderde und Diderk van Messchede Brodere dat sey ere Inghesegele hyr mede to Tuge an dessen Breyff hebbet ghehangen „ Wante dese vurgenannte Koep myt eren guden Willen und Wyschop ghescheyn ys, des wy Ghodert und Diderich Broder vurgenannt enkennet dat dyt war ys .

Dar over und ane weren Erber beschedene Lude Her Dide-
rich van Meynynschusz, Her Diderich van Lunen Burger-
mestere to Soest in der Tyt, Hinrich van me Ruddenberge
Knape, Her Lambert van Hattorpe, Johan van Lunen, Johan
dey Zure Bürger to Soest und ander guder Lude ghenoich .
Datum Anno Domini Milesimo ccc⁰. nonagesimo tertio . Feria
secunda post Dominicam qua cantatur Oculi.

Die drei anhangenden Siegel, mit dem Sparren-Wappen
ohne Helmzierde, sind wohl erhalten.

92. Ymme, Mutter des vorgenannten Godert von
Meschede, verzichtet vor Frederich von Hope-
ren, Richter zu Rüden, auf ihre Ansprüche an
den vorgedachten, verkauften Zehnten zu
Stochem. 1393, in cristino ble Gertrudis V.
(18. März).
Aus dem Original des Patroclus-Stifts im Pr.-A. zu Münster.

93. Godert von Meschede, Burgmann zu Rüden,
der aus dem halben Hofe zu Berge 6½ Malter
Kornrente dem Convent zu Holthausen mit
Wissen des Lehnsherrn, des edelen Junker
Bertold, Herrn zu Büren verkauft hat, verspricht
dem letzteren binnen 10 Jahr die Einlöse. 1393,
in secunda dominica die post pasche, 20. April.
Aus dem Originale der Herrschaft Büren im Pr.-A. zu Münster.

94. Godert von Meschede trägt den Zehnten zu
Stockem dem Abte zu Sigburg auf, um das
Kapitel zu Soest damit zu belehnen. 1393,
28. Juni.
Aus dem Originale des Patroclus-Stifts im Pr.-A. zu Münster.

Ich Goedart van Messchede Wapelinck doin kunt und be-
kennen overmitz diesen Brief vur mich und myne Erven
dat ich hain upgegeven und upgedragen myme gnedigen
Hern Hern Pilgerym van Drachenveltz Able zo Syberg

Fahne, Meschede. 6

den halven Tzienden zo Stoeckheym gelegen tusschen Geyske und Stoermede so wie mit die zoebehoerent und roerende is van myme gnedigen Heren vurscreven zo Manleen und dat ander Halfscheit des vurscreven Tzienden zobehoert dem van Huerde . Und hain darumb vort gebeiden mynen genedigen Heren vurscreven dat hee beleene dat Capittel und Gestichte van Soyste in alle der maissen as ich den Tzienden gehat und besessen hain bis an diese Tzyt, want ich yn den verkouft hain und verkouffen moiste umb myns Lyfs Noytdurft wille, und ich noch myne Erven en soilen nummer Anspraiche noch Vorderinge an dem vurscreven Halfscheide des Tzienden in geynrewys haven, dat dem vurscreven Capittel und Gestichte unscade doin moichte und geloyven diese vurscreven Stueke und Punte stede und vaste zo holden sunder alreleye Argelist . Und want diese Opdraginge vurscreven vur myme lieven gnedigen Heren vurscreven geschiet is und vur synen Mannen, so hain ich myn Ingesiegel an diesen Brief gehangen, und hain vort gebeiden myns Heren Man mit Namen Hern Heynrich van Barmen Ritter und Herman van den Vorste dat sy yre Ingesiegele by dat myn an diesen Brief haint gehangen, des wyr Heynrich van Barmen Ritter und Herman van den Vorste vurgenant bekennen, dat dese Opdracht vur unsme Heren dem Abte vurgenant geschiet is und dat hee vort Hern Heynrich Loyman Canoenich zo Soiste in urber und behouf des Dechens und Capittels zo Suiste van dem selven halven Tzienden beleent hait und hain umb Goedartz beiden willen unse Ingesiegele by dat syn und diesen Brief gehangen, want wy da oever und an geweist syn   Datum Anno Domini Milesimo Trecentesimo nonagesimo tertio, in Vigilia beatorum Petri et Pauli Apostolorum.

95. Bertold und Johann, Edelherren von Büren, verpfänden ihre halbe Stadt und Burg Alme. 1394, 20. Januar.

Aus dem Original der Herrschaft Büren im Pr.-A. zu Münster.

y Bertold Provest to Werdene und Henneke syn Bro-
der Edelen van Büren, bekennen in dusseme openen
Breffe vor unss und vor al unse rechten Erben, daz
wy schuldich syn van rechter Schult Hermanne van
Padberg und al synen rechten Erben veyr und twyntich gul-
dene gud van Golde und swar genoch van gewichte, und
hebbet eme dar vor vorzad und vorzettet in dussem breffe
unsse Borch und staid to Almen halff, also alse wy daz heb-
bet van genaden unsses heren van Colne mit aller herlicheid,
mit allen gerichten und gebeyden und mit aller slachte nutte
und tobehorynge wo daz gelegen is, in holte, in velde, in
watere, in weyde alzo daz se sich des gebruken mogen na
al erme nutte und guden wyllen, weret ok dat wy unsse
deyl des sloytes weme antworden odir deden, mit deme solle
wy und willen bestellen, daz Hermanne and synen Erben
vorgenant alsulich gelove und huldinge gesche dez se Geldes
und sloytes wal vorwaret syn . weret, ok daz wy unsse Sloyt
wolden weder lozen daz solde wy Hermanne odir synen Er-
ben Eyn halff jar to to voren kundich doin und dis selve
gelich solde se unss weder doin wolde se ere gelt van unss
weder han und daz so de wy en dan unvortoget weder ge-
ven, weret ok daz se wat vorbuweden an der Borch odir
an der stad daz twe Borchmanne odir twe bederve man to
Alme up ere beschedenheyd spreken, daz se dar anne
vorbuwet hedden, daz solde wy und wolde en unvortoget
weder geven, eyr wy unsse sloyt weder loysten. Alle dusse
vorgenante Artikle er ytlich bysundern und semetlichen de
love wy Bertold und Johan Edele vorgenaut myt sameder
hand in guden truwen stede und vast to holdene ayn Argelist,
und hebt vord gebeyden Gotschalk van Tulen den Alden und
Gotschalke synen sone daz se ere Ingesegele te kuntschop
hebt an dussen Breff gehangen, und des wy Gotschalk und
Gotschalk erkennen umme bede wyllen unser Junchern vor-

Fahne, Meschede.   G*

genant myt unsem Ingesegelen an dussem Breffe . Datum ipso
die fabiani et sebastiani mart. Anuo Domini м⁰. ccc⁰. xc⁰
quarto.

~~~~~~~~~~~~

96. Godert von Meschede verkauft Grundstücke zwischen Rüden und Warstein. 1396, 1. März.

Aus dem Originale im Archive des Freiherrn v. Fürstenberg
zu Cörtlinghausen.

ch Godert van Meschede seligen Temmen Sonne bekenne
unde betuge oppenbare in dusssem Breffe dat ick mit
Willen unde mit Volbart Gostgen mym ellickem Wiffe
unde alle unser rechten Erffen vor eynne Somme Geldes
die uns alle unde wal betallt ist hebet verkofft, recht, stede
erfflicken Koups Diderik Luerwolde und dem Helder dusses
Breffs den Werdehagen und dye Bonnenborch und Borchollt
unsen Deille dar van dat de Helffte Deille ist weleke andere
Helffte dem vorgerorden Diderik thobehorick ist, Also dye
belegen sindt thuschen Ruden und Warssstein mit allen Rech-
ten und in aller Schlachten, vor erfflick, efflick und nummer-
mer tho besitten und tho beholden, sonder eyniger hande
Wederspracke, und solt unde wolt des vurgenanten Holtes
unsen Deille dat de Helffte Deille ist allerwege rechte War-
schafft don, jn allen steden, wanner unde woe dicke me des
behoeff ist, sonder eren Schaden unde hebbe vortmer ick
und Gostgen myn Wiff vurgerort dar upe vortigen ain dem
wernthliken Gerichte tho Soeste und sindt des utgegante mit
Handt und mit Monde alsz dat recht ist, nommermer dar upe
tho sacken, wy unde unsse Erffen noch nymant van unsser
wegen mit ehigerleihe Gerichte geistlicken oder werntlicken,
sonder Argeliste. Des tho thuge heibe ick Godert vurgenant
myn Ingesegel vor my, vor Gostgen myn Wyff und vor alle
unsse Erffen ain doessen Breff gehangen und heibet vorder
gebeden, Johan Kellerman eyn werntlich Richtern tho Soeste
dat hei doessen Breff meede besegelt heefft, want dit vor
eyme geschein ist, des ick Johan Kellerman eyn werntlick
Richter vurgerort enkenne dat dit ware ist. Dar uffer unde

ain weren bescheiden Lude Helmich Lurewolt, Alleff vam
Boechen und ander Lude genoch. Datum Anno Domini M°.
ccc^{mo} xc°. sexto, ipso die beatorum Philippi et Jacobi Apo-
stolorum.

97. Godert von Meschede verkauft den halben Hof zu Berge. 1399, 31. Mai.

Aus dem Originale zu Cörtlinghausen.

ch Godert van Meschede, Temmen Sone van Meschede
Borgmann to Ruden, bekenne oppenbare in dessen Breve.
Dat ich myt Willen Gosten myner eliken Vrowen unde
alle unser Erven, hebbe vorkoft un vorkope in dessen
Breve to eynen steden erftiken Kope, unsen halven Hof to
Berghe, myt alle syner Tobehoringhe un slachten Nut, alse
de ghelegen is, in Holte, in Velde, in Watere un in Weyde,
mit Kerkleyne unde mit Gerichte, den nu tor Tyt telet unde
buwet, Rotgher Byrman to Berghe, ledigh un vrygh, ut gese-
get to Tentlosen, twe Mudde Wetes, seven un twintich Pen-
ninghe, un veyr Schillinge in der Kerken to Sweve; vor eyne
Summen Gheldes de uns to Willen wol betalet is, Wernere
Kedinchuse, Hilleke syner eliken Vrowen un eren rechten
Erven. un solen un willet en des vorgenanten halven Hoves
myt syner Tobehoringhe rechte warende wesen in allen Rech-
ten geistlich unde wertlich wan un wayr un wo vakene en
des noyt un behof is, sunder ere Cost un ayne eren Scaden.
Alles dat hir vorgescreyen is love ich Godert vorgenant vor
my Goste myne eliken Husvrowen unde alle unse Erven,
und sekere in guden truwen unde in Ede stad, stede un vast
to holdene sunder Argelist, Wer. ere Kedinchuse, Hilleken
siner eliken Vroven un eren rechten Erven, alle nye Vunde
un wat dessen Bref krenken of hinderen moghe ut geschei-
den. Desses tho eyner merer Sekerheit heb ich myn Segel
vor my, Goste myne eliken Vrowen un unse Erven an dessen
Bref gehangen un hebbe vort gebeden mynen genedigen Jun-
cheren Bertolde Juncheren tho Büren, de eyn Leynhere is
des vorgenannten Hoves, dat he syn Segel ouk tho merer

Kunschop an dessen Bref hevet ghehangen laten . Un wy
Bertold Juncher to Büren eyn Leynhere des vorgenannten
Hoves bekennet oppenbare in dessen Breve dat desse vor-
genannte Koep myt unsen guden Willen, Vulbort un War-
schap ghescheen is, des wy to eyner merer Kunschap unse
Segel hebben laten ghehangen to dessen Breve. Datum anno
Domini M⁰. ccc⁰. xc⁰, nono, in festo Pasche.

98. Diedrich von Ervete bekennet, dem Diedrich
von Meschede 20 Gulden auf die Schuld von
70 Gulden bezahlt zu haben, wofür sich der
Junker von Büren und Lubbert Westphalen
verbürgt haben. 1400, des Donnerstage na
sunte Mathias Daghe Apostels (25. Februar).

99. Bertold, Edelherr zu Büren, belehnt Werner
v. Kedinchusen für sich und seine männlichen
und weiblichen Nachkommen mit einem ganzen
Hofe zu Berghe, den früher die v. Rodenberge
und die v. Meschede zu Lehn getragen haben.
1403, in vigilia Bartholomaei sancti apostoli
(23. August).
Aus dem Originale des Körtlinghäuser Archivs. *)

100. Cordt Luerwaldt und Hellewygh die Rademekere
gestatten dem Goderde v. Meschede und dessen
Sohne Goderde, den halben Hof zu Suttorp für
36 rhein. Goldgulden wieder einzulösen. 1409,
ipsa die Nativitatis virginis Gloriose (8. Sept.).

*) In dem Archive Büren findet sich ein Revers des
Werner v. Kedinchusen vom 6. Januar 1403, worin derselbe
bekennt, von Bertold, Edelherrn von Büren, in Beisein von
Volmar von Brenken und Jürgen Loyf, mit einem halben
Hofe zu Berge als Mannlehn belehnt zu sein.

101. Verkauf eines Zehnten. 1410, 5. Januar.

Evert von Tuilen, Nese, seine Frau, Cordt und Henrich, ihre Kinder, mit Genehmigung des Herrn Cord, Everts Bruder, und Cziradis, ihrer Mutter, verkaufen, Wiederkauf vorbehalten, dem Vollande von Almen, Richter zu dem Berge, Metten, seiner Frau, Hermann und Vollande, ihren Kindern, ihren Theil des Zehnten zu Tuilen, geheiten to dem Bokenschede, der die Hälfte des ganzen Zehnten ist, für 70 rhein. Goldgulden. 1410, die conversionis Pauli. (Die weiteren Verhandlungen sehe man unten beim Jahre 1517.)

Es siegeln: Evert v. Tuilen, wie auch Conrad v. Tuilen, Priester, und Cziradis, seine Mutter, bittet ihren Schwager Gotschalk v. Tuilen, den Alten, dass er für sie siegele.

102. Gerdt von Ense bekennt Goddert von Meschede, seinem Tochter-Mann, 300 rheinische Gulden zu schulden und stellt dafür seine frei eigene durchschlagtige Zehntlöse zu Anröchte und sein Gut zum Hoenstene zu Anröchte zu Pfand. 1412, ipso die Conversionis sancti Pauli (25. Januar).

103. Lehnsrevers. 1412, 24. April.

Ebelke de Wrede, für sich und seinen Bruder Henrich, bescheinigt von Goderde von Meschede mit einer Hufe Landes zu Aspen, geheissen der Wreden Hof, so wie solche sein Vater und Altvater von den Vorfahren des von Meschede zu Lehn getragen haben, belehnt zu sein. 1412, dominica die Jubilate Deo.

Mit diesem Lehne, welches vor Westerkotten, im Amte Erwitte lag, und seit 1581, 19. Juni Mannlehn heisst, wurden später belehnt: 1549, Ludolff de Wrede zu Mylinckhusen, Sohn Henrichs, durch Goddert von Meschede, wobei Gerwin v. Meschede Lehnszeuge war; 1557, 19. Mai, derselbe Ludolff durch Gerdt v. Meschede; 1581, 19. Juni, derselbe Ludolff durch Christoph von Meschede, wobei Franz von Meschede, Bürger zu Brilon, Lehnszeuge war; 1627, 6. Juli, Johann de

Wrede zu Milinghausen, Sohn Ludolffs, Namens seines Vaters;
1652, 6. Juli, Johan de Wreden zu M., für sich und seinen
Vetter Ludolff de Wreden, durch die Vormünder des schwach-
sinnigen Jobst Philipp von Meschede; 1681, 21. Nov. Johan
Jacob de Wrede zu M., Sohn Johans, durch Wilhelm Rotger
v. Meschede zu Alme, der auch für Johan Diedrich von und
zu Höldinghausen handelt. (Das Weitere siehe Fahne, Codex
dipl. Bocholtanus, Seite 299.)

104. Anerkenntniss. 1416, 26. Januar.

Goddert von Meschede bekennt, dass der st. Imhildis-
Kapelle in der Kirche zu Meschede zwei Mark Rente aus
seinem Hofe zu Meschede, gelegen unter dem Langeler, und
aus zwei daselbst oben im Dorfe gelegenen Gärten, ferner
zwölf Pfenninge und zwei Hühner jährlich aus dem Hofe
geheissen Hundenershof, und vier Malter Korns aus seinem
Zehnten zu dem Ostenwalde, zustehen. 1416, Dominica die
post Conversionis beati Pauli.

105. Pfandschaft. 1416, 16. August.

Godert von Meschede verpfändet den Hof zu Nedersvelde
an Henrich dem Rediker von Overenkerken für 5 Goldgulden,
Wiederkaufsrecht vorbehalten. 1416, Dominica post Assum-
tionis beate Marie Virg.

106 Lehnbrief. 1424, 25. April.

Wylhem, Edler v. Büren, belehnt Godarde v. Meschede
mit dem Hofe zu Berghen in Mannsstatt, so wie solchen Hof
die von Meschede von seinen Vorfahren zu Lehn getragen
haben. 1424, Ipso die Marci Evangeliste.

107. Schuldbekenntniss. 1425, 13. Juni.

Henrich von Ense, seel. Gerds Sohn, und Godarts die
Vrede, des Cord Sohn, bekennen 20 rhein. Gulden an Died-
rich v. Meschede zu schulden und versprechen diese Summe
künftigen Jacobstag oder acht Tage darnach zu zahlen. 1425,
up den negesten Gunstag na des hilligen Lychnams Dach.

108. Aufforderungsact. 1428, 21. April.

Godert von Meschede bittet seine Maghen: Noldeke von
Meldricke und Cordt Rump, Burgmänner zu Rüden, dass sie
ihm sein Recht weisen, welches er wegen seines seel. Vetters
Godert von Meschede, Herrn Diedrichs Sohn, und dessen
Frau weiland Kunne Kargen, die auf dem von Mescheder
Hofe zu Effelen wohnten, gegen die Brüder der genannten
Kunne: Arndt den Kargen und den Kargen, beanspruchen
kann. 1428, Gudensdag nach Misericord. Dni.

Es liegen bei: Abschriften der Leibzuchtsverschreibung
vom 15. Juni 1371 und des Lehnbriefs vom 17. März 1317,
oben N⁰. 34 und 67.

109. Verkaufsurkunde. 1428, 23. Juni.

Eyvert von Tulen und Frederich, sein Sohn, verkaufen
erblich dem Goderde von Messchede und Regulen, dessen Frau,
ihr Haus und Steinwerk zu Almen mit Zubehör und allem
Gute, welches sie vor und in Almen haben, namentlich eine
halbe Hufe zu Nehen und 1½ Echtwort im Boeckholt, womit,
Mannlehne obigen Hauses, Eyvert v. Thulen 1427, 26. März,
die Brüder Conrad und Heneken Sundels belehnte. Dieser
Verkauf wird vor dem Richter zu Brilon bestätiget. Zeugen
sind: Johan von dem Scharpenbergh, Henr. v. Tulen, Drees
v. Brochusen de junge, Johan v. Nehen. 1428, In vigilia
Nativitatis beati Johannis Baptiste.

110. Diedrich v. Moers, Erzbischof von Cöln, übergibt Alme dem Geschlecht Meschede. 1430, 20. October.

ir Diederich van goitz gnaden der hieliger Kirchen zo
Colne Erzbusschoff, des hielgen Romischen Rychs jn
Italien Ertzcanceller, hertzoch van westfalen ind van
Enger etc. doin kont allen luden, dat wir vmb ge-
truwes dienstz willen, den vns Godart van Meschede vnse
lieue getruwe gedain hait ind he ind syne eruen in zoko-
menden zyden noch truwelicher doin mogen ind sullen dem

seluen Godardc ind synen Eruen vnse woeste hoefstat zo
Almen mit allen synen Zogehoringen wie vns ind vnssme
gestychte daselfs die zo gehorent gegeuen han ind geuen
ouermitz desen brieff jn der maissen her nageschreuen. Dat
is zu wissen dat Sye die hauen zo vnsem vnd vnss gestichts
ind irem besten, jnd der genyessen ind gebruchen sullen diese
neyste funfftzich jare neyst kompt, ind wann de fünfftzich
jare vmb synt, So mogen wir vnse nakomelinge off gestichte,
wilche zyt ind wanne vns das gelustet off euen koempt, vnse
vurss. hoeffstat zo Almen mit allen synen zogehoringen ind
buwe den Godart vurss. off syne Eruen darup gemacht hant
as dan wieder van yn lösen mit funff hondert Rynschen Gul-
den. Ind asbalde wir vnse nakomelinge off gestychte yn die
funffhondert Gulden also gegeuen ind betzalt han, dar zo sy
ouch asdan alle tzyt gehorsam syn sullen, die zo entfangen,
So sullen sy, vns vnsen nakomelingen off gestychte, off weme
wir dat beuelen van stont, Almen mit allen synen zo geho-
rungen ind buwe vurss. der vmmer asdan dry hondert gulden
wale wert syn sal, vry los ind ledich wider geuen ain ver-
tzoch, argelist ind geuerde. Ind die wile ouch Sy dat also
jnne hant So sollen sy ouch vns vnsen nakomelingen ind
gestichte geynen kriech noch vnwillen dair vyss off yn machen
noch dair ymans mit jrem wissen enthalden noch vyss off jn
komen laissen da van wir off vnse gestychte zo schaden
komen. Ind sal ouch dat vurss. huys zo Almen mit syme zo
behoere die wyle Sy dat also ynne hant vnse vnser nakome-
linge ind geslychte offen huys syn ind blyuen vns dar vyss
ind jn zo behelpen wider alremeulich nymant vyssgescheyden.
Ind han des zo vrkunde vnse Sigel vur vns vnse nakomelinge
ind gestichte an desen brief doin hangen   Datum Arnsberg
Anno domini Millesimo quadringentesimo tricesimo in profesto
btarum. vndecimarum millium virginum.

Das Siegel von grünem Wachs ist noch halb vorhanden.

111. Godert von Meschede ist Zeuge, wie Bernd,
Herr zu Büren, auf alle Ansprüche an das
Gebiet der Stadt Brilon und des Erzbischofs
von Cöln verzichtet. 1432, 28. März.

Seibertz, Urkundenbuch, Bd. 3, S. 56, Nro. 929.

112. Bernd, Herr zu Büren, belehnt Goddert von
Meschede mit einem halben Hofe zu Berge,
wie ihn die Vorfahren des Letzteren zu Lehn
getragen haben. 1432, am s. Barbaren daghe
der h. Juncfrowen (4. December).

Aus dem Archive Büren.

113. Godert von Meschede verkauft für 22 rhein.
Goldgulden dem Johann von Dusenschur eine
Rente von 2 rhein. Goldgulden jährlich, aus
seinem Erbe und Gut zu Overenmarpe, sich
den Wiederkauf vorbehaltend. 1434, in die
beate Gertrudis Virginis (17. März.)

Es siegelt auch Wilhelm Vogede von Elspe.

114. Berndt, Herr zu Büren, verkauft dem Goderde
v. Meschede für 24 rheinische Goldgulden den
Hof zu Berge geheiten dey Hoff te Kempe.
1434, des Dinstages na des hilligen Lich-
names Daghe (11. Juni).

115. Godert von Meschede, mit Zustimmung seiner
Söhne: Cracht, Diedrich, Bernd, Gerdt, Hen-
rich und Philipp, beleibzüchtet seine Frau Re-
gula an alle seine Güter zu Anröchte. 1435,
up sunte Walburge dage der hilligen Junc-
frawen (1. Mai).

116. Urtheil des Erzbischofs von Cöln, als Ober-
lehnsherr. 1436, 7. März.

y Diederich van Gotz gnaden der hilligen kyrchen zo
Collen ersbysschop etc. don kunt — dat vor uns
komen synt vnse leyue getruwe Goesswyn van Ro-
denberg an eyn ind Godert van Messchede an dey
ander syde — als vor eynen ouer leynher des tzeynden zo
Kneuelinckhussen zo erkennen off Goeswyn vurss. Godert
vurss. mit demseluen tzeynden belenen sulle na jnhalde breue
da Godert vns Copien van getzont hael, also hayn wyr redde
vnde wedder redde beyder parthien gehort vnde . oick copien
ouerseyn vnde vns myt vnsen Reden vnde frunden dey copien
vpentsunnen, In maten dan der vurss. breff viswyset, dat
Godert unde syne eruen sich nyt versumen mogen, dey gude
zo entfangen anders dan vp eyne penc van Vyff Gulden, so
hayn wy darup na vnderwysunghe vnser rede vnde frunde
vor recht gewiset, dat goswyn vurss. Godert vorgt. myt den
tzenden vurss. tzo synen rechten up dey pene vurss. belenen
— ind were saicke dat godert ymandes anders an dem vurss.
tzeynden ffunde, den mach hey myt rechte dar vit vordern,
dar zo sal Goeswyn vurss. daighe leggen vur syne manne inde
godert syne man vnde eme rechtes dar zo gunnen vnde wydder-
faren laessen an argelist. Oerkunde vnss. Sigel hyr an gedruckt.
Gegeuen zo poppelstorp des gudestags na dem sundage remi-
niscere Anno domini Mᵒ. quadragentesimo trigesimo sexto.

117. Hannes von dem Sturte bescheinigt von Goderd
v. Meschede mit dem halben Hof zu Walden,
welchen vorher weiland Albert Hacke, sein
Bruder, zu Lehn trug, belehnt zu sein. 1436,
craclino die Gereonis et Victoris mart. (11. Oct.)

Es wurden mit diesem Lehne, welches bald: Gut zu
Walden, bald eine Hufe Landes zu Walden, bald ein halbes
Gut heisst, und 1681 als rechtes Mannlehn bezeichnet wird,
forner belehnt 1487, (Maria Geburt) 11. Oct., Cord in dem

Stenhuse thom Eversberg, durch Diedrich von Meschede; (es heisst im Lehn-Briefe: Gut zu Walden, worauf zur Zeit Henneke Kersting sitzt) 1513', 17. Juli, Johann Gerken zu Walden, durch Goddert und Gerd von Meschede, Gevettern; 1681, 24. Nov., Henrich Kersting zu Walden, durch Wilh. Rötger von Meschede; 1705, 6. Juli, Henrich Kersting zu Walden, durch Franz Godfrid von Meschede; 1727, 18. Juni, Bernard Kersting zu Walden, durch Godfrid von Meschede; endlich 1770, 11. Juli, Joseph Kersting zu Walden, durch den Geheimen Rath und Obermarschall von Bocholtz.

118. Antichretischer Vertrag 1437, 10. März.

Aus dem Archive des Klosters Rumbeck.

Godert von Meschede, Regula, seine Frau und deren Kinder bekennen, dass, nachdem die Eltern des Erstgenannten dem H. Plankeman, Bürger zu Eversberg, einen halben Hof zu Eversberg in Pfandnutzung gegeben und hierauf Wilhelm Fresken, der Alte, Burggraf zu Eversberg, und seine Frau Greta die Nutzung an sich gelösst und dem Kloster Rumbeck zu einer Memorie geschenkt haben, auch sie die Erbzahl an dem Hofe geschenkt hätten. 1437, ipso die bti. Anthonii confessoris.

119. Godardt v. Meschede und seine beiden Söhne, Diderik und Godardt, als Mitglieder der westphälischen Ritterschaft, sind Mitglieder der Erblandesvereinigung zum wechselseitigen Schutze. 1437, 10. October.

120. Herman Spaken, Bürger zu Corbecke und Alheid, seine Frau, welche Letztere früher Frau weiland Hermann Follandes war, verkaufen dem Godevard von Meschede ihr Recht an den Zehnten zu Tülen, so wie sie solches von Hermann Follande ererbt haben. 1438, in Vigil. Laurentii mart. (9. August).

121. Goddert von Meschede, Regele, seine Frau, Craft, Diedrich und Godert, ihre Söhne, verkaufen dem Kapitel zu Meschede eine Rente von 4 Malter Roggen aus ihrem Hofe zu Berler im Kirchspiel Velmede, 1438, feria II. post festum bti. Luce evang. (19. October).

122. Eheberedung zwischen Gord, Sohn Diedrichs von Meschede, und Johanna, Tochter Bernds von Oer. 1438, 26. November.

Tho welene dat eyn eychsschop vorramet vnde bededinget ys tusschen Didercke van Messchede Gordes sone vnd Johanen berndes dochter van Oyr. Also dat bernd siner dochter sall mede geuen tho brutschatte achtehalleff hundert ouerlendissche rinssche Gulden. Der Bernd vorgt. viffhundert gulden reyde sall geuen Dyderike vorgt. wanner dat sey tho samen gegeuen sind vnde byslapet . vnd sall dey derdehalffhundert gulden vorwissen to betalende bynnen deme nesten jare na erem byslapene . dar bernd vnde heydenrich syn sone van Oyr geiouen vor doin sollen myt andern ern vrunden myt eden, alse bynamen ludolff van oir, lamberd van herborn vnd alverd torck . dar men breiue upp maken sall alse geborlich ys das Diderik vurgt. mede vorward sy. Vnd goderd vorgt. sall sime sone vorwisen vnde laten tho eme aff dele vnd vor sinen brutschatt der wile dat görd leuet syn hus vnde wonynghe tho brachbeke myt der büwynge vnd myt der mollen vnd dat Dorp tho brachbecke vnde dat dorp tho Westerbodeuelde vnde dey lude vnde gude dey hey dar heuet myt eren tho behoringe. dat so gud ys as anderhalffhunderd gulden geldes sunder argelist vnde sall eme dat bewisen myt vulbord andrer syner sone, dat Diderich mede vorward sy. Ok so sall Goderd vnde Diderich Johannen Bernds dochter vorgt. maken tho ener liffiucht den hoff tho berge beleghen by anrochte myt synen tho behoringe myt willen des van buren, dar dey hoff van tho lene geyt, vnd den hoff tho ewinchusen belegen

tüsschen rüden unde bedelke vpp der moyne myt siner to-
behoringe myt willen des stichtes tho Meschede, dar dey hoff
aff tho lene geyt, vnd dar so vele tho vyte deine boysinch-
houe dat tho samen do negentich Gulden Geldes, vnde sall
er dey liffucht maken myt willen anderer syner sone Gör-
des, dar Johanna berndes dochter vorgt. mede vorward sy.
Wer ok dat Johanna vorstorue bynnen den nesten viff iaren
na der byslapinge sunder lines eruen So sall Gord vnd Dide-
rich vorgt. bernde effte synen eruen tho ener wederkäre
weder geuen viff vnd twentich gulden myn dan verhundert
bynnen dem nesten jare na erem dode vnd sall dar gelouen
vor doin myt eden vnd myt sinen vrunden bynamen der van
hainxlede enen vnde corde den Wreden hinrich hoeberghe
vnd rotger deme ketheler vnde dar sal men breiue up maken
alse geborlich ys, dar bernd mede vorward sy. Ok werd
sake dat Goderd van Messchede aff ginge van dodes wegen,
so sall diderich tho vorne hebben achtehalleff hundert golden
an deme gude vnde sall dat ander weder by bringen vnd gan
dan myt den andern synen brodern tho geliker delinghe, alse
sich gebord. Vnd hir sal men breiue up maken in der besten
formen alse geborlich ys dat sey upp beiden syden mede
vorward syn vnde dyt sall er ein deme anderen halden vnd
vullendoin tusschen dyt vnd des sundaghes tho vastauende
nest tho komende vnde dar is tho schulschat upp gesat vnd
vorborghet twehündert ouerlendische rynsche Gulden. Dar
Gord van Messchede vor tho borgen gesat heuet Hinriche van
Enze vnd Rotgere den ketheler, vnd bernd van oyr tho bor-
gen gesat heuet heydenriche van oyr sinen sone vnd lambert
van herborn vnd dar upp heuet eyn deme andern an syne hand
getastet vnd dat gelouet tho haldene sunder argelist vnd dar
up synd dusser nottelen twe er eyn vyte der anderen gesne-
den gegeuen na godes gebord düsent verhundert in dem achte
vnde dertigesten jare des Güdenstaghes nest na sunte Kathe-
rinen daghe der hilgen Juncvrowen.

Aus diesem bipartitum ergibt sich unter Anderem, dass für
den Adel noch kein privilegirtes Erbrecht, aber wohl, dass für
ihn (so wie für jeden freien Mann) ein freies Dispositionsrecht
bestand, wie es die englischen Gesetze noch jetzt kennen.

123. Godert von Meschede, der Alte, und seine
Söhne Diderich und Godert verschreiben vor
dem Richter und Gografen zu Erwitte der
Johanna von Oyr die im vorhergehenden Acte
versprochene Leibzucht. Das Jahr fehlt in
der Urkunde.

124. Godert von Meschede, der Alte, überweiset auf
seine Lebenszeit seinem Sohne Diedrich das
Haus, die Mühle und die Dörfer zu Brade-
beke und Westernbodevelde, jedoch so, dass
dieser bei künftiger Theilung mit seinem
Bruder Godert alles, nur nicht die 750 Gulden
Brautschatzgelder seiner Ehefrau, wieder in die
Theilung bringen soll. 1439, ipso die Epi-
phanie Dni. (6. Jan.)

125. Verkauf. 1441, 11. Juli.

Goddert von Meschede, Regele, seine Frau, Cracht und
Diederich, Söhne von Beiden, verkaufen an Gobel Smalen,
genannt von der Lippe, Bürger zu Soest, eine Rente von 3
Mark aus der Zehntlöse zu Anrüchte, welchen Verkauf Fried-
rich von Padberg von dem Alten Hause, als Lehnsherr,
genehmigt. Der Wiederkauf wird für 36 Mark vorbehalten.
Es siegeln neben den Ausstellern: Henrich von Ense, Sohn
Gerds, auf Bitten seiner Schwester Regele und Fried. v.
Padberg. 1441, an St Margareten Avende.

Fünfzehn Tage später, crastino die beati Jacobi ap.,
verkauften dieselben Eheleute gedachtem Smalen für 90 rh.
Gulden 2 Malter Weizen, Lippisch Maass, aus derselben
Zehntlöse und 1442, crastino beatorum trium regum (7. Ja-
nuar), veräusserte Godert v. M., der jetzt Knape genannt
wird, auch das dritte und letzte ihm an jener Zehntlöse
zustehende Malter Weizen für 35 rh. Gulden dem genannten
Smalen, wobei Cracht, Domherr zu Münster, und Diedrich,

Goderts Söhne, und Fried. v. Padberg als Lehnsherren ein
willigten. Da Smalen sich durch den Kauf noch nicht ge-
sichert ansah, so musste ihm Godert 1442, ipso die inventionis
bti. Stephani (3. Aug.), noch Henrich Ense, Sohn Gerds,
Nolken von Melderike, Henrich von Erwitte und Henrich de
Wrede, Sohn Goderdes zu Milinchusen, zu Bürgen setzen.
Die Forderung des Smalen ging auf Diedrich von Virbeck
über, der sich 1467, 8. März, von den Gebrüdern Bernard,
Diedrich, Gert und Lippolt v. Meschede einen neuen Schuld-
titel geben liess und 1473, feria VI. post convers. bti. Pauli
(28. Jan.), die Rückzahlung der dargeliehenen Summe quittirte.

126. Godert von Meschede bekennt an Gerlach von der Horst 16 rheinische Goldgulden zu ver- schulden und stellt Hermann Hukelhem als Bürgen. 1442, in vigilia beati Laurentii mart. (9. August.)

127. Schuldbrief. 1443, 21. Januar.

Johann von Dorvelde, seel. Johanns Sohn, unter Bürg-
schaft des Diedrich v. Meschede, bekennt dem Gobbel Kor-
tenacker zu Meschede 10 rh. Gulden schuldig zu sein. 1443,
ipso die beate Agnetis virg.

1444, dominica post Reminiscere bezeugen Johann von,
Nytege genannt Snyder und Gobelle Kortenake, dass von
dem Gelde, welches gedachter Gobelle dem seel. Johan von
Dorvelle geliehen, und wofür sich Diedrich v. Meschede ver-
bürgt, Letzterer nichts erhalten und nichts in seinem Nutzen
verwendet hat.

Es siegelt für den obigen Gobelle: Cordt v. Berninchusen.

128. Uebertrag. 1443, 25. Juli.

Godert v. Meschede, Regula, seine Frau, übergeben ihrem
Sohne Herrn Cracht v. Meschede, Domherrn zu Münster, den
Zehnten zu Knevelinchusen, den Hof und das Gut zu Effelen
genannt den Mescheder Hof, das Borcholt und den Wedehagen.

Nach dem Tode Cracht's sollen die Güter an sie und ihre Kin-
der zurück fallen. Zeugen sind: Folpert Schade, Herr Willem
von Impel, Kellner zu Eversberge, und Diedrich v. Meschede.
1443, ipso die beati Jacobi Apli.

129. Goedert von Meschede ist mit elf Genossen
Vermittler in den Streitigkeiten des Erzbischofs
von Cöln mit der Stadt Soest. 1444, 9. Juni.

Aus Lacomblet, Urkundenbuch, Bd. 4, S. 315, Nro. 260.

130. Heyneman von dem Stade bescheinigt von Gord
von Meschede mit dem Hof tom Stade auf der
Bichen, im Kirchspiel Rode, belehnt zu sein.
1445, die beati Athanasii abbatis (2. Mai).

131. Henrich v. Ense, seel. Gerdes Sohn, verspricht
Diedrich v. Meschede, wegen der für ihn, dem
Friedrich v. Tulen für 80 rh. Gulden geleiste-
ten Bürgschaft schadlos zu halten. 1446, des
sundages na dem hilligen drei Konige Daghe
(10. Januar).

132. Verkauf. 1446, 24. Juni.

Godert von Meschede, Regula, seine Frau, Cracht von
Meschede, Domherr zu Münster, Diedrich, Gert und Lyppolt von
Meschede, Gebrüder, ihre Söhne, Johanna, Diedrich's Frau,
und Godert, deren Sohn, verkaufen an Katharina Heynemann,
Cordt Dusterloe und Gertrudis Reckerde, Bürger zu Bode-
velde, ihr Dorf und Gut genannt Merkelinkusen, im Kirch-
spiel Bodevelde, mit dem ganzen dazugehörenden Zehnten etc.
als ein freies Eigenthum und Rittergut, (ein vrigh los ledich
egendom vnd Rutergut,) für 92½ rhein. Goldgulden, im Bei-
sein des Herman van der Elpe, Richters zu Bodeveld und des
Hannes Wechter und Gobel Wyndrud, Bürger zu Bodeveld.
1446, ipso die nativitatis sancti Johannis baptiste.

133. Diedrich, Erzbischof zu Cöln, gelobet dem
Godart v. Meschede, der dem Erzstift bei der
Belagerung von Vredeburg treu gedient und
dafür die zugesagte Summe von 200 rh. Gld.
zu fordern hat, dieses Geld nächsten Weihnacht
zu bezahlen. 1447, des Gudestages na sunte
Philipps und sunte Jacobs Daghe der hilligen
Aposteln (3. Mai).

134. Diedrich, Erzbischof zu Cöln, schliesst, zur
Fortsetzung des Krieges gegen den Herzog von
Cleve, wegen der Stadt Soest, mit Goddert v.
Meschede einen Vertrag, darnach soll Letzterer
auf seine eigene Kosten dem Erzstifte ½ Jahr
lang mit vier reisigen Pferden und vier gewapp-
neten Personen, worunter ein guter reisiger
Schütze sein muss, dienen, mit dieser Mann-
schaft stets zu Rüden dienstfertig und des Stifts
Rittmeister sein, und die Beute, welche er und
seine Knechte machen, mit dem Stifte, jedem
die Hälfte, theilen. Als Entschädigung erhält er
für das halbe Jahr für jede Person an Kostgeld
12 rh. Gulden und für jedes Pferd zu Rauh-
futter, Hafer und Beschlag ebenfalls 12 Gld.,
also im Ganzen 96 rh. Gulden. 1447, up den
Sundag Cantate (7. Mai).

Aus dem Originale auf Pergament.

Auch bei Seibertz, Bd. 3., S. 106, N⁰· 952, vollständig
abgedruckt.

135. Johann v. Nydeyge genannt die Snyder, gelobt
dem Diedrich von Meschede und Gerwin von
Kobbenrode, welche für ihn bei Herman von

Fahne, Meschede. 7*

Volden, Bürger zu Brilon, für 30 Gulden Bürgen geworden sind, Schadloshaltung. 1448, des negsten Sundages vor Pinxten (5. Mai).

136. Godert von Meschede gelobt, mit seinem Sohne Diedrich, dem Drese v. Brokusen und dessen Frau Lisen, welche von ihm Güter zu Isenkem, Niedern Reiste und Herhagen, ferner das Gut auf der Elffter und zu Sedelinchusen gekauft haben, wegen dieses Verkaufs Schadloshaltung. 1449, ipsa Dominica die Palmarum (6. April). Goddert führt auf seinem Helme einen Busch von Straussfedern. Seine Söhne haben keine Helme.

137. Diedrich von Meschede vertauscht Eigenbehörige mit der Herrschaft Bylslein. 1449, Dominica proxima post festum beate Margarethe virg. (20. Juli.)

138. Hannes Schröder, Bürger zu Meschede, bezeugt vor Gobbele Kortenacke, Gorichter zu Meschede, dass in Vorzeiten Diedrich von Meschede im Namen und und für Rechnung des Henrich v. Ense, dem Thonnies dem Grilen ein Pferd geliefert habe. 1450, ipso die beate Agnetis virg. (21. Januar.)

139. Revers. 1450, 11. Februar.
Original im Archiv des Stifts Meschede.
Henrich Torck und Styne, seine Frau, welche von Diedrich von Meschede, Goderdes Sohn, und Johanna, dessen Frau, eine erbliche Rente von 8 Gulden aus ihren Gütern und Zehnten zu Westernbodevelde, zu Folge des Hauptbriefes vom selbigen Tage, besiegelt durch Diedrich von Meschede, Godert, seinen Vater, Gerdt, seinen Bruder, und Hermann von der

Elpe, Richter zu Bodevelde, gekauft haben, räumen den Verkäufern den Rückkauf gegen Zahlung von 200 Gulden ein. Zeugen sind: Noldeke und Cordt, Brüder von Berninchusen, und der strenge Hunold v. Hanxlede. 1450, up Sundach na sünte Agathen Daghe.

140. Gerdt von Meschede, Goderdes Sohn, verspricht, seinen Bruder Diedrich von Meschede, wegen der, mit Volpert Schaden für ihn dem Henrich von Berynchusen über 400 rh. Gulden geleisteten Bürgschaft, schadlos zu halten. 1450, ipso die beati Bernhardi (20. August).

141. Godert von Meschede verpfändet für 100 rh. Gulden seinem Schwager Henrich v. Ense aus dem Hofe zu Berge bei Anröchte eine wiederlösliche Rente von 3 Malter Korn, wozu der Lehnsherr, Bernd, Edelherr zu Büren, seine Einwilligung unter dem Bedinge ertheilt, dass die Einlöse binnen drei Jahren erfolgt. 1451, ipso die beati Panthaleonis mart. (18. Febr.)
Aus dem Archive zu Büren.

142. Godert von Meschede und Regula, seine Frau, geloben, Tönies v. Berinchusen und Diedrich und Bernd von Meschede, ihre beide Söhne, welche sich für 45 rh. Gulden, als Kaufpreis eines Pferdes, verbürgt haben, schadlos zu halten. 1451, in Vigilia Petri et Pauli (28. Januar).

143. Johan Volland und Catharina, seine Frau, gestatten Goddart von Meschede die Wiederlöse des Hofes zu Mensel. 1451, ipso die Assumptionis beate Marie Virginis (15. August).

144. Goddert von Meschéde wird mit elf Genossen, wovon fünfe aus der Ritterschaft und sechse aus den Städten sind, vom Erzbischofe von Cöln unter Zustimmung der Landschaft zum Pfleger des Landfriedens ernannt. 1452, 28. August.

Aus Lacomblet, Urkundenbuch, Bd. 4., 8. 365, Nro. 300.

145. Gert v. Meschede und Andere schliessen einen Burgfrieden wegen Schloss Padberg. 1453, 27. Juni.

Aus dem Originale im Schloss-Archive zu Padberg.

y Frederik und Cord Gebrodere van dem Aldenhuss, Frederikes Zone op eyne; und wy Her Hinrik van Enze Domher to Paderborne, Hinrik van Enze Amptman to Brilon, Rotgher Ketteler tor Assen, und Gerd van Meschede oppe de anderen Syden; doyt kunt und bekennet semptlik und bisundern oppenbar in dussem Breve, so alse wy Gebrodere van Patberch vorgenannt unsen Del des Aldenhuses to Patberch de Helffte myt erer Tobehorynge vorsat hebbet, myt Wyllen, Wetten und Rade unses Vaders, Hern Hinrike: Hinrike, Rotghere und Gerde vorgenannt, na Inhold und Lude oppener besegelder Breve darover gegeven. So love wy alle vorgenannt in dat erste eynen olden rechten steyden geloffliken Borchfrede under uns truweliken to holdene, unser eyn des anderen Beste to donde an dem vorgenannten Slott, Borch und Stad des Aldenhuses Patberch. und malk des anderen Liff und Gud to bewarende na alle unser Macht dat sik an Patberch dreppende sy. Wy lovet ok in dussen Borchfredes Breve neymant des anderen Vyande to Patberch op dat Huss off Stad to laten, of an sich to nemende up dat vorgenannte Huss offte Stad . Ok en sal unser neyn des anderen Knechte an sik nehmen, dan myt synen Wyllen. Ok en sal unser neyn neymandes Vyand werden dar jtzunt unser anderen welk mede verbuntlick were, den he schedigen wylle van dem vorgenannten Huse offte Stad, de dan so vorbuntlike were

so vorgenannt is, de solde an deygenygen unvertochlik schri-
ven dor he mede vorbuntlik were dan de andere des so mede
to donde hedde eme Ere oder Recht to donde, Unde en mochte
eyme dan bynnen dem nesten Mande Ere oder Recht nicht
weddervaren; so mach he van dem Slotte oile Stad Patberch
syn Recht daraff und op manen so vele he kunde . Vort love
wy alle vorgenannt off jenich Twygdracht an uns off an unsen
Kneckten geschey, in wat Wyse dat to quemme, dar solle wy
anderen versoken, gutliken to scheydene, Kunde wy aver des
so nicht gedoen, de sollen de twygschelligen van Stund malk
twe keysen erer Vrunde de se scheyden myt Rechte na An-
sprake und Wedderantworde bynnen eyner geborliken Tit, up
eynen geliken Overman off des not were . Ok so sal dusse
Borchfrede so vere gan un reyken, alse he van alders tuschen
alle dey van Patberch wendet und keret . Alle dusse vorge-
nannte Articule und Punte semptlik und bysunderen love wy
Frederik und Cord Gebrodere van Patberch, Her Hinrik van
Enze, Hinrik van Enze, Rotgher Ketteler und Gerd van
Meschede alle vorgenannt unser eyner juwelik dem Anderen
in guden Truwen und hebt dat na myt unsen upgerichteden
liffliken Vyngern rechter gestaveder Eyde to den Hilligen ge-
sworen, steyde und vaste to holdene sunder Argelist . Unde
dusses to Bekanntnisse der Warheyt so hebbe wy alle sempt-
like vorgenannt unse Ingesegele unser eyn by dat andere an
dussen Borchfredes Breff ghehangen . Gegeven in dem Jare
unses Hern Dusent verhundert in deme dry und vifftigesten
Jare na sunte Peter und Paulus Dage der hilligen Apostele

146. Godert von Meschede verspricht dem Johann
von Odingen, dem Aelteren, dafür Schadlos-
haltung, dass er sich wegen 50 Gulden bei
Degenhard von dem Broyke verbürgt hat. 1454,
vp st. Anthonius Dach (17. Januar).

Aus dem Archive des Klosters Grafschaft.

147. Diederich von Dalewich (zu Adorp), Knape,
Luckele Volandes, seine Frau, Margaretha, die
Tochter Beider, und Symon von Waldenstein,
Knape, Eheherr der Letzteren, verkaufen vor
Johan Grunder, Richter zu Brilon, an Bernd
v. Meschede, Domherr zu Münster, und dessen
Mutter Regula, ihr Erbe genannt „de grote Hof"
zu Aldenyeyschen, auch „Vollande Hof," mit
mit Zubehör und Kottenstetten, gelegen im
Dorfe Aldenyeyschen, ein cölnisches Lehngut,
ferner den Lohoff im Kirchsp. Aldenyeyschen
und das Gut zu Alden Melderke genannt der
der Vollande hof, im Krspl. Nyenmelderik, alles
dorchschlachtig eigen. Zeuge ist Johan von
Thülen, Bürgermeister zu Brilon. 1454, cras-
tino Mathie apost. (25. Februar.)

Luckele wohnte die letzte Zeit ihres Lebens als Wittwe
zu Vlechtorp im Kloster, starb und erhielt ihr Begräbniss dort.
In ihem Testamente wies sio dem Kloster 13 rh. Gulden für
ihre Memorie auf den Kaufpreis bei Bernhard von Meschede
an, der sie 1474, 25. Januar, dem Abte Herman v. Vechtorp
zahlte. (Cop. II., S. 16.) Bernard v. M. wurde 1465, 23. Aug.,
von Erzbischof Ruprecht von Cöln mit dem Hofe zu Alden-
yeyschen belehnt, (Cop. II., S. 14,) nachdem 15. Dez. 1462
seine Eltern, Godert und Regula, durch einen Act vor dem
Gogerichte zu Erwitte bekundet hatten, dass sio kein Recht
an dem Hofe hätten, weil ihn Bernard aus seinen Mitteln
bezahlt habe. (Cop. II., S. 15.)

148. Gerwin von Cobbenrode verspricht Diedrich
von Meschede, Goderdes Sohn, und Henneken
von Balderborn wegen der für ihn und seinen
Vater, Henrich von Kobbenrode, dem Dreese
von Broikhusen, über 81 rh. Gulden geleisteten

Bürgschaft schadlos zu halten. 1454, Dominica die Palmarum (14. April).

149. Friederich und Johann, Gebrüder vom alten Hause Padtberg, belehnen Regula v. Meschede, Godderts Hausfrau, mit drei Mark Goldes aus der Zehntlöse zu Anröchte in Mannsstatt zur Leibzucht, welches Lehn von Gobbel den Schmalen erledigt worden ist. 1455, Ipso die Martini Eppi. (11. November.)

150. Revers. 1456, 20. März.

Arnold von Bernynckusen, Probst zu Meschede, der von Godert von Meschede, Regulen, seiner Frau, Diedrich, Gord und Lippold, ihren Söhnen, zwei Güter zu Berchhusen mit den darauf gesessenen eigenen Leuten erblich gekauft hat, bekennt, dass die Verkäufer diese Güter unverjährt für 8 rh. Gulden wiederkaufen können. Es siegeln auch: Tonies und Henneke von Bernynckusen, Brüder des Probst. 1456, in vigil. Palmarum.

151. Godert von Meschede, Regula, seine Frau, Gerdt und Lyppold, Brüder, verkaufen Diedrich von Meschede, ihrem Sohne und Bruder, und Johanna, dessen Frau, für 50 schwere rhein. Gulden eine jährliche Rente von 5 Gulden aus dem Dorfe Osterwalde. 1457, ipso die Walburgis Virg. (1. Mai.)

152. Godert von Meschede und seine Frau, Regele, verkaufen der Stadt Brilon zwei geschmiedete Büchsen. 1458, 10. Mai.

Seibertz, Urkundenbuch 3., S. 125, Nro. 963.

153. Godert von Meschede, der mit seinem Sohne
ein Viertel des Hofes zu Berge an Diedrich
von Erwitte verpfändet hat, verpflichtet sich
seinem Lehnsherrn Bernd, Herrn zu Büren,
den Hof binnen 6 Jahren von dem Pfande zu
befreien. 1458, fridaghes na corporis christi
(4. Juni).

Aus dem Bürner Archive.

154. Henrich von Langenstrod quittirt der Regula
von Meschede alle Forderungen, welche seinen
Eltern und ihm, in Folge Verpfändung durch
Herman Vollande und dessen Eltern, an dem
Vollandehof zu Alden Yeschen eingeräumt
worden sind. 1458, crastino nativ. bte. M.
Virg. (9. September.)

155. Pfandschaft. 1459, 10. Januar.

Godert von Meschede, Diederich, Gerdt und Lippold,
seine Söhne, versetzen dem Deryke Schaden für 300 rheini-
sche Gulden, welche sie ihm mit Styneken, ihrer Tochter
und Schwester, zum Brautschatz gelobet haben, ihren Hof
zu Berckhusen.

Es bürgen: Nolke von Bernynckhusen dey Alde, Hen-
rich von Ense, Wichards Sohn, Godart von Ense, Henrichs
Sohn, und Henrich von Erwete. 1459, op den achteden Dag
der hiligen drey Koninge.

156. Henrich von Hanxlede, der von Diederich von
Meschede, Johannen seiner Hausfrau, das Gut
zu Westernbodefelde, worauf Rekert Dole woh-
net, erblich gekauft hat, räumt den Verkäufern
das Wiederkaufsrecht ein. 1459, Domin. prox.
post Cathedram Petri (25. Febr.)

157. Gerd von Meschede verpflichtet sich, seinen Bruder Diedrich von Meschede, wegen der für ihn, dem Everd Werminchus über 40 rhein. Gulden geleistete Bürgschaft schadlos zu halten. 1459, in festo Corporis Christi (24. Mai).

158. Gosschalk von Tulen und Grete, seine Mutter, verkaufen dem Johan Wichardes und Hillen, dessen Frau, eine Hufe Landes, gelegen zu Neen, welche vor Zeiten Henne Tylen unter hatte und jetzt Albert mit dem einen Auge baut. 1459, in Vigil Symonis et Jude apolor. (27. Oct).

Es siegeln: Gosschalk von Tülen und Johan v. Neen, Bürgermeister zu Brilon.

159. Gosschalk von Tülen und Grete, seine Mutter, verkaufen dem Gobbel Duppens, Metten, dessen Frau, drei Hufen Landes für 25 rheinische Gulden mit Vorbehalt der Wiederlöse. 1459, in vigilia Simonis et Jude apolor. (27. Oct.)

Es siegelt nebst Gosschalk v. T. auch Johan von Nehen, Bürgermeister zu Brilon.

Mit zwei Transfixbriefen: 1. Grete von Tulen, Wittwe, bekennet unter dem Siegel des Gerlach Snarmann, Richters zu Brilon, dass sie von Gobbel Duppens noch 4 Gulden erhalten, also die Wiederlöse auf 29 Gulden erhöhet habe, 1466, am sunte Anthonius Avende (16. Januar). 2. Gobel Duppen und Mette, seine Frau, übertragen den Besitz vorstehender Briefe und Güter an Lyppold von Meschede. Es siegelt Gerlach Snarmann, Richter zu Brilon. 1470, Dominica Letare (1. April).

160. Cession. 1459, 29. Oct.

Regula, Ehefrau des Godfried von Meschede, Knappen, und Mutter Herrn Bernards von Meschede, Domherrn zu

Münster, tritt Letzterm die Zehntlöse zu Anröchte im Erzstifte Cöln zum vollen Eigenthum ab, damit derselbe vor Gericht die Rechtsansprüche gegen Theoderich von Visbeck und dessen Frau besser zur Geltung bringen könne. 1459, die Sabbati vicesima nona Mensis Octobris.

161. Lehnbrief. 1459, 31. Oct.

Johann von Padberg von dem Alten Haus belehnt Regula von Meschede mit der Zehntlöse zu Anröchte, worüber Herr Bernd von Meschede, Domherr zu Münster, mit Diedrich .von Viszbeck bei dem geistlichen Gericht zu Münster vor dem Dechanten zu St. Martini im Rechtsstreit begriffen ist. 1459, an alle Gotz hilligen Avende.

162. Vergleich. 1460, 13. December.

Archiv des Paderborner Domkapitels.

Henrich und Gödert von Ense, Göddert, Diedrich, Gerd und Lyppold, Vater, Söhne und Brüder von Meschede einer Seits und Symon und Arndt, Brüder von der Borgh, und Ludolph von Iggenhausen anderer Seits, welche mit Wilhelm Crevet wegen der nachgelassenen Güter des Werner Crevet in Prozess sind, vereinigen sich, diejenigen von diesen Gütern, welche ihnen das Domkapitel zu Paderborn zusprechen wird, unter sich zu theilen. 1460, an st. Lucia Daghe (13. December).

163. Goddert von Meschede genehmigt mit seinem Sohne Theoderich den Verkauf von Grundstücken, den Theoderich von Meschede geschlossen hat. 1462.

164. Gerhard von Meschede und Fya von Brenken, Eheleute, verzichten auf die elterlichen Güter der Letzteren, jedoch ausgenommen: die Antheile an der Gerade, beim Tode der Mutter und an dem Vermögen ihrer Brüder Meynolph, Fried-

rich und Volmar, wenn diese ohue Mannleibes-
erben sterben möchten. 1462, ipso die Ignatii
Eppi. et Mart. (1. Februar.)

Es siegelt Gert v. Meschede und für Fye ihr Schwieger-
vater, Godert von Meschede.

165. Gödert von Meschede, Diedrich, Gerd und Lip-
pold, seine Söhne, verkaufen ihr sämmtliches
Gut zu Berchusen und Ymmenhusen, mit Aus-
schluss der Gülten und Renten, die der Propst
zu Meschede davon bezieht, an Diedrich Scha-
den zu Hüsten und dessen Frau Styne, unter
Vorbehalt der Wiederlöse mit 300 rheinische
Gulden. 1462, des Gudenstages na dem Sun-
dage Cantate (19. Mai).

166. Gerg von Meschede und Figge, seine Frau,
versprechen seinen Brüdern Diedrich und Lip-
pold von Meschede, dass sie die 2 Gulden
Rente, welche unter der Bürgschaft beider Brü-
der, dem Bürgermeister (zu Brilon) Johan von
Thulen, für 25 Gulden Capital, aus ihren ge-
meinschaftlichen Gütern zu Thulen verschrieben
sind, wieder lösen wollen, und ermächtigen,
wenn dieses nicht geschieht, gedachte beiden
Brüder, ohne Widerrede der Erben, die Güter
gegen Erlegung der Summe wieder zu kaufen.
1462, in Vigil. Bartholomei Apli. (23. Aug.)

167. Diedrich Gogreve verspricht den Diedrich von
Meschede, wegen der, für ihn dem Goddert dem
Wreden von dem Schellenstein geleisteten Bürg-

schaft über 100 rheinische Goldgulden schadlos
zu halten. 1462, des Fridaghes na aller hilli-
ghen Daghe (5. November).

168. Lippolt von Meschede bekennt, von seinem
Bruder Diedrich v. Meschede 35 Gulden empfan-
gen zu haben und verpfändet ihm dafür seinen
Antheil an der Forderung an den Landgrafen
von Hessen zu 160 Gulden, welche sie beide
gemeinschaftlich besitzen. 1462, des Donners-
tages vor dem hilligen Kirste (23. Dec.).

169. Henrich Becker von Dorler, Geseke, seine Frau,
welche von Godert von Meschede, Regula. sei-
ner Frau, Bernd, Domherrn zu Münster, Diedrich,
Gerdt und Lippoldt, Gebrüdern von Meschede,
das Gut zu Bredenbecke erblich gekauft haben,
räumen Letzteren das Wiederkaufsrecht dieses
Hauses ein. 1463, feria proxima post Antonii
Abbet (18. Januar).

170. Gerd von der Reven, Knape, verspricht, den
Lippolt v. Meschede, wegen der, für ihn dem
Henrich Kelvers über 15 rh. Gulden geleisteten
Bürgschaft, schadlos zu halten. 1463, up unsers
Hern Himmelfart Dach (19. Mai).

171. Diedrich von Meschede besiegelt Namens der
westphälischen Ritterschaft die Erblandes-Ver-
einigung der Letzteren mit Erzbischof Rup-
recht und dem Domkapitel von Cöln. 1463,
10. Juni.

Seibertz, Urkundenbuch, Bd. 3., S. 132, Nro. 960.

172. **Godert v.** Meschede, Regula, seine Frau, ver-
kaufen dem Herman und Henrich Stracken,
Gevettern, erblich ihren Hof zu Remlinchusen,
gelegen up der Elfter, das Wiederkaufsrecht
vorbehalten. Den Verkauf genehmigen: Died-
rich, Gerdt und Lippold, Gebrüder v. Meschede.
1463, Nativitati marie virg. (8. September.)

173. Verkauf. 1463, 18. November.

Güdert von Meschede, Regula, seine Frau, Herr Bernd,
Domherr zu Münster, Diedrich mit dessen Frau Johanna,
Gert mit dessen Frau Fya, und Lippolt, alle Söhne des erst-
gedachten Gödert v. M., verkaufen drei Güter, Höfe und
Kotten zu Ysinchem, im Kirchspiel Esleve, zu Nieder-Reyste
und zu Herbagen für 70 rhein. Gulden an Henrich Schulten
zu Bochem, im Kirchsp. Esleve, wohnhaft. Wiederlöse vor-
behalten. Der Propst zu Meschede, als Lehnsherr, ertheilt
seine Genehmigung, hält sich aber seine jährlichen Pächte
und Rechte an den Gütern vor. Den Vertrag besiegelt auch
der Propst von Meschede, Arnold (v. Berninghausen), als
Lehnsherr. 1463, Octava Martin. Eppi.

174. Lippold von Meschede, Knape, verkauft seinem
Bruder Bernd von Meschede, Domherrn zu
Münster, vor dem Gerichte zu Brilon, sein
ganzes elterliches Vermögen. 1466, 1. Januar.

175. Godert von Meschede und seine Frau, Regula,
treten ihren Söhnen, Gerd und Lippold von
Meschede, ihr Haus zu Alme ab, welches sie
von Evert von Thulen und von denen von
Keldinchusen gekauft haben, und genehmigen,
dass Lippold sein jetziges und künftiges Kinds-

theil seinem Bruder Bernd, dem Domherrn, verkauft. 1466, 2. Januar.

Dir Veranlassung zu diesen auffallenden Schriften war, weil Lippold einen Boten vor Alme erbenkt hatte und ihm deshalb bevorstand, vom Churfürsten aus dem Lande gejagt und seines Vermögens verlustig erklärt zu werden. (Vergl. unten 1470, 28. Februar.)

176. Henrich von Ense verpflichtet sich, den Diedrich von Meschede, wegen der, für ihn dem Volmar Schröders zu Meschede über 23 halbe Gulden geleisteten Bürgschaft, schadlos zu halten. 1464, up den negesten Sundach na sunte Lanricus Daghe (17. Juni).

177. Roprecht, Erzbischof von Cöln, gestattet den Gebrüdern Gerard ¹) und Lippolt v. Meschede, zur Instandsetzung von Alme 300 Gulden zu verbauen. 1465, 1. Februar.

ir Roprecht van Gotz gnaden der hilligen kirchen zo Cölne Erwelter ind bestedigter des hilligen Romischen Richs kurfurste ind in Italien Ertzcanzler hertzouge zo Westfalen ind zo Engeren etc. doin kunt, as vnse houestait ind wonynge zo Almen verfallen ind abuiwich

_____

¹) Gerard war auch mit Johann, Herrn zu Büren, dem Jungen, Heneke von Hanxleden, Godart von Ense, Rave von Canstein, Johann Meisenboich, Rembert von Schorlemer gt. de Clusener, dem Jungen, Wilhelm Krefft, Johan von Breienbach, Gerlachs Sohn, und Henrich von Gudenberg, Bürge für Conrad von dem Aldenhuse Padbergo und dessen Vetter Johann, des † Johanns Sohn, seine Anverwandten, als sich diese mit dem Erzbischofe Ruprecht von Cöln aussöhnten. (Seibertz, Urkundenbuch, Bd. 2., S. 697, ohne Jahr.)

worden ist so bekennen wir, dat wir nu mit Gerart ind Ly-
polt von Meschede gebroidirn ouerkomen sin dat sy dat selue
vnse huss buwen ind bewonen mogen ind sullen in sulcher
maissen dat sy vnder dry hundert gulden dar ayne verbuwen
doch dat der buwe geschye mit Rade ind zu doin vnss kel-
ners zo Arnsberg jnd wann wir ind vnse nakomen dat vurs.
vnse huss selffs innhauen willen so sullen ind willen wir den
vurss. Gerart ind Lippolt ind yren eruen irst sulch gelt sy dar
ayne verbuwet hetten ind ouch vort sulch gelt in van vnsen
vurfaren seligen gedechtnisse Ertzbisschoff Diederich dar vff
verschreuen ist, weder geuen ind betzalen allet sunder arge-
list . Vrkunde vnss. sigels an diesen brieff gehangen gegeuen
zo Arnsberg vff vnser lieuer frauwen attent Lichtmissen anno
domini Millesimo quadragesimo sexagesimo quinto.

**178. Klageschrift des Godert von Meschede gegen
Henrich von Gudenberg wegen Gewaltthaten.
1465, 30. Juni.**

nsprake vnd clage myns Goderde van Messchede dar-
med ik schuldege vnd beklage hinrick van Gudenbergh.
Wowall dat van godliken ok naturlichen vnd be-
screueren rechten vnd sunderlinx ock van dem alre-
dorluchtygesten groitmegedigsten forsten vnserm alregenedi-
gesten leuen hern, hern frederich jegenwordighen Romischen
keyser etc. hochliken verboden sy gewalt vnd schaden malk
den anderen to te voeghen by swarlichen peenen, ydoch
darenbouen so heuet de selue hinrich in dem jair 1448 in
dem somer darvpp nicht geachtet vnd heuel myt vrefflicker
homodiger moetwilligen vppsaete darto vergaddert wapende
werachtige Lude vnd heuet myt den seluen luden — gewelt-
lyke gekomen vor myn huss vnd Wonynge vp dey Alme vnd
heuet my aldaer genomen myne eighen wylden perde vnd
myn armen eyghen vnd tobehorighen luden oere ackerperde
vnd dede my vnd mynen luden vpp den dagh — alsoe groten
clegeliken schaden dat jk vnd myne lude den gerekent hebn
— vpp twe dusent rinsche Gulden weliche summe myne armen

lude vnd ick leyuer hebn vthgegeuen dan den schaden hebn geleeden. Alsoe heb ick vormytz seliger gedachtnus myns gnedigen hern van colne vnd myns scryffde vaken vnd mannichmall gebeden van hinrich Richtinge des schaden, dat my dusslange nicht heuet mogen gescheen, so getruwe ick noch God vnd dem rechte hee my schuldich sy to richten solichen schaden myt wandell vnd bote des rechten als ick dat van em bid vnd heissche stellen dat to rechte.

Wolde ok selue hinrich vor sick nemende dat solich schaden sy van em gedaen in vede vnd vorwaringe [1]) dat ick em nicht to en stae —[2]) wante deselue hinrich en kan nicht fbewysen dat he vor den tyden solicher vermettenen verwaringe my geborlichen heb verclaget off verfolget oder to mynen lantlopigen Gerichte my geheisschet alsoe dat ich em rechtes, ere off daghe heb gewegert vthgegaen offt verbleuen sy, vnd wowall ick alsoe neyne sake off gebreke wyste darvmb ick demseluen hinrich wess van ere off rechte solde plichtich syn, ydoch so heb ich to den tyden an den hogeborn forsten mynen gnedigen leuen hern dem god genaden mote lantgreuen in hessen, de rechte lanthere was desseluen henrichs gescreuen vnd my verboeden to doen dem seluen hinrich, dess ich em van ere vnd rechts wegen schuldich were darto syne genade myr solde mechtich wesen, ock de hochwerdige forste vnd her seliger gedachte myn her van Colne myn rechte lanthere my ock dessgelycx verboedt vnd screff wo syn genade myr mechtich were dem vorgenannten hinriche vpp geborliken daghen te doen wess ik em van ere vnd rechts wegen schuldich were vnd wart ok van synen genaden mede gescreuen: na vorbuntnysse beider hern vnd

---

[1]) Das heisst, dass er mit einem vorher gesandten Fehdebriefe seine Ehre verwahrt habe.

[2]) Hier sind vier Linien durch Mäusefrass unverständlich geworden; es scheint, nach den wonigen noch lesbaren Worten und dem, was hinter obigem wante folgt, dass Kläger hier die Zulässigkeit einer Verwahrung bekämpft hat: 1. weil er vor derselben hätte aufgefordert oder vorgeladen werden müssen; 2. weil Kläger sich erboten, dem Landgrafen v. Hessen und Erzbischofe von Cöln den Rechtsspruch zu überlassen.

Lande van Colne vnd hessen byllick vnd behorlich were,
bouen de beroirdo Gebodere, afftestellen sollich vorberoirde
vermeten veide vnd verwaringe . so desse scryffte vnd gebo-
dere dem genanten hinrich woll wytlich vnd kundich weren .
Hyrvm getruwe ick gode vnd dem rechte dat na keyserlichen
gesette vnd rechte, geboderen, scryffte ind verbuntnysse de
schade vermettene veide oder vorwaringe van hinrich wedder
god ere vnd recht gedaen sy vnd stelle dat to recht na der
keyserlichen Reformacien vnss alregenedigsten hern yegen-
wordigen romischen keysers myt bywesen dess hilgen rychs
korforsten to franckord gesatt.

Wer dat deselue hinrich vor syk stellen wolde he hedde
Vorwarynge vnde veide doen laten an Diderich mynen soen vnd
darum vort an my so segge ik darentegen, dat myn soen Diderich
mennich jair van my affgesundert wass vnd had echte wyff vnd
kyndere vnd syn eigen huss vnd wonynge wall dree myle van myn
wonynge . dat openbar gerochte lantmerich vnd wytlich wass.

Alle dese myn clage vnd sake stelle ik to reckte vnd
verblyue der samptlik vnd elk bisunder by dem erbern Hin-
rick von Ense vnd Johanne von tulen Borgermester van Bry-
lon vnd by den ouerman, off des noet worde, darto geko-
ren all nae junholt Recess vnd Compromiss darupp vnder vnss
beiden parthen bededingt, beholtlich my tyd, eide kunde vnd
bewysungen vnd desser myner scryfft verclaringe verbetteren
vnd vermynren, so my na rechte vnd junholt des vorberoir-
den Recess vnd Compromiss mach geboren vnd begere van
Juw erbern scheedeluden vnd ouerman juwe Rechtsprake my
besegelt ouer te gheuen . Gegeuen мcccclxv. am achtden,
daghe sent Johanns daghe evangeliste.

179. Ruprecht, Erzbischof zu Cöln, belehnt Bernard
v. Meschede, Domherrn zu Münster, mit dem
Hofe zu Alten Jeschen, genannt der Vollande Hof.
1465, up sent Bartholomaeus Avend. (23. Aug.)

1482, 31. Januar, wird derselbe Bernard vom Erzbischof
Hermann belehnt (Siehe unten 1511.)

180. Aleke Dolen, ein vollschuldiger Höriger, be-
kennt vor dem Richter zu Bodevelde, dem
Diedrich v. Meschede 30 rh. Gulden schuldig
zu sein. 1466 (ohne Tag).

181. Godert v. Meschede, Regula, seine Frau, Died-
rich, Gert und Lippolt von Meschede, Brüder,
verkaufen an Diedrich von Erwete eine Rente
von 2½ rh. Gulden aus ihren Vogetshof zu
Berge, Wiederlöse mit 27 rh. Gulden vorbe-
halten. 1466, feria V. post bti. Pauli con-
versionis (29. Januar).

182. Lippold v. Meschede verspricht, seinen Bruder
Diedrich v. Meschede, wegen der für ihn beim
Johan, dem Pryor zu Brilon, über 12 rhein.
Gulden geleisteten Bürgschaft, schadlos zu
halten. 1466, up Mandach na deme Sundach
Oculi (10. März).

183. Godert von Meschede und seine Söhne söhnen
sich mit der Stadt Beckum und Ahlen aus
und versprechen, für ihnen gezahlte 100 Gul-
den, bis zu deren Rückzahlung und einem Mo-
nat darnach, Frieden zu halten. 1466, 15. März.

y Burgermestere vnde Rede der twyger stede Bechem
vnd Alen doet kunt bekennet vnde betuget openbar
in dussen breue vor vns vnse borgere medewonere
vnde nakomelincge dat wy uns hebt bestandet vnde
in een geloflik bestant gesat mit Goderde van Messchede, Di-
derich Gert vnd Lippolt sine echten sone eren eruen vnde de
der vede mit en tegen vns to done hebt van solker vede
vnde Ansprake so se mit vns wint datum dusses breues gehat

hebt so lange wint dat se vnss steden vurgt. gutliken vnd lefliken betalt hebt hundert ouerlendessche Rinsche Gulden in vnser secker wysse beholt vnd als de betalinge gescheen is dar na sal dyt bestant noch vullenkomelike geholden werden vnde stane blyuen ene maentlanck. dar vt gescheiden is worden sake dat een vede vpstonde tusschen vnsen beiden parten lautheren so dat vnser een den anderen veden moste dar mede sal dit besant vnuerbrocken blyuen ok worde sake dat wy stede sokene worden ouer vndersaten des gestichtes van Colne dar dusse vurgt. vnse wedderpart ofte de ere vm tor jacht quemen dar mede sal ok dit bestant vnuerbrocken blyuen vnde des gelikes sochten ofte schedigeden dusse vorbenompten vnse wedderpart in ofte dor dat gestichte van Munster vp vndersaten dess guden hern sunte Pawels dar wy stede of te vnsen welk vm tor jacht quemen dar mede sal ok dit bestant vnuerbroken blyuen vnde ok als de vede mit den lautheren so vorgerort gescheiden worde so sal dit bestant so vurgt. bliuen vnde gelike wal geholden werden so vorgerort is . Dit bestant heuet bededinget de Erbere hinrich Harman de olde allet sunder argelist, ofte jenich geuerde . des to orkunde der Warheit so hebbe wy Burgermester vnde Rede vnser stede secret segele an dussen breff gehangen vor vns vnse borgere vnd mede woner vnd hebt vort gebeden Hinrich Harmen vurgt. dat he mit vnss sin Ingesegel tor seckerheit by vnse secretsegele hange des ik Hinrick — gedan hebbe . Datum Anno Dni. M⁰· cccc lx sexto die ascensionis domini nostro jehsu christi.

Im Siegel hat Beckum das Brustbild eines Heiligen (S. St..., ist noch zu lesen), Ahlen eine über die Stadtmauer reichende Kirche, in deren Fenster das Brustbild eines Heiligen, während im Stadtthore darunter ein nach links fliegender Fisch erscheint.

184. Henrich von Ense verspricht, den Diedrich von Meschede, wegen der dem Vrederik von Tulen über 400 rhein. Gulden geleisteten Bürgschaft, schadlos zu halten. 1466, des Sundages Can- tate (4. Mai).

185. Heyneman Tonieshaus, Sohn zu Alden Iffelpe,
der von Junker Godert, Herrn Bernd, Diedrich,
Gert und Lippold, Vater und Söhne von Me-
schede, den Hof zu Alden Iffelpe erblich ge-
kauft hat, räumt den genannten Verkäufern das
Wiederkaufsrecht ein. 1466, ipso die beate
Margarethe Virginis (12. Juli).

Es siegeln für den Aussteller Arndt von Berninckusen,
Probst zu Meschede, als Lehnsherr, und Henrich v. Hanxlede.

186. Verzeichniss der Güter, welche Goddert von
Meschede seinen Söhnen Gerdt, Lippold, Died-
rich und Bernd hinterlassen hat. 1466.

Anno 1446 starb Goddert von Messchede vnd hatt diese
nachgeschrieben Gueter gelassen seinen Kindern vnd
sein seine erbhafftigen güetter, von Elthern zu Elthern
jme geerbt.

Item das Schloss Brabeck, dar zwey hause vnd wouunge
vff stehen, mit der Bawheit (Ackerwirthschaft) vnd einer
mollen mit zweien glinden vnd eine oley molle darbey.

Item in demselbigen Dorffe zue Brabecke sein funff hube
Landes, namlich Hennen Cordes, Nolden, Stumpes, Garden
Claus, Groten Euerdes Hube.

Item das gantze Dorff zue Westernbodefelde aussgenom-
men zwen houe, der eine des groten Schriuers Kinder horet,
die ander dem Schulten zue Darssbecke vnd xi sein zu
behorigk denen von Messchede vnd volgen hiernach.

Diese vorgt. gueter beide zue Brabeck vnd Westernbode-
felde, sie sein vns hörigk oder nicht, geben alle Zehenden in
holtz vnd felde.

Item das dorff zue Mercklinghusen, da woll drey oder
vier Leude sich vff behelffen konnen gibt Zehenden in holtz
vnd velde vnd niemandts hebt als die von Messchede. Item
ein guet zu ferinckhusen vff der Olpe. Item ein guet in der
Elffter. Item ein guet tho Niederselde. Item ein guet tho

Werensstorpe. Item zwey gueter tho Thuschen. Item vor
deme Winterberge liegt Landt wer darin segget. Item ein
guet zue Defelde in der Grafschaffte Dudinckhusen. Item bey
der Schmalenborch den Hoff zur Widinkhusen. Item zue
Redinckhusen drey gueter. Item zue Sorpe zwey gueter.
Item das Dorff zue Osterwalde mit aller Zubehör. Item ein
guet zue Dorler. Item ein Hoff zue Isenkampe. Item zween
güeter zue Obern marpe. Item zween Houe zue Meckelinck-
husen bey Attendorn, vnd gehort jn Kottingkhusen. Item
ein guet zue Kikenbecke. Item ein guet zu Ouernkerken.
Item ein guet zue Holthusen bey der Fredeborch. Item ein
guet zue alden Ifflope. Item zwey gueter zue Bredenbecke.
Item der Hoff zue Nederen Reiste. Item ein guet zue Her-
hagen. Item ein guet zue Bodenfelde. Item ein Hoff zue
Erfflingkhusen. Item drey gueter zue Immenhusen. Item
drey gueter zu Bergkhusen. Item den hoff zue Messchede
vnder dem langen lohe, jst zentfrei. Item ein guet zue Vel-
mede. Item einen zehende zue Velmede. Item drey gueter
zue Halffswich. Item ein gut zue Mossbolden mit dem Ze-
henden vber das gantze Dorff jn holtz vnd velde als vber
sechs gueter. Item ein Hoff zue Frilinckhusen, mit zwen
andern guetern. Item den Hoff zue kottingkhusen mit zweien
anderen guetern, welcher vorgt. Hoff ein Houethoff ist der
Graueschafft von Messchede. Item zwey gueter zue Herdinck-
husen. Item zwey gueter zue Drasebeck. Item vber Kot-
tingkhusen, Herdinckhusen vnd Drasebecke gehort ein zehende
vber holtz vnd feldt, auszgenomen des Schulten Hoff zue
Drasebeke, Item zwey houe vor dem Euerszberge, Item
ein Borchlehen vff dem Euerszberge da wir des Jars von
boren sechs Mark vud vij huner, Item van der Stat zum
Euerszberge ij β. Diese vorgeschrieben gueter liegen jn
der Herschafft von Arnszbergk, Herschaff zue Waldegk vnd
Stifft von Collen, vnd sein jn summa Siebenzigk vnd sieben,
auszgenomen die zehenden welcher sieben sein, Auch landt
das nicht gerechnet ist, Item diese vorgeschrieben gueter
pflegen zue donde jn gelde, korne, vpkome vnd verfalle
vnserm Vatter dem Gott-gnade, so hirnach geschrieben stehet,
Do man schreib Dausent vierhundert vnd .7. vnd zwenzigk.

Item Gobele zue Broekhusen vj β. Hans Lose v β. Gort
tho Selinghusen vij β. Hans Osterwalt vj β. Gercke Oster-
walt vj β. Abele Osterwalt vj β. Thonies tho Jfflope xxiiij β.
Gort tho Bredenbecke xiij β. Gerwin tho Bodeuelde ix β.
Rodingk tho Reiste vij βl Godeke tho Erflllinghusen xiij β.
Hans tho Immenhusen xvij β. Schousse tho Immehusen ix β.
Rute tho Berchusen xxiiij β. De Hane tho Berchusen xviij β.
Item Sein Shon darselbst vj β. Schulte tho Messchede xvij β.
Boldeke tho Halffswich xx β. Item diese selue Boldeke x β.
Godeke xj β. Heneke x β. De Kemner xviij β. Gardeman ix β.
Nolleke Scheper vj β. De Grote Euert x β. Nolde viij β.
Hennen Cordes xiij β. Kreyenbergk xvj β. De Grote xij β.
De moller xj β. Cortt xij β, Rottger xij β. Heneke treyes
xvj β. De Hane ix β. De motener vj β. Olrick xj β. Tyleman
viij β. prange tho Vrylinckhusen xxv β. Heyneman prange xiij β.
Syneke tho Vrylinghusen xij β. Goke tho Herdinckhusen xij β.
Sin broder darsulfizt viij β. Henne tho Kottinckhusen xxij β.
hans tho Kottinckhusen xx β. Godeke tho Draszbecke xij β.
Sin Shon darsulfizt viij β. Hans Hennen Shon vij β. Oster-
walt xij β. Abel de Scheper viij β. Diderich tho Velmede
vij β. Item noth geben diese leuthe ein herbstbede, wie
hirnach folgelt, Gobel tho Brockhusen x β. Hans Losse
viij β. Gort tho Sedlingkusen xij β. Hans tho Osterwalde
ix β, Gerke Osterwaldt xiiij β. Abel Osterwaldt viij β.
Thoniges tho Ifflope xxviij β. Gort tho Bredenbecke xj β.
Henrich tho Bredenbecke xvij β. Gerwin tho Bodenfelde xij β.
Rodinck tho Reiste xj β. Godeke tho Erfllinghusen xvij β.
Hans tho Immenhusen xxj β. Schosse tho Immenhusen xxij β.
Kute tho Berchusen xxvij β. De Hane tho Berchusen xxij β.
Des Hanen Shon daselbst viij β. De Schulte tho Messchede
xx β. Boldeke tho Halffswich xxiiij β. Deselbe Boldeke
xiiij β. Godeke xv β. Heneke xiiij β. De Renner xx β.
Gardeman xij β. Nolleke Scheper viij β. Do Grote Euert
xij β. Nolle x β. Hennen Cordes xvij β. Kreyenberg xviij β.
De Grote xiij β. De Möller xij. Cort xij β. Rotger xv β.
Henko Treyes xvij β. De Hane ix β. De mockner vj β.
Olrick xv β. Tileman viij β. Prange tho Vrilingkhusen xxv β.
Heineman Prange xiij β. Syneke tho Vrylinckhusen xiii β.

Godeke tho Herdinckhusen xvij *β*. Sin Broder daselbst viij *β*.
Henne tho Kottinghusen xxxii *β*. Hans tho Kottinckhusen
xxv *β* Godeke tho Draszbecke xiij *β*. Sein Broder daselbst
x *β*. Hans Hennen Shon vij *β*. Orszbollt xij *β*. Abel Sche-
per viij *β*. Diderick tho Velmede viij *β*.

Auch ist zu wissen das der Hoff zue Kottingkhusen ist
der heubthoff der herschafft zue Messchede, vnd desselbigen
hoffs gerechtigkeit vnd Renthe volgett hirnach, Dusse nach-
beschriebene Gueter, geben diese nachgeschriebene pension
jn den vorgt. hoff zue kottinckhusen, welcher pacht vnd
pension das Capittel zue Messchede jerlichs zue heben pflegt,
vnd dieselbigen gueter hirnach beschrieben gehorn jn den hoff
kottingkhusen. Item zum ersten vff S. Thomas tagh iiij marck.
Item vff S. petri at Cathet. habern groter mathe xxj malder.
Item von demselbigen hoffe vff Jacobj an schaffen xviij stucke.
Item vff vnser Lieben frawen tagk Natiuitatis j. fette geschlach-
tede khue, Item des Andern jars vff denselbigen tagk ein
gantze fette khue geschlachtet, vnd hundert newern schusseln.
Item vff Ostern ein fett lamb, Item zu S. Jacobj iij malder
käse. Item vff Michaelis xij huner. Item von einem Erue
tho Sorpe, hort jn deme hoff zue Kottingkhusen, gibt zue
pfingsten Acht becker botern. Item von demselbigen hoffe
zue Kottinghus vff Thomas tagk, v. becker bottern, Item jn
den bede tagen des Dinstags xj fett frische kese, vnd xj frische
Bottern, Item vff paschen tho fischgelde xj — ☙.

Hirnach folgen die gueter, zuhorende jn den hoff Kot-
tingkhusen, vnd geben dem Capittel zue Messchede, diese
nachbeschriebene pension. Item das guet zue Alden Ifflope
gibt jn den bede tagen, vnd Thome iij *β*. vnd xx eiger —
j schaff. Item ein guet zue frylingkhusen xx ☙ ij pfundt
bottern — xx eiger — j schaff. Item das ander guet zue
frilingkhusen vnd das dritte guet zu frilingkhusen gibt xiiij ☙
— ij ☙ bottern, — j Schaff — xx eiger, Item ein guet zue
Draszbecke xviij ☙ — j schaff. Item das ander guet daselbst
xviij ☙. Item ein guet zue Halffswich ij½ *β*. — j schaff,
vnd ist das vierte guet. Item ein guett zue Isenkamp ij *β*.
— j schaff — xx eiger, oder vor das schaff ij ☙. Item ein
guet zue Dorler v *β*. et ... marck. Item ein guet jn

western Bodefelde vnd ist das erste guet iij β. — j malder
hauern. Item Johan Grote xviij ₰ — ij schep. habern. Item
Johan Stalbecke xviij ₰ ij schl. hauern. Item Godeke Hane
xviij ₰ ij schl. hauern. Item Godeke Kreienberg xviij ₰
ij schep. hab. Item henneke Aleken xviij ₰ ij schl. habern.
Item Rotger xviij ₰ — ij schl. hab. Item des achtede vnd
neundte guet zue western Bodefelbe ein jtlich xviij ₰. Item
des guet zue Erfflingkhusen j marck vor ein fett schwein,
vnd j schaff, vnd xv schep. hab. Item das ander guet zue
Bredenbecke iij β. Item ein guet zue Ouern Sorpe viij becker
bottern. Item ein guet zue Nedern Reiste xx ₰. — j schaff
— xx eiger — xv schl. habrn. Im ein guet zue Bodefelde
ij β j schaff — xx eig. Item das ander guet daselbst xviij
₰. Item ein guet zue Mercklingkhusen xviij ₰. Item noch
ein guet daselbst xviij ₰. Item ein gut zue Brochusen iij mald.
haben xviij ₰. Item das andre guet daselbst vii¹/₂ malder habern
vnd j schaff. Item das dritte guet daselbst xv. scheffel haber vnd
j schaff — xviij ₰. Item ein gut zue Immenhusen ii¹/₂ β vnd j
schaff. Item das andre guet daselbst xviij ₰ vnd j schaff. Item
das dritte guet daselbst xij ₰. Item jm Barenbrocke ein guet
ij β. Item ein guet zu Herhagen j β. Item de Hoff tho
Messchede vj schep. rog. Die obgeschriebene gueter gehoren jn den hoff zue Kottingkhusen, (über) welchen der Probst
zue Messchede Lehenher ist.

Hierauf folgt die Aufzählung der Schulden, welche der
Vater auf die vorstehenden Güter gemacht hat; sie betragen
3062 Gulden, welche auf 23 Güter versichert sind.

187. Bernard, Priester, Diedrich, Gert und Lippolt
von Meschede, Brüder, verkaufen ihrem Schwa-
ger Johann v. Tulen eine Erbrente von 7¹/₂
rh. Gulden aus zwei Gütern zu Drasenbeecke,
Kirchspiel Remblinghausen, Wiederlöse mit 75
rh. Gulden vorbehalten. 1467, up maendach na
den h. drey Konyngen dage Epyphania (13. Jan).

188. Vergleich zwischen Bernd v. Meschede, Domherrn zu Münster, und dessen Brüdern. 1467, in die exaltationis ste. Crucis (14. September).

Der Vergleich wird von Henrich von Ense und Dyderich Schade aufgerichtet und erstreckt sich über den Nachlass des gemeinschaftlichen Vaters. Bernd soll von dem elterlichen Nachlasse dadurch abgefunden sein, dass ihm seine Brüder Dyderich, Gert und Lyppold auf seine Lebzeit den Genuss derjenigen Güter und Renten einräumen, welche mit dem Tode ihrer Mutter, als zu deron Leibzucht gehörig, frei werden.

189. Kaufact. 1468, 21. Februar.

Gerd von Meschede, Fye, seine Frau, verkaufen mit Genehmigung ihres Lehnsherrn Arnold von Berninchusen, Probst zu Meschede, dem Bernd von Mesohede, Domherrn zu Münster, eine erbliche Rente von 2 rheinischen Gulden jährlich aus ihrem Gute zu Herdinchusen, im Kirchspiel Remlinchusen. 1468, Dominica Sexagesima.

190. Lippold v. Meschede, Knape, verkauft seinem Bruder, dem Domherrn Bernd, das Bürener Lehngut, den Hof zu Berge, der ihm in der elterlichen Theilung zugefallen ist. 1468, Dominica esto mihi (28. Februar).

191. Henrich von Ense und Catharina, seine Tochter, versprechen den Diedrich von Meschede wegen der Bürgschaft schadlos zu halten, welche er für sie dem Drees von Broichusen geleistet habe. 1468, feria sexta post Dominica reminiscere (18. März).

192. Kaufact. 1468, 25. November.

Friedrich von Horhusen, Knape, verkauft an Diedrich und Gerdt v. Meschede, Gebrüder, sein steinernes, nicht weiter beschriebenes Haus zu Alme, welches er mit Grete von Tülen, seiner seeligen Hausfrau, ererbt und als Brautschatz besessen hat, mit Ausnahme der Besitzungen zu Tülen, Wiederkaufsrecht um 26 rhein. Gulden vorbehalten. 1468, ipso die Catharine Virginis.

Es siegelt mit dem Verkäufer Johann von Tülen, Bürgermeister, der einen Löwen führt.

1477, Freitag nach Ostern (11. April), wurde vorstehender Versatzkauf in einen festen Kauf verwandelt und als für dessen Dauer vom Verkäufer eidliche Bürgschaft geleistet. Die Verhandlung geschah vor Didrich Heltsadell, dem Richter zu Berge (Stadberge), der den Brief besiegelte. Swycker von Tüle und Johann Arndes, beide Bürgermeister zu Berge, waren beide Zeugen.

193. **Rötger von Overenmarpe und Aliken, seine Frau, bekunden, dass ihnen der feste Diedrich von Meschede seinen Hof zu Overenmarpe erblich verkauft habe. 1470, feria proxima post festum Epiphanie Dni. (7. Januar).**

Es siegelt für die Aussteller: Junker Walrave Rump von Varenbert.

194. **Kaufbrief. 1470, 22. Februar.**

Henrich von Östinghausen, Hilleke, seine Frau, Hans und Else, ihre Kinder, verkaufen den Jungfern des Prediger-Ordens in der Kluse S. Michaelis auf dem Keppelsberge bei Meschede (Kloster Galilaea) ihr Gut, gelegen zu Wallen, im Kirchspiel Calle, welches zur Zeit Henneke Kerstins unterhat, nebst dem kleinen Zehnten, genannt Achtzehnten. Diesen Kauf genehmigen: Diedrich, Gordt und Lippoldt v. Meschede, Gebrüder, als Lehnsherren. Zeugen sind: Göddert von Langenoil und Menne von Wanneheim, Richter zu Brilon. 1470, beati Petri ad Cathedram.

195. Vergleich zwischen Lippold v. Meschede und dessen Bruder, dem Domherrn Bernard v. M., 1470, des dinxtages na sente Peters dach ad Cathedram (28. Februar).

Der Vergleich wurde durch Cordt de Wrede zu Reigern in Gegenwart von Diedrich und Gerdt von Meschede, Brüdern der Obigen, vermittelt. Dem Vergleiche liegt eine Schrift Bernard's von Meschede zu Grunde, welche mit Urkunden belegt ist und worin er erwähnt: dass sein Vater ihm die Vicarie zu Meschede geschenkt habe und dass er durch sie Herrn Heidenrich, Sohn Diedrichs von Meschede, zu einer Präbende in Aldensell verholfen; dass die Dompräbende zu Münster ihm nicht von seinem Vater, sondern von seinem † Bruder Cracht zu Theil geworden sei; dass im Jahre 1456, als sie zu Alme zusammen Haus gehalten hätten, ihrem † Vater durch die von Warburg und von Geismar Haus und Hof sammt allen Vorräthen zerstört worden seien; dass 1460 Lippold einen Boten vor Alme habe aufhängen lassen und, um der Ungnade des Churfürsten durch Confiscation und Landesverweisung zu entgehen, sein ganzes väterliches Erbe ihm verkauft habe.

196. Lippold von Meschede heirathet (Yliane) Tochter des Johann von Reyne 1470, up sunte Margarethen dach (12. Juli).

197. Lehnsbrief. 1471, 10. Februar.

Diedrich, Gerdt und Lippoldt, Gebrüder v. Meschede, belehnen die Jungfern der Kluse auf dem Keppelsberge bei Meschede (Kloster Gallilaea) mit einem Gute, gelegen zu Walden, im Kirchspiel Calle, welches sie von Henrich von Oistinghausen gekauft haben. Die Belehnung geschieht mit der Bedingung: „auf dass dieselben den Allmächtigen Gott für unsern verstorbenen Vater, für unser ganzes Geschlecht und für uns bitten sollen." Zeugen sind Cordt Wrede von Redern und Joist Smitzman, Kanonich zu Meschede. 1471,

Domin. post Agathe virg. — Ueber dieses Gut to Walden ertheilen dem Kloster Galilaea ferner Belehnung: 1519 Göddert und Gert v. Meschede, Vettern; 1536 Goddert v. Meschede, als Senior für sich und seinen Vetter Gerd v. M.; 1555 Gerd v. M.; 1581 Christoffer v. M.; 1609 Mordian v. M.; 1685 Wilhelm Rötger v. M., (Maria Elis. von und zu Höldinghausen, seine Frau); 1741 Diedrich Adam v. M., Herr zu Alme, Anröchte, Effelen, Almerfeld, Brabecke, Brencken, Berge, churcöln. geheimer und adliger Rath, Ritterschafts-Deputirter des Herzogthums Westphalen. — Das Kloster bewiess sich, wie man bei dergleichen Institute wohl findet, wenn sie in Wohlhabenheit sich zu fühlen anfangen, gegen die Wohlthäter undankbar. Trotz der 1519, 1536, 1555, und 1609 von ihm nachgesuchten und erhaltenen Belehnungen schrieb es 1666 dem Lehnsherrn, dass es seine Lehnsherrschaft nicht mehr respectiren werde, weil das Gut ihm pro memoria familiae de Meschede per modum fundationis gebühre. Es hatte schlau einen Zeitpunkt erwählt, wo die Meschede, Bodenhausen und Wolmerinkhausen sich um und in Alme stritten und eine Partei der anderen die Benutzung der Archivalien erschwerte. Es schien auch der Erfolg günstig und war schon eine mehr als zwanzigjährige Verjährung gewonnen, als Wilhelm Rütger von Meschede die Sache wieder kräftig aufgriff. Er schrieb dem Kloster, dass er das Lehn wegen Felonie caduciren werde und untersagte gleichzeitig dem Pächter des Lehnguts, Henrich Kersting zu Walden, dem Kloster die Pächte zu zahlen. Das kam unerwartet und veranlasste das Kloster am 4. Januar 1683, jetzt eben so demüthig, als vorher übermüthig, beim Lehnsherrn um Belehnung zu bitten

198. Arnd von Ymmessen, Knape, weschelt Eigenbehörige, zu Brenken wohnhaft, mit Eigenbehörigen des Diedrich von Meschede, Knapen, zu Brabeke wohnhaft. 1471, up Sundag Letare (24. März).

199. Goderd und Adrian von Ense, Gebrüder, ver-
sprechen den Lippolt von Meschede um der
Bürgschaft willen, die er für sie wegen des
Brautschatzes von 800 rheinischen Gulden an
Johann von Dalwich und Philipp, dessen Sohn,
geleistet hat, schadlos zu halten. 1471, up
den Sundach na der Elven Dusend Megede
(27. October).

200. Zeugniss. 1471, 29. November.

Vor dem Richter zu Bodevelde bekennt Alike Ulricks,
des seeligen Hans Wolters Mutter, dass ihre Voreltern und
sie immer auf einem Gute derer von Meschede gesessen und
dass sie von keiner anderen Herrschaft als der, derer von
Meschede, des Diedrich von Meschede Vorfahren, gewusst.
Als Zeugen sind anwesend: Diedrich und Godert, Gebrüder
von Hanxlede, Gobbel und Henrich von Ramesbecke etc.
1471, Vigilia Andree Apli.

Ein Transfixbrief dieser Urkunde enthält ein gerichtliches
Zeugniss vor dem Richter zu Soest über denselben Gegenstand.
1477, up Donnerstag na Corporis Christi ist nemlich de Octave
(12. Juni).

201. Vertrag in Folge Schiedsspruch zwischen Died-
rich und Gert von Meschede. 1472, 14. Jan.

t is to wettende, dat upp hude dalum dusser czedelen
eyne scheydunge vurdedinget is ouermitz dem Edelen
junchern Bernde heren to Buren vnd den vesten olricke
vnd Meynolff van Brencken gevedderen, diderick Scha-
den ind volparde vam Bernynckhusen tusschen den vesten
Didericke van Meschede vp eyne vnd Gerde van Messchede
vpp die ander syt · int erste alse vme dat hus ind laut to
dem huse horet herkomen van ffredericke van Horhusen, so
dat Diderick van Messchede de helffte dez genanten huses
ind landes dem mergenömpten Gerde sinen broder affgeloset

heuet, ind Diderich dem Gerde die helfte dez seluen huses heſſt weder geleynt achte jar lanck . hedde gert vur datum dusser tzedelen an dem huse wes vertymert dar to sall malk eynen siner frunt nemen, die twe ere frunt sollen . den tymmer ind bug werdighen die helfte sall Diederich Gerde weder geuen . Die mure buten end dem hus wes to bettern wanner Gerd Diderich dat to eysschet zo sollen sie dat semptlicke don, geschege des van Diderike also nycht so magh Gerd die betteringe alleyne don an dem huess dat sall Diderich mede dragen ind gerde weder geuen . Ok is beret dat Diderick ind gerd die muren tusschen dem suluen huess ind der porten semptliche sollen weder upp muren ind dat gelick don alse Gert Diderick dat to eysschet. geschege dez van Didericke nicht, so magh gert dar eynen mester to krygen ind den dar to vurdingen vnd wes hie dem dan geuet sall eme Diderick die helfte wederleygen . Vort off gerde noet were eynes vurwerkes to dem huese magh hie bugen ind wanner de achte jar vme synt dan so sollen beyde partien malk eynen erer frunt nemen ind den bug redeliken werdigen laten die helfte sall Diderikk dem Gerde weder geuen . Wert dat gert den hoff vme planckede wat dat to lone kostet sall Diderick gerde weder geuen dar to sall gert die kost alleyne don . Vme dat lant dat to deme huse horet ind ander lant vur almen gelegen dat vnuerdelt ist dar to sollen beyde partie die kunde bydden ind sich dat lant wisen laten . Alse dat so gewist ist dan sal Diderick delen ind gert kesen . ind krege er en dez andern lant dar hie vetten ane hedde de vetten sall er en dem andern laten vyt slyten ind dar na sall er en dem andern syn lant lygen laten . Ok ist bered alse vme den tenden vur alme gelegen die helffte dan diderick ind gerdes egen ist ind die andere helffte der van Breydeler, so mogen ind sollen Diderick ind gert sprecken myt den van Breydeler in den deylenne ind alse dat so geschen were so sollen sie den tenden gelick hebben . Vort ist beret alse vme die mollen vnder Almen gelegen dat sie die solen semptlich hebben ind in buge verwaren ind wes dat kostet ind an allem reschoppe to der mollen ind molenwerke horet sollen sie semptliche betalen ind vort die eyne partie sall sie hebben dat eyne jar die andere dat ander iar sunder des andern kost ind schaden ind er beyder koren sall vngemultert bliuen . Ok ist bededinget vme ere egene lude ind gud die noch vnuerdeyllet sint dar sall Diderich eynen dagh to nomen ind verdeylen lude ind gud ind dan sall die ander partie keysen . Vort so ist beredt dat Diderich ind Gert sempliche die erfftall dusses vurgenanten huses ind landes van frederick van Horhusen sollen kopen ind semptlich die betalinge don bynnen ses wecken neist na dem koepe. Alle dusse punct hefft Diderich ind Gert gelouet to haldene — Datum Anno dni. m^{o.} ccc^{o.} lxx secundo up auent felicis in pincis.

Die Urkunde ist auf Papier, mit dem Ochsenkopfe als Wasserzeichen. Die Siegel der vier Schiedsfreunde sind aufgedrückt, jedoch nur das Brenken'sche noch erhalten.

202. Ruprecht, Erzbischof von Cöln, verspricht dem Bernard von Meschede den Schaden von 90 rh. Gulden, den Gulden zu 4 Mark Cölnisch, den er in des Erzstifts Diensten und anders erlitten, zu ersetzen. Signatum Bruel 1472, uff Frydag nach Esto mihi (14. Februar).

203. Vor dem Richter zu Bodevelde bekennen mehrere Einwohner von Frilinchusen, dass sie, ihre Voreltern und Kinder eigene vollschuldige hörige Leute des Diedrich von Meschede sind. 1473, des Dinstages vor sunte Peter Daghe ad Cathedram (16. Februar).

204. Revers. 1474, 17. Februar.
Conrad Valcke, Kanonich zu St. Martini binnen Münster und Vikar ad S^{tam} Mariam Magdalenam in der Emeheldis-Kapelle, an der Münsterkirche zu St. Walburgis binnen Meschede, bekennt, dass durch Vermittelung Bernds von Meschede, Domherrn zu Münster, und des Dechanten und Kapitels

Fahne, Meschede. 9

der St. Walburgis-Kirche, die Patronen genannter Vikarie, nämlich Diedrich, Gerdt und Lippoldt, Gebrüder von Meschede, den Langenols- und Hundenershof, welche beide erblich zur Vikarie gehören, zu betimmern und einzulösen erlaubt haben. 1474, des negesten Donnerstages na sunte Valentinus des hilligon Mertelers Dach.

205. Verkaufs-Act. 1474, 20. Februar.

Vor dem Gogericht zu Erwitte verkauft Godart Bolicke, Knape, dem Bernd von Meschede, Domherrn zu Münster, sein Land und Holz östlich von dem Schaphofe bis auf die Becke in dem Husmersdale über Berghe bis am Elinger Grund, an der Wiese des Herrn Berndt von Meschede gelegen. 1474, Sabbato post Valentini mart.

206. Die Herrschaft Bylstein und Diedrich von Meschede wechseln Eigenbehörige. 1474, in Vigila Paschae. (9. April).

207. Schadloshaltung. 1474, 4. Mai.

Gerdt von Meschede verspricht, seinen Bruder Diedrich von Meschede, der sich für ihn wegen seines Zehnten zu Frilinchusen verbürgt hat, schadlos zu halten. 1474, up Myddewechen na dem Sundage Jubilate.

208. Schadloshaltung. 1475, 1. Mai.

Henrich von Ense verpflichtet sich, den Diedrich von Meschede, der sich für ihn beim Cordt von Thulen wegen 60 rheinischer Gulden principaliter verbürgt hat, schadlos zu halten. 1475, ipso die Philippi et Jacobi Aplorum.

209. Revers. 1478, 26 April.

Rötger von Overenmarpe bescheinigt dem Diedrich von Mosschede, Johanna, dessen Frau, Henrich und Berndt, ihren Söhnen, dass sie eine Rente von 1 Gulden 10 Schillinge aus ihrem Gut zu Overenmarpe, worauf er, Rötger, wohnt, unverjährt für 10 rh. Gulden, 10 Schillinge für den Gulden gerechnet, wiederkaufen mögen. 1470, Dominica Vocem jucunditatis.

210. Präparatorischer Vertrag. 1478, 16. Juni.

Adrian von Ense, im Namen Henrichs v. Ense, Gerdes
Sohn, und Goderd von Ense, Adrians Bruder, beide Henrichs
Söhne, alle seeligen Gedächtnisses, auf der einen Seite, und
Bernd von Meschede, Domherr zu Münster und Diedrich,
Gerdt und Lippold v. Meschede, Gebrüder, anderer Seits,
verpflichten sich: binnen 14 Nächten zu Lippe zu kommen
und daselbst durch Schiedsleute ihre Gebrechen und Ansprüche
zu vergleichen. Diese Vermittelung ist geschehen durch Crafft
Westphal, Domherr zu Paderborn, Friedrich Westphal und
Imme, seine Hausfrau, des genannten Adrians Mutter. 1478,
Crastino Viti Martyeris.

211. Revers. 1479, 23. Januar.

Volmar Schröders, Bürger zu Meschede, der von Diedrich
von Meschede den Zehnten zu Mosebolde für 60 rheinische
Gulden gekauft hat, räumt dem Verkäufer das Wiederkaufs-
recht ein. 1479, uppe Saterdage na sunte Agneten Daghe.

212. Schuldbekenntniss. 1480, 2. März.

Hilke, Wittwe Heynemans von Frylinchusen bekennt
vor dem Richter der Freiheit Bodevelde, dem Junker von
Sochtrop, 19 Gulden etc. nach einer, früher im Beiwesen Lip-
poldes von Meschede aufgestellten Berechnung zu schulden.
1480, feria V. post reminiscere.

213. Schuldbekenntniss. 1480, 25. August.

Henrich Hacken, seel. Hanses Stiefsohn, bekennt vor
dem Richter zu Bodevelde: aus der Zeit, als er auf den Hof
zu Frilinchusen wohnte, dem Lippold von Meschede eine
Pachtschuld von 3 Schweinen, 18 Hühner und Korn schuldig
zu sein. 1480, des Fridaghes na Bartholomaeus Daghe.

214. Revers. 1480, 24. December.

Rütger von Marpe bescheinigt dem Diedrich von Meschede,
Johanna, seiner Frau, Henrich und Bernd, seinen Söhnen, dass
sie den Hof zu Overnmarpe, worauf er, Rütger, wohnet, und
welchen sie ihm verkauft haben, unverjührt für 40 rheinische

Fahne, Meschede.　　　　　　　　　　　　　　　9*

Gulden, à 10 Schillinge, wiederlösen können. Es siegelt Johan Rump von Varenbert. 1480, in Vigil nativitatis Dni.

115. Lehnbrief. 1482, 28. Februar.

Wilhelm Westphalen, Probst zu Meschede, belehnt Herrn Bernhard, Gerdt und Lippold von Meschede, Gebrüder, mit dem Hofe zu Köttinchusen. Zeugen sind: Volmar von Meschede und Hunolt von der Horst. 1482, feria quinta post Invocavit. (Siehe unten 1543.)

216. Vergleich. 1482, 10. März.

Philipp von Hörde, im Namen des Churfürsten von Cöln, schliesst zwischen Bernard von Meschede, Domherrn zu Münster, und den Bauern zu Anröchte einen Vergleich dahin ab, dass Letztere die 3 Malter Weizen aus der Zehntlöse zu Anröchte dem Ersteren in lippischem Maasse liefern müssen. Zeugen sind: Cord de Wrede, Droste und Henrich Schauer, Kellner zu Arnsberg. 1482, up den Sundag Oculi.

217. Geyrt und Lyphoult von Meschede sind als Deputirte der westphälischen Ritterschaft anwesend, als Erzbischof Hermann IV. von Cöln, als Schiedsrichter, die Streitigkeiten der Stadt Werl mit den Sälzern und dem Amtmanne daselbst entscheidet. Gegeuen vnd visgesprochen in vnser Stat Werle 1482 vff mayndach na vnser lieuen frauwen tag conceptionis (9. December).

Seiberts Urkb. Bd. 3. S. 159, 161, 170. Nr. 986.

Aus der Urkunde geht auch hervor, dass Gerhard von Meschede einige Jahre früher, in einer Fehde, den Werlern die Kühe weggetrieben hat.

218. Diedrich von Meschede verpfändet auf sieben Jahre dem Stracken Gockelen zu Selinchus, sein Gut, genannt Remlinchus, über Selinchus gelegen. 1484, Dominica post Ascensionis Dni. (30. Mai.)

219. Prozess – Acten aus dem Jahre 1486—1487.

Es klagen die Gebrüder von Meschede, namentlich Bernard, Domherr zu Münster, gegen Goddert und Adrian von Ense, Söhne des verstorbenen Henrichs von Ense, und beanspruchen sämmtliche Enze'sche Güter zu Anröchte, bestehend in zwei Gütern, genannt Honstein, weil diese von ihrem allgemeinsamen Grossvater, Gerdt von Ense, an dessen Tochter, Regula von Ense, bei ihrer Heirath mit Goddert v. Meschede, Vater der Kläger, zum Brautschatz gegeben seien. Die wegen der Prozessform und der historischen Momente wichtige Klageschrift lautet:

„Als vnwille vnd twydracht gerysen ys tusschen hern bernde van Messchede Canonick etc. vnd Adrian van Enze herkomen van gewalt dar vmb her bernd vorgt. Adriane sochte myt geystlicke gerichte to Werle welck gerichte affschreff de hochwerdigste forste vnd her myn gnedigster leue her van Colne dar vp wy beyde vorgt. synt gekomen vp sunte bartholomei dach lest vorgangen to Arnsberge vor myn gnedigste leue hern van Colne de vnser beyder rede hörde vnd de warheyt dar van erfaren wyll . So stalte he vort dar tho to verhoren de Erbern vnd festen philips von Hoirde landtdrosten, Wilhelme Vogt van Elspe, Goderde den Wreden van reydern, Euerde van dem Broke drosten etc. vnd syner gnaden kelner to Arnsbergh , So dat de lantdroste nu to komenden sunte Michaele sal vns beyden parthen eynen dach teken to Anrochte vp de malstede veirtheyn nacht to vorn dar solt de vorgt. syner gnaden reden komen vnd vnser beyder sprake vnd Antworde horen dar Adrian in thüet mynen gnedigsten lieuen hern dat he et vme syns gnaden wyllen do dat em syne gnaden beuolen hebn dan hebet se anders wes vnder malkander to donde mach malck soken myt rechte.

Item so dan Adrian sachte vor mynen gnedigen hern dat landt dar he mynen knecht vnd ploch aff gedreuen hedde hoirde to myns hern gude etc. so en sta ick des nicht vnd sal syck nicht war vynden want myn aldern vnd er meygere vnd nu ick hebt dat landt allerwege in vnser bouwheyt gehad wan des tyd to zeiggende (säen) was vnd beger anders nicht

dan men de meygere des lands vnd de gansen bür to An-
rochte vrage de warheyt dar aff to seggende vnd dat dar
vmb geschey, was syck na rechte gebore,

Item als he ock sachte van dryffte vnd scheperye der
ick em in stede myns gnedigsten hern nicht staden en wolde
de doch Slynckworm gehat hedde als myns gnedigstsn hern
vorwarer etc. hyr vp antwor ick dat gy de gelegen heyt hyr
van mogen wetten dat bynnen anrochte dem dorpe is eyn
vryhoff vnd neyn mer de geheyten ys des greuenhoff vnd
vyff vnd vyfftich houe vnd by achte kottesteden vnd in den
hoff vorgt. hort de dryfft vnd dat burgerichte de andern vyff
vnd vyfftich houe geuet alle teyntloze vnd to Anrochte synt
vele erffgenoten gewest als noch synt, myt namen de van
Erwitte, de van Verne dat nu de van hanxlede hebbet, de
lürwalde, de bolekem dat nu de mengen hebbet, de nippolde
dat nu Gerd halewert heuet, de nüssener vnd eyn geheyten
Goissen van melderke vnd wy van Messchede de desseluen
greuenhoff hebbet gehadt hebbet manich hundert jar mit der
Dryfft vnd dem burgerichte vnd de von Enze en plegen to
Anrochte nicht to wonende noch en hadden se dar neyn
gued dan Gerd van Enze vnser beyder grote vader quam vth
dem Stichte van paderborn erst to Anrochte vnd koffte den
vpgenanten Gossen van melderke syne gude aff to Anrochte do
en plach to Anrochte neyn Borch to synde dan Gerd vorgt.
tymmerde in de becke vppe twe houe der eyn het Adolffs-
huss in der becke dat nu de Borch js vnd geuet in teyntloze
xx dt vnd eyn helllnch vp sunte jacobs dach teyntloze page-
ments vnd twe scepel weytes twe verdel vnd eyn lopen
weytes vp sunte Cunibertl dach . Dat ander gued het Ehri-
cushuss in der becke vnd js de vorborch vnd gyfft in teynt-
loze eynen schlllinck eynen hellinck vnd j mudde weytes jn
geliker maner vnd tyd vnd de Borchgraue vmme beyde deell
js bouen der Borch gegrauen dorch Remfridus gued dat der
van Erwitte plach to synde vnd gyfft in teyntloze ix dt 1
scopel 1 verdel weytes vnd de graue beneden der borch ys
gegrauen eyn deel dorch vnser van Messchede gued dar nu
vppe wonet Tonyes Gerwyn vnd gifft in teyntloze ix dt 1
scopel vnd eyn verdell weytes vnd so tymmerde Gerd van

Enze erst de borch vp de vorgt houe in den helwech vnd
kerde de becke dorch de houe dar tonyes vorgt. vppe wonet
vnd verderuede vnse gued . Gerd van Enze vnd Hinrick syn
son vnsen vader wederstadinge louenden tho donde des nicht
gescheyn en is . Dau Gerd van Ense gaff syne Dochter, hin-
rikes suster vnse moder vnsen vader ter hilligen ee, so dat
dat (wederstading) vorbleuen is . Vnd alle de andern houe
vnd gudere bynnen Anrochte geuet alle sament teyntloze jtlick
na syner gebour vthgescheden de greuenhoff de vry js aller
teyntloze de vns ys . So dan Adrian sachte he dede van
myns gnedigsten hern wegen vud myn gnedige her to An-
rochte nicht enheuet dan hinrick van Enze syn Vader eynem
stichte van Colne verkofft heuet vnd gy wall gehort heben
wu de van Enze dar gekomen synt wu de Borch getymmert
is vnd vp wat gudern vnd steden, so kan uwe Erbar vor-
sichticheyt wal merken myt wat reden vnd beschede he dar
Dryfft mach hebn, want de van melderke vnd jenich erffge-
noten de ouer hundert jaren synt to Anrochte gewest hebet
nu solkes vorgenomen noch Dryfft gehat, want als id adrian
nv vormeynet, so mochte ytlick vur drryfft heben, dat doch
nicht en is . vnd de van Enze kont neyn recht mer hebep
dan Goissen van meldreke de se dat gued aff kofften . Ock
bynnen Anrochte heuet nemant neyne schape bouen syne
Dorpschape he en mochte se vns van Messchede aff pechten
dat men so heldet vnd allwege gehalden heuet vnbesproken
van jemande myt rechte . Ick vermode my ock doch en segge
ich des nicht vor de warheyt, do Hinrick van Ense, Adrians
Vader Anrochte verkoffte, do sechte he de scheperye were
der van Messchede, want er dem verkope noch Gerd van Enze
noch hinrick van Enze en vnderwunden sick nu sceperye noch
hinderden se vns nu vp jenigen steden vnser scheperye, dan
do hinrick van Enze Anrochte weder an syck nam van einem
stichte van Colne jn der sostesschen Veyde vnd jmmen
Adrians moder ter ee genomen hadde do stont vel vnwyllen
tusschen vns vp in mangerleye maner als hyr na jn meynen
gebrecken wal horen solt.

Item vp dat derde pünt als he secht, jck heb mer schape
dan my gebore vp vngeborlicken steden, hyr en tegen ant-

wor jck, dat ick effte jemand van myner wegen nynige
Schape hebbe vp vngeborlicken steden . myne alderen vnd
oueralderen vnd ick nu hebt vnse schape vnd dryfft gehad
vp den steden vnd der geliken vnbesproken van jenigen myt
recht er de van Enze dar quemen vnd by der van Enze
tyden vnd na der van Enze tyden vnd seder der van Fnze
tyden . Wy heben ock nu mer schape gehadt in vnser dryfft
dan eyner dryfft to hörde vnd vns geborde vnd angeseen dat
de scheperye vnser van messchede alwege gewest ys vnd
wy in alle gude bynnen Anrochte solke rechticheit hebt .
We mer schape heuet dan eyme na lantrechte gebort dat he
de vns vertynsen moet vnd ock als in alle gude vnse teynde
geyt so vorgt. steyt vnd wy nicht bouen vnsen tael en hebt,
en hebbe ick dar ynne nicht vnrecht noch to kort gedaen
jemande vnd begher hyr vmb my to laten by mynen besitte
men sette my dar vth myt rechte.

Ock als Adrian gesacht heuet ick hinder en jn stede
myns gnedigsten leuen hern dat he neyne dryfft noch schape
moge hebn so en versta ik nicht myt wat vurnemens he dat
doen moge, wante bynnen Anrochte en ys nicht dan eyn
dryfft hoff de ys vnser van messchede . Wolde he ock seggen
van des Slotz wegen, so heb gy wal gehort dat to Anrochte
neyn slotplach to synde, dan dat gerd van Enze getymmert
heuet vp twe houe."

Aus einer Erklärung des Lippolt von Meschede, welche
bei den Acten liegt, geht hervor, dass dieser 1485 auf Peter-
und Pauls-Tage mit dem Grafen von Rietberg gefangen
wurde und dass er auf St. Bartholomaeus-Tag, als Adrian
van Ense die Tochter seines Bruders mit Philipp von Dalwig
verlobte und ihr 300 Gulden Brautschatz zusagte, noch zu
Limburg gefangen im Stock sass.

220. Hermann Schylder und Florin von Volkinc-
husen verzichten zu Gunsten der Gebrüder
Godert und Diedrich von Meschede auf das
in dem Kaufbriefe über das Gut zu An-
röchte ausbedungene Recht der Wiederlöse.
1486, crastino beati Petri ad Cathedram (23.
Februar).

221. Verkauf. 1486, 17. April.

Didrich von Meschede, Henrich, sein Sohn, und Anna,
des Henrichs Frau, verkaufen dem Herrn Bernd von Meschede,
Domherrn zu Münster, ihre drei Güter und Höfe, zu Frilinck-
husen, im Kirchspiel Remblinghausen gelegen, welche Lehn-
güter des Probstes zu Meschede sind, frei von aller Beschwer,
jedoch mit Ausnahme einer Rente von 4 rheinischen Gulden,
welche an die Vikarie Ste. Marie Magdalene zu Meschede,
in Münster zur Einhildis-Kapelle gegeben werden müssen
Für diesen Kauf sind Bürgen: Helmich von Erwitte und Evert
von dem Broyke. 1486, des Mandages na dem Sundage
Jubilate deo.

222. Verkauf. 1487, 22. Februar.

Diderich von Meschede, Henrich, sein Sohn, und Anna,
dessen Frau, verkaufen dem Henrich Visdom und Catharinen,
Eheleute, ihren halben Hof, gelegen vor dem Eversberge in
der Druueder Mark, Wiederkaufsrecht für 16 Gulden, den
Gulden zu 10 Arnsberger Schillinge gerechnet, vorbehalten.
1487, up sunte Peter ad Cathedram.

223. Diedrich von Hanxlede, Anna, seine Frau,
wechseln Eigenbehörige mit Diedrich von
Meschede und Henrich, seinem Sohne. 1487,
upp aller Godes hilligen Avent (31. October).

138

224. Cordt und Ulrich von Hanxlede, Brüder, wechseln Eigenbehörige, up der Elspe wohnhaft, mit Eigenbehörigen des Diedrich von Meschede, zu Westernbodevelde wohnhaft. 1487, up Sundag na aller hilligen Dage (4. November). Es siegelt Died. v. Hanxlede für die Ersteren, seine Vettern

225. Revers. 1488, 24. Februar.

Bernard von Meschede, Kanonich und Scholaster am Dom zu Münster, räumt dem Diedrich und Henrich von Meschede und deren Bürgen, Helmich von Erwitte und Evert von dem Broke, welche ihm mit Genehmigung des Lehnsherrn, des Probst von Meschede, drei Erbe und Güter zu Frilinchusen erblich verkauft haben, das Recht ein, diese Güter unverjährt für 159 oberländische rheinische Gulden wieder einzulösen. 1488, feria tertia proxima post festum petri ad Cathedram.

226. Quittung des Hermann von Suchtrop, Knape, seligen Berndes Sohn, über eine Summe Geldes, welche ihm Goddert v. Meschede und dessen Erben verschuldeten. 1488, ipso die Sixti Pape et mart. (6. August.)

227. Verkauf. 1489, 18. Nov.

Diedrich von Meschede, Gert mit seiner Frau Fya, Lippolt mit dessen Frau Yliane, Gebrüder von Meschede, ferner Henrich v. Meschede mit dessen Frau Anna verkaufen für 90 Gulden die obigen 1463 18. Nov. benannten drei Güter dem Ermerde von dem Broke, Richter zu Esleve und dessen Frau Anna, wobei der Probst zu Meschede, als Lehnsherr, seine Genehmigung ertheilt. 1489, Octava Martini.

228. Verkauf. 1489, 23. Juli.

Lippolt von Meschede und Iliana seine Hausfrau verkaufen dem Henrich von Meschede und Annen, dessen Frau, ihr, nicht weiter beschriebenes „alinge" Gut zu Tülen gelegen, entäussern sich desselben mit „hande vnd munde" und versprechen Gewähr. 1489, up sunte Jacobs Dach des hylligen Apostels. Mit dem schön erhaltenen Siegel des Lippold von Meschede, der einen Busch von Pfauenfedern auf dem Helme führt.

229. Revers. 1490, 22. Febr.

Johannes Hyllen, Pastor zu Rösbecke, der dem Diedrich von Meschede, Henrich, seinem Sohne, und Annen, des Henrichs Frau, den Zehnten zu Osterwalde abgekauft hat, räumet den Verkäufern das Wiederkaufsrecht ein. 1490, up sunte Petrus Dach ad Cathedram des hil. Apostels.

230. Verkauf. 1491, 22. Sept.

Alecke von dem Dorne, Nicolaus, Volport, Margareth, ihre Kinder und Conrad Speyl, der obigen Margarethe Eheherr, verkaufen dem Diedrich von Meschede die Schryverhove gelegen zu Westernbodefolde im Kirchsp. Kerchbodefelde.

Es siegelt auf Bitte: Johan v. Dalwich, Droste zu Lichtenfels. 1491, des Donnerstages nach sunte Matheus Dach.

231. Uebertrag. 1492, 13. Mai.

Diedrich und Gert v. Meschede und Styneke Schade, Geschwister, Henrich v. Meschede, des Diedrichs Sohn, Fye, des Gert, und Anna, des Henrich Hausfrauen, übertragen dem Herrn Berndt v. Mosschede, Domherrn und Domscholaster zu Münster, ihrem Bruder, Vetter und Schwager, das von Lyppold v. Meschede nachgelassene Korveysche Lehngut, den Hof zu Drever, im Krspl. Altenrüden, woraus Lyppold dem Abt zu Corvey 40 Goldgl. schuldig geblieben. Diese soll Bernd aus dem Nachlass bezahlen, jedoch vorbehaltlich der Leibzucht ihrer Schwägerin, der nachgelassenen Hausfrau Lyppolds.

Es siegeln: Diedrich, Gert und Henr. v. Messchede und für Styneke Schaden, ihr Sohn, Diedrich Schade, Domherr zu Münster. 1492, des Sundages Jubilate.

232. Henrich von Hanxleden verkauft seine Güter und seinen Hof zu Nehen, welche er von Johann von Nehen gekauft hat, sammt halben Zehnten und der Viehtrifft, vor Hermann von Oynhausen, Richter zu Brilon, erblich an Henrich von Meschede. 1492, ipso die Luce evangeliste (18. October).

---

[1]) In Folge dessen finden sich mehrere Urkunden in dem Almer Archive, welche die früheren Verhaltnisse von Nehen berühren namentlich:

I. Johan v. Neyn belehnt Gobelen, des Heneke Buchten Sohn, mit einer halben Hufe zu Neyn genannt Helwerdes Hof zu Mannlehn. 1406, feria II. post oculi (15. März).

2. Sweder von Hottepe und Fye, seine Frau, entbinden Johan von Neyhen, der ihnen seine sämmtlichen Güter zu Neyhen verpfändet hat, aller Verpflichtung aus diesem Rechtsgeschäfte. 1408, Die Inventionis Sti. Crucis (3. Mai).

3. Gerlach Butens und Else, seine Frau, verkaufen vor dem Rath der Stadt Brilon, dem Hermann von Buntkerken ihren vierten Theil an dem Gute zu Nehen, geheissen Ludolffsgut, worüber sie vor Zeiten mit eben diesem Hermann Streit gehabt haben. 1409, infra octavas beatorum Petri et Pauli aplorum. (6. Juli.)

4. Eyert von Tulen belehnt Cord und Henken Sundels, Brüder, mit einer halben Hufe, gelegen zu Nehen, und $1\frac{1}{2}$ Echtwort im Boeckholt zu Mann- und Sammtlehn. 1427, Crastino die Annunciationis beate Marie virg. (26. März.)

5. Gobele von Almena, anders geheiten de Zure, Bürger zu Geseke, überträgt vor dem Richter zu Geseke dem Herbord Buchten, Priester, eine Hufe Landes zu Nehene, bei dem Dorfe vor Brilon gelegen, welches ein Pachtgut der Probstei Meschede ist. 1431, in Vigil. beati Laurentii Mart. (9. August.)

6. Johannes von Neyn belehnt Hennyke Buchten mit einer halben Hufe zu Neyn, genannt Helwardes Hof, zu

233. Anweisung. 1492, 4. Dec.

Hans, Schulte to Bodevelde, weiset auf Befehl des Kellners zu Arnsberg den Diedrich von Meschede an, die rückständigen Kaufgelder des Guts zu Westernbodevelde an Aliken von dem Dorne zu zahlen. 1495, ipso die beate Barbare virg.

Mannlehn. 1433, des Sundaghes vor Sunte Thomas Daghe des hylyken Apostels (27. December).

7. Wilhelm Krane und Eyngele, seine Frau, versetzen dem Cordt Klumpinge eine Hufe Landes zu Nehene, genannt Almans hof, mit Genehmigung des Lehnsherrn Rost v. Sweydinchusen. 1441, ipso die Scholastice virg. (10. Februar.)

8. Lambert Wessel verkauft, vorbehaltlich des Wiederkaufsrechts, dem Johann Wychardes eine Hufe Landes zu Nehen gelegen, geheissen der Wessels Hove für ein dorschlachtig Eigenthum und Gut. 1461, des Mandaghes na dem Sundage Letare (16. März).

9. Johan von Nehen belehnt Henrich Buchten, seeligen Gobbelen Buchten Sohn, mit einer halben Hufe Landes zu Nehen gelegen, genannt Helwardes Hof, zu rechtem Mannlehn. 1463, feria III. post festum Pascho. (12. April.)

10. Godert de Wrede zu Schellenstein belehnt Johan Krove mit einer Hufe Landes zu Nehen, wie solche Wilhelm de Krane seelig zu Lehn trug. 1483, die beatri Petri ad Cathedram (22. Februar).

11. Johann von Hottepe belehnt Hermann Wünnenberg mit einem Hofe zu Nehen, genannt de lüttcke Hof und einem Echwort in dem Bockholt zu Nehen zu Mannlehn. 1483, des Mandages na dem Sundage Cantate (28. April). Derselbe Johann v. H., Knape, schenkt zu seinem Seelenheile und dem seiner Eltern, dem Altar Sti. Jacobi apost. in Brilon seinen Hof zu Nehen, genannt der Pothoff, worauf vor Zeiten seine Eltern gewohnt haben mit der Hofesgerechtigkeit und zwei Echtworten Holz in dem Bocholte. 1486, in die Gregorii pape (12. März).

142

234. Verkauf. 1493, 17. März.

Diedrich v. Meschede der Aeltere und Henrich, sein
Sohn, verkaufen Godert Wreden zu Mylinckhusen und Belen,
seiner Hausfrau, sieben Malter Korn lippisch Maass, nemlich
3½ Malter Roggen und 3½ Malter Gerste aus ihrem Hofe
zu Berge, für 220 oberländsche Goldgl. Wiederkauf vorbe-
halten. Es verbürgen sich Henrich Hoberg, wohnhaft zu
Hovstadt und Wilhelm Ketteler, wohnhaft zu Ostinchusen.
1493, op den Sundach op Mytvasten.

---

12. Godert de Wrede zu Schellenstein, Knape, belehnt
Johan Korne mit einer ganzen Hufe zu Nehen gelegen und
einem Echtwort in dem Westerholt zu Mannlehn, so wie ihm
solche durch Absterben des Wilhelm Kranen heimgefallen
sind. Lehnzeugen sind: Johan von Thulen, Gerlach Snar-
manns. 1484, die boati Petri apostoli ad Cathodram (22.Febr.)

13. Johann von Dorffelde belehnt Johann Wünnenberge,
Bürger zu Brilon, mit einem Hofe zu Nehen, genannt der
Lütteke Hof, und einem Echtworte in dem Bockholtz zu
Mannlehn. 1489, up Nyenjarsdach (1. Januar).

14. Henrich (Henneken) von Hanxleden, Droste zu Balve,
war Erbbesitzer des Scharpenberges und beanspruchte als
solcher das Dorf Ratlinghausen auf dem Matfeldo sammt
Zehnten und Trift daselbst, kaufte auch 1493, 29. Juni, von
Hynrick Krassenstein und dessen Frau Hylle deren Gerecht-
same in der Feldmark von Ratlinghausen, so wie einen Brief,
den Friedrich und Johann, Brüder vom Alten Hause Padberg,
und deren Frauen Henne Henkelen und Mette, ihm ausge-
stellt hatten, übertrug jedoch 1493, 21. December, mit Zu-
stimmung seiner Frau Carten und seiner, nicht benannten,
Tochter das genannte Dorf, welches ein wüstes genannt wird,
mit allem Zubehör dem Kloster Bredelar, worin sein Vater
begraben, für einige Vorschüsse und für eine Memorie.

Auch geht aus den Urkunden dieses Archivs die Ab-
stammung der Dorfeld hervor, wie sie in meiner Geschichte
der Westphälischen Geschlechter, S. 133, gegeben ist.

152

235. Vergleich. 1493, 1. Mai.

Kloster Bredelar einerseits und Gerd und Henrich v. Messchede, Gevettern, Gordt, des genannten Gerd v. Messchede Sohn zu Ober- und Nieder-Alme, sammt Sophie, Anna Margreth, ihren Frauen andererseits, vergleichen sich wegen aller ihrer gegenseitigen Ansprühe. Das Kloster verzichtet auf den halben Zehnten vor Almen mit Widinchusen und auf das Monnekeholz, wie dieses der Hauptbrief ausweiset. Dagegen verzichten die v. Meschede auf eine Hufe Landes in der Oistlinger Mark auf dem Malfelde, auch auf den Zehnten und die Ländereien zu Rosbeke; ebenfalls verzichten sie auf zwei Hufen Landes zu Tiderinchusen auf der Hotbecke. Beide Parteien behalten sich das Vorkaufsrecht vor. Diesen Vertrag genehmigt auch: Volmar von Messchede der jüngste, obigen Gerds Sohn und Gords Bruder. 1493 am Sunte Philipps und Jacobs Dage der hiligen Aposteln.

236. Antichrese. 1493, 2. August.

Wilhelm Westphal, Probst zu Meschede, als Lehnsherr, genehmigt, dass Bernd von Meschede, Kanonich und Scholaster am Dom zu Münster, drei Erbe, genannt die drei Güter zu Vrylinckhusen im Kirchspiel Remelinkhusen von Diedrich v. Meschede und die Erbe, genannt die v. Mescheder Güter zu Berchusen und Immehusen im Kirchspiel Meschede, von Stinken Schaden in Versatzkauf nimmt. 1493, des negsten Dages nach Vincula Petri.

237. Quittung. 1493, 7. November.

Yliana, Wittwe Lyppoldes von Messede quittirt ihren Schwägern, dem Gerd und Dydrich von Messchede über gezahlte 800 Goldgulden, welche ihr in Gegenwart des Philipp und Johan, Gevettern v. Hörde, Drosten, nach dem Schiedsspruche der Brüder Job, Henrich und Erwyn von Reyn und des Philipp von Grasschopp zur Leibzucht und für die Abtretung aller nachgelassenen Güter des Lyppold seelig gezahlt sind. 1493, den achteden Dach Alle Godes hylligen.

Es siegelt statt ihrer, da sie kein Siegel hat, ihr Bruder Johan von Reyn, Droste, und Philipp von Grasschopp, ihr Oheim.

238. Thonies v. Padberg belehnt Bernd v. Meschede mit der Zehntlöse zu Anröchte. 1495, 13. Nov.

Gedachter Thonies von dem Alten Hause Padtberg, seel. Everds Sohn, bekennt in dieser Urkunde, dass er dem Herrn Bernd von Meschede, seinem Oheime, Domdechanten der Kirche zu Münster, zur Zeit als derselbe noch Domherr war, versprochen habe, ihn wegen der, ihm durch Friedrich von Padtberg und Evert, dessen Bruder, des genannten Thonies Vater, vor Zeiten verkauften 3 Mark Goldes aus der Zehntlöse schadlos zu halten, ferner, dass die genannte Zehntlöse, ein Lehngut seiner Vorfahren, durch Godart von Meschede, des genannten Herrn Bernds Vater, an Diedrich von Viszbeck verpfändet, jedoch von eben jenem Bernd wieder eingelöset sei, und dass er nun Letzteren damit belehnt habe. 1495, des Fridages na sanct Martin in dem Winter.

239. Genehmigung. 1496, 27. Mai.

Johan Frederichs, Bürger zu Meschede, genehmiget: dass Thonies to Bonecker mit Tonnies to frilinchusen ein Stück Landes und ein Stück Wiese tauschen, wozu auch Diedrich v. Meschede, als Gutsherr des Tonies-Gut zu Frilinchusen, seine Zustimmung gibt. 1496, an dem negesten fridaghe na der hilligen Hochtiht Pinxten.

240. Verkauf. 1497, 12. Februar.

Volpert von Kobbenroide verkauft mit Einwilligung des Diedrich von Horhusen, als Lehnsherrn, dem Hermann Oenhusen, Richter zu Brilon, und Alheid, dessen Frau, den Hof zu Weisinckusen mit allem Zubehör, welcher ihm, Volpert, von seiner seligen Frau Alheid Snarmans angestorben war. — Zugleich belehnt Diedrich von Horhusen den Herman von Oenhusen mit dem Hofe „to Wiesinchusen" nebst Zubehör. 1497, Dominica qua Cantatur Invocavit.

241. Verkauf. 1497, 15. Juni.

Henneke von Hanxlede, Droste, verkauft dem Henrich v. Meschede und dessen Frau Anna den Hof zu Meverinck-husen, den Dickhof mit Zubehör und dem Zehnten, so wie er diese Reelitäten von Gosschalck von Patberg von dem Neuen Hause gekauft hat. Unter den Zeugen ist Herr Johan Roloff, Pastor zu Alme. 1497, up sunte Vitus Dach.

Es siegelt der Verkäufer und Herman von Oynhausen, Richter zu Brilon.

242. Uebertrag. 1498, 22 Februar.

Gerhard v. Meschede, Knape, Fye, seine Hausfrau, und Volmar, ihr Sohn, übertragen ihrem Sohne und Bruder Godert von Meschede, der zur Ehe geschritten ist, das „Schloss, Haus und die Wohnung zu Oberalme" mit aller Gerechtigkeit. Godert zahlt seinem Vater 200 Gulden, die dieser für die Wandtschicht verwendet hat und gegen deren Rückzahlung er halb Oberalme von seinem Sohne wieder an sich lösen kann, jedoch die baulichen Verbesserungen nach Ausspruch der zugezogenen Freunde besonders ersetzen muss. 1489, am Tage S. Petri als ho vp den Stohl gesatt wort.

Für Frau Fye siegelt ihr Schwager Henrich v. Meschede.

243. Pfandschaft. 1500, 2. April.

Henrich von Meschede, des † Diedrichs Sohn, unter Mitbesiegelung des Adrian Ense, verpfändet Dienste, Hude und Trift des Hofes zu Sobberinghusen dem Schulzen zu Sobberinghusen; Wiederlöse mit 15 rh. Goldg. vorbehalten. 1500, des Donnersdages na dem Sundagho Letare Jerus.

244. Verkauf. 1501, 7. März.

Henrich von Meschede, Diedrich, sein Sohn, Anna, seine Frau, und Gört, sein Vetter, Sohn Gerds, mit seiner Frau Margreth, verkaufen an Henrich von Overnmarpe das Gut zu Overen Marpe, worauf dieser wohnt, für 30 rh. Gulden, und

Fahne, Meschede. 10

verpflichten sich, vor 24 Jahren das Gut nicht wieder einzulösen. 1501, op den Sundach . Reminiscere in der Vasten.

Im Jahre 1549 auf Sundagh vocem jucunditatis verkaufen Gerd von Meschede und seine Frau Anna obiges Gut au Rotger von Overn Marpe für 43 Goldgulden und 16 Thaler und geloben, nicht vor zwei Jahren einzulösen.

245. Verkauf. 1501, 7. Juni.

Henrich von Meschede und seine Frau Anna verkaufen Clauges dem Schelen, Bürger zu Bodenfelde, 15 Schillinge jährl. Rente aus ihrer, zwischen Westernbodefelde und Brabeke gelegenen Ruete Mühle, Wiederkaufsrecht für 20 rhein. Goldg. vorbehalten. 1501, up unses Hern Lychams Avent.

246. Verkauf. 1501, 29. September.

Herman Bunckerken, Barbara, seine Frau, und Henrich Grammerghe, Else, seine Frau, verkaufen dem Henrich von Meschede und Annen, dessen Frau, ihren Hof zu Nehen, genannt den Bunckerken hof mit Ausnahme des achten Pfennings, der jährlich daraus dem Kapitel zu Meschede zufällt. 1501, up sunte Michaelis Dach.

247. Bekenntniss. 1502, 23. Februar.

Henrich von Berninchusen, Dechant zu Meschede, bekennt, dass eine Verschreibung über eine Summo Korns aus Nehen durch Henneke v. Hanxlede an Henrich Gresemunde, Scholaster und Kanocich zu Soest und weiland Cordt Dullen, Dechant zu Meschede, von Henrich v. Meschede und Anna, seiner Frau, eingelöset, und dagegen eine Verschreibung über eine Rente von 6 Goldgulden jährlich aus Westernbodevelde für 100 Goldgulden ausgestellt sei, welche Henneke v. Hanxlede schuldig gewesen. 1502, Dominica Invocavit.

248. Quittung. 1503, 13. Februar.

Diedrich und Martin von Ervete, Brüder, quittiren dem Gert und Heurich von Meschede die Summe von 60 Goldgulden, welche ihnen Wigant von Hanxlede und Jörgen von Plettenberg, als Mittelspersonen, wegen ihrer Ansprüche an den Hof zu Berge von genannten von Meschede ausgewirkt haben. 1503, up Mandag nach Appolonie Dage.

249. Ankauf des Hofes zu Weisinckhausen. 1503, 25. Januar.

Hermann von Oenhausen, Richter zu Brilon, und seine Frau, verkaufen dem Henrich von Meschede und Annen, dessen Frau, ihren ganzen Hof zu Weisinckhausen, nebst einer Hufe Landes, gelegen auf der Hassel, so wie sie solche Stücke von Volpert von Coppenrodt gekauft haben. (Des in dem nachfolgenden Acte erwähnten Lehnsnexus des Hofes geschieht hier keiner Erwähnung.) 1503, am Dage Conversionis Pauli

Es liegt bei: eine Urkunde, worin Volpert von Cobbenrode dem Herman v. Oynhausen, Richter zu Brilon, und Alheid, dessen Frau, obigen Hof zu Weisinckhausen mit Zubehör, so wie solchen Gerlach Schnarmann gebraucht und er, Volpert, ihn von seiner Frau, Alheid Schnarmann, geerbt hat, verkauft. Diesen Verkauf genehmigt Diedrich von Harhusen, von welchem der Hof zu Lehn geht, welches Lehnsverhältniss in obigem Acte von 1503 nicht erwähnt wird. 1497, Dominica qua cantatur Invocavit.

250. Schadlosbrief. 1503, 15. Juni.

Henneke von Hanxlede, Amtmann, der dem Henrich v Meschede und dessen Frau Anna Güter zu Nehen und den Dickhoff mit dem Hofe zu Meverinchusen, herstammend von den v. Padberg vom Neuen Hause, verkauft hat, verspricht den Käufer schadlos zu halten und beurkundet, dass die, diese Güter betreffenden Briefe, welche ihm verloren gegangen sind, nach datum dieses Briefes machtlos bleiben sollen. 1503, up sunte Vitus Dach.

Es siegelt: der Verkäufer und Hermann von Oenhausen, Richter zu Brilon.

Fahne, Meschede.   10*

251. Verleihung einer Memorie. 1503, 24. Juni.

Prior und Convent Sti. Meinolphi zu Bodeken beurkunden dem Goerd von Meschede und dessen Frau Margaretha, dass das Kloster sich für sie, als ihre besonderen Wohlthäter verpflichtet habe, so oft als die Anzeige erfolgt, dass Einer des Geschlechts Meschede gestorben sei, für den Verstorbenen Messe, Vigilie und andere Gebete zu verrichten. 1503, up sunte Johannes Baptiste.

252. Pfandschaft. 1503, 18. October.

Henrich von Meschede, Anna, seine Frau, verpfänden für 4 rheinische Goldgulden dem Groten Gerlich, Bürger zu Wintherberge, ihr bei der Mühle vor Winterberg gelegenes Gütchen. 1503, uff Sunte Lucas Dach evangeliste.

253. Cession. 1504, 19. Februar.

Johan von Thulen, Bürgermeister zu Brilon, Stina, seine Frau, und Elisabeth, ihre Tochter, geben dem Henrich von Meschede und dessen Frau Annen den halben Zehnten von Tulen, genannt den Bokenscheider Zehnten, zurück, welcher ihnen von den Vorfahren der von Meschede verpfändet ist und der von den v. Virmund zu Lehn geht. 1504, up fridag na purificationis Marie.

254. Schadlosbrief. 1504, 6. März

Adrian von Ense, Henrich, sein Sohn, und Katharina, seine Frau, versprechen, den Henrich von Meschede wegen der, für sie dem Jorgen von Westhove über 500 rh. Gldgld. geleisteten Bürgschaft schadlos halten zu wollen. 1504, up sunte Victors Dach.

255. Verkauf. 1504, 14. April.

Hans Roese und Gertrud, seine Frau, verkaufen zu der Erbzahl dem Cord Handers dem Schroder und Catharina, dessen Frau, ihren Broek auf der Moene vor dem Nolikenstücke gelegen. 1504, Dominica qua cantatur quasi modo geniti.

Auf Bitte der Verkäufer siegelt der Rath von Brilon.
Dieses Broch gehörte, nach einer Notiz auf dem Rücken des Actes, zu dem Hofe Wenster.

256. Pfandschaft. 1504, 1. Mai.

Henrich von Meschede und Anna, seine Frau, verpfänden zwei Stücke Land beim Dorfe tor Epe dem Henneken Tylmans für 9 rh. Gldgld. 1504, uff sunte Walburg Daghe.

257. Revers. 1504, 25. Mai.

Dem Junker Henrich von Meschede und Annen, seiner Frau, welche der Kirchspielskirche zu Bodevelde ihr Gut zu Westernbodevelde gelegen, geheissen Schryvershof, verkauft haben, wird von den Ankäufern das Wiederkaufsrecht gegen Zahlung von 24 rhein. Goldgld. eingeräumt. 1504, up sunte Urbanus Dag.

258. Verkauf. 1504, 30. Sept.

Godert Lürwalt, Alheit, seine Frau, verkaufen dem Henrich v. Meschede und Annen, seiner Frau, ihren halben Hof im Kirchspiel Anröchte, genannt der Torckhof, als frei eigenes Gut. Zeugen sind: Alhard v. Hörde, Thonies v. Berinohus und Berndt Bredenoll. 1504, in profesto Vincula Petri.

259. Verkauf. 1505, 1. Mai.

Henrich von Messchede, Anna, seine Frau, und Gerdt, ihr unmündiger Sohn, verkaufem dem Kloster Galilaea bei Meschede 3 Gulden jährl. Rente, den Gulden zu 10 arnsbergerger Schillinge gerechnet, aus ihrem Erbhofe zu Morszbolde, sich das Wiederkaufsrecht für 60 Gulden vorbehaltend. 1505, ipso die Walburgis virg.

260. Sühne zwischen den Gevettern Henrich, Gerdt und Volmar von Meschede. 1506, 3. August.

Sie geloben sich, wegen aller Uneinigkeiten auf einen dazu in der Stadt Lippe verabredeten Tage gütlich auszugleichen und ernennen dazu als Schiedsleute: Herrn Diedr. Schade, Domherrn zu Münster, Probst zu St. Mauritz, Herrn Otto von der Malsburg, Ritter, und Evert von dem Broyke, Drosten. Bei dieser Vereinbarung sind zugegen, auf Seite Henrichs von Meschede: Tonnies von Berninkhusen und Joist Westphal; auf Seite Gordt's und Volmar's: Junker Johan von Büren und Volmar von Brenken. 1506, Am Mandage up sunte Stephens Dach Inventionis.

261. Henrich von Meschede und je der Aelteste seines Geschlechts werden für alle Fälle als Schiedsrichter zwischen denen von Padberg und dem Kloster Bredelar berufen. 1507, 4. Mai.

Auszug aus dem Oirginale des Klosters Bredelar im Prov.-Arch. zu Münster.

Die — — bezeichnen die Auslassungen.

ur Wissenschafft — sey — dass auf heut — ein gründlich Verdracht und ein ewig Scheitt durch uns hierzu Gekohren — freunde und verwanten Scheides-Richtern, als bey Nahmen — auszgesprochen ist zwischen den Erwerdigen und geistlichen Herren Theodorico Abbati — und gantzen Convente des freien Stiffts und Cloisters Breidelar — up eine; und den Ernvesten und Erbaren Thonnieszen, Johanne und Friedrich Gevettern und Gebrodern von dem Aldenhusz Padberg — up anderen Seit. So daner Zweidracht und Unwillen auch etlicher Insperrung jrer ein tegen den anderen, jo erer beider angelegener Veldtmarken und Gehöltzen, in Dörferen, Gründen, Theinden und undergesatten Leuten erstanden, auch lange Zeit in kive und in schwerer Dagelestunge uff grossen Schaden alles ungescheiden, wenthero verbleven wass, dann vermiddelst Hülpe und der Gnaden dess Almechtigen Gottes zu ewiger Eindracht beider benoehmter Partheien nach freundlicher Beredunge tho desser Zeit verdragen, in alle der mate düsse navolgende Artikeln anzsweiszet:

In dasz Erszte sollen sich understan und gebruchen die genanten vesten von Padberg up dem Matvelde Ostlingen,

Heddinghauszen, Glindene, Hemminghausen, Lubberinghausen und Detbelinghausen mit Kerchlehnen, mit Dienste der Dörpern und Leuden, mit Burgerichton und Gebede, darzu die Pfachte und Heuer desz Ackers upnemmen, so weit und fern die verniggede Schnede von allen Seitten desz gedachten Matfeldes dasz clarlichen auszweiset. Düsser so vorgenanter Guittern mögen die genanten von Padberg sich gebrauchen, bauter der von Bredelar und ihrer Nachkommen Hindernisse, alles sonder Geferde. Und hierenboben nach haben die von Bredelar zu behoff der genanten von Padberg eine ewige und unwederrufliche Vertzicht und einen erftlichen ausgang gethan, aller ers Closters und Stiffts Gerechtigkeit, Eigenthumbs und Ansprache sodaner Guiter uff dem Maitfelde, jn jren gerörtten Schneden gelegen mit ferner uberleiferung aller Brief und Segel darauf meldende. Behaltlich aber den von Bredelar und jren Nachkommen desz gantzen und follenkommenen Zehenden mit aller Zubehörunge und Gerechtigkeit der ubgemelten Guittern und Dörffern des Maitfeldes, jn Holze, Velde, Watern, Wessen und Weide etc. Hierausz bescheden allerleye Uchtezehenden, deren sollen die von Bredelar nicht kroden. wente nun dieselben Zehenden von anderen Eddelen Geschlechten aver vele vorgangene Jahren an dasz Closter Bredelar erflich gekauft und angekommen sein, dannoch willen und sollen die von Bredelar erflich und ewig islichs Jars die Kirchen zu Ostlingen besorgen mit zwen Molder Korns, — uth und von dem gemeldem Zehenden desz Matfeldes. — Tho wettende auch so Heddinghausen auf dem Maitfelde vorzeiten von einem von Padberg vor eine ewige Memorie gegeven und in das Closter beweiset was, sollen und willen die von Bredelar vor sich und jre Nachkommen in Ewigkeit desselbigen Memorien jarlichs halden, in aller Mate sie sunst lange gehalden haben, wanthe die upgenannten von dem alten Hausz Padberg haben dem Cloister Bredelar vor den Hoff zu Heddinghausen wedder gegeben eren Theil des Zehenden zu Rösebecke bei Namen den vierten Theil, den sie denen von Bredelar afgekoft hatten. — Auch soll nun vortmehr solche jegennoithe und gelegenheit der Kellinghäuser Erffguitter uff jener seitt Heddinghausen und dem

Stembolle auf der seitt desz Thulingschen Vohrwegs, soferne
die vorniggede Snede uthweiset, ungefährlich bey und umb
den Bolterpfatt den Wildthagen und den Kaldenböken mit
aller Gerechtigkeit Holz, Ackers, Veldes, Heure und Zehen-
den in Gebrauche der von Bredelar alleine zu der Roese-
becker Schnede und Marke angehörig und zugetheilet sein
und pleiben. Darzu sollen die von Bredelar behalden, haben
und gebrauchen mit allem rechten Aigenthum Nutzbarkeit
und Zubehörunge die Dörpern in eren Schneden und thoge-
wisten Eigendome bei Namen: Ratlinghausen, Roeszbeck und
Buntkirchen mit Kerkenlehen, Zehenden, Dienste, Baurge-
richten, in Ackern, Marcken und allen eren Zubehorungen
gelegen. Sonderlichs auch das Wasser und die Vischerey
zu Buntkirchen auf der Itterbecke nedden an dem Kobbroche,
da die Becke pflegt jnzufallende wente an dem Konigs Affel-
baum boben Bundtkirchen und na dem dieselben von Padberg
den von Bredelar tho mannigen mahlen Insperrung gethan
in ern Besitt und Were der negst beschriebenen Dörfern
Ratlinghausen, Roszebecke und Buntkirchen mit jrer geordne-
ten Gerechtigkeiten, haben darnach von Padberg solche In-
sperrung und Ansprache zu Behoiff des Klosters Bredelar
gentzlichen affgestellt, alle eres vermeinten Rechtes daselbst
mit einer unwiederruflichen und erflichen Vertzicht zu der
Ere Gottes in gentzlichen Nutz und Gebrauch der gedachten
von Bredelar verlaisen und avergeantwortet mit overleverung
aller Segeln und Breve sunder alle Argelist.

Nun forder haben die von Breidelar zu Behoiff und in
Hande der genanten von Padberg und erer Erben übergeben
etwelcke drefliche besegelde Breve up thenden, Hove und
anders in maiszen hierna geschrieben steilt. — —

Darnegst ist bededingt und durch die freunde jnsonder-
heit an den von Bredelar mit angekorten fleisz erlanget der
Schweine maist halber tho bodende in den Ekeren. In das
Erste haben die von Bredelar vor sich und Ihr Closter alleine
zu behaldende ausbescheiden an der stedde oder Ingenoitte
der Hangeeichen auf die eine Seite der Schnede des Cloisters
zwischen dem Forstenberge und dem Beldersteine, uff die
ander Seiten nach dem Schwickeringhauser Berge den groi-

sen dieſſen Vohrweg heran strack uff nach Ostlingen und dan
der rechten Kerstraissen henauss nach der Stadt Berge uſſ der
Hoigede alhen, wente tho dem Felde auss, vor dem Marss-
berg, auff der Seiten des Cloisters Breidelar oder nach der
Nartthellen, die Ingenoitte und Bergrait soll den von Breide-
lar allein bleiben und zustain. Aber welcherlei andern des-
selben Cloisters erſſliche Gehöltze uff anderer seitts der vor-
genanten Bergeschen Vohrweges die von Ostlingen nach dem
Berge leuſſt tho befor na dess Essinghauser Holtz und der
Kellinghausser Geholtze dann vorth auff jenseits Ostlingen dat
het Berger Geholtze, da dass Aschenblick inhöret, vort um
den Aldenſiltz wente an der Rosenbecker Schnede, dan tho
Weddene und dem Werdehove mit samt den Geholtzen die
Sundern genannt oder die Goessewinkel thogehoret, die Kotte-
becke henuſſ wente an die Mollenbecke darnegst auch des
gemelten Kloisters erſſlichen Geholtze der Marke zu Bren-
schede tho Hummerchausen und dergleichen zu Bunttenkirchen;
ja alle dussen benomten geholtzen und gewelden sollen die
von Bredelar und die obgemelten von dem Alden Hause Pad-
berg semptliche und eindrechtigliche vor sich und ere Nakom-
men und Erben gebrauchen in jtlichen thokommenden Jaren
wan Schweinemaist ist Boick oder Eichkorens zu behoiſſ erer
eigen Schweinen, die sie bei sich selber uſſgetzogen haben
und auff ihren Troigen loipen sunder Argelist. —

Sie sollen Gebrechen unter sich mit Gerichte mit Klage
oder einiger selbst Gewalt nicht verfolgen oder vornemmen,
dan eins vorall an ere negst belegene Nachbar Freunde, an
die solche jegenwertigen oder zukommende Gebrechen mit
aller er Anhange oder Inſalle unwiederruflich gestaldt sein
und bleiven, nemlich an sex bekentlicher Nachbar und Freunde
der drey von der Ritterschaft bei Nahmen die Ernvesten
Henrich von Meschede, Joist Westphalen und Lippold Rave
von Canstein, und dan der Bürgermeister die zu der Zeitt am
Ampte sein zu Brilon, zum Berge und Volkmerschen. Wan
auch in zukommenden Zeiten die drei genanten von der
Ritterschaft im Levende nicht mehr sein, dan soll der eldeste
des Stammes in des verstorbenen Stedde vollmechtig dann
alss ungekoren bleiben. —

Uff dass nun alle dusse — Artikeln — unverbroken — bleiben, so haben wir Abt — unsers — Cloisters Bredelar unser Abdei — und Convents Insegeln und — auch haben wir — Tonnies, Johan und Friedrich von dem alden Haus Padberg Gevettern und Brüder vor uns und vor Frau Hilla meines genannten Tonnies ehelichen Hausfrau auch für Frau Lima und Jungfrauen Edeling unsers gemelten Johanns und Friderichs Gebruder, Moder und Suster — unse Ingesegeln — an dussen Bref — dohnn hangen.

Gehandelt und geschlotten in den Jaron unsers Heren Jesu Christi dho man schreff funfzehnnhundert und seven an dem Dinstage negst Philippi und Jacobi der Heiligen zweier Apostelen.

262. Verkauf. 1508, 17. September.

Henrich von Meschede, Anna, seine Frau, und Gert, ihr Sohn, verkaufen dem Goedeken Richarde zu Gelinckhusen und Agathen, seiner Frau, 3 Malter Hafer aus ihrem Zehnten zu Westernbodeveld, Löse mit 30 Gulden vorbehalten. 1508, up Sunthe Lambertus Dach.

263. Hinrich v. Meschede, als Deputirter der westphälischen Ritterschaft, besiegelt den Verbund der Letzteren, den sie zur Erhaltung ihrer Rechte gegen den Missbrauch der fürstlichen Gewalt abgeschlossen hat. 1508, 2. November.
Seibertz, Urkundenbuch Bd. 3, S. 216, Nr. 1007.

264. Hinrich von Meschede, seine Frau Anna, seine Vettern, Goddert und Volmer von Meschede, Brüder, verkaufen ihr Kremersgut zu Erfflinchusen, Krspl. Reyste, an Lambert, Vicar der Kirche zu Reyste, Wiederlöse mit 75 rhein. Goldgulden vorbehalten. 1509, vp Zundach Invocavit (25. Februar).

164

265. Schuldverschreibung. 1509, 1. April.

Henrich von Meschede, Anna, seine Frau, welche in zwei früheren Schuldverschreibungen der Kirche zu Horn achtzehn Müdde Korns aus dem Boysynckhoff und den Hof zu Berge verschrieben haben, nehmen neuerdings von derselben Kirche 20 rhein. Goldgulden auf, verpflichten sich zugleich, diese ganze Schuld in einer runden Summe ab zu bezahlen. 1509, Dat. sabbato. Palmarum.

266. Verkauf. 1509, 12. April.

Henrich von Meschede, Anna, seine Frau, Gert, beider Sohn, verkaufen ihre Wiese zu Mercklinckhausen bei Bodefeld an Henneken up der Roithe, Bürgermeister zu Bodefeld, Wiederlöse mit 6 rheinische Goldgulden vorbehalten. 1509, up Donnersdag na paschen.

267. Pfandschaft. 1509, 21. October.

Henrich von Meschede leihet von Gerlich, Bürger zu Winterberg auf das demselben verpfändete Gut noch 3 Goldgulden, so dass die Pfandschaft jetzt mit 7 Gldgl. abzulösen ist. 1509, uff der elf dusent Jungfrawen Dach. Sammt der Spezification der Pertinenzen des Gutes zu Winterberg.

268. Ermässigung einer Rente. 1509, 23. October.

Jörgen Wrede zu Mylinckhusen, seeligen Gordes Sohn, und Catharina, seine Frau, bekennen: dass ausweise einer Verschreibung Diedrich von Meschede seelig und Henrich v. Meschede, des genannten Jörgens Schwager, seinem seeligen Vater aus dem Hofe zu Berge eine Rente von 7 Malter Korn verschulden; diese Rente sei zu hoch und er wolle selbe künftig für 6 Malter belassen. Dedingmann hiebei war: sein Vetter Diedrich Wrede. 1509, up sunte Severins Dagh.

269. Schreiben des Magistrats der Stadt Brilon an Goddert von Meschede. 1509, 9. December.

Der Magistrat, welcher mit Jacob Wessels, Bürger zu Brilon, über den Ankauf des Hofes zu Wenster und des

Rambsberges im Handel ist, bittet den Goddert, der, wie er
gehört hat, ebenfalls kaufen will, ihm bei dem Abschlusse
des Geschäftes nicht hinderlich sein zu wollen. 1509, Sondag
nahe concept. Marie.

Die Acten ergeben, dass die Edelherren v. Büren, Bernd
der Aeltere, und dessen Vettern, die Brüder Bernd und
Johann schon eine Lehns-Anwartschaft auf ihren Hof zu
Wenster dem Güddert für den Fall ertheilt hatten, wenn der
seitherige Lehnsträger des Hofes, der Briloner Bürgermeister
Jacob Wessel, ohne männliche Nachkommen sterben möchte.
(Den weitern Verfolg siehe unter 1522, 7. Juli.)

270. Verkauf. 1509, 14. December.

Gert und Volmar von Meschede, Brüder, des † Gerds
Söhne, verkaufen aus ihrem Hofe zu Drever, Lehn der Abtei
Corvey, dem Johann Voigen, Bürger zu Rüden, für 34 rh.
Goldgulden eine Rente von einem Malter harten Korns, unter
Mitbesiegelung des Abts von Corvey, Franz von Ketteler.
1509, altera die Lucie virginis.

271. Die Eingesessenen des Amts Fredeburg wechseln mit Henrich von Meschede Eigenbehörige aus Gelynckhusen und Osterwald. 1511, up Dinstag na sunte Petri ad Cathedram (25. Februar).

272. Lehnbrief. 1511, 17. September.

Philipp, Erzbischof zu Cöln, belehnt Goddart v. Meschede,
als Familien-Aeltesten, für sich und Gerdt von Meschede,
Henrichs Sohn, mit dem Hofe zu Alten-Jeschen gelegen, genannt
der Vollande Hof. 1511, upp Gudenstach sunte Lamberts Dach.

273. Verkauf. 1511, 4. October.

Henrich von Meschede, Anna, seine Frau, und Gert, ihr
Sohn, verkaufen dem Kloster Galilaea bei Meschede eine

Rente von 2 Gulden aus ihrem Erbgut und Hof zu Oster-
walde, vorbehaltlich der Wiederlöse für 40 Gulden. 1511,
ipso die Francisci.

274. Erbscheidung zwischen Henrich v. Meschede,
Annen, seiner Frau, Herrn Diedrich und Gerdt,
ihren Söhnen, Catharinen und Odilien, ihren
Töchtern, einerseits, und Göddert und Volmar
v. Meschede, Brüdern, nebst Christoph, Crafft,
Otto, Catharina, Anna und Agatha, obigen
Godderts unmündigen Kindern anderer Seits.
1512, 30. März.

Darin wird festgesetzt: Die Gevettern von Meschede
sollen die kurz vorher verbrannte Mühle auf der Alme ge-
meinschaftlich wiederbauen und sich die Einkünfte theilen;
2. Godert und die Seinigen dürfen die Schlossburg und das
Haus Brabecke zur Hälfte für 600 Goldgulden wieder an
sich lösen, sie sollen auch 3. alles Eigenthum binnen der
Ringmauer zu Ober-Alme, welches von Henrich v. Meschede
herkommt, erblich besitzen; 4. dagegen soll Henrich von
Meschede und die Seinigen alles Eigenthum zu Nieder-Alme
gebrauchen, wie es, an Gebäuden, Gräben und Teichen,
oberhalb seines neuen Hauses und um dasselbe gelegen ist.
1512, des Dinstages nebst unser Leven Vrowen Dage ge-
nannt Annunciationis in der Vasten.

Es liegen bei: Auszüge aus den Verträgen der Häuser
Ober- und Nieder-Alme vom Jahre 1512 bis 1573.

275. Verkauf. 1512, 12. März.

Henrich von Meschede, Knape, Anna, seine Frau, ver-
kaufen für vorgestreckte 60 rheinische Goldgulden eine Rente
von drei derselben Goldgulden aus ihren Zehnten zu Neben,
vorbehaltlich der Wiederlöse. 1512, am Daghe Gregorii
pape.

276. Quittung. 1512 (ohne Tag).

Hermann Pielsticker, Anna, seine Frau, quittiren dem Henrich v. Meschede über 36 Gulden, wie sie in der Herrschaft Arnsberg gang und gebe sind, wofür er von genanntem Henrich v. Meschede den Hof zu Osterwelde in Pfand hatte. 1512.

277. Pfandschaft. 1512, 1. Mai.

Henrich von Meschede, Anna, seine Frau, Herr Diederich und Gert, ihre Söhne, verpfänden der ewigen Messe und Vicarie zu Kirch-Rarbecke eine Rente von 3 Gulden, den Gulden zu 10 Schillinge, für erhaltene 25 rhein. Gold-Gulden aus ihrem väterlichen Erbe zu Westernbodefelde, vorbehaltlich der Wiederlöse. 1512, ipso die Walburgis virg.

278. Verzeichniss aller der Lehnsmannen, welche von den Junkern von Meschede zu Alme Lehngütern haben. 1513.

1. Johann von Thulen, Bürgermeister zu Brilon, und Swicker v, T., sein Bruder: eine Hufe zu Kefflicke, welche früher die Wynandesche hatte. 2. Jacob Wessel: den grossen Zehnten zu Kefflicke und 3. eine halbe Hufe zu Kefflicke, welche Jacob Wessel und Johan v. Tulen beroert. 4. Martin Tonley: eine Hufe zu Kefflicke. 5. Gobbel Rockert: eine Hufe zu Kefflicke. 6. Ernst Stoltein: eine Hufe zu Kefflicke und ein Echtwerk in der Kefflicker Mark. 7. Gerdt Isecken: eine Hufe zu Deszbecke. 8. Uthen Gert: eine Hufe zu Deszhecke. 9. Hoffuögel: eine Hufe mit Zuhehör. 10. Duppen: eine Hufe Landes zu Tulen. 11. Heinemann to Walden im Krsple. Kalle. 12. Heynemann to Elerinchusen: den grossen Zehnten. 13. Hermann v. Oynhausen, Richter zu Brilon: 4 Echtwerk in der Almer Mark. 14. Tylemann Metteken to Selinchusen und Gockel Stracke daselbst: das ganze Gut und Erbe, genannt das Steynkleyff, diesseits Sylinchusen. 15. Herman van Stade: den Hof zu Stade auf der Bigge, den jetzt Jorgen am Martt, Bürger zu Attendorn, hat. 16. Hans von dem Sterte to Walden: eine halbe Hufe zu Walden. 17.

Ebbelke die Vrede: eine halbe Hufe zu Aspen. 18. Johann Hanssman: den Hof auf dem Henssberge, genannt uff dem Brincke. 19. Johan Rosse: den halben Zehnten zu Wymerickhusen. 20. Johann Rosse to Issinckhussen: den Zehnten. 21. Hinrich Eilgess, Bürger zu Brilon: ein Echtwerk in Almer Mark. 22. Smuker tho Brilon: eine Hufe zu Kefflicke.

(Siehe Copiar I., pag. 264, und Fahne, Codex Diplom. Bocholtanus, pag. 299—305.)

279. Gerichtliches Zeugniss vor dem Richter zu Bodevelde, auf Antrag des Gert v. Meschede über die Grenzen und das dem von Meschede zustehende Eigenthum des Gutes zu Merklinghusen und den Berten Busch. 1513, up Mandag na Barnabae apli (13. Juni).

280. Johann von Meschede und seine Frau Anna verschreiben aus ihrem Hause zu Ahlen und einem geliehenen Morgen Land eine Rente. 1513, 23. Juni.

Aus dem Originale des Capitels zu Beckum im Prov.-Archive zu Münster.

Ick Wernher Kloet Eyn gesworn Richter to Alen jn der Tydt des Hoechwerdigen Hoechgeborn Forsten und Hern Hern Eryck van Gots Gnaden Bysschop to Münster, Hertoch to Sassen, Engern und Westphalen etc. etc. myns gnedigen leyven Hern, don kundt, bekenne und betuge openbaer jn und overmytst dussen Breve dat vor my jn eyn geheget Gerichte dat dar sunderlix to geheget wort, dar Ich Stede und Stoell des Gerichts myt Ordelen und myt Rechte besettet und bekledet hadde, Antworde guder Lude hyr na beschreven gekommen sint Johan van Messchede und Anna zyn echte Husvrowe Borgern to Alen, und bekanden eyndrechtlicken myt eren guden vryen Wyllen und wall vor berades Modes vor syck und vor alle ere rechten Erven dat sey hedden verkofft und opgelaten, verkofften overwyseden und opleyten, jn crafft dusses Breffs den werdigen und erbern Hern Decken und Capittell der Kercken to Bechem in ere Broethprovende und alln eren Nakomelyngen erfflicke und jaerlixt Rente eynen halven guden zwaren vulwichtigen overlendeschen rinschen Gulden Geldes guet jn Golde und swaer genoech jn Gewichten vor Theynn der solven Gulden de se zyck van den vorgenannten Hern darvor entfangen und wall to wyllen betalt bekanden und sey loveden uud wyseden en desse Rente yarlix up to boeren, uttomanen, und sunder jenigen eren Schaden wall to betalen. Nu vort an na data dusses Breves alle yaer unvoryart und op dey hiligen Hochtydt to Pynxsten uth eynen erem Huse myt syner alyngen tobehoringen belegen bynnen Alen tuschen Husen Evert Kloits op dey Oestsyet und Johan Dreger op dey Westzyet, dat to vorn beswert ys myt eyner halven Marck und eynen halven Gulden Rente, anders ys dat vrygh und unbeswert myt yenigen anderen Renten oder Pechten, und uth eynen Morgen Landes belegen vor Alen buten der Westporten achter der Hove up dem Daelwege, vornoto op der Westzyd Landt der Nyen Kercken to Alen und Johan Westorp op der andern Zydt und ys elynck vrygh, den welken Morgen Landes Johan Schryver und Katherine syne echte Husvrowe oick Borger in Alen en hyr to gelent heben myt eren guden vryen Wyllen hyr mede vor to Underpande to setten dat sey so gerichtlich vor my bekanten, und vort uthe allen eren samptlichen andern Gude sey nu tor tydt hebben und hyr namals mogen krygen werden. — Und hebbe jch des jn Tuchnisse myn Ingeseghele von Gerichtes wegen an dussen Breff gehangen. Hiertho weren vor Tuechslude des Gerichtes hyr to bysunders gebeden und gekoren Hermann Oestmolle und Bernardes Holle Borgers to Alen. Datum Anno Domini dusentvyffhundert und drettheyn, op den Donderdach neyst na dem hylligen Sundage Exaudi.

281. Entscheidung des Philipp, Erzbischofs von Cöln, zwischen Adrian von Ense, Amtmann zu Anröchte einen, und Henrich und Godart von Meschede zu Anrüchte anderen Theils, wegen der Mast. 1513, 5. August.

Adrian soll das Vorrecht haben, alle seine 4 Trog-Schweine zu jeder Zeit in das Holz der Mark zu treiben; ist aber Mast vorhanden, so soll Jedermann nach Verhältniss der Grösse der Güter, wie alte Gewohnheit ist, eintreiben. Kann dann die Mark noch mehr Schweine mästen, so sollen fremde, wobei die von Anröchte den Vorzug haben, für Geld eingenommen und dieses zwischen Adrian und denen von Meschede zu gleichen Theilen getheilt werden, dabei sollen beide von Seiten des Erzbischofes wegen seiner Hoheit und Herrlichkeit des Hauses zu Anröchte, welches dem Adrian von Ense verpfändet ist, eine genaue Aufsicht halten, damit kein zur Mast nützliches Holz abgehauen werde. 1613, uff Fridag nach sunte Peters Dach ad Vincula.

Man sieht hieraus, dass das obige Verhältniss von dem Grafenhofe, dem das Gericht und die Trift angehörte, durch die Landeshoheit rücksichtlich der Trift ganz umgedreht worden ist. (Vergl. oben S. 133, N⁰· 219.)

282. Schreiben des Erzbischofs Philipp von Cöln, ihm zwei Fuhren für Bier von Warburg nach Brilon zu leisten. 1513, 11. August.

Philippus Dei Gratia Archiepiscopus Princeps Elector. Lieuen getruwen Wir hauen vns Zu Warborch etlich Bier jtzundt gelden vnd bestellen laisen dat wir dan gerne alher hauen wolden, Begeren darumb an vch mit flys güttlich. Ir wüllet vns zu eren vndt willen so vill doin, vns zwo foere lehinen vndt die gein Marborch schicken, vns solich bier aldae zu holen vndt gein Brilon zu füren, vndt vch hierinne guttwillig bewisen des verlassen wir vns zu

vch gentzlich vndt kompt vns zu besonderm gefallen Geben
zu Arnsbergh am Donnerstag nach Laurentij Anno XV°xɪɪjᵒ.

Vnsern lieuen getruwen Henrichen vnd Goddartten Ge-
fettern von Messchede sambt vndt besonder.

283. Lehnbrief. 1513, 1. October.

Philipp von Virmund, Amtmann, als Aeltester der von
Virmund, für sich und im Namen seines Bruders Ambrosius,
belehnt Henrich von Meschede mit dem halben Zehnten zu
Bokenscheit, vor dem Dorfe Tulen gelegen, und einem Hofe
im Dorfe Tulen zu Mannlehn, so wie solche Güter frühen
Gotschalk und Friedrich von Tulen und darnach Swicker von
Tulen, Bürgermeister zu Brilon zu Lehn getragen und selbe
Schwicker von Tulen an Henrich von Meschede verkauft hat
1513, up sunte Remigius Dach.

284. Zeugenverhör. 1514, 3. April.

Es wird abgehalten vor Hermann v. Oyenhusen, Richter
zu Brilon, auf Antrag des Henrich v. Meschede gegen Died-
rich von Horhusen, der den halben Zehnten zu Nehen als
von ihm zu Lehn gehend, in Anspruch nimmt. Es erschei-
nen darin: Diedrich von Meschede, Henrichs Sohn, Domherr
zu Münster, und Godert von Meschede, sein Vetter, bevoll.
mächtigt von Henrich v. Meschede, ihrem Vater und Vetter,
und bringen die zu vernehmenden Zeugen in Vorschlag,
welche sich alle dahin aussprechen, dass der halbe Zehnte
zu Nehen von Niemanden zu Lehn gehe, vielmehr freies
Eigenthum sei. So habe solchen sammt dem Dorfe Nehen
Herr Johann von Nehen und nach ihm dessen Sohn, der
Priester Johann v. Nehen, besessen, der Letztere habe ihn
an Henneken v. Hanxlede und dieser an Henrich v. Meschede
verkauft. 1514, feria secunda post Dominica quaa cantatur
Judica.

285. Notarieller Vertrag über die Befestigung zu Nieder-Alme und den Teich zu Ober-Alme. 1514, 4. December.

Aus einer Copie.

In den namen des heren Amen . In den jare van der ge-
bort dessuluen . Dusent vyffhundert xiii an dem iiij. Daighe
des mandes december by eyner vre na myddaige des
aller hilligsten vaders in christo hern hern Leo van der
vorsichtigeit godes des teynden Pauwestes bysdomb syns
ersten jaers in myns oppenbarn gemeyn notarii vnde tughe
na beschreuen dar sunderlingen tho geeysschet vnde gebeden
erschenen personelichen dey erentveste Godert van Meschede
to eynen contracte gemaket myt synen veddern hern Dide-
riche van Messchede vnd Gerde synen broder als vme dey
vestunghe vmme er husse to nyren Almen wu wydt wu breyt
sich dar na to halden dat in bywesen des werdighen hern
Diderichs abt zu bredeler . So alss Godert van Messchede
hefft to synen husse den rinck so wydt dey begreppen hefft
so sal Gert van Messchede heuen so wydt als dey dicke
nyden wendet vnde dey Schapestael ind bouen to alss dat
backhuss is dat water den alden floidt bynnen dem flote sal
hey bevesten, wat fart bouen to is oder nyrfart buthen den
grauen sal al gorde halff syn . Gelycker wyss oick so to ouern
Almen Gerde van Messchede ock gebreck myt deme eynen
dycke negest vnder dem berge dar wordt up gegedinget, dat
Gort van Messchsde dar vor solde heuen dey wese to hal-
dinckhussen . So dusse contract gescheyn is heuet mych
gebeden dey erentvesten hern ind Junckeren als vor my
notarius en des eyn bewiss to geuen sey eder eyr kynder
hyr namaels sick wysten na to richten des eyn jnstrument
off jnstrumenta des to geuen . Dusse dinge syn gescheyn in
des vesten Gerde van Messchede huss vp der stouen in by-
wesen des vorgt. hern abt dey dusse dinghe hefft gededinget etc.

286. Lehnsherrliche Consenz. 1515, 22. Januar.

Berndt, Herr zu Büren, bewilligt als Lehnsherr, dass Anna von Meschede, seligen Henrichs von Meschede Wittwe, mit dem ganzen Hofe zu Berge, den Gerdt v. Meschede, ihr Sohn, von ihm am selbigen Tage zu Lehn empfangen hat, beleibzüchtet werde. 1515, up Mandag na Agnetis virginis.

287. Lehnbrief. 1517, 5. Februar.

Philipp von Virmund, Amtmann, als Aeltester der von Virmund, für sich und seinen Bruder Ambrosius, belehnt Godert von Meschede, seligen Henrichs Sohn, mit dem halben Zehnten zu Bokenscheit vor dem Dorfe Tulen, und dem Spalteners Hofe, im Dorfe Tulen gelegen, von welchem Zehnten die andere Hälfte Schwicker von Tulen, Bürger zu Brilon, zu Lehn trägt, an welcher Letzterer dem Gerdt von Meschede das Verkaufsrecht zusteht. 1517, uff sanct Agathen Dach. (Vergl. oben No. 283.)

Es liegen folgende Lehnsurkunden bei: 1. Ambrosius von Virmund, Erbvogt zu Nersen und Amtmann zu Urdingen als Aeltester für sich und die Brüder Johann und Hermann von Virmund, seine Vettern, belehnt Gerd von Meschede Henrichs seel. Sohn und seine Mannleibserben, mit dem halben Zehnten zu Bockenscheidt vor dem Dorfe Thulen gelegen und dem Spaldenershof in und um Tulen gelegen. 1532, uff Dinstagh nach Mathai apli. (24. September.)

2. Herman von Virmund, Droste zu Dringenberg, Amtmann zu Medebach, als Aeltester der von Virmund, belehnt Gerdt von Meschede zu Nieder-Alme, seinen Oheim und Schwager, mit gedachtem halben Zehnten und Hof. 1552, 6. December.

3. Cono, Frhr. von Winnenberg und Bechelstein, Namens seiner Frau Anna von Virmund, Erbtochter zu Nordenbeck, belehnt Philipp von Meschede mit den vorgenannten Gegenständen. 1590, den letzten Sept.

4. Caspar von Bourscheid zu Oberbüllesheim, Herr zu Burgbroel, Wensberg, Marxheim und Herspah, Erbvogt zu

Honinge und Erbsass zu Nordenbeck, Namens seiner Frau
Anna Elisabeth von Braunsperg, belehnt Jobst Philipp von
Meschede mit den genannten Lehnsstücken zu Bockenscheidt
bei Tulen. 1654, den 20. Mai.

5. Felix Friedrich, Frhr. v. Rolshausen zu Butgenbach,
Trimport, Lauschedt, Vrechen, und Erbsass zu Nordenbeck,
Namens seiner Frau Arnoldine Marie Magdalene, geb. Erb-
tochter v. Burscheidt, belehnt Wilhelm Rutger v Meschede
mit dem halben Zehnten zu Bockensoheidt vor Tulen, dessen
andere Hälfte Henrich Clutenius zu Elleringhausen zu Lehn
trägt und dem Reckershof im Dorfe Tulen. 1692, den $^{22}/_{12}$.
September.

6. Carl Joseph, Frhr. von Burscheidt zu Oberbüllesheim,
für sich und seine Brüder und Vettern Lothar Friedrich, Phi-
lipp Anton, Casvar Ludwig und Caspar Franz Edmund von
Burscheidt zu Burgbroel, Wenszberg, Marxheim und Norden-
beck, belehnt Wilhelm Rötger, Frhr. von Meschede zu Alme,
mit dem halben Zehnten zu Bockescheidt vor Tulen, dessen
andere Hälfte Henrich Clutenius und in dieser Hälfte ein
Drittheil Christoph Mengeringhausen zu Lehn trägt, so wie
mit dem Reckershof im Dorfe Tulen gelegen. 1701, 12. Mai.

7. Frhr. von Bourscheidt, als Besitzer des Hauses Nor-
denbeck und Lehnsherr, vergleicht sich mit dem Freiherrn
von Bocholtz, als Erben des Freiherrn v. Meschede zu Alme,
wegen des Haus Nordenbeck'schen Mannlehns „Zehnten zu
Bockenscheit und Richtershof zu Tülen" in der Art: dass von
Bourscheit dem von Bocholtz diese Lehne ex nova gratia als
wahre Mannlehne conferirt. Geschehen Cöln, 1780, 5. März

288. Eheberedung zwischen Joyst v. Schorlemmer
und Jungfer Catharine, Schwester des Herrn
Diedrich von Meschede, Domherrn zu Münster,
und des Gerdt von Meschede. 1518, 9. Dec

Letztere versprechen ihrer Schwester eine Aussteuer und
einen Brautschatz von 600 rh. Goldgld., wogegen der Bräuti
gam derselben eine Leibzucht nach Landesbrauch verschreiben

soll. — Bürgen sind [die Vetter der Parteien: Rembert von
Schorlemmer und Godert von Meschede. Ausserdem siegeln:
Johann, Herr zu Büren, Goysen Ketteler, Droste zu Hove-
stadt, Goyst Westphal, Thonies von Berninchusen, Alardt v.
Hörde und Rembert Clüsener zum Brocke. 1518, am nesten
Donnerstag na Francisci Confessoris. (Mit 11 Siegeln.)

289. Lehnbrief. 1519, 17. October.

Hermann, Erzbischof zu Cöln, belehnt Gerhard von
Meschede, seel. Henrichs Sohn, für sich und seinen Vetter
Goddert von Messchede mit dem Hofe zu Alten-Jesohen, ge-
nannt der Vollande Hof. 1519, uff Montag nach sanct
Gallentag (17. October).

Aus dem Copiar I., pag. 244.

290. Lehnbrief. 1522, 7. Juli.

Bernd, Herr zu Büren, belehnt Godert v. Meschede mit
dem Wensterhofe und Rammeszberge, in der Almer Mark.
Lehnszeugen sind: Jost Westphal und Gerdt von Meschede.
1522, des Montages nach visitationis Mariae virg.

Aus dem Bürener Archive im Prov.-Archive su Münster.

Mit dem Hofe zu Wenster, später Haus Brock, sind
folgende Urkunden verbunden: 1. Bernd, Edelhr. v. Büren,
belehnt Cort Wessels mit dem Hofe zu Wenster. 1428, feria
quinta post letare (18. März). (Archiv Büren.)

2. Lehnbrief des Johann, Herrn zu Büren, für sich und
seinen Bruder Bernd von Büren, an Jacob Wessels, über
den Hof zu Wenster zu Mannlehn. 1471, die Sanctorum
Apostolorum Divisionis (15. Juli).

3. Hans Roisen und Gertrud, seine Frau, verkaufen
dem Gordt Roisen und Katharina, dessen Frau, den Hof zu
Knebelinghausen. 1500, die Michaeli (29. September).

4. Abschriften von Urkunden über Ländereien, im Wenster
bei Wülfte gelegen, besonders über einige Stücke, welche von
denen von Nehen zu Lehn gingen.

a. Vor Cordt von Nehen, als ältesten Lehnsherrn, verkauft
Gert Roesen, Bürger zu Brilon, einen Hof zu Knebling-

hausen, gelegen zu Wenster vor Brilon. Auch belehnt
Curdt v. Nehen dio Stadt Brilon mit diesem Hofe. 1524,
am Dinstag nach der heil. Hochzeit Poschen (29. März).

b. Arnold v. Nehen zu Nehen belehnt, als ältester Lehns-
herr, die Stadt Brilon mit dem gedachten Hofe zu Kneb-
linghausen, wie solchen Gordt Rosen verkauft hat. 1579,
Donnerstag nach Elisabeth (26. November).

c. Curt Reusus, Bürger zu Brilon, und Catrin, seine Frau,
verkaufen dem Armenhospital zu Brilon eine halbe Hufe
Landes, zu Wenster gelegen, und ein halbes Echtwort
in der Almer Merk, und der Lehnsherr Curdt v. Nehen
belehnt den Johan v. Tulen, Schwickers Sohn, als Vor-
mund des Hospitals. 1515, domin. quarta qua cantatur
Esto mihi (18. Februar).

d. Arnold von Nehen belehnt das Armenhospital zu Brilon
mit einer halben Hufe Landes zu Wenster und einem
halben Echtwerk in der Almer Mark. 1579, 7. Nov.

e. Segewin von Nehen, Wapener, belehnt den Diedrich
Stracken, Bürger zu Brilon, mit einem halben Gute,
gelegen vor der Stadt Brilon, und zu Wulfte gelegen, und
zu Wenster, und mit einem halben Echtwerk Holzes in der
Almer Mark. 1536, auf Freitag nach Cantate (19. Mai).

f. Arnold v. Nehen belehnt den Georg Stracken, seel. Diedr.
Stracken Sohn, mit einem halben Gute, gelegen vor der
Stadt Brilon zu Wulfte und zu Wenster und mit einem
halben Echtw. Holzes in der Almer Mark. 1579, 25. Nov.

g Henneke Reineurus, Wendele, seine Hausfrau, verkaufen
dem Herman Hopinhause, Jutten, dessen Frau, einen
Morgen eigenen Landes, gelegen zu Wenster auf der Vor-
becke zwischen genannten Hermanns Grundstücken. 1431,
ipso die beati Jacobi apli. (25. Juli).

h. Gobel Köningos, Bürger zu Brilon etc., verkauft dem
Herman Olen, Bürgermeister daselbst, 10½ Morgen Lan-
des, gelegen zu Wenster. 1549, am Tage Palmarum.

i. Vor dem Magistrat zu Brilon verkauft Hans Gogreven,
seel. Merten Sohn, Bürgermeister zu Mengeringhausen,
nebst seiner Frau Gertrude, dem Johann Nolten, Bür-
gern zu Brilon, eine ½ Hufe Landes, gelegen zu Wenster,

namentlich eine ½ Multsaat an der Bulster gelegen und
ein ganzes Echtwerk in der Almer Mark. 1514, ipso
die S. Dionisii Mart. et sociorum ejus (8. Februar)

5. Das gräfl. Waldeck'sche Freigericht zu Corbach erkennt, gegen Gert Rose, dem Johann Rose das Eigenthum seines väterlichen Erbes, des Hofes zu Knevelinghausen, zu. 1525, uff Mandach vor Corporis Christi (12. Juni).
Auf der Rückseite steht eine eigenhändige Handschrift des Gerdt v. Meschede, darin bekennt Johann Rose, Bürger zu Corbeck, dass er dem Gordt (Goddert) von Meschede den Hof zu Knevelinghausen verkauft habe. 1525, uff unser hil. Lichtmessen Dach (2. Februar).

6. Verzeichnisse von Ländereien, zum Wenster bei Wülfte gelegen. 1581 und 1590.

7. Josias von Wolmerinkhausen zu Alme bescheinigt, von Elisabeth, Wittwe Edelfrau zu Büren, mit dem Hof zu Wenster und den Rammesberg belehnt zu sein. 1611, 26. Sept.

8. Nachricht über die Lage des Wensterhofes und Rammesberges, früher Büren'sche Lehne, bei Alme gelegen. Auf der alten Sohlstette des Wensterhofes ist Haus Bruch gebaut.

9. Moritz, Frei- und Edelherr zu Büren, Herr zu Ringelstein und Geist, kaiserl. Rath, Kämmerer und Kammergerichts-Präsident, codirt seinem Vetter Jobst Philipp von Meschede zu Alme, Drosten zu Anröchte, Rüden, Gesike, Volkmarsen und Marsberge, sein Recht an die heimgefallenen Büren'schen Lehngüter, den Hof zu Wenster nebst dem Gehölz, der Rammesberg genannt. Geschehen Schloss Geist, 1636, den 6. December.

10. Die Patres Societatis Jesu zu Büren erklären, dass sie cum consensu Superiorum zu Gunsten des Wilhelm von Westphalen für 600 Rthlr. ihr lehnsherrliches und altes Recht an die Hälfte des Rammesberges und Wensterhofes zu Alme, welche von Westphalen jure hypothecario unter hat, fallen lassen wollen. Sign. Fürstenberg, 1670, den 8. December.

11. Ferdinand Otto, Frei- und Edler Herr zu Büren und Ringelstein, von Schenking, Herrr zu Beveren, verkauft seinem

Oheime, Wilhelm Westphalen zu Fürstenberg und Laer, die
Hälfte des für heimgefallen erklärten, bei Alme gelegenen
Lehns, der Rammesberg und Wensterhof genannt. 1675, 8. Aug.

12. Das Collegium Societatis Jesu zu Büren verkauft für
700 Rthlr. dem Wilhelm von Westphalen zu Fürstenberg und
Laer seine Hälfte der früheren Haus Büren'schen Mannlehne,
„des Wensterhofes und des Rammsberges," nachdem am 8.
August 1675 der Frhr. v. Büren seine andere Hälfte demsel-
ben v. Westphalen verkauft hat. Datum Büren, 1701, 5. März.

**291. Erzbischof Hermann v. Cöln, als Landesherr,
bestätigt einen Vergleich zwischen den Vettern
Goddart und Gerhard von Meschede und den
Vicarien des h. 3 Könige-Altars der Pfarrkirche
zu Rüden. 1523, 16. October.**

Die beiden Vicarien des Altars, Engelbert von Brencko
und Johann Esleve, verzichten auf ihre Ansprüche an den
Zehnten zu Knevelinghausen und erhalten 2½ Malter Korn
aus dem Hofe der beiden Vettern zu Anröchte. Der Vertrag
wird unter Vermittelung des Hermann, Erzbischofs zu Cöln,
durch Diedrich v. Heiden, Komthur zu Mülheim und Died-
rich Ketteler, Domherr zu Münster, einerseits, und Jaspar v.
Tuilen, churfürsl. Amtmann, und Tymann Hülsberg, Bürger-
meister zu Werl, in der Kirche zu Werl abgeschlossen und
besiegelt. 1523, am Freitag sanct Gallen.

Aus dem Copiar I., pag. 156.

292. Revers. 1524, 20. April.

Diedrich von Heiden, Komthur zu Mülheim, Johann
Schüngel, Landdrost in Westfalen, und Friedrich v. Fürsten-
berg zu Waterlapp reversiren den Gevettern Goddert und
Gert von Meschede, dass durch den, auf Veranlessung des
Erzbischofs zu Cöln, vom Gografen zu Erwitte binnen An-
röchte, über Erbschafts-Angelegenheiten zwischen Adrian von
Ense und seinen Söhnen einerseits, und Adolph Ruwen, Amt-
mann zu Schotten, Caspar von Dalwigk und Eberhard von
Eberstein andererseits, abgehaltenen Reichstag, das herge-

brachte Burggericht derer von Meschede zu Anröchte nicht
präjudizirt werden solle. 1524, am Gudenstag na dem Sonn-
tag Jubilate.

293. Die Vettern Godfrid und Gerhard von Meschede besetzen eine von ihm gestiftete Vicarie zu Alme. 1525, 28. März.

Nos Gotfridus et Gerhardus patru et famuli de Messchede,
universis et singulis ad quos presentes littere pervene-
rint salutem in Domino etc.. Itaque altare beatissime Anne
vidue in ecclesia parochiali ville Alme paderbornensis
Dioecesis a nobis noviter erectum ac pro sustentatione unius
presbiteri bone fame ac laudabilis vite dotatum et certis red-
ditibus quindecim florenorum renensium, de bonis nostris a
Deo collatis pro animabus parentum nostrorum ac benefacto-
rum perpetue assignatis, cujus collatio, provisio seu quevis
alia dispositio ad nos pleno jure patronatus laicorum spectari
dinoscitur et pertinet; discretum virum Anthonium Valen
clericum paderbornensem tamquam idoneum, habilem, coram
nobis constitutum et id flexis genibus petentem ac eundem
tamquam primum rectorem in Dei nomine concernentes et
unanimes contulimus assignavimus, contulimus et assignamus (sic)
et proinde per presentes ipsum Anthonium ... harum serie
litterarum inuestimus de eodem exorantes omnes et singulos
per presentes requisitos quatenus prefatum Anthonium in et
ad dictum altare seu beneficium realem, corporalem et actua-
lem possesionem juriumque pertinentium et pertinentiarum
omnium ejusdem ponere et Vinducere facient ... idem Antho-
nius de ejusdem altaris sive beneficii redditibus. fructibus,
proventionibus et juribus et pertinentiis universis singulis in-
tegre respondere et quevis in eis fuerint .... respondere.
In fidem omnium singulorum premissorum et testimonium
presentes litteras ex inde fieri ac sigillis nostris appensione
iussimus et fecimus communiri, sub anno a nativitate Domini
Millesimo quingentesimo vicesimo quinto . die Martii vice-
simo octavo mensis Martii.

(Die Puncte bezeichnen erloschene Worte.)

294. Godfrid von Meschede, Knape, als weltlicher Patron der Vicarie bte. Mariae Magdalene zu Meschede, präsentirt dem Dechanten des dortigen Kapitels, nach Absterben des Christoph von Meschede, Domherrn zu Münster, den münsterschen Domherrn von Meschede zum Vicar. 1524. 8. December.

Im Jahre 1468 präsentirten Diedrich, Gert und Lippolt von Meschede ihren Bruder Bernard, Domherrn zu Münster; darauf ernannte Godart von Meschede zu Oberalme seinen natürlichen Sohn Bernerd von Meschede, wogegen Gert von Meschede zu Niederalme Protest und Klage erhob, der seinen Sohn Henrich von Meschede, Domherrn zu Paderborn, ernannt wissen wollte, der denn auch, nachdem Bernard verzichtet hatte, 1554, 31. Oct., präsentirt wurde. Nach dessen Absterben ernannte der Droste Philipp von Meschede den Alhard Georg von Meschede. 1631, 12. Juli erinnert der Landcomthur des deutschen Ordens zu Mülheim, Diedrich Overlacker, den Mordian von Meschede, als Aeltesten des Geschlechts, zu der genannten Vicarie Jemanden zu präsentiren, damit der Familie das Patronatrecht nicht verloren gehe. Mordian präsentirte sich selber. Nach seinem Tode massten sich die Höldinghausen das Patronat an, da aber Jobst Philipp von Meschede männliche Erben hinterliess, so gingen diese vor und wurde zuerst Ferdinand Melchior von Meschede, und nach dessen Tode, † 1673, Franz Godfr. von Meschede präsentirt. 1765 folgte dem Ferdinand Werner v. Meschede, Domherrn zu Hildesheim und Münster, Franz Joseph von Meschede, den Diedrich Adam von Meschede, als den Sohn des Bruders seines Vaters präsentirte. Alle diese Vicariebesitzer hatten ihren Stellvertreter, so ernannte 1602, 21. April, Alhard Georg von Meschede, Domherr zu Paderborn, den Herman Custodis, Canonicus zu Meschede, zu dem seinigen. Das Verhältniss war also ganz so, wie es noch jetzt in England mit den Pfründen ist.

295. Lehnbrief. 1525, 25. April.

Philipp der Aeltere, Graf zu Waldeck etc., belehnt Godert und Gert von Meschede, Gevettern, für sich und ihre Mannleibes-Erben, mit zwei Hufen Landes zu Ratler, den Zehnten in der Hallen, dem halben Zehnten vor Alme, zwei Hufen Landes vor Dedinghausen auf der Hoppeke, der Mühle unter Alme und zwei Hufen Landes daselbst, wie solche Stücke die von Tülen zu Lehn getragen und darauf die von Hotteppe und Dorfeld selbe von der Grafschaft Waldeck als verwüstet empfangen nnd jüngst zu behuf der genannten v. Meschede ledig aufgelassen haben. Darnach will der Lehnsherr die von Meschede fernerhin in dem Besitze dieser Lehne schützen und sollen alle, von den von Hotteppe oder Dorfeld künftig vorzubringenden Lehnbriefe kraftlos sein. 1525, auf Dinstag nach dem Sonntage Quasimodogeniti.

Philipp, Graf v. Waldeck, Sohn des † Henrich, belehnt 1540, 20. April die Gevettern Godert und Gert v. Meschede mit demselben Lehnstücke und 1651, 15. Januar, Graf Georg Friedrich von Waldeck den Jost Philipp von Meschede.

296. Lehnbrief. 1525, 25. April.

Philipp, Graf zu Waldeck, belehnt Gerd von Meschede und seine Mannleibeslehns-Erben mit dem Zehnten zu Meverkusen und Weyssenkusen, so wie solchen Zehnten Johan von Dorfeld seelig dem verstorbenen Vater des jetzigen Lehnsherrn, in Gegenwart des Hildebrand Gaugrebe, Jobst Westphalen und Friedr. von Twiste aufgetragen hat, um damit den Henrich v. Meschede, weiland Vater des Gerd v. Meschede, ferner zu belehnen. 1525, uff Dinstag nach dem Sonntage Quasi modo geniti.

Die ferneren Lehnbriefe über diesen Zehnten geben folgende Resultate. Es belehnte 1580, 2. August, Graf Franz zu Waldeck den Christoph von Meschede für sich und seinen Bruder Philipp v. M.; 1611. 25. Juni, Christian, Graf zu Waldeck, Sohn des † Christian, den Mordian von Meschede, für sich und dessen Vetter Johann Melchior von Meschede; 1639, 25. Juni, Wolrath, Graf zu Waldeck und Pyrmont den

Mordian von Meschede für sich und dessen Vettern: Joist
Philipp und Ferdinand Melchior Mathias v. Meschede, Söhne
des † Johann Melchior; 1539, 18. Dec., Wolradt, Graf zu
W. und P., den Jost Philipp von Meschede, Droste zu An-
röchte, für sich und dessen unmündigen Bruder Ferdinand v.
Meschede; 1651, 15. Januar, Georg Friedrich, Graf zu W.,
P. und Culenburg, den Joest Philipp von Meschede, Droste
zu Anröchte, Sohn des Johann Melchior; 1693, 29. Dec.,
Christian Ludwig, Graf zu W., den Wilhelm Rotger von
Meschede zu Alme; 1704, 4. Juni, Christian Ludwig, Graf
zu W., den Ferdinand von Meschede für sich und dessen
beide Brüder, Johann Diedrich Adam und Joseph Clemens;
1707, 7. Sept. Friedrich Anton Ulrich, Graf zu W., den Jo-
hann Diedrich Adam von Meschede, den jüngern Sohn, weil
der ältere, Ferdinand, blöden Verstandes sei; 1728, 19. Oct.,
Carl August Friedrich, Fürst zu Waldeck, Graf zu Pyrmont,
den Johann Diedrich Adam v. Meschede für sich und dessen
zweiten Bruder Joseph Clemens v. M.; 1764, Christina, Wittwe
Fürstin zu Waldeck, als Vormünderin ihres Sohnes Friedrich,
den Johann Diedrich Adam von Meschede.

297. Vergleich. 1525, 4. Mai.

Goddert und Gert, Volmar, Krafft und Otto, Brüder,
Vettern und Söhne von Meschede, vergleichen sich, unter
Einfluss der churfürstl. cöln. Schiedsfreunde: Gert von der
Recke zu Hüsten, Ritter, Jost Westphalen, Droste, Hermann
von Hanxlede, Curt von Brencken, Hunold thom Schlüttel,
Bürgermeister zu Geseke, Henrich Dortmunder, Bürgermeister
zu Rüden, Diedrich Lilie, Bürgermeister zu Werl, Johann
Kerstings, Bürgermeister zu Volkmarsen, mit der Stadt Bri-
lon wegen Gehölz, Ländereien und Hude. 1525, feria
quinta post dominicam misericordias domini.

298. Memorie. 1525, 4. Mai.

Wulbrand v. Reden, Knape, und die übrigen Vorsteher
der Kirche zu Pattensen, bekennen, zum Baue ihrer genann-
ten Kirche von den Rittmeistern: Godert von Meschede und

Rötger Ketteler 40 Gulden erhalten zu haben und verpflichten sich dafür, auf ewige Zeiten alle Jahre vier Memorien zu halten und alle Sonntage, vor der Predigt, für die Seelen des Geschlechts von Meschede und Rötger von Ketteler und aller Reuter, welche in der Fehde zwischen dem Fürsten von Braunschweig und dem Bischof von Hildesheim gedient haben, zu beten. 1525, am Dinxdage na dem Sundage Cantate.

(Mit dem Siegel der Kirche und des Ludolff Knigge, Burgmanns zu Pattensen.)

299. Schadlosbrief. 1527, 11. März.

Jürgen dey Wrede tho Mylinckhusen wie auch Rave und Lyppolt, Gebrüder von Kanstein, versprechen ihren Oheim, Vetter und Schwager Goddert und Gert, Vettern v. Meschede, und Joest von Schorlemmer, wegen der Bürgschaft, welche diese für sie dem Diedrich von Plettenberg zu Berge um 1109½ Goldgulden geleistet haben, Schadloshaltung. 1527, uff Mandach na Invocavit.

300. Lehnsrevers. 1527, 16. September.

Otto von Meschede, Sohn Godderts, bekennt von Hermann, Erzbischof von Cöln, mit einem Burglehn zu Hovestadt, dem Burghause auf der Ayrsen, dem Neuenhaus auf der Möne und der Trifft auf dem Walde, so wie solche sein † Schwiegervater Wilhelm von Ketteler besessen hat, belehnt zu sein. Gegeben in der Stadt Brilon 1527, am Donnerstag

Aus den cölnischen Lehnsbüchern.

Otto hatte die älteste Tochter des Wilhelm von Ketteler geheirathet, und Jaspar Schüngel die jüngste. Nach Otto's Tode fand eine Theilung statt, in Folge dessen seine Wittwe das neue Haus auf der Möne und die Trifft im Walde, Schüngel das Burglehn zu Hovestadt und das Burghaus auf der Airsen erhielt, womit beide Theile 1531, 21. Sept., zu Arnsberg belehnt wurden, wobei Gerd von Meschede Lehnsvormund der Wittwe und Kinder war.

301. Vergleich. 1530, 15. März,

Johann Korves, Bürger zu Brilon, verträgt sich mit mit Gorde und Volmar, Gebrüdern von Meschede, wegen der Wiese und Aecker zu Wenster, überlässt ihnen alle sein Recht, welches er glaubt zu Wenster zu haben, und verkauft ihnen zum Mitbehuf ihres Vetters Gerdt von Meschede ein Stück Landes, auf dem Stolszborne gelegen. Zeugen sind: Bernd und Johann, Herren zu Büren, und Jost Westphalen, Droste. 1530, des Dinstachs nach Reminiscere.

302. Lehnanwartschaft. 1531, 26. Februar.

Philipp der Aeltere, Graf zu Waldeck, verspricht seinem Rath und Getreuen, Joist Westphael, welcher die Freigrafschaft Stolpe, vor Geseke gelegen, die dieser und sein Vater von denen von Meldricke gekauft, zu Lehn trägt, mit dieser Freigrafschaft den Gerdt von Meschede, Hauswirth seiner Tochter, zu belehnen, im Falle Joist und sein Sohn Lubbert Westphael ohne Mannleibes-Erben sterben möchte; ferner das dem Joist zugesagte, dritte heimfallende Ritterlehn dem Gerd von Meschede zu Ritterlehn zu verleihen. 1531, am Sontag Invocavit in der Fasten.

Dieses Versprechen wurde am 26. Februar 1540 von Philipp, Grafen von Waldeck, nach Absterben dessen Vaters Philipp wiederholt.

303. Pfandschaft. 1531, 22. December.

Gerd von Meschede und seine Frau Anna verpfänden für 10 Goldgulden zwei Wiesenplätze in dem Sengenberge an Johann in dem Osterwalde. 1531, vp frydag st. Thomas.

304 Verzichtact. 1532, 19. Februar.

Meffherth von Brambach und Odilia, seine Frau, quittiren ihren Schwägern und Brüdern, dem Diedrich und Gerdt, Gebrüdern von Meschede, über gezahlten Brautschatz, verzichten zu Gunsten obigen Gerdts von Meschede und seiner Erben auf alle Ansprüche an den Nachlass des weiland Henrich von Meschede und Annen, seiner Frau, der genannten

Odilia Eltern, ebenso auf den künftigen Erbanfall des Nach-
lasses des obigen Herrn Diedrich von Meschede, der Odilia
Bruder, der einen guten Theil der elterlichen Güter zur Leib-
zucht hat. Es siegeln: Meffherth von Brambach, und, auf
Bitte der Odilia, ihr Vetter Goddert von Meschede; ferner
Hans von Wenkeshusz, Richter zu Meschede; — unter den
Zeugen ist: Wilhelm von Hessen, Kellner zu Arnsberg etc.
1532, up Mandag na dem Sundage Invocavit.

305. Godert und Gert von Meschede, Vettern, ver-
tauschen mit dem Eingesessenen des Amts
Fredeburg Eigenbehörige 1532, 27. August.
Desgleichen 1535, ipso Die de collationis Jo-
hannis (29. August) und 1538, 29. Septbr.

306. Lehnbrief. 1533, 24. April.

Henrich Pennynck, Bürger zu Brilon, bekennt von Gordt
von Meschede mit einer Hufe Landes, gelegen zu Kefflike
vor Brilon, genannt Steynynges Hof, nebst einem Echtwetk
Holzes in der Keffliker Mark belehnt zu sein. Milesimo
Quingentesimo vicesimo decimotertio am Avende Marci Evan-
geliste.

307. Quittung. 1535, 15. Februar.

Jost von dem Schorlemer und Catharina, seine Frau,
quittiren Diedrich und Gerdt von Meschede, Brüdern der
Letzteren, den übergezählten Brautschatz, und verzichten zu
Gunsten des Gerdt von Meschede und seiner Erben auf den
Nachlass des Henrich von Meschede und Annen, seiner Frau
selig, Eltern der genannten Catharina, ebenso auf den künf-
tigen Erbanfall aus dem Nachlasse des obigen Diedrich von
Meschede, Domherrn zu Münster, der einen guten Theil der
elterlichen Güter zur Leibzucht hat. Es siegeln: Jost von
dem Schorlemer, Diedrich von Meschede und Johan Kobben-
rodt, Richter zu Brilon. 1535, uff Mandach nach dem Sun-
dage Invocavit.

308. Verkauf. 1535, 10. März.

Franz, Abt zu Corvei, und der Convent des Stiftes zu Marsberg, verkaufen dem Gerdt von Meschede, Annen, seiner Frau, den halben Feldzehnten zu Nehen für 200 Goldgulden, vorbehaltlich der Wiederlöse. 1535, Middeweckens na dem Sundage Lactare.

Es liegen bei: 1. Act des Abtes Reinhard, worin er den obigen Verkauf genehmigt und die Wiederlöse aufhebt, 1560, am Dinstag na Jacobi apli. (30. Juli.)

2. Act vom selbigen Tage, worin gedachter Abt Reinhard bekennt, dass er obigen Bestätigungsbrief über den Verkauf des halben Zehnten zu Nehen nur mit seinem Abtssiegel besiegelt habe und genehmigt, dass das Siegel der Probstei Marsberg demselben ebenfalls angehängt werde.

309. Einräumung eines Vorkaufsrechts. 1535.

Johann von Hanxlede, Hermanns Sohn, und Catharina, seine Frau, räumen dem Gort und Gert, Gevettern v. Meschede, im Falle sie oder ihre Erben ihre Güter zu Anröchte, genannt die Verne Güter, verkaufen wollen, das Vorkaufsrecht ein. 1535 (ohne Tag).

310. Diedrich, Goddert, Volmer und Gerdt, Brüder und Vettern von Meschede, verpachten den sämmtlichen Bauern zu Anröchte ihre freie Schaaftrifft daselbst. 1536, 29. September.

Die Schaaftrifft hatten bis dahin nur vier Einwohner von Anröchte in Gewinn (Pacht) gehabt, da indessen die Nachbardörfer ihre Ländereien alle besäet und ihre Gehölze eingehegt und dadurch die Bauern zu Anröchte eingeengt und um Nahrung für ihre Schaafe gebracht hatten, so fanden sich gedachte von Meschede veranlasst, um dem Verderb der gedachten Bauern zu begegnen, den Letzteren die genannte Schaaftrifft für jährlich 16 Mark und einem fetten Hammel in Meyerzahl (Pachtung) zu geben. Die Pachtsumme muss jährlich Remigii von den Bauern durch ihre „regierende

Tempelers" bezahlt und soviel Schäfer für die Heerde zur Bedienung angestellt, soviel fette Hämmel müssen jährlich geliefert werden. Die gedachten Grundherren verpflichten sich, die Schäfer nicht höher, als mit einer Mark von hundert, zu besteuern. Der Vertrag kann von den Bauern gar nicht, von den Grundherren aber mit einjähriger Kündigung, jedoch erst nach Verlauf von 16 Jahren aufgelöst werden. Die Grundherren verpflichten sich, den Bauern gegen jede Verkürzung der Schaaftrifft durch Dritte Gewähr zu leisten; „et sullen ock do segenn ganz affgedann werdenn vmmo verwosteunge willen der gcholtze." Die neuerrichteten Kottenstätten, die nicht in der teyntlose rollen stehen, sollen, wenn sie die Trifft und das Gehülz mitgeniessen wollen, demjenigen, der das Haus des Erzbischofs zu Anröchte in Befehl hat und denen von Meschede, jedem zur Hälfte, Genüge thun.

Der Vertrag, bei dem auch der Erbare Jaspar v. Graffen als Zeuge erscheint, ist gethätigt 1536 uff Dag Michaelis archangeli. 1541, Montags nach corporis christi (19. Juni) erfolgte eine Erläuterung obigen Vertrages, namentlich der Frage, wie viele Schaafe der, den von Meschede gehörende Schulte halten dürfe.

311. Quittung. 1537, 20. Mai.

Johan Molter, zu Fürstenberg wohnend, quittirt dem Gerdt von Meschede 50 rheinische Goldgulden, mit Melcher Summe Anton Vale seelig, im Namen von Diedrich und Crafft Westphal, Vater und Sohn, und deren Bürgen, Gerdt von Meschede, die zum Vortheil der Kirche zu Reiste sprechende Pfandverschreibung auf das Beckers Gut zu Remmelinchusen abgelöset hat. 1537, In den hilligen Pinxtfyrdagen.

312. Eheberedung zwischen Wilhelm von Brenken und Elisabeth, des Gerhard von Meschede Tochter. 1537, 22. October.

Der Vater der Braut verspricht als Brautschatz 650 rh. Gldgld. nebst gewöhnlicher Aussteuer, der Bräutigam 1300

Gldgld. als Leibzucht. Zeugen sind, auf Seite des Bräutigam: Rabe Westfall, Droste zu Lichtenau und Joest von Brenken statt seines Vetters, Johann Meysenbugk, Haushofmeister zu Hessen, Jörg von Pappenheim und Reyneke von Brenken. — Auf Seite des Gerhard von Meschede: Herr Philipp von Twiste, Domherr zu Paderborn und Probst zu Hameln, Godhard von Meschede und Jost Westvall, Droste. 1637, am Montag nach den 11,000 Jungkfrawen.

313. Rentverschreibung. 1538, 17. August.

Gerdt von Meschede, Anna, seine Frau, verpflichten sich, ihrem Schwager und Vetter Philipp von Twist, Domküster zu Paderborn und Probst etc., aus Erkenntlichkeit für die, ihnen und ihren Kindern erzeigten Wohlthaten sein Lebenlang jährlich acht Malter Korn zu geben. Es siegelt auch: Lubbert Westphall, der Anna, Frau von Meschede, Bruder. 1538, Sunavendes na Assumptionis Marie virginis.

314. Quittung. 1538, 11. November.

Wilhelm von Brenken und Elisabeth, seine Frau, quittiren dem Gert von Meschede, Vater der Elisabeth, den gezahlten Brautschatz, verzichten auch zugleich auf den künftigen Nachlass der Eltern der Elisabeth. Es siegeln: Wilhelm von Brenken, für sich und seine Frau, wie auch ihr Vetter und Schwager Cordt und Reyneken, Gevettern von Brencken. Zeugen sind: Philipp Spiegel, Domprobst zu Paderborn, Philipp v. Twist, Domküster und Domherr daselbst. 1538, up Dach Martini Episcopi.

315. Belehnung. 1542.

Philipp Spiegel, als Domprobst zu Paderborn, belehnt Godert v. Meschede mit dem Hause genannt die Wantschicht, dem vierten Theilo des Amts zu Verne und dem Hofe zu Seginchusen, so wie früher die von Enso diese Güter zu Lehn getragen haben. Lehnszeugen sind: Wulff Stapel und Cordt Snormann, Bürger zu Paderborn. Goddert v. Meschede hatte diese Belehnung nur dadurch erwirkt, dass er vorher,

am Tage Petri ad Cathedram (1. Febr.) 1542, in Beisein von
Jost Westphalen, Jürgen Wrede, Droste und Gerdt von
Meschede, den gedachten Domprobst, auf acht Jahre, gegen
jährlich neun Malter Korn, mit der Wantschicht bemeiert
hatte. (Archiv des Paderborner Domstifts.)

316. Lehnbrief. 1543, 8. Mai.

Philipp Westphal, Probst zu Meschede, belehnt Gerdt v.
Meschede und dessen Vetter Godert von Meschede mit den
Hof zu Kottinghausen. 1543, fer III. post Domin. Exaudi.

Nach den Urkunden wurden mit diesem Lehne der
Propstei der Collegiatkirche st. Walburgis zu Meschede spä-
ter folgende Personen belehnt: 1555, 23. October, Gert von
Meschede, für sich und für Wilke von Bodenhausen, Franz
Wrede und Gert von Wolmerinkhausen, durch den Probst
Wilhelm, Grafen von Holstein-Schaumburg-Sterneberg-Gemen;
1581, 15. August, Christoph von Meschede, für sich und
für seinen Bruder Philipp, seinen Schwager Otto von
Wolmerinkhausen und seinen Vetter Melchior von Boden-
hausen, vom Probst Diedrich v. Fürstenberg; 1587, 12. April,
Philipp von Meschede, für sich und für die Kinder seines †
Bruders Christoph, für Otto von Wolmerinkhausen, seinen
Schwager, und Melchior von Bodenhausen, seinen Vetter,
vom Probst Melchior von Plettenberg; 1595, 19. Juli, Philipp
von Meschede, für sich, für die Kinder seines † Bruders
Christoph, für Josias, Sohn des † Otto von Wolmerinkhau-
sen und für Otto Henrich von Bodenhausen, seinen Vetter,
von Probst Fried. von Fürstenberg; 1603, 9. Sept., derselbe
für dieselben von Probst Joh. Godfr. von Fürstenberg; 1653,
31. Oct., Jobst Philipp von Meschede, für sich, für die von
Wolmeringhausen, von Holdinghausen und für Allhard Jobst
und Gaudens, Gevettern von Schorlemmer, von Probst Gui-
nald de Nuvolara; 1700, 26. Juni, Wilhelm Rotger von
Meschede, für sich und für die von Hanxleden zu Ostwich,
von Probst Johann Werner von Veyder, Herrn zu Malberg;
1704, 13. Dec., Johann Diedrich Adam von Meschede, für

sich und für die von Hanxleden zu Ostwich, von Probst Johann W. v. Veyder; 1724, 23. Oct., derselbe für dieselben von Probst Marquard Anton von Neuforge; 1764, 3. Sept., derselbe für dieselben von Probst Ferdinand Wilhelm, Frhrn v. Bocholtz; endlich 1787, 6. Oct, Theodor, Frhr. v. Bocholtz; paderb. Regierungs-Präsident und Obermarschall für sich und die von Hanxleden zu Ostwich von Probst Franz Wilhelm, Freiherrn von Bocholtz.'

317. Vergleich zwischen Barbara, Wittwe des Cordt v. Hanxleden, und deren unmündigen Kindern, mit Gerdt von Meschede. 1543, 20. Juni.

Dieser Vergleich, geschlossen durch die beiderseitigen Schiedsfreunde, Johann v. Hanxleden zu Bodefelde und Hermann Rump zu Wenne, verhält sich über einige eigene Leute im Dorfe Overen Henneborn, welche Gerdt der Wittwe alle abtritt, mit Ausschluss des Hans Schragen, dessen Ehefrau, dessen Schwester und deren Nachkommen. Mitwochen nach Viti et Modesti Mart.

318. Schadlosbrief. 1544, 29. September.

Wilhelm, Graf zu Nassau, Catzenelenbogen, Vianden und Dietz, gelobt dem Godert von Meschede, der sich für ihn bei Lubbert Westphalen und dessen Frau Elisabeth für 2000 Goldgulden, die an Wilhelm gegen eine Rente von 100 Goldgulden aus der Rentei zu Siegen gezahlt sind, verbürgt hat, Schadloshaltung. 1544, am Tage Michaelis des Ertzengels.

319. Schreiben des Herzogs Ernst v. Braunschweig. 1544, 11. December.

Von Gots gnaden Ernst hertzog zu Braunschweig vnd Lunenburg etc. Vnnsern gnedigen willen zuuor. Erbar lieber Besonder. Wir habenn dein schreiben empfangen vnnd mogen dir daruff nicht verhalten, das dein Son bei vns ist vnnd alhie zum bestenn soll gehalten werden, vnnd hat sich bishernoch also gehalten, das wir

eins gnedigs gefallen darab gehapt der zuuersicht, ehr werde
sich ferner fromlich vnd vfrichtig halten, das es dir vnd
deiner freuntschafft zu gefalle vnnd freudenn gereichen moge,
welches wir dir hinwider nicht mochten vnangetzeigt lassen,
vnnd sein dir mit gnaden geneigt . datum Zell donnerstags
post conceptionis Marie Anno etc. 44.   Ernst.

Aufschrift: Dem Erbarn vnnsern lieben Besondern
              Gerden von Meschede.

320. Eheberedung zwischen Friedrich Westphal,
     weiland Raven Westphal Sohn, und Jungfer
     Clara von Meschede, Tochter des Gerd von
     Meschede zu Nieder-Alme. 1545, 1. Februar.

Gerdt von Meschede verspricht seiner Tochter 700 rh.
Goldgulden zum Brautschatz zu geben, und Elsa, Wittwe des
Joist Wesphal, Grossmutter der Braut, die Summe um 300
rh. Ggld. zu vermehren, so dass der Brautschatz 1000 Ggld.
beträgt. Auch verpflichtet sich Gert v. M., im Falle er sei-
nen andern Töchtern mehr als 1000 Ggld. mitgeben würde,
das Mehr auch seiner Tochter Clara zu Gute kommen zu lassen.
— Der Bräutigam gelobt seiner Braut eine Morgengabe, Leib-
zucht und freie Wohnung nach Sitte des Landes Paderborn.
Es besiegeln die Urkunde, ausser Philipp Spiegel, Domprobst
zu Paderborn, und Johann Spiege, paderbornscher Erbmar-
schall, als dieses Vertrags besondere Werber, auch folgende
ihre Freunde: Herr Henrich von Plettenberg, Domherr und
Scholaster zu Münster, Probst zu Kaiserswerth, Herr Philipp
von Twiste, Domküster zu Paderborn, Probst zu Hameln,
Joist von Hörde zu Boicke, Themo von Hörde zu Störmede,
Jörgen de Wrede zu Milinckhusen, Lubbert Westphal; ferner
Wilhelm Probst zu Bustorp, Philipp, Probst zu Meschede,
Beide Domherren zu Paderborn, und Rave, obigen Friedrich
Westphals Brüder, Johann Reine, Johann Spiegel zum De-
senberge und Philipp von Hörde zu Boicke.

321. Johann Franz v. Mesehede gibt seinen Schulzenhof zu Velmede in Pfandnutzung. 1545.

Ich Johann Fransz von Meschede, wonhaft to Almen, Anna Gerdrut mine adelige vndt Elige huszfrauw, duhen kundt Jedermennichlig, dasz nach dem verruchkeder wiell, nemblich vff den nesten mantag nach diuisio apostolorum Jungest verlauffen, dem Ehren achtbahrn Johann Schulten zu Velmede, Elisabet siener Elichen huszfrauwen, zu kope hebn gegeben vnssere frige adelige gott mitt dem steinhusse ob dem schulten hoffe mitt dreier hoffen gerechtigkeit vndt mitt all ehrer taubehohrung in vnd umb dat Dorp tau Velmede durch den Erbaren vnd frohmmen Herren **Thimandus Berck** Chanonick zu Meschede ouermitz Erb Bestendiger Koffes Genossen, Thonnesz Schulten zu Nuttelor, Johann Schulten zu Schede, Thonnesz Schulten zu Halbestwig vndt Johann Manhennen sich in handelung vndt vns zusambt*) dem Ehrenvesten Johann Raben zu Almen vndt siene Ebefrauw mit bewilligung desz Ersamen vndt achtbahren Christoffelen von Lohen, Ein Geschworen friegraffe der frie Stoll Arnsbergh vndt Ruhden, die wiell datt fry guit ist vor Eine summe geldes, van welcher summen wir die gemelte erbkeuffere qwit ledig vnd loszsagen, vnd stellen gerurte vnssere dreien houen mitt dem stein husse vnd allen gerechtigkeiten vndt zubehorungen In henden mehrgemelter erbkäuffere, Gaen derselben visz mit handen vnd munde wie erbkaufs recht ist. . Dieweill nun vor gemelte dreien houen mitt den wiessen vnd lenderen vnd dem steinhusse frie adelich gudt ist, vnd vnder dem Gericht dem fren stull zu Euerberg zum gericht gehorigh, alsz ist diesser erbkauff darselbesten am Dinxtage nach Jubilate Anno der minderzall funf vndt virtzig (vollzogen und) vor gemelten zeugen die hier ouer vnd anne sint gewesen, wie vor vermeldet sint. Soh haben sih mich Christoffel von Loen alle dar gebetten, min ampt Ingesiegel vnder diessen breiff doin hangen. Datum anno Domini dussent funfhundert funf vnd virtzig auff . .

---

*) Vielleicht das englische jointly and severally, womit sie, nicht beeinflusst vom römischen Rechte, das „in solidum" ausdrücken.

322. Recess. 1546, 1. Mai.

Gerdt von Meschede gestattet den Bewohnern des Dorfes Ratlinghausen praecario die Grashude und das Wasser in den Gründen zu Wolmerinkhausen,[1] Meveringhausen und Weissenhausen zu ihrer Nothdurft gegen gewisse persönliche Dienste. 1546, auf st. Walpurgis.

323. Verzicht. 1548, 24. April.

Goddert von Meschede, Deutsch-Ordens-Ritter zu Marburg, verzichtet zu Gunsten seines Vaters, der ihm nach seinem Tode aus dem Hause zu Niedern-Alme sein Leben lang jährlich 10 Goldgulden verschrieben hat, auf die elterlichen Güter, jedoch mit dem Vorbehalt, dass er, im Falle der deutsche Orden nicht fortbestehen bleiben sollte, von seinen Geschwistern standesmässig unterhalten sein will.

Es siegelt für ihn sein Vetter Goddert von Meschede zu Obern-Alme. 1548, up sanct Barthelemeus Dach Apli.

An der Urkunde hängt ein Transfixbrief, worin gedachter Goddert von Meschede seinen vorstehenden Verzicht bestätigt, jedoch so, dass er sich, so lange sein Vater lebet, jährlich 10 Thaler und nach dessen Absterben Inhalts dessen Testaments 15 Thaler jährlich und im Falle der Auflösung des Ordens standesmässigen Unterhalt vorbehält. Es siegelt für ihn sein Schwager Friedrich Westphalen, Droste zu Lichtenau. 1563, ahm Sonnabend nach Annunciationis Mariae — Actum Alme — (27. März).

324. Lehnbrief. 1548, 22. November.

Adolph, Erzbischof von Cöln, belehnt seinen Rath und lieben Getreuen Gert von Meschede behufs seiner und seines Vetters Goddert von Meschede mit dem frühern Rodenbergschen Afterlehn, dem Zehnten zu Knevelinghausen, so wie

---

[1] Von Wolmerinkhausen findet man nur noch die Reste einer Kapelle.

solchen vorher Goddert v. Meschede von Conrad v. Rodenberg
zu Lehn getragen hat. Datum Arnsberg, 1548, den 22. Nov.
Später wurden Philipp und Mordian v. M., dann Jobst
Philipp v. M.· und 1692, 3. October, dessen Sohn Wilh.
Rötger v. Meschede belehnt.

325. Schuldverschreibung. 1549, 6. Januar.

Jaspar v. Graffen gnt. Menge zu Anröchte und Walburg,
seine Frau, verschreiben dem Gerhard v. Meschede und des-
sen Frau Anna 60 Joachim-Thaler gegen 3 Thaler jährl.
Zinsen aus ihrem Hause am Kirchhofe zu Anröchte. 1549,
ohne Tag. An dieser Urkunde hängen Transfixbriefe, worin
Jaspar von Graffen, Walpurg, seine Frau, und Melcher, ihr
Sohn, von Gerd v. Meschede, Annen, dessen Frau, bekennen
ferner erhalten zu haben: 1. 1551, uff der h. drei Könige
Tag (6. Januar) 40 Joachims-Thaler; 2. 1551, up Johan-
nis Apli. et Evang. (24. Juni) 100 Thaler, welche sie in ihre
Erbgüter zu Westerwald verwendet haben; 3. 1551, up Tag
Johannis Apli. et Evang, (24. Juni) 100 Thaler, womit sie
eine Schuld an Otmar v. Galen abgetragen. Später wurden
diese Schulden noch durch verschiedene Darlehne vermehrt,
so dass 1564 die Total-Schuld 400 Thlr. beträgt und endlich
der Graffenhof zu Anröchte an die Meschede übergeht.

326. Lehnbrief. 1553, 7. Februar.

Johann vom Alten Haus Patberg belehnt Gerhard von
Meschede für sich und Goddert, seinen Vetter, mit der Zehnt-
löse und Gerechtigkeit binnen und ausserhalb des Dorfes
Anröchte, so wie sie Diedrich von Meschede seelig besessen.
1553, uff Dienstag na sanct Agaten Tag.

Vergleiche auch Seiberts Urkundenbuch Bd. 3, S. 356.

327. Belehnung. 1553, 27. November.

Gert von Meschede belehnt Johan Toley, Bürger zu Bri-
lon mit einer zehntfreien Hufe und einem Echtwerk in der
Keffeliker Mark. Zeuge ist Gerwin v. Meschede, Bürger zu
Brilon. 1553, Montags nach S. Cathrine Virg.

1557, 27. Nov., wurde Henrich v. Touley, Bürger zu Brilon, belehnt, für den Gerwin von Meschede, ebenfalls Bürger zu Brilon, siegelte.

328. Gert von Meschede belehnt Pauwel Wilmesz mit einer halben Hufe Landes und einem Echt-werke zu Desbecke und in der Kefflicker Mark als Mannlehn. 1553, 27. November.

Es siegelt auch Gerwin von Meschede. — Es wurden ferner belehnt: 1681, 24. Nov. Henrich Pauli, Sohn des † briloner Bürgers Elias Pauli, durch Wilh. Rotger v. Meschede und 1705, 6. Juli, durch Franz Gotfrid von Meschede. 1728 besass Jurgen Pauli das Lehn. Vergl. Fahne, Codex dipl. Bocholtanus, S. 301, N⁰· 16.

329. Gert v. Meschede belehnt Johan im Hove zu Elleringhausen mit dem ganzen Zehnten daselbst. 1553, 27. November.

Es siegelt Gerwin von Meschede.

Es finden sich ferner Lehnbriefe von 1590, 12. Juli, Lehnsträger Philipp v. Gogreven; 1652, 1. Aug., Lehnträger Johann Hillebrand von Gogreben; 1681, 24. Nov., Henrich Keutenius, und 1705, 6. Juli, derselbe. Vergl. Fahne, codex dipl. Bocholtanus, S. 299, N⁰· 2.

330. Vergleich. 1554, 25. October.

Er wird zwischen den Erben Goderts von Meschede (zu Ober-Alme) und Gert von Meschede (zu Nieder-Alme) in Beisein des Friedr. Westphalen, Christoph v. Hörde und Jo-hann v. Berninkhusen zu Antfelt auf Seite Gerts v. Meschede und des Johan Schüngel, Philipp Wreden und Erich v. Berlipsen auf Seite der Erben geschlossen und wird darin bestimmt: 1. dass von beiden Seiten alle Briefe, Siegel, Verträge, Re-zesse und Register aufgelegt, jedem Theil zur Abschrift be-reit liegen, die Originale in einen gemeinsamen Kasten ver-wahrt, 2. alle gegenseitigen Differenzen durch Schiedsleute geschlichtet, und 3. die Kosten der neu von Gert v. Meschede erbauten, gemeinschaftlich bleibenden Mühle von jeder Partei zur Hälfte getragen werden sollen. 1554, Donnerstags nach Ursula.

331. Verzeichniss dessen was auf gehaltener Tagesfahrt, Montag nach Laetare, zu Alme zwischen dem Erben seeligen Godert von Meschede und Gerhard v. Meschede, durch ihre Freunde vorgetragen und verhandelt ist. 1555, 15. März.

Darin wird unter Anderm festgesetzt: 1. dass zur Aufbewahrung der gemeinschaftlichen Dokumente auf beider Theile Kasten ein Sammtkasten angefertiget, pun dem Kapitel zu Meschede zur Aufbewahrung anvertraut werden solle; 2. werden darin über den Beisitz der Lehne Bestimmungen getroffen etc. etc. Actum auf dem Kirchhofe und in der Kirche zu Niederalme. 1555, am Montage negst Laetare.

332. Die Settenoten des Amts Fredeburg überlassen tauschweise einen seither freien Mann dem Gerd v. Meschede als Hörigen. 1555, 13. Juli.

i Hans Wiseman to ouern Henneken hans van Gellinchusen, Hans Vogt to Ebbinchouc vnd Tilman Dorla ͬ van Menchusen vordt sementliche Settenoiten des Ampts Fredeburg doin kunt tuigen vnd bekennen in in dussen offen besegelden Wesselbreiue vor vns vnd al vnse nachkommen dat wi mit guiden vorbedachtem moide vnd met frien willen erfflick verwesselt hebben den ersamen und bescheden Clauwes Johan in dem Oistenwalde so bisher ein frey man, in dat Ampt Fredeburg gehorich, gewesen ist, also dat hei nu henfordt erfflich eigen sin vnd bliuen sal dem Erbarn Erntvesten vnd frommen gerde van Messchede zo Almen; dar enthegen hebbe wi wedder erlangt Petern, gemeltes Johans lifflichen son, dat deiselue wedderumb erfflick sal fri sin vnd an dat Lant vnd Ampt Fredeburg gehorich vnd verpflichtet wi sin vader suslange gewest ist, nach luit eines

vasten besegelden breiues den vns gerdt van Messchede ob-
gemelt dar ouer gegeuen hefft . vnd wi settenoiten offgemelt
louet hiemit crafft dusses breiffs vor vns vnd vnse nachkom-
men gemeltem Junckeren dusse erffliche Wesselung fromlich
zo halden und erffliche warschof zo doin nach Erffwesselrechte,
sunder argelist. In orkunt der warheit hebbe wi gebeden den
erbarn vnd fromen Thonis Sachsen, nu tor tyt hogreuen des
Ampts Ffredeburgh, dat hei vor vns vnd vnse nachkommen
dussen breiff mit sinem beuolhen gerichts Ingesegel besegelen
wille . des ich Thonies gedain haue . Dedinges lude sint ge-
west vff der settenoiten siden dei Ersamen vnd bescheden
Jacob Wilken vnd Henrich Homerch zo Arpe vnd Tigges
schulte zo ouernberntrof vff des Ernluesten Gerdt van Mes-
schede siden dei Ersamen vnd fromen Hans Houelmann zo
Westernbodefelde vnd hinderick Schroder zu Brobeke vnd
Jasper Johan zo Gellinchusen vnd mehr frommer luide ge-
noich . Datum anno domini dusent viffhundert vyff vnd fyff-
tich vff sent Marien Magdalenen dach.

---

333. Bernd von Meschede ist Zeuge, als Johan von
     Graffen und dessen Frau an die Gebrüder
     Goddert, Arnt und Pancratius Simons für 24
     Thlr. 5 Müdde Kornrente verkaufen, welche
     Diedrich Simons aus Land des Hernder Hofes
     zu liefern schuldig ist. 1556, am Dage Petri
     Cathedram (22. Februar).

334. Vergleich, 1556, 28. April.

Wilhelm Westphail, Domprobst zu Paderborn, Hermann
von Virmund, Drosto zu Dringenberg und Amtmann zu Me-
debach, Lippolt von Hanstein und Wendel Colbecher, als
Schiedsfreunde des Gerhard von Meschede einerseits, und
Herman von Wulmerinkhausen wegen seiner Kinder, Wilken
v. Bodenhausen und Franz de Wrede im Namen ihrer Haus-
frauen andererseits, vergleichen sich, dass; 1. die gemein-

schaftlichen Dokumente in einen Sammetkasten verwahrt, 2. die Activlehne, welche specificirt sind, Gerd v. Meschede bekommen; 3. die Almer und Nehener Mark, wie auch die neuerbaute Mühle und die obere Mühle, 4. die von Mescheder Stammgüter, welche in alten Zeiten verpfändet worden, gemeinschaftlich, endlich: 5. den alten Verträgen nichts benommen sein soll. 1556, (Brilon) am Dienstag nach Jubilate. (Mit 7 Siegeln.)

In diesem Vergleiche scheinen die Streitigkeiten erst recht Nahrungsstoff gefunden zu haben. Es liegen in dem Archive noch vor: Streitpuncte, aufgestellt 1556—1559, von denen von Wolmerinkhausen und von Bodenhausen gegen Gerdt v. Meschede, sich auf die Recesse von 1554 und 1556 beziehend; Vereinbarung des Gerdt v. Meschede auf einer, und Herm. v- Wolmerinkhausen und Wilken v. Bodenhausen auf anderer Seite über zwei Artikel des am Dinstag nach Jubilate 1556 abgeschlossenen Vertrags, die Almer und Nehener Mark betreffend, 1559, 14. Febr.; Ansprüche und Beschwerde des Gerdt von Meschede an und über seinen Schwager Wilcken von Bodenhausen, namentlich wegen Erbauung des Hauses Bruch, 1560, uff Mondach nach Nicolai (9. Dec.); Beschwerdepunkte und gestellte Forderungen des Gerdt v. Meschede an v. Bodenhausen und v. Wolmerinkhausen, wegen gewisser genannter Güter, 1564, 4. Mai; Vorläufige Abrede der Schiedsfreunde des Gerdt von Meschede einer-, und v. Wolmerinkhausen und v. Bodenhausen andererseits, dass am 24. Juni desselben Jahres die, unter ihren Parteien obwaltenden Differenzen wegen der Theilung der Almeschen Güter geschlichtet werden sollen, Datum Alme 1565 Dienstag nach Laetare (3. Apr. Vergleiche weiter unten die Jahre 1567 und 1571, 72, 74, 75.

335. Gerd v. Meschede belehnt Joest Staken, Bürger zu Brilon, für sich und seiner Schwester, der alten Sponierschen (v. Oynhausen), Tochter, mit einer halben Hufe zu Dasebecke, wie solche vorher deren Vorfahren zn Lehn getragen haben. 1557, 14. Juni.

336. Schreiben des Wilhelm, Grafen zu Nassau, Catzenellenbogen etc., an Gerhard v. Meschede, worin er ihm und dem Lubbert Westphalen verspricht das ihm gekündigte Kapital von 4000 Goldgulden- nebst rückständigen Zinsen auf einem bestimmten Tage in der Freiheit Meschede abliefern zu wollen. Dillenburg, 1558, den 10. März.

337. Eheberedung zwischen Christoph v. Meschede und Zeitlose von Wolmerinckhusen. 1559, 6. März.

Ehestifter sind, auf Seite des Bräutigams und dessen Vaters Gerdt v. Meschede: Friedrich Westphal, Rembert von Schorenberge, Philipp Spiegel, Jörgen von Schorenberge und Godert v. Schorenberge; auf Seite der Braut und deren Vater, Hermann v. Wolmerinckhausen: Meinolph, Herr zu Büren, Eckkebrecht von der Malsburgh, Ebert von dem Broiche zu Fredeburg und Wendel Colbacher. Die Braut erhält zum Brautschatz 1000 rh. Gldgld., nebst einer hergebrachten Aussteuer. Der Bräutigam verspricht eine Morgengabe von 2000 rh. Gldgld., nebst angemessener Leibzucht. 1559, ahm Mondage Laetare Jerusalem zu Mittfasten.

338. Tauschvertrag. 1460, 12. Mai.

Gerwin von Messchede und Magdalena, seine Frau, Bürger zu Brilon, überlassen dem Gerd von Messchede und Annen, dessen Frau, ihre Hufe Landes, gelegen zu Eversberge, gegen eine Hufe Landes zu Kefflike. 1460, am Sundage Cantate. Das Siegel mit der Umschrift: „Gerven van Mesgede" enthält nicht das Mescheder Wappenschild, sondern ein anderes, nicht genau zu erkennendes Zeichen.

339. Schadlosbrief des Dyderich Gogreve an Dyderich von Meschede wegen einer Bürgschaft, welche Letzterer für ihn dem Goderd dem Wreden geleistet hat. 1560, in Vigilia Laurentii (9. August).

340. Lehnbrief. 1561, 3. October.

Gerwin von Meschede beurkundet, dass er von Johann Gebhard, Erzbischof von Cöln, Oberlehnsherrn der zum Neuen Hause Padberg gehörigen Lehne, mit Lehnstücken auf der Aa, bei der verbrannten Mühle am Donztberge etc., welche vorher Severin Drude besessen und Gerwin als heimgefallen gekauft hat, belehnt ist. Lehnszeuge Diedrich v. Meschede, churcöln. Thürwärter. Gegeben Schloss Arnsberg 3. Oct. 1561. (Aus den cöln. Lehnsbüchern.)

341. Testament des Gerdt von Meschede. 1563. 27. März.

Er will, dass zwei seiner Söhne weltlich bleiben; davon soll sein Sohn Christoph, der lange die Haussorge für ihn und seine Frau getragen und mit Zustimmung der Letzteren und der übrigen Kinder Haus Alme erhalten hat, dieses bebehalten. Sein zweiter weltlicher Sohn, Philipp, soll die Güter zu Meschede, zu Anröchte und im Sauerlande haben. Beide gedachten Söhne sollen sich in Beisein ihrer Brüder, der Domherren, über das, was billig und recht ist, vergleichen, namentlich wegen der Fischerei und Mast, welche letztere zu Alme besser sei, als zu Anröchte und Meschede; auch soll keiner dem Anderen mit Bauen beschwerlich falle, wie hier zu Alme seither geschehen.

341. Revers. 1563, 19. Juli.

Hermann Dalhoff und seine Frau Catharina zu Westerneyden ermächtigen Gerd von Meschede, der die eine Hälfte ihres Hofes und Holzes früher gekauft hat, auch die zweite

Hälfte desselben, welche sie dem Pastor zu Allagen (Jörgen von Schüren) verpfändet haben, mit 70 Thaler an sich zu lösen. 1563, uf sante Margreiten der hilligen Junfern.

Derselbe Dalhof verkauft den Söhnen des obigen Gerd, namens: Christoph und Philipp v. M., am 7. April 1581, 9 Morgen Saatland und Holzgewachs für 150 Thaler.

343. Verkauf. 1563, 5. September.

Anna von Oill, Jungfrau, Tochter weiland Christian von Oill zu Hoppeke, verkauft mit Rath des Hermann v. Dorvelt ihres Pflege- und Grossvaters, und des Tilo Franz Wolff (von Godensberg), ihres Stiefvaters, dem Gerdt von Meschede zu Almen, cölnischen Rath, ihrem Oheime, 10 Thaler Rente aus ihrem erbeigenen Hofe, in der Hengebecke, neben dem Schlosse Bielstein gelegen, für 200 gemeine Joachimsthaler, welche sie namentlich zur Abfindung der Gerechtsame ihrer Schwester Margaretha von Usseler an obiges Erbe verwendet hat. Die Verkäuferin behält sich indess das Wiederkaufsrecht vor. — Es siegelt statt ihrer ihr Grossvater Hermann v. Dorvelt und Tilo Franz Wolff, ihr Stiefvater. 1563, Sontag nach Egidii.

344. Schuldbekenntniss. 1564, 20. April.

Tilo Franz Wulff von Gutenbergk zu Hoppeke und Elisabeth, seine Frau, bekennen, dem Gerhard von Meschede zu Niederen-Alme 100 Thaler zu schulden und versprechen dafür aus ihrer Bauerschaft Hoppeke 5 Thaler Rente 1564, Donnerstag nach Misericordias Dni.

345. Schreiben des Gerdt von Meschede. 1565, 4. September.

Er trägt dem Everhard, Grafen zu Solms, Herrn zu Münzenberg, Landdrosten in Westphalen vor, dass ihm die von Bodenhausen und von Wolmerinkhausen falsche Beschwerde über ihn angebracht hätten, und erklärt, sich in einem Gegenbericht gänzlich rechtfertigen zu wollen. Datum Meschede, den 4. September 1565.

346. Lehnbrief. 1566, 11. März.

Gerdt von Meschede belehnt Heinrich Iscken, Bürger zu Brilon, und dessen Schwestern Elscke und Anna mit einer halben Hufe Land zu Dasbecke, wie solches Lehn vorher seine Vorfahren besessen haben. 1566, Montag nach Reminiscere.

347. Lehnbrief. 1566, 11. März.

Gerdt von Meschede belehnt Jörgen Ehelias, seel. Henrich Ehelias Sohn, Bürger zn Brilon, mit 4 Scheffel Landes in den Schaken, 3 Scheffel an den Goldtbrincke, 4 Scheffel, stossend auf die Landwehr bei dem Pade, clf Scheffel stossend auf denselben Pad an zwei Stücken und 3 Scheffel vor den Dornen, ein Land unter den Dornen, ferner 5 Scheffel Landes vor dem Assrickenberge, 6 Morgen an dem Bulsten, 10 Scheffel an den Stapelsborn, endlich einem Echtwerk in der Almer Mark. 1566, uf Montag nach Reminiscere. (Vergl. Fahne, codex dipl. Bocholtanus, S. 300, N°· 8.)

348. Quittung. 1566, 4. Juni.

Ursula, geborne von Brencken, Frau von Hörde, und ihre Schwester Maria, quittiren ihrem Grossvater Gert von Meschede, der sie (als Vormund) nach ihres Vaters Tode und Wiederverheirathung ihrer Mutter erzogen und unterhalten und ihnen jetzt genugsam Rechnung gelegt hat. Es siegelt: Albard von Hörde, Gemahl der Ursula, und Rembert von Schorenberg (Schorlemmer) zu Hellinghausen, ihr Stiefvater. 1566, Dinxtag in den heiligen Pingsten.

349. Versatzkauf. 1566, 11. November.

Arndt in den Mestern verkauft sein sämmtliches Gut in den Mestern, Kirchspiel Remblinghausen, dem Gerhard von Meschede für 9 Scheffel Roggen, 9 Scheffel Gerste, 6 Malter Hafer und 11 Thaler, wiederlösbar mit 510 Thaler, was die Lehnsherren Philipp und Friedrich von Padberg genehmigen. 1566, am dage Martini Episcopi.

1571 wurde die Schuld um 100 Thaler vermehrt.

Fahne, Meschede.   13

350. Erzbischof Friedrich von Cöln beauftragt seinen
Rath Gerhard von Meschede, der am 20. April
zu Geseke beginnenden Berathung zwischen
Churcöln und dem Bischofe von Paderborn
beizuwohnen. 1567, 7. März.

351. Vergleich über die Almer und Nehemer Mark
und andere Punkte. 1567, 13. April. [1])

achdem sisch zwischenn den Edlenn, Erntfesten Gerd
vonn Meschede eins, undt Wilken von Bodenhauszen,
undt den geprüdern vonn Wollmeringkhauszen, anders-
theils undt zuvor ihren Elteren der Almer undt Nehe-
ner marcken halben, undt sunst, allerhandt Irrungen undt ge-
brechen zugetragen, undt, derwegen zu vielmahlen durch
beyderseitz erkorne scheidz freunde, auch durch die Cölni-
sche Westphelische herrn Landtdrosten undt Rähte, besichti-
gung, Verhöir, undt handloung fürgenommen, auch viel ab-
schiede undt Vertrage nach einander aufgericht, undt gleich-
woll dardurch vor dieszer Zeit, die endtliche Vergleichoung,
aller undt jeder stritiger puncten undt gebrechen nicht ge-
troffen werden mögen. So haben demnach, und damit der-
mals einsz, solche Irrungen gründlich undt endlich hin undt
beygelegt, vndt gud fridliche Nachbarliche beiwonung, ruhe
undt einigkeit bestendiglich gepflantzet undt erhalten werden
möcht. gedachte partheyen sich abermahls einer gühtlichen
zusammenkunfft verglichen, undt bey dem Wohlgebornen herrn
Eberhardten Grauen zu Solms, Hern zu Mintzenberg, Landt-
drosten in Westphalen, umb Verorndtnung etlicher Rethe an-
gesucht undt erhalten: dasz durch Ihre G. beiderseitz erkor-
nen scheidtzfreunden, Nemblich den Ehrwürdigen undt Ernt-
festen hern Volperten von Brencken, Alhardten von Hörde,

---

[1]) Schon vorher, de dato Alme, Freitag nach Antonii
(18. Januar 1566,) war zwischen denselben Parteien über die
Grenzen der gedachten Marken durch Vermittelung Johanns,
Edelherrn v. Büren, Alhards v. Brenken, Jörgen v. der Mals-
burg und Christoph v. Hegen ein Vergleich zu Stande gekommen.

Friedrichen Westphalen paderbornischen Landtdrosten zum
Dringenberg, undt Barwarten Ruscheplate . die Edell . Ernt-
fest undt hochgelerter hillebrandt Gogrebe zu Broichhauszen,
undt Gerhardt Kleinsorge licentiait zugeordtnet worden . Wilche
Rethe undt schiedtsfreunde nochmals die gebrechen in augen-
schein genommen undt etliche tage über dem, undt vorher
der Sachen zubracht, undt darnach mit Verliehung Göttlicher
gnaden, Vndt nicht ohne mühe undt fleisz, die partheyen, mit
Ihrem guten Wissen undt Willen, in massen wie folgt ver-
glichen. Erstlich so viel die schneide undt greintzen, der
Nehener undt Almer Marckenn betrifft, dasz solche gehen soll,
vom Tüler Wege da die Malsteine gesetzt, auff die ecke des
Bockenberges, umb Gerdtz von Meschede Lenderey her . da
fürderlich an den verzeichneten ortten schnadtsteine gesetzt,
auch mahlbäume gezeichnet werden sollen, von denselbigen
undt anderen den Berg hinab, geplackten Bäumen, aufs Oester-
springk, da ein schnadtstein gesetzet, undt vorthan den Bergh
hinauff an den Stüeffeckens Born, darvon auff den stein . wil-
cher fürderlich vor dem Westerholtze gesetzet werden soll,
undt vorthan nach auszweiszung der gezeichneten Malbeume
auff die Geruinckhorst, undt schnur recht uff den Catzenstein,
die wesings grundt hinauff, bisz an das landt so darein gele-
gen, da ein stein gesetzt, vonn dannen stracks vor dem
Bucholtz undt Kempen her, bisz an die samptländer daselbst,
und vorthan umb den obersten Knap, der Bügel her auf den
hagedorn, bisz an den Ratlinghauszer weg. Alszo wasz auff
der rechten handt, nach Nehen zu gelegen, Gerdt von Meschede
allein zustehen, dasz ander anf der lincken hanndt gelegen .
zu der gemeiner Almer Marcken gehörig sein soll . Zum An-
dern dasz vnverhindert dieszer schneide, den von Nehen zu-
gelassen sein soll, hinfüro im Bucholtz unfruchtbar undt
vnschedlich Brandtholtz zu hauwen . Da sie aber schedlich
hauwen würden, sollen sie sich derwegenn bei beiden theilen
der gebür abfinden . Es sollen auch die vonn Nehen im
Bucholtz undt Madtfelde zu gemeiner Laub undt Graszhude
mit gestattet, und daran durch pfandung oder sonst nichts
verhindert, auch die pfandung so ihnen durch Bodenhauszen
und Wolmeringhauszen abgepfandet, wieder gegeben wer-

Fahno, Meschede.   13*

den . Dargegen sollen die von Nehen obgemelten Boden-
hauszen undt Wolmerinckhauszen ire alte gewohntliche Dienste
leisteh, undt durch Gerdt von Meschedé davon nicht abge-
halten werden; So sollen auch die von Nehen sich der hude
uf den äckern undt Ländereyen umb das hausz Obern Almen,
auch an umb undt bey der halle gelegen begeben, undt des
orts die schneide Nehener Marcken mit der hude nicht über-
schreitten . Wie auch imgleichen die Obern Almeschen da-
selbst in dem bezirck irer Marcken bleiben, undt der hude
in Nehener Marcke sich enthalten sollen . Zum dritten alsz
Wollmeringkhauszen undt Bodenhauszen sich beclagt . dasz
Gerdt von Meschede die pertinentien der höffe Messinck-
hauszen undt Müffrinckhauszen zu weit extendirt . Dargegen
aber Gerdt von Meschede dasz jhme noch etlich geldt hin-
derstendig, und durch Bodenhauszen und Wolmeringkhauszen
die Zugehörung des Hoffs zu wenster last weit extendirt,
auch an der halle etlich Landt gereumbt und gerodet und
Bodenhauszen einen beschwerlichen Bauw angerichtet haben
soll, So ist hirauff vertragen das alle undt jede diesze Clage
undt gegenclage, aufgehaben, ab undt thoit sein soll, doch hat
Gerdt vonn Meschede sich dahin bewegen lassen, Boden-
hauszen undt Wollmerinckhauszen elff Morgen landtz am
Madfelde aus seinem antheil der wüstenung wolberinck-
hauszen zu übergeben und darneben drie Morgen wiesze-
wachs ausz der gemeinen weide zu hollinckhauszen; Zum
Vierten betreffendt Stamb, Erb, undt pfandtguter, sollen undt
wollen die partheyen durch sich oder jhre diener undt vögte
fleissige uffschreibung Verzeichnis undt erkundigung solcher
gühter zu fürderlicher gelegenheit an die handt nemmen,
·undt versuchen : Ob sie die partheien sich auff soliche
erkundigung undt vermoge der alten Register und Brilonischen
abschiedz von 1556 dieszes puncts vereinigen konnen . Letz-
lich sollen undt wollen die partheyen aller unfreundtlicher ·
vnnachbarlicher undt unfriedtlicher worte undt wercke sich
gantzlich enthalten, undt jhre diener darzu halten, dasz sie
sich auch alles friedlichen undt nachbahrlichen wesens befleis-
sigen . datum Almen den achtzehenden Aprilis jm Jar 1576.

352. Vergleich. 1567, 21. April, bis 1568, 3. Febr.

In Folge einer gerichtlichen Verhandlung, geführt vor dem Lehngerichte des Gerdt v. Meschede, gehalten im Bomhofe zu Almen, zwischen den Brüdern Ludwig und Ernst Stotten, Bürgern zu Brilon, wegen einer Hufe Landes, vor Brilon in der Kefflicker Mark gelegen, genannt Ernst Stotten Gut, werden die Parteien durch Vergleich versöhnt. 1567, uf Mandach nach Jubilate angefangen und 1568, Dinxtag nach Purificationis Mariae beendet.

353. Tausch von Eigenbehörigen. 1567, 17. Nov.

Gerard von Meschede, Wilke von Bodenhausen und Otto von Wolmerinkhausen zu beiden Almen, vertauschen Eigenbehörige mit dem Gografen zu Erwitte. 1567, 17. November.

Solche Vertauschungen finden auch zwischen den genannten Parteien 1577, 17. Nov, und zwischen dem Gografen und den Brüdern Christoph und Philipp von Meschede am 1. März 1581 statt.

354. Eheberedung zwischen Otto von Wolmerinckhausen zu Oberalme und Anna von Landsberg, Wittwe Joist von Schorlemer gt. Clusener zum Broiche, Tochter seligen Joist v. Landsberg, und Engel Wreden. 1570, am Donnerstage . . . . Pauli.

Die Braut bringt zum Brautschatz 2000 Goldgulden.

355. Codicill. 1570, 13. November.

- Gerdt v. Meschede zu Niederalme erklärt vor dem Notar Daniel Dillen den vierten Artikel seines Testamentes dahin: dass die Behausung zu Alme, die alte und neue, besonders des neuen Baues wegen, worin er viel verwendet habe, denen zu Meschede, Anröchte und im Sauerlande nicht gleich sei. dennoch wolle er, dass Christoph und dessen Kinder sowohl das ältere als neue Haus zu Alme behalten sollten, und gebietet abermals den Brüdern: sich einer den andern zum

Nachtheil nicht zu beschweren und zu bebauen, sich vielmehr auf eine freundliche und billige Weise auseinander zu setzen. 1570, des Montags nach Martini Eppi.

356. Vergleich zwischen Gerh. v. Meschede einer-, und Wilke v. Bodenhausen und Otto v. Wolmerinkhausen andererseits. 1571, 23. Mai.

Nachdem die Edle und Ehrenveste Gerhardt von Meschede an einer und Wilke von Bodenhausen und Otto v. Wolmeringhausen Anderer seithe, ihrer noch Habender nachparlicher Irrung und gebrechen halben, güthlicher meinung bei einander zu kommen und zu handlen sich verglichen; alsz haben bemelte beyde Partheyen auf dato untenbeschrieben durch die auch Edle und Ehrenveste Alhard von Höerde zu Störmede den Elteren, und Mordian von Canslein auf seithen Meschede, auf seithen aber Bodenhausen und Wolmeringhausen, Göddert Gogreven und Ludolph von Landsberg mit ihren guthen wissen und bewilligung folgende meinungh und also sich verglichen, vereinigen und vertragen laszen.

Anfanglich dasz Bodeshausen und Wolmeringhausen die auszer der Almer Marcke gelegene sampt Meschede gúther erster ihrer gelegenheit für sich allein beziehen, besichtigen, und deren alinge gelegenheit zu ihren gefallen ergründen möchten; und danegst beyde Parthei alle deren Innhabern und Verwalter auf Monntag den 2ten und folgende Tage kůnfftigen Mohnats July zu Almo für sich bescheiden, bei dennen aller auffkunfft, Zinsze, pfächte, und aller nutzung eigentlich sich erkündigen, und die alle aufschreiben und mitt den Registeren conferiren laszen . Demnach sechs Meszer (die nach vorgehender ihrer Beeidung die sampt-gehöltze in der Almer Marcke beneben anderen beiderseits zu geordneten d. 16. July gleich von einander meszen undt aufschreiben sollen) aufbringen und bestellen. Auch dan ferner den 3ten September alle in der Almer Marcke gelegene sambt-güther, es wären die dan an gehöltze, Meiggeren, Kötteren, diensten, fischereyen, Müllen und sunsten durchaus darzu nachfolgent, imgleichen die

anderen auszer der Almer Marck gelegene sampt-gülther für-
derlich und so baldt möglich gleich von einander theilen und
jederen der halbe theill eingeraumet und über gelassen wer-
den soll, doch jederen in der Almer Marck die Jagt Grasz-
hoide, und was er sunsten ausz den gütheren in macht glaub-
würdiger siegell und Briéfe sich besonder zueignen und für
sich allein behalten möchte furbehalten. 2tens ist vertragen
dasz die nun noch schwebende jrrung wegen der angemszter
Meschede schweine Mast und deren gebrauch an dem Ra-
mesberg, der dreyer Meyer zu Nehen Erbgerechtigkeit, der
Mast in der Nehner Marck, und ferner der Echtwerke in dem
Bucholtz so sich auch Meschede zueignen wollen, an zwey
freunde (die darzu erkoren) gestellet, die dan auf Montag
den 18t. Juny nechstkünfftig nach eingenommenen Augen-
schein undt summarischen der Dinge Bericht und fürbringend
darin erkennen, undt was alszo erkant, dabei es ohne wei-
tere handlung Appellation undt Reduction pleiben soll, doch dass
auch Bodenhausen und Wolmeringhauseni weilen der Hoff zu
Wenster sambt seiner Zubehor lehen, ihre lehenherrschafft
darzu zu erfurdern und zu berufen, unbegeben seyn soll.
3tens auch verglichen dasz gegen fürderung der Elffen Mor-
gen Landes, so gegen die Hove Landes zu Weszinghauszen
erstattet werden sollen, in erster gelegenheit das Mattfeld
gleich von einander gemeszen, und in zwey gleiche theile
gesetzt werden, und dan Meschede Bodenhausen und Wol-
meringhausen aus seinem theill lauth voriges vertrages die
Elffen morgen Landes einraumen sollen. 4tens dieweilen
Meschede eine ablöse an den gutheren zu Tule, Bodenhausen
und Wolmeringhausen etzliche entbetungen gemeiner Erbfälle,
Dienste, schäffereien und andere mehr begeren, ist verab-
scheidet, dasz dieselbige Punckt bisz zu und nach der für
angezogener theilung der Almer Marcke hingeschoben wer-
den solle. 5tens weilen auch wegen des Pastors zu Allme
allerley Handlung fürgefallen, ist verglichen, dasz eirstes
tages, nach einem zu Rüden Hr. Lambert geheiszen, geschickt,
und der durch beyde Partheyen gleich bestellet und versorgt
sünsten ein ander tüchtige Person berürter gestalt aufgebracht
und verschen soll werden. 6tens ist wegen des Gerichts zu

Alme bewilliget, dasz auch ein düchtige Person zum Richter
auf und angenommen, deme mehr scheffen und ein guter frone,
damitt jederen zu seinem Rechten, abwesen der Junckeren
der weniger nichts, schleunig verholffen werden möchte, zu-
geordnet werden sollen. 7tens ist wegen des wöesten Hofes
zu Ober Alme vertragen, dasz der fürderlich wiederum durch
beyde Parthei besetzt, und die darab genommene Landereyen
dabey wiederum gethan werden sollen. 8tens beredt, dasz
Meschede den angemaszten Bruch des Scheffers fallen laszen,
dagegen wiederum Bodenhausen und Wolmeringhausen ihre
abtrag und andere Fürderung wegen etzlich gegen Verpott
aus dem sampt geholtze entführten geholtzes auch fallen
laszen, und die derhalb letzt, auch fürhin gepfandele Axe
widder geben wollen doch mit austrücklichen Beding, dasz
solches einem jederen an seiner gerechtigkeit unschädlich
seyn soll. 9tens belangt Bodenhausen newen Baw, wiewohl
der Meschede Angeben nach, vorigen Recesse zu wieder
sein soll, dannoch bewilliget, dasz der pleiben und vollen-
zogen werden mocht, doch auch Meschede sone einer, da
ihme das alszo gelegen, zu bauen fürbehalten; 10tens beliebet,
dasz es wegen der Hoide zwischen den von Alme und Nehen
bey vorigen vertrage pleiben, und wenn die gräntze über-
schritten, gepürlich depfandet werden solle. 11tens sol der
Punct der Ziegen halben bisz auf nächste der freunde bei-
kumpf hingelegt seyn und bleiben. 12tens dasz keine Parthei
oder ihre Diener der anderen oder ihren Dienern zu uneinig-
keit ursach geben sondern die darin auch sich vorigen Re-
cess gleichmaszig halten sollen. Dato ahm Mittwochen nach
dem Sontag Vocem Jucunditatis, im jar unsers Erlösers 1571.

- - - - - - - - -

357. Vergleich. 1571, 5. September.

Gerhard v. Meschede vergleicht sich durch die beidersei-
tigen Schiedsfreunde mit Wilken v. Bodenhausen und Otto
v. Wolmerinkhausen über drei, im vorigen Vertrage unent-
schiedene Punkte, nämlich: 1) der Ramesberg solle denen
von Bodenhausen und Wolmerinkhausen gehören, darin

aber alle Interessenten die Grashude haben etc.; 2) die 6 Echtwerke, welche v. Meschede im Sammtbuchholz der Almer Mark zu haben vermeinet, soll er behalten, wenn er dieses durch Briefe und Siegel beweiset; die 9 Mastschweine, welche die drei Meyer des v. Bodenhausen und v. Wolmerinkhausen in der Nebener Mark zu haben behaupten, sollen sich dieselben ferner nicht anmassen, sondern dieserhalb dem v. Meschede genug thun etc. Alme 1571, ahm Mitwoch nach Aegidii.

358. Präparatorischer Act. 1571, 5. November.

Vorläufige Vereinbarung des Gerhard v. Meschede mit Wilken v. Bodenhausen und Otto v. Wolmerinkhausen, dass die Holzungen an einem verabredeten Tage vermessen und dann getheilt werden sollen; vorab aber der Punkt wegen der Echtwerke und Mühlen verglichen sein müsse.

359. Lehnsherrliche Zustimmung. 1571, 19. Nov.

Johan der Aeltere, Statthalter des Stifts Paderborn und Johann der Jüngere, Govettern, Edle Herren zu Büren, genehmigen als Lehnsherren des Hofes zu Wenster dem Gerhard v. Meschede einerseits und Wilke v. Bodenhausen und Otto v. Wolmerinkhausen andererseits, dass das Gehölz, der Ramesberg genannt, welches zu dem Lehnshof Wenster gehört, ein Sammtgehölz sei und sie selbes vorbehaltlich des Lehnsrechtes vertheilen mögen.

360. Uebertrag. 1572, 12. April.

Margaretha von Plettenberg, Wittwe von Henrich Schüngel zu Schnellenberge und ihr Sohn Henrich übertragen die Pfandschaft, welche sie und ihr Mann dem † Jaspar Schaden zu Cobbenrodt und dessen Frau, jetzt Wittwe Antonie, an dem Brandhofe zu Schüren eingeräumt haben, ihrem Vetter Gerhard von Meschede, indem sie demselben 100 Thlr. schuldig zu sein bekennen. 1572, uff Sonabend nach den heiligen Ostern.

361. Pfandschaft. 1572, 1. Mai.

Peter Stockpiper und Grete Menolfes, Eheleute, beken-
nen, dass Johan Stotten und Agatha, dessen Frau, ihnen 11
gute Thaler gegen Verpfändung eines Morgen Landes, auf
der Ruitenbeke gelegen, geliehen haben. 1572, auf Maytag.

**362. Neue Vergleichs - Vorschläge, von Seite des
v. Meschede den Schiedsfreunden vorgelegt.
1572, uff Dach Exaudi (18. Mai).**

Es liegt bei: Das Konzept des in Folge obiger Vor-
schläge von den Schiedsfreunden des Gerdt v. Meschede an
einer, und des Wilke v. Bodenhausen und Otto v. Wolme-
rinkhausen anderer Seits aufgerichteten Vertrages über die
Theilung der Holzungen und Abnutzung der Almer Mark.
1572, Dinstaghs nha Exaudi (20. Mai).

363. Theilungs-Vertrag. 1572, 21. Mai.

Gerhard von Meschede zu Nieder-Alme und seine Söhne
theilen mit Wilke von Bodenhausen und Otto von Wolme-
rinkhausen und ihren Erben unter Vermittelung der beider-
seitigen Schiedsfreunde. 1. Gerdt v. Meschede behält das
Monnicholz, das Bernscheidt und die Horth etc. in der Almer
Mark gelegen; 2. von Bodenhausen und Wolmerinkhausen
behalten den Ramesberg, den Hanenbalsz und das Holz der
Kotten genannt etc., ebenfalls in der Almer Mark; 3. das
Broich soll noch vermessen und dann mit dem Buchholz,
welches vermessen ist, den Zehnten, Mühlen, Erbgütern, Zin-
sen, Diensten und Renten ebenfalls zur Theilung gebracht
werden. 1572, uff Mittwochen nach Exaudi.

Die Sache verzögerte sich; nachdem Otto von der Mals-
burg zum Obmann ernannt, dieser am verabredeten Tage zu
erscheinen verhindert, dann neuer Termin durch Vertrag der
Parteien vom 26. Juni 1573 auf den 22. September 1573
festgesetzt und von Otto von der Malsburg de dato Lahr,
10. Aug. 1573 die Erklärung: erscheinen zu wollen, eingeholt
worden war, kam endlich der Vertrag vom 9. Oct. 1573
(unten N⁰· 367) zu Stande.

20203

364. Theilungsact. 1573, 1. April.

Gerhard von Meschede zu Niederen-Alme einerseits, und
Wilken von Bodenhausen und Otto von Wolmerinkhausen
andererseits, vergleichen sich über die Theilung verschiede-
nen Sammtgehölzes in Almer Mark hin und wieder gelegen;
ferner über die obere und niedere Mühle und die Fischerei
auf der Alme etc. 1573, uff Mittwoche Quasimodogeniti ahm
1ten Aprilis.

365. Lehnsrevers. 1573, 2. Juni.

Henrich Wessels, Bürger zu Brilon, wird von Gerhard
von Meschede mit einer halben Hufe Landes in der Keffliker
Mark, wie solche Andreas von Andopen seelig zu Lehn ge-
tragen, belehnt. (Vergl. Fahne, Codex dipl. Bocholtanus,
Seite 300, No. 5.)

366. Johann von Hoya, Bischof zu Münster, als Administrator des Stifts Paderborn, bestätigt Henrich von Meschede, als Domdechanten von Paderborn, 1573, 6. Aug., der am 24. August 1573 seinen Eid leistet.

Nos Johannes de Hoya Dei Gratia Episcopus Monasteri-
ensis, Osnabrugensis et Paderbornensis Ecclesiarum
administrator perpetuus. Universis et singulis pre-
sentes nostras litteras visuris, lecturis, legique audito-
ris aut quos negntium tangit infra scriptum, salutem in Do-
mino sempiternam, vacante nuper Decanatum Cathedralis
ecclesie nostre Paderbornensis, per obitum quondam Vene-
rabilis et nobilis devoti nobis dilecti Volperti a Brencken
ejusdem Ecclesie dum viveret Decani extra Romanam curiam
et in partibus defuncti, Senior ac canonici jam dicte Eccle-
sie, Capitulum ejusdem representantes. Vollentes Indem-
nitati sepedicte Ecclesie providere. Venerabilem et Nobilem
devotum nobis dilectum Henricum de Meschede sepedicte
Ecclesie Canonicum tamquam habilem et jdoneum in suum
et prefate Ecclesie Decanum, per viam scrutinii unanimi

213

consensu supsecuta transactione conformibusque votis elegerunt . Decretoque electionis hujusmodi nobis presentato
supplicarunt, quatenus electionem hujusmodi de dicto Henrico
factam, tanquam sanctam et canonicam admittere, confirmare
et approbare . Ipsumque Henricum ut premittitur electum
in decanum instituere ac curam et regimem predicti Decanatus eidem committere dignaremur. Nos jtaque juxta doctrinam Apostoli nemini cito manus imponere , sed negotium
hujusmodi mature et consulto investigare et agere volentes
dictum electionis negotium primum debite examinandum censuimus . Quare decreto habite et subsecute transactionis
electionisque negotium hujusmodi per nos sufficienter examinato et intellecto matura de liberatione desuper prehabita
prefatam Electionem tanquam sanctam et canonicam admittendam, approbandam et confirmandam, jpsumque Henricum
electum in dicte ecclesie mee Decanum perficiendum ac
instituendum, nec non curam ac regimen prefati Decanatus
eidem committendum duximus prout admittimus, approbamus,
confirmamus, perficimus, instituimus et committimus per presentes . Vos Seniorem et Capitulum sepedicte nostre
Ecclesie in Domino exhortantes, aliis vero nobis subjectis
districti precipientes mandantesque . Quatenus prefato
Henrico electo et confirmato Decano in omnibus et singulis
licitis et honestis, prout vero ac canonice electo atque confirmato Decano, sub honesto habitu in cessu ac disciplina
obedire studeatis, sibique de omnibus et singulis ejusdem Decanatus fructibus, redditibus, proventibus, obventionibus et
emolumentis quibuscunque re spondeatis ac quantum in vobis
est responderi faciatis . In fidem et testimonium omnium et
singulorum presentibus admissionis, approbationis, confirmationis et institutionis literis, sigillum nostrum jussimus
appendi . Actum in arce nostra Nove Domus, die Jovis sexta
die Mensis Augusti, Anno Millesimo quingentesimo tertio.

Ego Henricus de Meschede Decanus ecclesie Paberbornensis, personalem in eadem ecclesia faciam residentiam
decanalem hujusmodi non permutabo vel dimittam quovis
modo, nisi cum licentia et assensu Capituli . Singula que

concernunt correctionem et disciplinam Canonicorum vel Be-
neficiatorum dicte ecclesie faciam cum scitu et secundum con-
silium priorum eiusdem ecclesie presentium vel minorum partium
eorumdem. Statuta et consuetudines ratione dicte Decanatus
servabo, sic me Deus adjuvet et Sancti ejus. Datum sub
Sigillo meo . Anno Domini Milesimo quingentesimo septua-
gesimo tertio . In die Bartholomaei Apostoli.

367. Theilungsvertrag. 1573, 9. October.

Vertrag zwischen Gerhard von Meschede einerseits, und
Wilke von Bodenhausen und Otto von Wolmerinkhausen an-
dererseit, über die Theilung der Dörfer Ober- und Nieder-
Alme und der ausserhalb der Almer Mark gelegenen Mesche-
der Stammgüter, geschlossen durch die beiderseitige Schieds-
männer. Unter andern kommen darin folgende Punkte vor:
1. das Dorf Unteralme soll von Meschede, das Dorf Ober-
Alme von Bodenhausen und von Wolmerinkhausen, unter
gewissen Bedingungen haben; 2. das Gericht und Bergwerk
soll gemeinschaftlich besessen werden; 3. will eine der Par-
teien von den von Mescheder Gütern etwas verkaufen oder
verpfänden, so soll diese dem andern das Vorkaufsrecht ein-
räumen; 4. alle Urkunden sollen in einen gemeinschaftlichen
Kasten mit drei Schlössern gelegt werden, und die Parteien
Abschriften derselben haben.

368. Lehnbrief. 1537, 29. October.

Salentin, Erzbischof von Cöln, belehnt Christoph von
Meschede für sich und für Wilke von Bodenhausen und Otto
von Wolmerinkhausen mit dem Zehnten zu Knevelinghausen
als Mannlehn, so wie solchen vorher Godert von Meschede
von Conrad von dem Rodenberge und später Gerhard von
Meschede, des obigen Christophs Vater, zu Lehn getragen
hat. 1573, 29. Oct. — Am selbigen Tage wird eben der-
selben Christoph in obiger Eigenschaft vom Erzbischof mit
dem Wollande Hof zu Alten Jeschen belehnt.

Am 1. April 1690 wird Philipp von Meschede für sich
und seinen Bruder Christoph, so wie für die Kinder seines

† Vetters Otto Henrich von Bodenhausen vom Erzbischof
Ernst mit gedachten Zehnten und Hof belehnt, jedoch der
Theil, den vormals Otto. von Wolmeringhausen besessen hat,
ausgeschlossen, weil darüber die Entscheidung noch in Be-
denken gezogen werden soll. — Später werden belehnt: am
24. Oct. 1614, Mordian von Meschede, als der Aelteste für
sich und seine Vettern v. Meschede, von Bodenhausen und
von Wolleringhausen mit dem Zehnten zu Knevelinghausen vom
Erzbischof Ferdinand; am 27. Mai 1676 Wilhelm Rötger von
Meschede, für sich und seine Vettern: Diedrich und Emme-
rich von Höldinghausen, sowie für Diedrich Adam v. Hanx-
leden vom Erzbischof Max Henrich; am 3. Oct. 1692 Wilh.
Rotger von Meschede, für sich und seinen Vetter Diedrich
Adam v. Hanxlede von Erzbischof Clemens, endlich 15. Sept.
1705 die Minorennen des gedachten Wilh. Rötger v. Meschede
vom Domkapitel während der Sedevancanz.

369. Verzeichniss der ausstehenden Forderungen des
    Gerrardt von Meschede, zusammen 63 Posten
    begreifend, zum Betrage von 5114 Gldgld. und
    9373 Thaler. 1574, in die Urbani (25. Mai).

370. Vergleich. 1574, 27. Juni.

Nachdem sich auff heute die Eddelen vnd Erentuesten
Gerhardt von Meschede eins, Wilken von Boddenhui-
sen vnd Otto von Wolmerckausen anderntheils haben
durch den Eddelen vnd Erenvesten Godhart von Wol-
merkausen vnd den Erparn vnd achtparn Gerwin von Meschede
verglichen, das den 12 Septembris dises 74 Jars jre deiner
zu Almen zusamen erscheinen sollen folgenden dages dei
messung nach jnhalt des lesten vertrags vor die handt nemen,
vnd darnach den 17 negestkünfftigen octobris beide parthie
beneben jren scheidtfreunden, nemplich den Ehrwurdign Ed-
delen vnd Erntuesten Neuelinck von der Recke, duitsches
Ordens Landtcompthur in Westphalen vnd otto von der Mals-
purck obersten, die von beiden teillen erpetten werden sollen,

kegen den Abendt zu Almen beieinander ankommen vnd durch
genante freunde nach vermöge jres auffgerichteden Recess
jren sachen und gebrechen halben vortrages und Voreinigung
gewartten . Da auch in dieser handlungh einiger missverstandt
oder mangell vorfallen wurde sol glichwoll dieselbige voln-
zogen vnd de vorgelauffene gebrechen den hern scheidtz-
freunden zum endlichen machtspruch von beiden partien
heimgestellt werden dabei es auch die partien vnwidderruiff-
lich sollen pleiben lassen . Actum 27 Juni Anno 74.

    Gert v. Meschede.   Otto v. Wolmerckhusen.
    Gobert v. Wolmerkhusen.   W. v. Bodenhusen.

371. Vergleich. 1575, 9, Februar.

achdem sich etzliche Gebrechen vnd misuerstandt zwi-
schen den Edlen vnd Ehrenvesten Gerhardt von Me-
schede zu Niederalme vnd Wilcken von Bodenhausen
und Otto von Wolmerhausen in der verscheidter Almer
Marck zugetragen haben seindt hiemit dato durch den ehr-
wurdigen gestrengen vnd Ehrenvesten Neveling van der Recke
deutschen Ordens Landt Comter in Wetpfalen vnd Otto von
der Malsspurgh Obersten, solche hinterstendige gebrechen
gentzlich abgeholfen wie folget:

    (1.—4. wird besimmt: dass der Wensterhof, von dem
Meschede behauptet, er erstrecke sich in die Almer Mark und
gehöre zur Hülfte ihm, ganz den Bodenhausen und Wolme-
rinkhausen zugesprochen wird, dagegen das Land und die
Wiese vor dem Dornscheidt, welche ihm die Letztern strei-
tig machen, nach Ausweise des vordersten Eichenbaumes,
der ein Malbaum ist, ihm gehören soll; dass das Mühlenthal
nicht von genannten Beiden „in Zuschlag" gelegt, sondern
von allen Dreien benutzt werden darf und die Kosten des
„Zukampens" erstattet werden sollen. Sechs Morgen Holz,
die Meschede laut früherer Theilung herausfordern darf, sollen
ihm bei der Theilung des Holzes zu Thulen zugewiesen werden.)

    5. Dieweill auch ein streitt vorgefallen der dörfer Nie-
deralmen, Neden undt Thuelen des brandholtz halber auffm

Bucholtz haben beyde partheyen gewilliget, dass die gemelten, dorffer macht haben sollen, soviel ohn fruchtbarliches holtz, ihren Brandt vff dem Bucholtz zu suchen undt (aber) kein fruchtbarliches holtz abzuhawen, worüber (so darüber) nun einer befunden würde, soll derselbige umb ein Thaler in die bruche gefallen sein undt auch das holtz auf dem platz liggen lassen . Dar auch ein baum umbgefallen der nicht von der Junckeren Diener eingezeichnet, sollen die obbeschriebenen leuth die macht haben alleine die Töppe desselbigen baums abzuhawen vndt das stamm endt liggen zu lassen . Dar nun auch ein baum von den junckeren Diener gezeichnet, sollen dieselbigen Leuth keine macht haben den Baum in keinem wege anzugreiffen ohne bewilligung der junckeren bei der poen wie vorangezeiget.

(6.—8. werden Ausgleichungen getroffen für verschiedene Stücke Landes und Renten, die ein Theil vor dem anderen in der vorigen Theilung zu viel bekommen hat und wird endlich 9. bestimmt, dass die sauerländischen Besitzungen in zwei Theile, der eine nach Brabeck, der andere nach Bodefeld gelegt und unter die Parteien verlost werden sollen.)

1575, 9. Mensis februarij.

372. Drei Theilzettel. 1575, 19. Februar.

Jn diesem Register einverleibte guiter konnen vff behagh dem Junckern Gerharten von Meschede zugedeilt werdenn: Berge, die Meier darsulbst haben ann land cclvij Morgen (thuen) v½ [1]) Malter, iiij½ Müdt[2]) Roggen, v½ malter Garstenn, vi malter j½ müdt habernn, Lxij höner vj thaler xiiij β [3]) ann gel 960 Eiger. Boesinglob hadt 258 morgen landtz (thut) vi malter Roggen minus i schepel. vi malter 1½ müdt garsten, vij malter habern. Effelen hadt Lxvj morgen landtz thut i malter roggen, i malter garsten i malter haberen, x β, i Schwein iiij höner . darzu gehördt ein ohrt holtz. Dreuer hadt Lx morgen landtz, thut viii mudt roggen, viii mudt garsten, xvi mudt haberen, xiij β. hobgelt, iiij höner.

In alinger Summa von Berge, Bosinglohe, Effelen Dreuer facit 641 morgen landts; xiiij½ malter roggen i Schepel; xiij malter iii½ müdt garsten; xv Malter v½ müdt haberen; Lxx honer, vij daler xi β; v (sic) Schweine; 960 Eiger.

In diesen Register ist oberich (zuviel gegen das nachfolgende Loos) xviiii½ morghen Landtz i müdt Roggen, vii malter iij müdt garsten xx hoiner 800 Eiggher (dagegen) mangelth auch iiij malther i müdt haberen, 42 thaler xxiiij β. medt dem weissche gelde 'in den dicken hoiff gehorigh i Schwein iiii Gosehe. Brabike hat in landt 114 morgen, Lvii½ Fuder heugewachs, xxxviiii½ gulden minus 6 Dt. vii Schweine xviii hohner v ℔ hannepfs, Lv Eiger xiiij dage zu meigen v. Malter roggen ii½ malder garsten. Darzu gehort ein geholtze wan volle mast ist dass sie vngefehr 70 Schweine konnen veist machen. Oisterwalt hadt 48. morgen landtz 32 Fuder heugewachs, 12 Gulden current, iiij Schwein. xij hohner, iiij ℔ hannepfs, 40. Eiger, viij dage zu meigen, viij Schepel rogen v½ malder 1 Schepel haberen. Darzu gehort ein geholtze, winterscher ohrt, wan godt volle mast gibt xx Schweine feist zu machen, steit zum halben deile Gerarten van Meschede in pfantschaft. Marpey hadt 45 morgen landtz noch x morgen wiltlandtz. xii fuder heugewachs. xv gulden current. i Schwein, vi hohner, i malder roggen, i malder Garsten, v malder haberen, darzu xiiij Schwein veist zu machen, wan godt volle mast giebt. Isincheim hadt x. morgen ,landtz, vi. Fuder heugewachs. iii. Gulden current, i. Schwein, ii. hohner, kann iiij Schweine in voller mast veist machen. Efflinchusen hadt xxiiij morgen landtz, viij Fuder heuwachs, viij Gulden current, iiii β meigegelt, i Schwein, iii honer, hadt auch gerechtigkeit ann geholtze dass er kan vij Schweine veist machen, wan godt volle mast gibt, gibt zehnden zu Meschede der probstei. Böddenfeldt hadt xx morgen guit vnd böse, keine Wiese, iiij Gulden current, i Schwein, v Schweine

---

Anmerkungen zur vorigen Seite: ¹) ½ ist durch einen Querstrich durch die letzte römische Eins ausgedrückt, so dass iij, wenn der letzte Strich durchstrichen = ii½. — ²) 24 β = 1 Thlr. — ³) 1 Müdt scheint nach dem Facit = ¹/₁₂ Malter.

kann er in der voller Mast veist machen. Niedern Reiste hadt x morgen landtz, v fuder haugewas, ii Daler ij hohner . Inn der Reister Mark berechtiget, dass man kann inn voller mast zwey Schweine veist machen. Herhagen hadt iiij morgen landtz, kein häuwachs, iiiˈ/₂ Gulden curent., iii honer. Wann volle mast ist, kann man iij Schweine veist machen. Niederffeldt hadt iiiiˈ/₂ Morgen landtz, viij fuder Häuwachs, i Daler, iij ℔ flax, gibt Zehenden. Hat Meschede gelost. Bremeke hadt xij morgen landts, xij fuder Häuwachs, vj gulgen current, i Schwein. Inn der Reister Marck berechtigt, dass er in voller mast zwey Schweine kan veist machen.

Brabike, Oisterwalt, Marpe, Isincheim, Erflinghausen, Boddenfelt, Niedern Reiste, Herhagen, Niederfelt, Bremeke haben vnd thun in allinger Summa cccvˈ/₂ morgen landts, cxxxxviˈ/₂ fuder hauwachs, 96 gulden current viij β, xvj feister Schweine, 46 hohner, xii ℔ Hannepfs, xvi dage zu meigen, 95 Eiger, vij malder ij Schepl rogen, iiiˈ/₂ malder garsten, xxv malder habern minus i Schepl.

Mangelt hier; iiiˈ/₂ morgen landtz, iij Schwein, viiiˈ/₂ hamel, xvij hohner, x Eiger, xvj dage zu meigen, x Schepl roggen, iˈ/₂ malder garsten, dagegen vberich, xviiˈ/₂ fuder hauwachs, vi gulden, iiˈ/₂ β, iii dt. i ℔ hannepfs.

II. **D**isses Register einverleibte Guider konen vff behaigh dero Junckeren also Baddenhauisen vnd Wolmerhauisen zugedeilet werden . Dreuer . Item de Meiggers zu Dreuer haben ahn land clx morghen, gebenn daruoin jarlichs rogghen iiˈ;ˈ/₂ malther ii müdthe, Gersten iiˈ/₂ malther ii mudt, haberen iiˈ/₂ malther ii mudt, schweine iij, hoiner xvi, ahn Gelde vi daler iiij β. gehoirt hirzu ein Schaiffe driflit. — Der Dickehofl . de meiggers haben ahn land lxviiijˈ/₂ morghen geben daruon iarlichs Roigghen i malther iiˈ/₂ muidt, haberen iij malther iiijˈ/₂ mudt. noch liggen vff der moine Lvj morghen hauwachs gehoiren in den dickenhof, thuit jder morghe jarlichs xviij β. machen de Lvj morghen in Summa xxxviiiˈ/₂ daler vij β. hir sol ein orth holtz zughehoirigh sein genandt de Weddehaighe. De obgenante meiggers sitzen zenthfrei — Wandschicht g. Berghe . zu dem hauis wandtschicht gehoiren ccLxxij morgen landes, thuit ahn Roggen, Gersten, haberen medt den Zehenden: Roggen vııı½ malther ıııı½ muidt, gersten ııj mal. ıj muidt, haberen xıj mal. ııj muidt, swine j. hoiner xxxıj, Eygher cLx. Goesche iiij, ahn gelde v½ daler vj dt. ein Schaifle drifft.   Enicker hoiff gehoirt darzu xxxvj morg. hobelandt iij morgen Wiltlandt, geben jarliches daruon, Rogghen xj muidt, Gersten xj muidt, haberen xıııj muidt.

Wandtschicht, Dreuer, der Dickehoib vnd der Enicker-hoib in summa haben ahn Land fünffhundert ein vnd vertiges-tén halben morgen landt. thuin ahn Roiggen xıııı½ mal. ıı müidt, ahn Gersten vı½ mal. iij muidt, ahn haberen xviiij mal. v½ muidt, de Lvj morghen hauwachs sein nicht zu dem obgeschrieb. Lande gerechenet stehet vor sich vnd auch das Geldt als xxxviiı½ daler vij β. thuit widers ahin hoib vnd driffigeldt xij daler vj dt. iiij schwine, xxxxviij hoiner, cLx Eigger, iiij Gosehe. hir in ist oberich: iiij mal. i müldt haberen, xxxxij thaler xxiij β. medt dem wisengelde in dem dicken hoib gehoirich, 1 Schwin, iiij Gosehe; hir in mangeldt noch xviiiı½ morgen landtz, 1 mudt Roiggen vı½ malt. iij mudt gersten, xx honer, 800 Eigghber.

Volgen alhir de suirlendesschen Guider. Buidenuelth. de meiggers daselbest haben ahn land: cLxxj morghen, ahn häuwachs, Lviiij fuider Geldt xxxxiiij Current gulden, hoiner xxxv. heinmeill (Hämmel) v½, Hannepf xj ℔, Eigghber cv. Schwine xj, Rauchaber j malther iiij schepell. der Zehende thuit järlichs vij malder roigghen, iij mal. Gersten, xxiiij mal. haberen, xx daighe deinst . gehort darzu ein orth holtz. Koit-tinchauissen haben de meiggers ahn Land xxxxiiij morg. xlj fuider hauwachs, geldt vii½ daler ıı Schweine, vij hoiner, ıııı daighe deinst, gehoirt darzu ein orth holtz, das se kon-nen x Schweine veist machen, wan Einkeren ist. Drasemecke, de meiggers darsulbest haben ahn lande xxvj morghen, xviiij fuider hauwachs, ıı schwine, hoiner vj, iiij daige deinst, Geldt iiij daler minus ı β. Gehoirt darzu ethzliche orther holtz dass sehe konnen, wan maist ist, x schwine veist machen. Frilinckhauisen . de meiggers dasulbest haben ahn land xxxxiiij morg. xxviiij fuider hauwachs, geben current gulden, xvj, β ij, iij schwine, iij hemmel, hoiner viiij. Der Zehende thuit jär-

lichs ıı mald. Roggen ıı mald. Mankoirn, vj mald. habern .
Zu dem Dorff Frilinckhauisen hoirt geholtze . wan voille
maist ist konnen se ein slighe (20) Schwine veist machen.
Herdinckhausen, de meiggers aldair haben ahn lande xxiii¹/₂
morg. xviiij fuider hauwachs, jarlichs Geldt ıı¹/₂ Daler vı β.
iij dt. ı Schwin, vj hoiner, iiij Daigh zu megghen . zu dem
obg. hoibe Herdinckhauisen hoirtt gehoiltze, wan maist ist
konnen sehe xx Schwine veist machen. Summa Buedenuelth,
Koittinckhausen, Drasemecke, frilinckhauisen, herdinckhauisen
machel alles cccviiij morg. Land, cxxxvij fuider hauwachs,
Lxxxxvj guld. current i β. 3 Dt. xviiij veiste schweine,
viii¹/₂ hainmell, Lx hoiner, cv Elggher, xj ß hanneps, xxxij
daigh zu meigghen, viilj mald. Rogghen, v. mald. Gersten,
xxxiiij mal. habern iiij schepell.

In disen vorg. hoiben ist oberich: iii¹/₂ morg. Land, iij
Schwine, viit¹/₂ hainmell, xvij hoineri x Eiggher, xvj daigh
deinst, x schepel rogghen i¹/₂ malder gersten, viiij mald.
habern, 3 schepell. hirin mangeldt noch viiii¹/₂ fuider hau-
wachs, vi gulden current ii¹/₂ β. iij dt. i ß hanneps.

III. Dusse nachbeschriebene guiter stehen noch vnuorgleicht
im sampt: Nieder almen, ober almen, Nehen, Thulen, die
molle zu Wischen, Brabike vnd Beudeueldt, Sedelinchausen,
Rehinchausen, Mergklinghausen, Mosebolle, Velmede, vj margk
zu Arnspergk jarlich, Kuilen wiese zu Meschede, alle das
gehoitze im Sauerlande wie vnd wo das gelegen, der Schulte
zu alten Jeschen, die Schultesse zu Anruchte.

IV. Übern Almen. Belangend das Broch etc. vide Neddern
Almen.¹) Item zwei sypen zu wenster haben iij Morgen, item

---

¹) Hierüber liegt kein Theilzettel vor. — 1558 heisst es:
„Nachweisung der lender zu den Unter heuser zu Almen ge-
hörich . Erstlich auf der lütken bülte hat 5 Morgen weniger
¹/₂ Scheffel . item auf der grossen bülte 4, noch 4¹/₂, noch 4¹/₂,
noch 4¹/₂ und zwischen der obristen bülte bis auf dehn Weg (also
4 Stück Land) item das Sahtrochen land auf der bülte hat
erstlich 2 noch, 4, noch 1¹/₂ . das Stopfelland dabei 2¹/₂,
noch 1, noch 1, noch 1¹/₂, noch 1¹/₂, noch 2, noch 1, noch 1,

Goschalcks winckell xj morg. item der Bockenberg von der
Stallung bis zum ende hinaus hat xxxiiij morg. lxxviij roden,
item die ander syden bis ahn den Kattenstein viii. morg. item
der kerken busch gegen den Perde kamp vnd vule sypen .
Item den mollen ouer stehet jegen den oßer bei der Schmeltz-
hutt . item der vngemessen ortt des Kattensteins, was hir
vberentzig begert man erstattung . item das gantze dorf vhern
Almen mit bauwleutten vnd Kottenstedden sampt den Lende-
reyen, wiesen, garten, diensten vnd huer vnd anderen vffkunst.

Jaicht, fischerey, was der nicht vertheilt, sollichs noch
zu vertheilen vnd konnthe solchs von Ruschenpoll angefangen
werden. die aigen leuthe nach pilligkeit gleich von einander
zu setzen, kirche, kirchengerechtigkeit, Bergwerk und Blei-
hutte. mit der grashude lest men sich dieser seide gefallen,
dass es darmit gehalten werde wie von Althers herpracht.

373. Testament des Gerhard von Meschede. 1575, auf Donnerstag Exaudi (23. Juni).

Artikel 8: das Patronat der Vicarie zu Meschede und
das dortige Haus, welches er gekauft und neu gebaut hat,
soll bei seinem Stamme stets verbleiben.

374. Schadlosbrief. 1576, 3. April.

Johann Edel-Herr zu Büren, der Jüngere, für sich und
Ermgard, seine Gemahlin, verspricht Gerdt von Meschede und
Johann von Hanxlede, für eine Bürgschaft, welche Letztere
für seinen verstorbenen Vater gegenüber der Stadt Antorff
für 1643 Florin 8 Stüber im Jahre 1568 geleistet haben,
schadlos zu halten. 1576, Mittwoch nach Laetare als den 3. April.

noch 2 Morgen und 1 Scheffel . Item das Ruchenland hat
unter dem Wege v. Morgen . auf der fordersten horsoken hat
4 , noch 2, noch 1, noch 3/1, Morgen und 1 Scheffel . item
auf der hintersten horseke 6 , noch 4 Morg. und 1 Scheffel .
item das Landt auf dem wiedighen stücke, stoset an die kah-
lenbecke hat 11 Morg. 1 Scheffel, ist Wildlandt hat wenig
Acker oder Wiese . item dass stücke landes auf dem wiedi-
gen stücke stosset an die Nette und oben auf dass berensge an
ein bruch, hat 11 Morgen. Summa 95 Morg. 3½ Scheffel." Man
sieht, dass grosse, zusammenhängende Stücke nicht bestanden.

375. Schuldbekenntniss 1576, 13. April.

Arnold von Berninchausen bekennt dem Gerhard von Meschede, seinem Vetter, 150 alte Thaler zu schulden, wofür er ihm seinen Antheil des Hofes zu Berler verpfändet. 1576, Freitag nach Dominica Judica.

376. Theilungs-Vertrag. 1576, 20. Juni.

Wilke v. Bodenhausen und Otto v. Wolmerinkhausen, unter Vermittelung des Göddert v. Wolmerinkhausen und Gert von Meschede, theilen ihre Holzungen zwischen Alme und Thülen. 1576, uff Mittwoch nach dem Sonntag Trinitatis.

377. Quittung. 1576, 25. August.

Catharina geborne von Meschede, Wittwe von Brencken, für sich und Alhard, ihren Sohn, quittirt ihrem Vater, Gerdt von Meschede, 100 Goldgulden Brautschatzgelder, welche derselbe ihr und ihrem seeligen Manne, Alhard von Brencken, in der Eheberedung zugesagt hat und verzichtet zugleich auf ihre Ansprüche an ihrem elterlichen Nachlasse.

378. Eheberedung zwischen Caspar de Wrede zu Altengeischen und Jungfer Ermgard von Meschede. 1577, 22. September.

Gerhard von Meschede, Vater der Braut, und seine Söhne Christoph und Philipp versprechen derselben eine Aussteuer und einen Brautschatz von 300 Thaler, dagegen bringt der Bräutigam seiner Braut die Hälfte seines Guts zu Altengeischen zur Morgengabe. — Es siegeln auch: Ludolph de Wrede zu Milinckhusen, des Bräutigams Vetter, und Arndt von Schorlemmer zu Hellinghausen. 1577, Sonntag nach Mathei Apli.

Es liegt bei: Quittung des Jaspar Wrede zu Altengeschen und seiner Frau Ermgard, worin sie dem Gerart von Meschede, der Ermgard Vater, die Brautschatzgelde quittiren und auf allen künftigen elterlichen Erbanfall verzichten. — Es siegeln: Jaspar Wrede, Bertram Papen, Probst zu St.

Walburg in Soest, und Ludolph Wrede zu Milinchusen, ihr lieber Vetter und freundlicher lieber Schwager. 1577, ohne Tag.

379. Pfandschaft. 1578, 29. September.

Philipp und Hildebrand Gaugreben zu Godelsheim verkaufen der Catharina, geb. von Meschede, Wittwe Alhards von Brenken, und dem Adam Alhard, ihrem unmündigen Sohne, die Summe von 25 rheinischen Goldgulden und 25 Joachims-Thalern Rente für erhaltene 500 rhein. Goldgulden und 500 Joachims-Thaler, bei Verpfändung ihrer sämmtlichen Haab und Güter. 1578, am Tage Michaelis Archangell.

Es liegt bei: Cession der obigen Urkunde durch Catharina, Wwe. v. Brenken, an ihren Bruder Philipp v. Meschede, Drosten zu Anröchte. 1594, am Sönntag Mittfasten (20. März).

380. Schreiben des Erzbischofs Gebhard von Cöln an Gerd von Meschede. 1578, 2. December.

ebhardt vonn Gottes gnadenn Erwolter zu Ertzbischouen zu Cöllen vnnd churfürst hertzog zu Westualnn vnnd Engernn.

Lieber Rhatt vnnd getrewer. Auss vnnserm beschehenen Ausschreibenn, numehe alhie gehaltenen Landtags, auch sunsten, wirdet dir vnnsere, Gott lob glückliche Ankunfft in diese vnsere westuelische Fürstenthumben vnuerporgen sein. Ob wir nun woll diessmall, wie auch fürhin vnnd noch, zu Anfangk dieses vnnsers hieheranlangens, deine, als vnnsers vnnd vnnsers Ertzstiffts adelichen, fürnemmen, vnnd erlebten hohen Alters wegen, vieler sachen, sonnderlich dieses vnnsers westuelischen Furtentumbs, erfarnen Rhatt, persönliche gegenwurttigkait gnedigklich gern gesehen hetten, wan wir aber hingegen, deine fürstehende, vnnd anwachssende gelegenheit betrachtenn, so müssen wir dich mit gnaden für entschüldigt nemmen vnd haltenn.

Damit wir gleichwoll deine leibesgelegenheit in solichem deinem, zimblichen, hohen, rhomblichen, erwurdigen Alter desto bass erfaren, sehenn vnnd wissen mügenn, weren wi

bedacht gewesenn, do es die zeitt, vnnd andere obliegenn
erleidenn mügenn, dich auss diesem vnnserm hofflager gne-
digklich zu besuchenn, müssen aber solichs, biss zu negster
gelegenheit einstellenn, vnnd pleiben dir mit sondern gnaden
vorders woll gewogen . Datum in vnnserm Schloss Arnssperg,
am 2. Decembris Anno 1578.

Gebhard, manu p.   Joh. Borcholdt.

Aufschrift: Vnnserm Rhatt vnnd liebenn getrewenn
Gerdten vonn Meschede zu Almen.

381. Eigenhändiges Schreiben des Grafen Adolph v. Neuenar. 1579, 29. October.

dler Ernfesten besonders gutter vnd vertrauter freundt.
Ich soll euch in geheim vnd allem vertrauwen nit
verhalden; dass die Reifferscheidschenn einen anschlagh
vff mich als auch dass hauss Bedbur haben, dieweill
ich nun des anschlags jnnen worden, hab ich jnnen die sach
gar schön vergestellt vnd hoff ess soll denselben bekommen
wie dem hundt das Grass. Damit jch aber nit zu schwach
sei, vnd auch keinen Schimpff inlege, hab jch nit wollen
vnderlassen Euch eygner handt zu schreiben, damit die sachen
verschwiegen bleiben vnd vffs flisichts zu bitten, Ir wollen
Euch gegen den 12. Nouembris mit 25 gutter gesellen zu
pferd gerust halten, mir einen reutter dienst (wie Ir dan zu
Bedbur letzlich mir verheischen) zu leisten . Wollet Euch
auch zu Johann von Melchede (Melschede) meinen besondern
gutten freundt verfügen vnd gegen die zeitt auch vmb ein
funf vnd zwentzich ansprechen so gutte gesellen sein . Ich
will Euch erster tags den endtlichen tag vnd ort da Ir er-
scheinen sollt ernennen . Da ess auch die gelegenheit erlei-
den kunth, wollt aufs hochst gebetten hauen, dass jr mit
Melchede oder zum wenigsten Ewer Einer zu mir kommen
wer, denn ich dieser sachen Euch grundtlichen wollt berichten,
welchs ich in der eill nit woll würd thuen konnen . diss
wollet zwischen Johann von Melchede vnd Euch pleiben

lassenn vnd keinem, er sey wehr er wolle, zuuerstehen ge-
ben . wohin der reutter dienst gericht . Euch dem hern zu
gefristen empfellendt . Datum Moerss . Hentz, den 29. Octo-
bris A°. 1579.

Was Melchedo vnd Ir verlzeren
werd will Euch zu Danck wieder
geben vnd erstatten.

Ewer gantz geneigter vnd
vertrauter freundt Adolff
Graff zu Neuwenar m p.

Aufschrift: Dem Edlen vnd ernfestenn Henrichen von
Westhöfenn meinem besondern vnd vertrauten gutten freundt

---

382. Lehnbrief des Grafen Franz von Waldeck. 1580, 31. October.

Franz, Graf zu Waldeck, Sohn des † Johann, belehnt
zu Mannlehn: Christoph und Philipp, Brüder von Meschede,
und ex nova gratia Otto v. Wolmerinkhausen und die Söhne
des † Wilke von Bodenhausen, mit zwei Hufen Land zu
Ratler; dem Zehnten in der Halle, dem halben Zehnten vor
Alme, zwei Huben Landes vor Dedinghausen, auf der Hop-
peke, der Mühle unter Alme und zwei Hufen Landes daselbst,
wie solche die v. Thulen zu Lehn getragen, darauf die Hottepe
und Dorfeld als verwüstetes Lehn empfangen, jedoch zu
Gunsten des Mannsstammes der von Meschedo frei gegeben
haben, wobei bestimmt wird, dass alle Lehbriefe der Hottepe
und Dorfeld, welche noch aufgefunden werden möchten, macht-
los sein sollen. Datum Corbach. — Aus späteren Lehnbriefen
geht hervor, dass schon die Gebrüder Godert und Gerhard
von Meschedo 1540 dieses Lehn empfangen haben, ferner
dass später damit belehnt sind: 1586, 19. Dec, Philipp von
Meschede, für sich, die Erben seines † Bruders Christoph,
für Otto v. Wolmerinckhausen und Melchior und Otto von
Bodenhausen, durch Graf Franz v. Waldeck; 1611, 25. Juni,
Mordian und Melchior von Meschede, Söhne des † Philipp
und Josias v. Wolmerinckhausen, durch Graf Christian von
Waldeck; 1639, 18. Dec., Jost Philipp von Meschede und
dessen unmündiger Bruder Ferdinand durch Graf Walradt v.
Waldeck; 1693, 29. Dec., Wilhelm Rotger von Meschede,
durch Graf Christian Ludwig zu Waldeck.

383. Recess. 1581, 28. Februar.

Recess zwischen den Gebrüdern Christoph und Philipp von Meschede, als Grundherren zu Alme und der Stadt Brilon, wegen der von Letzterer angemassten hohen Jagd auf der Treise, Grashude, Nachmast, Jagd, Fischerei und des Wensterhofes. Geschehen Arnsberg, den 28. Februar 1581.

384. Muthschein. 1581, 2. Mai.

Johann, Edelherr von Büren, als Aeltester des Stammes die Lehnshand führend, ertheilt seinem Oheime Philipp von Meschede einen Muthschein über den Hof zu Berge. 1581, den 2. Mai.

385. Lehnbrief. 1581, 19. Juni.

Christoph v. Meschede belehnt Johann Stotten, Bürger zu Brilon, für sich und seine Vettern: Nicolaus Lohmann, Franz Stotten und Henrich Bochman. (Vergl. oben 1567, 21. April, und Fahne, Codex dipl. Bocholtanus, S. 301, N⁰ 19.)

386. Lehnbrief. 1581, 19. Juni.

Christoph von Meschede belehnt Jacob Richters, Bürger zu Brilon, für sich und dessen Bruder Johann und für Jacob Webers, mit vier Echtwerken in der Almer Mark zu rechtem Mannlehn. 1581, 19. Juni.

Es wurden später belehnt: 1590, 17. Juli, dieselben drei Personen durch Philipp von Meschede; 1609, 24. März Johan Oynhausen, Bürger zu Brilon, und Jacob Webers, durch Mordian von Meschede, der als Aeltester die Lehnshand führte; 1681, 25. Nov., Melchior Bertolts, Bürger zu Brilon, für sich und für Johann Nölle, Franz Diedr. von der Becke, Jacob Bertolts und Urban Kocks, durch Wilhelm Rötger von Meschede, als Aeltesten. (Ein Mehreres in: Fahne, Codex dipl. Bocholtanus, S. 300.)

387. Lehnbrief. 1581, 19. Juni.

Christoph von Meschede belehnt Johann Assen, Bürger zu Brilon, mit einer halben Hufe zu Desebecke und einem

Eohtwerke Holzes in der Keffeliker Mark. 1581, 19. Juni.
Es werden später belehnt, 1681, 24. Nov., Cordt Becker;
1738 Joh. Henrich Becker, Beide Bürger zu Brilon. (Vergl.
Fahne, Codex dipl. Bocholtanus, S. 301, N° 20.)

388. Eheberedung. 1582, 8. Januar.

Sie findet statt zwischen Ursula, geb. Tochter zu Büren,
und Philipp von Meschede, Droste zu Anröchte. Johann
der Aeltere, Edelherr zu Büren, Oberst des niederländ.-west-
phäl. Kreises und fürstl. paderborn. Statthalter, Vater der Braut,
(ihre Mutter ist Margareth, geb. von Hörde) gibt seiner
Tochter zum Brautschatz 2000 Thaler und ausserdem eine
Aussteuer. Auf Seite des Bräutigams sind zugegen und sie-
geln: Herr Henrich von Meschede, Domdechant zu Pader-
born, Christoph von Meschede zu Nieder-Alme, Otto von
Wolmerinkhausen und Jost Schorlemmer. — Auf Seite der
Braut: Johann der Aeltere, Edelherr zu Büren, der Braut
Vater, Rötger von Hörde zu Schwarzenraben, Droste zur
Lippe, Adam Bernard und Joachim, Brüder, Edelherren zu
Büren, und Laurentz Sybelt, fürstl. paderbornscher Rath und
Canzler. Artum im Kloster Bodycken 1582 am Montag den
8. Januar. (Mit 9 Siegeln.)

Die Ehe wurde am 9. Sept. 1582 vollzogen, und am 28.
März 1584 quittiren die jungen Eheleute dem Edelherrn Joh.
v. Büren den empfangenen Brautschatz und leisten auf den
Kindstheil der Frau aus dem Büren'schen Vermögen Ver-
zicht. (Aus dem Bürener Archive.)

389. Erzbischof Gebhard ernennt seinen Thürwärter Philipp v. Meschede zu seinem Rath und Amt-mann. 1582, 1. October.

ir Gebhardt von Gottes gnaden Erwölter vnnd Bestet-
tigter zu Ertbischouenn zu Cöllnn des heiligenn Ro-
mischenn Reichs durch Italienn Ertzcantzler vnnd
churfurst, Hertzog zu Westualen vnnd Engeren thun

kundt vnnd bekennen hiemlt gegenn Allermenniglich, dass wir auss sonderlicher gnediger zuuersicht vnnd zuneigung, so wir zu vnsern Durwertter vnd lieben getrewen Philipsen vonn Meschede habenn vnd tragen, jnnen zu vnsern Rhatt, ambtmann zu Geseke vnnd Ruidenn auff vnd angenommen haben, nemen jnnen dartzu auff vnnd ann hiemit vnd in crafft dieses briefs also vnd dergestalt, dass er in vnsern vnd vnsers Ertzstiffts sachenn nach seiner besten Verstendnnsz rhatenn vnnd dienenn helffen auch solche rhathschlege niemant eröffnenn, sondern · biss in sein Grube verschweigen, vorth gedachte vnsere Ambter Geseke vnnd Ruidenn von vnsertwegen inhaben verwaltenn vnser hoiheit recht vnnd gerechtigkeit dabei erhalttenn, bewharen vnnd kein einbruch durch desselben anstossende benachpartten gestatten, sonder denselben mit höchster vermugen, fleiss vnd verstandt vorkommen vnnd so uill an jme abwenden, sonsten aber an vnsern landtrosten oder andere westuelische Rheett, oder auch auff nöttigenn falh, ann vnnss selbst vngesäumbt gelangen vnd dasjenige, so vnser vnd vnsers Ertzstiffts ist, handthabenn, vnnd was etwa fur dieser zeitt durch Versaumbnuss oder sonsten dauon kommen vnd abgezogenn nach muglickkeit wieder beipringen. Auch einem jedenn, gerutter vnsers Ambts vnderthan wie jmgleichen den Auswendigenn auff anruffen recht vnnd gerechtigkeit wiederfahren lassen, vnnd darzu verholffen sein, daruber niemandt in kein weiss beschwerenn, sondern also bei recht vnnd fur gewaltdt beschutzen . Auch solche vnsere Ämhter getrewlich verwharen, vnnd vnns, alss dem Landtfursten, vnser lebenn langk, vnnd nach vnserm thötlichenn abganck, wanne sich derselbige nach ordnung vnnd willen dess Allmechtigenn zutragen wurdt, vnserm Thumbcapitull jn vnser statt Collen, bis auff einem kunfftigenn Ertzbischouenn vonn jmen eindrechtich erwhölet, vnd anders niemandt domit gewerttig sein . Auch vnss vnserer Nachkommenn bestes werbenn, schaden vnd argst warnen, vorth vnser Durwetter Ambt, wie er solchs bei vnsere negsten vorfahren vnd vns zu dessen vnd vnserm gefallenn rhumblich vnnd woll jnsgemein, durch vnsern gantzen Ertzstifft vertrettenn, jn diessenn vnseren westuelischen Furtenthumb vnnd Landen, auff erforderenn, bedienen, Alles dassienige thuen soll, was ein getrewer auffrichtiger Rhatt, Ambtmann, Deurwertter vnnd diener seinem herrn zu thun schuldig vnnd pflichtig ist, wie er vns solchs alles ernstlich an die handt gelobt vnd folgentz mit auffgereckten fingern zu Gott vnd seinem heiligenn Euangelio geschworen hatt, stede vast vnnd vnuerbruchlich zu halttenn vnnd zu uolntziehenn, alles ohne geferdt vnnd argelist. — Vnnd domit gedachter vnser Rhatt, Ambtmann Deurwartter vnd diener solcher seiner anbefohlener Ämbter vnd dienst vmb souiell besser vnd fleissiger vorstehe, auch dessen nit vnbelohnet pleibe, wollen wir Ime alle vnd jedes jars, von heutt Dato anzurechnenn, so lange er vnser Rhatt, Ambtmann Deurwertter vnd diener, wie obstehet, pleibt, die nutzbarkeit vnsers jme verpfendeten hauss Anruchte vnnd desselbenn Zubehörungen, folgenn, geniessen, auch gewontlich, westuelisch Rhatt vnd Dienstgelt, wie jmgleichen dess Deurwertter ambtz besoldung jnmassen sie jme vonn vnsern vorfahren vnd vns verordnet worden, auss vnser Chammer folgen vnnd entrichten lassen . Danebenn soll er alle gefelh so sich wegenn jetzgemeltz Deurwertter ambtz gepuren, diess seit Rheins, jnn diessenn vnsernn westuelischenn Landen, es betreffen dieselbige entweder Lehen oder anderst geniessenn, deshalben mit niemandt gemeinschafft habenn noch halttenn, auch vnser gewönckliche Hoffcleidunge auff vier personen, so offt wir dieselbig aussgeben werdenn, von vnns gewerttig sein vrkundt vnsers handtzeichens vnnd hieranhangedten secretz . geben auff vnserm Schloss Arnsspergh ahm ersten Tag dess monatz octobris jm funfftzehenhundert vnnd zwei vnnd achtzigstenn Jhare.

Gebhardt manu p.

390. Schadlosbrief. 1582, 25. Dezember.

Johan, Edler Herr zu Büren, der Jüngere, verspricht seinem Vetter Christoph von Meschede zu Niedern-Alme und Temme von Hörde, wegen einer Bürgschaft, die sie 1582 in den heil. Weihnachten, für ihn, bei Henrich von Uffelen zu

Borchuffelen, wegen 1000 Rthlr. Kapital und 60 Rthlr. jähr-
liche Zinsen, geleistet haben, Schadloshaltung. 1582, In den
heiligen Weihnachten.

391. Inventar des Hausgeräths im Hofe des Gerat von Meschede zu Meschede. 1583, 13. Nov.

Inventarium dess haussgerats im Hofe zu Meschede ao.
83. Sontags nach Martini jnuentarisirt vnd vf die
vndersten Camero vnd stuben verschlossen durch Vol-
mar Holtzfursten, Richtern, Herrn Henrichen Wintern
vnd Jurgen Brügeman.

Item vf des Junckhern seligen Camern an betten .i. An
Schulderküssen mit zaichen .2. An Lachen .2. An Decken .j.
An Pölen .j. An Gardienen .j. Dass deckbett nach Anröcht
geschickt. Item darauff noch Kleinbett .j. An Pohlen .7. Kussen
ohne Zaichen .4. Schwarz vorhang .1. An Schlaunen .1. An
brantruten .2. Feuerforgen .1. Krautlacken .i. holtzen leuchter
darauf man 4 liechter stecken kan.

Item vf der vndersten stuben dabei, Messings hantbecken
.i. vnd ist das ander nach Anrocht geschickt . Messings kra-
nen .j. der ander ander sol auch ghen Anrocht geschickt sein.
desgleichen das kucheisen . Zinnen kannen .5. sol nach An-
rocht geschickt sein . An runten holtzen tellern .56. Messings
leuchter .4. messings wasser kannen .j. klein messings hant-
becken zerbrochen .i. Siberscher Pott .4. Münch .i. Lants-
knecht .i. Sackpfeiffe .i. Holtzen kannchen .i. Syberscher Pott
one leder .6. Holtzen hebeschussel .1. Holtzen Wilkommen .1.
Banckpohl (Bankküssen) .1. Stolkussen .6. Stule .2. Trisor .2.
Dische .2. Leuchte .1. zinnen teller .12. zinnen schüsseln .5.
zienen Mussschusseln .3. zinnen nepfe .2. Saltzfass .1. zin-
nen handtfass .i. zinnen kanne von halben vierteil .1. klein
zinnen Schenckengl .1. die Feurpfanne nach Anrocht. Eysern
Pott .4. koffern degel .1. Alte Stulkussen nichts nutze .3.
Stuhle mit lehnen .4. holtzen Leuchtere .3. Beschlossen trisor
nach Anrochte. Beschlossen stalkistgen .1. Schreingen .1.

Item vf der megede Camern . An betten .2. Pholen .2.
Lachen .2. Alte Dechen .2. Pelzdechen .1.

1 Bett so in der reisigen Stall gehorig gewest nach Anrochte, der Polch auch dahin. Die Decke in der Kisten nach Almen geschickt.

1 Tischteppich nach Anrocht. Tischteppiche vorhanden .2. Alte tischtücher .2. 4 Taffelletten nach Anrocht . Drillen handtuch .1. Beschlossen kiste .1.

Item im kleinen Stübgen: Verschlossen tisch .j. Stuhl .j. Bankphole .2. Stabestock mit 1 Schwert .j. handtücher .j.

Item in der Kuchen . bratspiess .3. der vierte nach Anrocht . Selbstbreter .1. (Bratspiess der von selbst sich dreht.) Kopfern kessel .3. Messings Kessel .2. Messings Durchschlach .j Degelchen .i. Pfannen gross vnd klein .5. Klein messings kessel .j. Schleiffe (grosser hölzerner Kochlöffel) .2. die andern zerbrochen . Rustern .2. Hohle (Kesselhaken) .2. Brantroden .2. Feuerforg .1. Pfaneisen .i. Schüsselpott .i. Eysen potte .5. klein koffern potte .2. Eysen Zange .i. kleiner sthule .3. des Junckhern seligen sessel .i. Sedel von dem feur .i. Wasser eimer .i. Salzrump .i. Riuen (Reibeisen) .1. Pfeffermühlen .i. Melchfesser x. Schmant (Rahm) Eimer .3. Eisen dechel vf Potte .5. Gartewinnen .2. Bierteuten .2. Korte kannen .i. AltPuster (Blasrohr) .1. Haspel .i. Milchloffen .i.

Item von des lanfrosten Camer 2 bette, vom Sale i. vnd auss dem reisigen stalle 1. thutt .4. bette mit den Pohlen ghen Anrocht geschickt . ist derwegen vf vorgemelt Camern befunden wie volgt: Vf des Landtrosten Camern an gardeinen von Arnss .j. Lachen .2. die Petzdeche sol vormals verschenckt sein. Brantruden .2. Tischen .1. Stuhlen .2.

Item vff der Malt Camern: an betten .j. Pholen .j. lediger Kisten .j.

Item vff der newen stuben seind an tischen mit den bencken .4. Item noch seind vorhanden: an bierfassern .3. Stannen 2. Budden 2. Hälte 1. Küben 2. Brantrude in den offen vf der grossen stuben gehörig 1. Wasserzuber 1. kleine. hahle so man an die andern hangt 2. Braukessel 1. Dreifuss 1. I'em vber diesse vorgenante seind noch 3 hohe bettespanne mit den himeln vnd 3 bettespanne ohne himel vnd 2 treckbett . Item seind in der kuchen noch 2 Brott oder speisseschäffe (Brot oder Speisekasten) vnd die kannen schäffe .

Item in dem brunnen seind 2 Eimer mitt einer Winde und ketten. Item noch an eisen offen 3.

392. Vergleichsversuch. 1586, 10. September.

Unvorgreifliche Vorschläge zur Erbtheilung des Philipp von Meschede, Drosten zu Anröchte, mit der Wittwe und den Kindern seines Bruders Christoph seelig. Diese gehen dahin, dass: 1. Philipp v. Meschede die ganze Haushaltung zu Niederalme, nebst Aecker, Wiesen und Fischerei, zufolge der angefertigten Inventare übernehmen und den Erben Christophs v. M. jährl. 100 Rthlr. herausgeben soll. 2. Alles übrige Vermögen soll gemeinschaftlich verwaltet werden und jedem Theile zur Hälfte folgen. 3. sollen Vorbereitungen zur Theilung des Ganzen getroffen werden. Niederalme, den 10ten September 1586.

393. Schuldbrief. 1587, 24. Juni.

Johann der Jüngere, Edler Herr zu Büren, und Anna Dorothea, geb. Gräfin zu Mansfeld und Heldrungen, seine Frau, ertheilen Zittelose, geborne von Wolmerinkhausen, Wittwe von Meschede zu Almen, über 100 Thaler einen Schuldschein. Datum Volbrexen 1587 auf Tag Johannis Baptistae stylo antiquo.

394. Lehnsherrlicher Consenz. 1588, 14. Sept.

Erzbischof Ernst von Cöln gestattet seinem Rath, Philipp von Meschede, den Zehnten zur Velmede, vor Geseke, welcher vom Erzstifte Cöln zu Lehn geht und den die Brüder Johann und Henrich Hoberg 1489 an Meinolph v. Brenken und dessen Frau Walpurg verpfändet haben, auf den Fall des Absterbens seiner Schwester Catharina v. Meschede, Wittwe v. Brenken, an sich zu lösen. Nachdem nun der Uebertragsact zwischen Schwester und Bruder zu Stande gekommen war, wurde Philipp 1597, 3. Februar, vom Erzbischofe mit dem Zehnten belehnt.

395. Catharina von Meschede, welche ins Kloster gegangen ist, bittet ihre Brüder und Vettern, ihr die, von ihrem seel. Vater jährlich ausgesetzten 17 Rthlr., welche schon im dritten Jahre rückständig seien, zukommen zu lassen.

Der Brief enthält weder ein Datum, noch einen Ausstellungs-Ort, auch sind ihre Brüder und Vettern in der Aufschrift nicht näher benannt. Unter der Aufschrift steht: Hierauf gesant 10 Richsthlr. — den 21. Dec. 1688.

396. Theilungs-Rezess des Nachlasses des Gerhard v. Meschede. 1589, 1. August, bis 1672.

Die Theilung findet statt auf Grund des Testaments desselben durch dessen Sohn Henrich v. M., Domdechanten zu Paderborn, welcher mit seinem geistlichen, jetzt verstorbenen Bruder Diedrich v. M., Domherrn daselbst, von seinem Vater zum Executor testamenti eingesetzt ist.

Nach diesem Testamente erhalten des Testators beide weltliche Söhne, Christoph und Philipp v. M., den väterlichen Nachlass jeder zur Hälfte. Da Christoph jetzt verstorben ist, so treten für ihn seine Wittwe, geb. Wolmerinkhausen, und seine beiden Söhne, Gerhard und Otto v. M., ein. Philipp v. M. erhält das alte Haus zu Alme, die Erben des Christoph v. M. das neue Haus daselbst. Die übrigen Erbschaftsgegenstände bleiben vorläufig gemeinschaftlich, sollen aber auch baldmöglichst getheilt werden.

397. Schreiben an den Landdrosten von Meschede über Kammerfuhren. 1590, 18. April.

1.

Gross gebietender her Drost. Obwoll den eingesessenen zu obern vnd niedern Almen auch Neden, Tulen vnd Scharffenbergh vom Richter zu Brilon mandirt, aufferleget vnd beuohlen, ahn stundt einen wagen zusamen zu abfhurung meines gnedigsten curfursten vnd hern gepack bis gehn Coln zu fuhren, auszumachen. So hab jch doch ohn consent vnd

Fahne, Meschede.　　15

Ratification Ew. Edelheit desshalb nicht willigen können noch wollen, in sonderlicher Betrachtungh, das E. E. armen leuthe oder dorffen bey dero selb gottseligen lieben vorfarn, niemals mit alsolcher vnd dergleichen Camerfhur vnd beschwerung nit betrubt noch vbernhemen, auch da solches lr vber hoff— nung nicht geachtet, E. E. armen leuthe dahero verderben vnd deroselb Ihre geburlichen Dienst nicht werden präsliren noch leisten konnen, dahero wie sich hirine zuuerhalten E. E. gunslige erclerung bittende. Ilentz, den 18. April a⁰· 90.

E. E. pflichtschuldiger

Christian Voeth m. p.

Nachschrift:

Und ob mir woll ein offenes Patent vnter meines gnedigsten churfursten vnd hern eigen handtschrifft gezeiget, so stehet doch dasselbe auff das Gogericht Brylon vnd nit in specie auff die vier dorffere vnd dan kundich, das obgemelte dorffere ins Gogericht nit gemeint.

Aufschrift: Deme Edlen vnd Ernuesten Philipsen von Meschede colnischen churfurstlichen Radt vndt Drosten, meinem grossgebietenden Junckern dienstlich.

Der Droste schrieb hierauf an den Richter zu Brilon, „seinem Ernachbarn vnd wolfurnhemen günstigen gutten freundt": dass der Adel allerdings als Bede, nicht als Pflicht letzthin einige Fuhren zu dem neuen steinernen (Schloss) Gebäude in Arnsberg verwilligt, dann aber auch auf dem jetzt eben zu Rüden gehaltenen Landtage die ferneren Fuhren eingestellt habe. Dass also aus diesem Grunde seinen Leuten ferner keinerlei Fuhren zugemuthet werden könnten. Das Churfürstliche Schreiben laute auch auf Gogericht Brilon und darunter würden die Freien und nicht die Hörigen und namentlich nicht jene zu Alme, welche unter seiner Gerichts- barkeit stünden, verstanden. Er müsse deshalb ihn dringend ersuchen, von jedem Eingriffe in die Hoheit von Alme abzu- stehen und sie mit Verboten und Auflagen zu verschonen, widri- genfalls er es ihm nicht verdanken wolle, wenn er an rechter Stelle Mittel und Wege zur Abhülfe ergreife.

Der Rriloner Richter, Thönis Rahm, antwortete: Es handele sich um vier Fuhren Churfürstlicher Landschützen und Kriegssoldaten, die ihm ohne Weiteres vor das Haus geschickt und auf Pfändung und sonstige Executionsmittel angewiesen seien. Denjenigen, die die Wagen nicht gutwillig gestellt hätten, seien die Pferde ausgespannt und mit nach Arnsberg genommen. Es heisse: diese Last sei eine gemeine Last, daher habe sich denn auch Niemand, selbst nicht der Droste zu Bielstein und Balve, ihr entzogen. Es würde ihm sehr angenehm sein, wenn der Droste ein anderweitiges Churfürstliches Schreiben auszugewinnen im Stande sei, indem dadurch ihm, Richter, die Amtsmühen erleichtert würden. Die Correspondenz wird so geführt, dass der Droste den Richter „Euch" anredet, der Richter den Drosten dagegen „Ewer Liebden".

2. Ein Schreiben des Churfürsten Ernst von Schloss Arnsberg, den 12. Sept. 1596, „gesinnet" von demselben Philipp von Meschede und dessen Vettern, dass sie für ihn 3000 gebackene Ziegelsteine durch ihre Leute von Wünnenberg auf die Hütte des Grafen von der Lippe fahren lassen.

3. Ferner liegt ein Schreiben vom 15. Februar 1626 an den Briloner Richter bei den Acten, worin ihm, der durch den Gerichtsfrohnen die Eingesessenen von Thulen und Neden hat auffordern lassen, bei einer Wolfsjagd durch Dienste und Geldleistungen Theil zu nehmen, Namens des Mordian von Meschede geantwortet wird, dass jene Eingesessenen nicht erscheinen würden, weil er, Mordian, selbst eine Wolfsjagd halten wolle, da seine Eingesessenen wegen der vielen Wölfe ihr Vieh im Stalle nicht mehr schützen könnten.

4. 1631, 6. März, schreibt Jobst Diedrich Ouelacker, Landcomthur zu Mülheim, „dem Ernhafften Winoldten Kreutzkamp Meschedischen Diener zu Alme meinem guten Freunde", dass der Churfürst die Werlischen Salzfuhren durch das ganze Land angeordnet habe und er sich daher für diesmal nicht füglich werde entziehen können, doch möge er sie so leisten, dass daraus keine Consequenz folge.

5. Schreiben der Churfürstlichen Hofkammer zu Arnsberg vom 20. Mai 1672.

Demnach bey itzo vorschwebender Kriegsgefahr die noturst erfordert, dass churfürstliche Schloss Arnsperg in bessern Standt vndt defension zu setzen vndt zu behuef sothaner fortificationsarbeit taglich hundert man erfordert werden, so wirdt nahmens Ihro churf. durchlaucht zu Collen vnsers gnedigsten herrn dero Drosten, Beambten, Richtern vnd Gogreben hiemit ahnbefohlen die vnuerzugliche anordtnungh zu thun, dass bey arbitrari straff aus jedem vnten specificirten Ambt vndt gerichte ahn deme dabei bestimbten Tagh die designirte ahnzahl der manschaft alhier zu Arns-perg mitt notigen lebensmitteln zur arbeit sich einfinden vndt zu dem ende des vorigen abendts hieselbst einkommen, gestalt nach eines tages verrichteter arbeit sich wiedervmb nacher hauss zu begeben vnd weil dieses eine gemeine Landtfolge wo zu hauss für hauss vndt zwarn so wöll volle als halbe spann als auch Köttere, treckere, strassenliggere, beywöhner vndt dergleichen ieder einen man auf diese arbeit zu verschaffen auch denen etwo sonst Ihrer churf. Durchlaucht nicht dienstpflichtigen oder deroselben Erbherrn hirdurch nicht praeiudicirt wirdt, so wirdt von iedess orths beambten dise aufpietungh der Vnterthanen darnach einzurichten sein. Sollte jedoch ein oder ander lieber bey seiner hausarbeith pleiben vndt für einen man dess tages einen blomusser oder achten theill eines Reichsthalers alsopalt zu handen des orts Richtern erlegen wollen, wirdt solches menniglichen frey gestellt, indem mahn alsdan anders arbeitere ahn deroselbn platz alhier haben kan vndt solchen fallss bey ankunfft der vbrigen manschafft der Richter dasselbige mitt ahnhero zu schicken hett warnach sich iedermennlich zu richten vndt auf den auspleibunghs fall vor Vngelegenheit vnd schaden zu hueten. Vrkundt datum 20. May 1672. ad mandatum speciale.

Nach einer Notiz unter dieser Verordnung hat der Richter von Brilon folgende Mannschaft mit Schüppen und Beilen abgeschickt: 24. Mai 33, 25. Mai 100, 27. Mai 100, 28. Mai 100, 30. Mai 100, 2. Juni 100, 3. Juli 72; Summa 605 Mann.

398. Philipp von Meschede ist nach Tode Diethrichs
von Meschede Deputirter der Westphälischen
Ritterschaft und besiegelt als solcher die er-
neuerte Erblandes-Vereinigung, welche die-
selbe mit dem Cölnischen Erzbischofe Ernst
abgeschlossen hat. 1590, 6. Juli.

Seiberts, Urkundenb. Bd. 3, S. 275, 283, Nr. 1035.

399. Belehnung. 1590, 7. Juli.

Philipp von Meschede belehnt Franz Meschede (zu Brilon)
mit einer Hufe Landes zu Keffelike, genannt Steiningeshof,
und einem Echtwerk Holzes in der Keffeliker Mark.

1705, 6. Juli, wurde Friedrich von der Becke, Kämmerer
der Stadt Brilon, belehnt. Ferner Nachrichten in Fahne, Cod.
dipl. Bocholtanus, S. 300, N°. 6.

400. Schuldverschreibung. 1590, 20. October.

Otto v. Meschede, Domherr zu Paderborn, bekennt, von
Bastian Pachima, Krämer zu Paderborn, 39 Reichsthaler er-
halten und dafür seiner Schwester Clara sieben Ringe ge-
kauft zu haben. 1590, den Sunabent nach Galli.

401. Anton Giesen quittirt dem Philipp v. Messhede
500 Gldgl., welche derselbe im Namen seines
Schwagers Philipp Albrecht v. Höldingshausen
ihm gezahlt hat. 1590, 5. November.

402. Schuldbekenntniss, 1591, 17. Februar.

Philipp Albrecht von Höldingshausen und Clara von
Meschede bekennen, ihrem Schwager und Vetter Philipp von
Meschede, Drosten etc., 525 Rthlr. gegen 6 Prozent Zinsen
und General-Verpfändung ihrer sämmtlichen Güter zu schulden.
1591, am Sonntag Sexagesima als den 17. Februar.

403. Schenkung. 1592, 11. November.

Joachim, Edelherr von Büren, schenkt seinem Schwageg Philipp von Meschede und dessen Ehefrau Ursula, geborene von Büren, das Patronat und die Collation der Pfarrkirche zu Berge, im Gogericht Erwitte. 1592, am Tage Martini Episcopi et Confessoris unter Mitbesiegelung des Officials Nicolaus Rammen L. I.

404. Verkauf. 1593, 2. April.

Johann Prange, Bürger zu Rüden, und seine Frau Barbara verkaufen dem Philipp von Meschede, Drosten, für 306 Rthlr. ihren Erbhof zu Westereyden, genannt der Benneckerhof, sammt einer Kottstette, 3 Hoiggen und 1 Oertgen Busch oder Unterholz, den Herman Prange, Johanns Vater, gekauft und Jürgen Lilie, genannt Greve, zu Westereyden in Pacht hat.

405. Schuldbekenntniss. 1595, 11. Januar.

Zeittlose, geb. v. Wolmerinkhausen, Wittwe v. Meschede, bekennt, ihrem Schwager und Vetter Philipp v. Meschede 50 Rthlr. zu schulden, welche sie zur Abtragung der Zinsen an die Wittwe von Usselar verwendet hat.

406. Schuldbekenntniss. 1595, 23. April.

Ester und Jacob, weiland Lazari Judden Wittwe und Sohn, bekennen, Philipp von Meschede, Drosten zu Anröchte etc., 700 Rthlr. gegen 6 Prozent Zinsen zu schulden, stellen zu Faustpfand die Briefe, welche sie von Catharina, geb. v. Meschede, Wittwe v. Brencken, in Händen haben, General-Hypotheke in allen ihren Gütern und leisten Bürgschaft durch Judeneid. Geschehen und geben in den Osterheiligen Festtagen, nach Christi unsers lieben Herrn Geburt 1595.

407. Verkauf. 1595, 23. Juli.

Elias Becker, zu Suttorp wohnhaft, verkauft seinen Antheil an das Erbland der Familie Halwaten gegen 12 Morgen auf der Haar, in der Feldmark von Belike, dem Philipp von Meschede. Den Brief besiegelt Wennemar Stamb von Heiden Richter zu Belike.

408. Uebertrag. 1597, 5. Juni.

Caspar de Wrede zu Altenjeschen und Ermgard von Meschede, Eheleute, cediren für eine erhaltene Summe Geldes dem Philipp v. Meschede, Drosten etc., ihrem Schwager und Bruder, die Erbantheile, welche ihnen von ihrer Schwägerin und Schwester Catharina v. Meschede, Wittwe v. Brenken, angestorben sind.

409. Gesandtschaft. 1597, 22. Juni.

Ernst, Erzbischof zu Cöln, beauftragt in einem Schreiben seinen Rath und Drosten zu Rüden und Geseke, Philipp v. Meschede zu Alme, sich zu den, auf das Herzogthum West-phalen andringenden holländischen Truppen zu begeben und sie zu befragen, ob sie als Freunde oder Feinde kämen. Dat. Hirschberg, 1597 den 22ten Juni.

410. Uebertrag. 1598, 19. August.

Henrich, Mordian, Alhard Jürgen und Salentin, Gebrüder v. Meschede, wie auch Philipp Albrecht v. Holdingshausen und Adam Johan v. Schorlemmer, wegen ihrer Eheftrauen Clara und Christine, Schwestern v. Meschede, cediren dem Philipp von Meschede ihre Erbantheile, welche ihnen an dem Nachlasse ihrer Wasen und Schwägerin Catharine v. Meschede, Wittwe von Brenken, angestorben sind.

411. Philipp von Meschede und die Kinder des Christoph von Meschede, als Erben des Gerard' von Meschede, werden für mehrere Capital-Forderungen und Zinsen gerichtlich in den Besitz des Schützenhofes in den Western zu Enckhausen, Krspl. Remblinghausen, gesetzt. 1598, 24. October.

412. Quittung. 1599, 3. März.

Mordian, Alhard Georg und Salentin, Gebrüder von Meschede, für sich und ihren Bruder Henrich, quittiren ihrem Vetter Philipp v. Meschede, Drosten, auf Grund der Cession vom 19. Aug. 1598 über diejenige Summe, wofür sie demselben ihre Ansprüche an das Haus Brenken abgetreten haben.

413. Schuldbekenntniss. 1599, 3. März.

Mordian von Meschede quittirt seinem Vetter Philipp v. Meschede 50 Rthlr., welche er zur Abtragung der Aussteuer seiner Schwester Christine, Wittwe v. Schorlemer, verwendet hat. 1599, den 3ten März — Actum Almen. —

414. Verzicht der Gebrüder v. Meschede auf die elterlichen Güter zu Gunsten des Aeltesten. 1599, 8. März.

Demnach Gott der Allmechttiger Herr den Edelen vndt vesten weilandt Christopff von Meschede, die auch Edle vnd tugentsame Zeittlosa von Wollmeringhausen, respectiue vnseren lieben Vatter vndt mutter, ausz diesem zeittlichen, zu dem ewigwehrenden Himmelreich gnedigst abgefurdert, deren Seelen Gott allmechttigh durch sein h. bitter Verdienst begnaden wolle, vnd vns sämptliche Mordian, Allhardt Georg, Salentin vndt henrich (welcher durch Gottes Verhengnisz ahn seiner vernunfft leider verletzet) leibliche Gebrüedere jhre natturliche Erben, jn diesem kurtzwehrenden Jammerthall hinderlaszen, vndt dan vermercket, demnach vnsere liebe Geschwestere Clara fraw von Hollinghausen, vndt Christina fraw vndt Wittibe vom Schormberge verheirathet, dasz vnseres thuens in communione bonorum nichtt lenger zu sitzen vndt die vnordentliche hauszhaltungh (wellcher heimblich alles verschwindet) zu halten, vndt dan ausz sonderlicher brüderlicher liebe, zu vnsern vhralten adelichen Stammen, den jn gutten adelichen rhumlichen wesen erhalten; denn auch, dem Hochwürdigst, durchleuchttigst vndt hochgepornen Churfürsten etc. vnserm gaten Herrn, wie auch

dem hohen tumbcapittull die adeliche Ritterdienste von
vnserem hausz Allmen vndt anderen Rittermeszigen Güttern,
nichtt gemindert werden. Nichtt minders die Exempla anderer
Stammen, vndt vnserer lieben Vorelteren, so ihren Bruderen
gewichen, dern dan mercklichen Gedeyens vor augen, Dage-
gen anderer vndergangh, vndt zerrüttungh nichtt weniger, als
durch einen Spiegell, sehen vndt vermercken. Wie dan auch
dasz Mordian nunmehr der Eltest vndt dergleichen beweg-
nuszen vndt rhumblichen bedencken mehr, so wir zu gemuhtt
gezogen; vndt haben vns also vndt dermaszen, wie folget
brüderlich vergliechen dasz Mordian vnser eltest freundt-
lichen lieber Bruder die sammettliche vatterlich vndt auch
mütterliche güetteren, beneben allen ihren zufellen, so entt-
weder künfftigh, oder allbereits erlebt sein, jnhaben, besitzen,
nieszen, vndt nach allem seinem rechttmeszigen Willen, vnbe-
rechnet gebrauchen soll mitt allen ihren Nutzen, nichtt anders
als alleiniger wahrhafftiger Erbe; jedoch mitt diesem ausz-
trücklichen vorbehalt, wofern der allmechttiger Gott, dieser
vnrubigen weltt nichtt verhängen wurde, dasz jm heiligen
Rom. Reich, eine gefehrliche emporungh vndt zerruttungh,
sonderlich deren hohen adelichen stifften, darauf wir beide
Allhardt Georgh vndt Salentin prouidirt, vndt jn Kunfft proui-
dirtt mochten werden, entstehen, vndt wir dardurch wahr-
hafftigh vnserer geistlichen vndt adelichen competentz vndt
vnderhaltts Notturfft destituirt vndt beraubet würden. Jn
sollchem vnverhoffentlichen Pfall, welches Gott der allmecht-
tige ggstverhüetten wolle; wollen wir beide, Allhardt Georgh
vndt Salentin, vns vnsere oberuerten Quoden, vatterlicher
vndt mütterlicher guettern vndt anfehle ausztrücklichen
vorbehaltten haben. Vndt dan zum Zweitten, dasz vns
vnser frdl. lieber Bruder Mordian einem jeden jahrlichs
funfftzigh Rthlr. pro recognitione vndt vnser so vielldebeszeren
nottorfftigern Vnderhalt geben vndt zahlen, Wellches nach vn-
serem ableben auch schwinden soll. Zum dritten, dasz ausz
den samptgüetteren vnsere praebenden (weille wir nicht
emancipirt) zu Padiborn vndt Hilldesheimb, es sei mitt Sta-
tuten vndt anderen Zulagen ledigh vndt frei gemachtt werden
sollen. Jn sollchen fhallen, da sich Mordian vnser freundl'

lieber Bruder vnbeschwert vndt bruderlich bezeigen wirdt, haben wir, wie obgemelt, gern cedirt vndt gewichen. Hin wider habe jch Mordian von Meschede, meinen auch freundtlichen lieben Bruederen zugesagt, dasz jch neben hochster dancksagungh jeder Zeitt wann vndt so offt sie kommen, lieblich bruderlich vndt nach meinem eusersten vermuegen, adelich vndt freundtlich, wenn sie bei mir, sage jch, anlangen, empfahen, vndt nichtt anders, als sie jnteressirtt halten will . Jedoch das sollches nichtt gefehrlich von einiger seitt gebrauchet werden soll, Vndt da einiger bruderlicher miszverstandt zwischen vns, dasz wir nichtt hoffen, vndt auch Gott verhuetten wolle . Vnd dieser vnser verdragh oder Cession jn einigen posten disputirt, vndt vngleich verstanden werden sollte; soilen die wollgemelte bruderliche Vergleichungh durch vngleichen Verstandt, von Keimandtts anders, als vns Brüdern selbst, auch jm Nohtffall mitt zuziehungh einer oder zwehne der nächsten Bluttfreunde, ohne einige kostbarliche schimpfliche Rechtssplitterungh brüderlich vndt freundtlich, wiedan auch nach pillichem der mehrentheill ermeszen, entscheiden werden . Wie wir den aller Rechtsgrunden allerseitts, so diesem bruderlich verdragh zu widern vns pure vndt ausztrucklich thuen begeben vndt verzeihen. Vordt dem allem zu mehrer folge der warheitt vndt bekrefftigungh, haben jch Mordian von Messchede eltester Bruder vndt principall diese Vereinigungh eigener handt vnderschrieben vndt mein angeboren pittschafft auff Spatium wissentlich gedruckt ; Vndt wir Allhardt Georgh vndt Salentini gebruederen; weillen wir noch zuer zeitt vnser angeboren pittschafft vngeferttigt, haben wir die ehrwurdigh, gestrengh Edell vndt vesten eines Philips von Meschede Drosten zu Andtrüchtt, Geseke vndt Rüden . Demnechst herren henrichen von Lüdinghausen genantt Wolff zur Feuchtten Dechandten zu Fritzlar vndt thumbherren zu Padiborn, vnsere freundtliche liebe Vettern . Wie auch zum Dritten den würdigh vnd ehrbahren herrn Guilhelm Lumeren Pfarhern zu sanct Peters Stifftskirchen zu Fritzlar; welche alle, diese Cession vndt Verdragh befurderen helfen, jhr angeborne auch gewohnliche Secrett vndt Pittschadt auffs Spatium zu drucken, vndt beneben vns vnderzeschrieben freundtlichst ge-

betten; welchs wir gern gethan, vndt vrkundtlich betzeugen;
jedoch vns vndt vnseren Erben ohne schaden; auch diesem
allem vorbehalt, ob schon diese Cession vndt Verdragh auff
papir vndt nichtt, wie jm mangell gewesen, pergamein ge-
schrieben, sollches doch allerdings aufrichttigh lautt des Buch-
stabens gehalten werden; wellches alles geschehen jm Jahro
thausent funff hundert neuntzigh vndt neun den 8. Martij.

415. Schadlosbrief. 1599, 21. December.

Christina, geborne von Meschede, Wittwe von Schor-
lemmer zu Helling- und Föllinkhausen, verspricht, ihren
Bruder Mordian von Meschede, Domherrn zu Fritzlar, schadlos
zu halten dafür, dass er für sie Rückbürge bei ihrem Vetter,
dem Drosten Philipp v. Meschede, geworden ist, der sich für
ihre minderjährigen Kinder beim Manfred von Schorlemer
für 1000 Thlr. verbürgt hat, mit welcher Summe Catharina
v. Graffschaft, Wittwe des Jaspar von Schorlemer, des Gross-
vaters ihrer Kinder, abgefunden ist. 1599, 21. December. —

416. Uebertrag 1601, 16. April.

Anton Ebberts, Wittwer von Anna von Loen, Anton von
Loen, Johann Severin und Jobst von Loen zu Rüden, Erben
der Anna von Loen, Wittwe von Steffen Hartman, übertragen
ihre Forderung von 125 Thlrn. und 75 Goldgulden, welche
auf den Zehnten der v. Wreden zu Effelen versichert sind,
dem Drosten Philipp von Meschede. 1601, 16. April.

417. Vergleich. 1602, 25, September.

Philipp von Meschede, kur-cöln. Rath und Drosto der
Aemter Brilon, Rüden, Geseke und Anröchte einerseits, und
Alhard Jürge, Salentin und Mordian, Gebrüder v. Meschede,
respective Domherren zu Paderborn, andererseits, vergleichen
sich wegen ihrer bisher ungetheilten väterlichen und gross-
väterlichen Güter im Wesentlichen dahin: 1. dass genannter
Drosto den alten adelichen Sitz sammt altem Vorwerke und
Scweinestall; 2. die gedachten Gebrüder dagegen das neue
Haus über der Pforte neben dem vom genannten Drosten
erbauten neuen Vorwerk erhalten, jedoch so, dass beide

adelichen Sitze durch eine 9 Fuss hohe Mauer, von der nördlichen Ecke des genannten neuen Gebäudes, bis östlich in den Burggraben gesondert 'werden; 3. die Fischteiche, Kohlgärten, Baumhof etc. werden in zwei Theile getheilt und verloost; 4 auch die übrigen, zu Alme, Tulen, Neden, im Mastfelde, Meschede, Sauerlande, Anröchte, Bergo, Altengischen etc. gelegenen Sammtgüter sollen durchs Loos vertheilt werden. Actum Alme, 1602 den 25ten September.

418. Amtsbestellung. 1602, 6. October.

Ernst, Erzbischof zu Cöln, ernennt seinen Rath und Drosten zu Geseke und Rüden, Philipp von Meschede, zum Drosten der Stadt und des Gogerichts Brilon. Die Besoldung besteht in dem Gohafer, den bisher ein Gograf zu Brilon gehabt, den Diensten zu Rösenbeck und Messinghausen, den Rauchhühner zu Hoppeke, zwölf Mark aus der Kellnerei zu Arnsberg und allen andern Nutzungen des Gografenamtes. 1602, den 6. October.

419. Quittung. 1603, 28. Januar.

Die Eheleute Jobst von Varendorff zu Milsen, Sohn des Berd v. V. und der Catharina v. Brencken seelig, und Clara Anna von Meschede, Tochter des Philipp v. Meschede, kurcöln. Rath und Drosten, und der Ursula von Büren, quittiren ihrem Schwiegervater und Vater Philipp von Meschede die in der Eheberedung vom 22. Juli 1601 versprochenen, in zwei Terminen, jeden mit 2,500 Rthlr. gezahlten Brautschatzgelder und verzichten auf allen künftigen elterlichen Erbanfall. 1603, 20. Januar.

420. Anweisung. 1605, 5. Februar.

Henrich Schüngel zu Berinkhausen bekennt für sich und Anna Kloedt, seine Frau, dass er seinem Vetter Diedrich von Holdingshausen zu Berge nach völliger Abrechnung noch 250 Rthlr. schuldig geblieben, mit welcher Forderung er denselben an seinen Schwager Henrich Kloet zu Hennen verweiset. 1605, 5. Februar.

421. Verkauf. 1606, 12. März.

Philipp Gogreve zu Brockhausen verkauft seinen Korten Elsen Hof mit 25 Morgen Land, einen Zehntantheil und die Pacht von Jurgen Schennekers Hof, alles im Dorfe Effelen und von Hilbrand Gogreve ererbt, an Philipp von Meschede.

422. Verkauf. 1606, 1. November.

Melchior von Bodenhausen zu Arnstein und Mohltorff, Sohn Wilke's von B., verkauft für 16,700 Rthlr. seinem Vetter Josias von Wolmerinkhausen sein Gut zu Ober-Alme, der Bruch genannt, mit hohem und niederem Gerichte über Leben, Leib, Hals und Balg und sonstigem Zubehör, nur seinen Antheil auf dem Buchholze ausgeschlossen, so wie seine Vorfahren das Gut von Goddert von Meschede geerbt zu haben. 1606, in die omnium sanctorum.

423. Zeugniss der Universität Dole (in der ehemaligen France-Comte): dass Johann Melchior v. Meschede Rector Magnificus der Universität gewesen und wegen Absterben seines Vaters habe in seine Heimath zurückkehren müssen. 1607, 24. Februar.

os Joannes Dorothevs Almae Universitatis Dolanae Vice-rector omnibus et singulis praesentes litteras inspec-turis ac lecturis salutem ac plurimam felicitatem . Nobilis ac Magnificus D. Dominus Joannes Melchior a Meschede praefatae Universitatis Rector dignissimus, et de omni Repub. litteraria bene meritus, cum Rectoratus sibi commissi iam, iamque finis appeteret pauculis in reliquam diebus aut septimanis indulgentissimi Parentis sui mortem atque lethum, lethali fere nuncio acceperat simulque desolatae familiae ac Matri praesertim necoessarium suum in patriam regressum . Cum visum est ei, (vt se sui similem in omni virtutis laudisque merito exhiberet,) ab inclyta cui ipse praeerat Accademia recipere commeatum. Quocirca die prae-

senti vigesima quarta februarij, Anni instaurationis christianae
milesimi sexcentesimi septimi conuocato in aedes suas fre-
quenti dictae Almae Vniuersitatis venerando collegio moles-
tissimam omnibus regressus sui causam exposuit, simulque vt
vellent et iuberent Clarissimi Antecessores ac caeteri collegae
probam, probatamque reditus sui in patriam occassionem
cunctae esse Vniuersitati ac viris de ea bene meritis deuo-
tius postulauit, quae cum a toto Collegio summa cum moestitia
recepta essent et praedictus Magnificus ac Nobilissimus Do-
minus ob egregie et grauiter ab eo gestam Rectoratus digni-
tatem ab omnibus magnis merito laudibus et si praesens
maeror eius pateretur gratulationibus dignus videretur . Cen-
serunt praefati de Collegio viri Clarissimi Primum foelicibus
incoeptis dictum Dominum Joannem Melch. a Meschede die
quinta mensis Aprilis anni superioris milesimi sexcentesimi
sexti ad Rectoralem Academiae Dolanae purpuram Clarissi-
morum Antecessorum ac caeterorum collegarum suffragiis
electum et in eam allectum dignitatem . Secundum . Bene et
ex Academiae matris sententia de magistratus sui dignitate
praedictum Nobilissimum dominum Melchiorem officij ac dig-
nitatis sibi commissae munia obijsse nunc orationibus solutis,
nunc varijs de Philosophia, aut iurisprudentia disputationibus
in actibus, quibus frequenter sese pro magistratus sui ratione
exhibebat diligenter insudando ac vacando . Tertium in tanto
luctu quantum est paternum funus illegitimam recessus cau-
sam nemini bene sensato videri posse ac propterea dicto
Nobilissimo ac Magnifico D. Uno. Rectori nihil obesse quo
minus recte Magistratum gessisse et quasi iam perfecisse
videatur praesertim in tam comtemnenda modici temporis
reliqui iactura . Qua propter denunciamus cum debere vti et
gaudere omnibus et singulis priuilegiis franchisijs, libertatibus
immunitatibus, honoribus, gratijs et indultis, quibus caeteri
dictae Vniuersitatis Rectores hactenus vsi sunt, vtuntur et
vti debent . In cuius rei testimonium has patentes litteras ex
inde fieri et per scribam dictae Universitatis subscribi et
signari mandauimus sigilloque maioris dictae Vniuersitatis cum
retroimpressione minoris curauimus, iussimus et fecimus
appensione muniri '. Datum et actum Dolae, die vigesima

quarta mensis februarij Anno dni. millesimo sexcentesimo septimo.'

Joannes Dorotheus Almae Academiae Dolanc vicerector C..mondans. Claudius de sancto Mauritio. Prayson.

Sanson Rogera. Miget syndicus academiae.

Franciscus Marelet.

(Noch vier unleserliche Unterschriften.)

Das Siegel hängt an einem rothseidenen Bande, ist aus rothem Wachs und zeigt ein dreitheilig, gothisch verziertes Bild, mitten die sitzende Madonna mit dem Kinde, ihr zur Rechten ein Bischof, links ein Heiliger, alle drei mit Baldachinen. Unter der Maria zeigt sich in einem mit Steinen bestreuten Schilde ein rechtsschreitender Löwe. Das kleinere Wappen ist zerstört.

424. Verkauf. 1607, 5. Juni.

Conrad de Wrede zu Milinchusen verkauft dem Philipp von Meschede seine ³/₄ Antheile an dem Boickmans Hofe in Effelen für 1132 Reichsthaler alte Schuld und jetzt erhaltene 1068 Reichsthaler.

425. Lehnbrief. 1609, 4. Februar.

Mordian von Meschede belehnt Henrich Duppen zu Brilon für sich und seine Schwäger Ludwig Morcken, Hermann Schutten und ihre Mannleibeserben, mit einer halben Hufe Landes zu Keflik gelegen.

426. Kriegsausstattung. 1610, 13. April.

Telmann Meschede (wahrscheinlich Bastart) bekennt für sich und seine Frau Catharina, dass ihn Ursula, geb. Edeltochter zu Büren, Wittwe v. Meschede, Drostin zu Anrüchte, nicht aus Pflicht, sondern freiwillig, zu Pferde und mit allen zugehörigen Kriegesbedürfnissen ausgerüstet und ausserdem ihm und seinen Kindern auf lebelang 3 Morgen Land bei der Bleiwäsche zehnt- und pachtfrei zu gebrauchen zugesagt habe. Verpflichtet sich und seine Kinder zugleich, ferner keine An-

sprüche gegen die Drostin oder ihre Erben, da er gesetzlich
keine habe, machen zu wollen. 1610 am Paschdinstage.
Darunter steht bemerkt: dass die Frau Drostin ihm zur
Ausrüstung seines Knechtes noch 20 Thlr. vorgestreckt hat,
welche er beim Empfang seiner Besoldung zu erstatten gelobt.

427. Aufforderung zum Vasallendienst. 1610, 15. März.

Christian vnndt Wolradt Gebrüdere Grauen vnd Herrn
zu Waldeck.

Vnnserenn Grues zuuor . Ehrenueste liebe ge-
trewe Was jtzo dero bevorstehenden Gulischen Kriegs-
empörung halber vor besorgliche Durchzuege, vnnd bedran-
gung vor Augen schweben vnndt leider zum theill ins werck
gerichtet, dessen werdet ihr albereits ohne vnser aviso ge-
nugsamb bericht von andern Empfangen habenn. Wann vns
nuhnn gebuhrenn will, vnser Lанndt vnndt Leute, so viell
müglich, vor ohnrechter gewaldt zu manuteniren vnnd zu
uerthedigenn vnnd aber solches ohne zuthuen vnserer ge-
trewen Lehnleut vnnd Ritterschaft nicht — geschehen kann,
so ist (vnser Wille) dass Ihr Euch mit Pferdt, Harnisch vnd
gueten (Knecht) in bereitschafft haltt vnd vns vff erfordernn
trewlich beispringet, solches gereicht zu erhalttung vnser
reputation, beschutzung der vnderthanen, vnndt enndtlich zu
ewer selbst nutzen vnnd hochsten lob vnd habens Euch,
denen wir mit allen gnaden gewogen, nicht verhaltten sein
wollen . Gegeben Alten Wildungen am 15. martij ao. 1610.

    Christian Graf zu Waldeck.   Wolradt.

Aufschrift: Denn ehrenvesten vnsern lieben getrewen Ge-
           vetteren vonn Meschede sampt vnndt sonders
           zu Allmen.

    Der Brief ist an den eingeklammerten Stellen zerstört
und dem Sinne nach ergänzt.

428. Entschuldigungs-Schreiben wegen Ausbleibens bei der Musterung. 1610, 15. Juni.

ollgeborne Grauen . E. G. Gnaden seyn vnser vnderthanige demutige dienste bestes fleiss zuvor . Gnedige hern . Was E. G. von wegen jrer furgesetzter Musterung vnd das wir als Lehnleute mit knecht vnd pferden dabei schicken vnd vnd jrer gnaden gemuetsmeinung ferner dabei vernemen sollen, vnterm 26 may an vns gnedig geschrieben, dasselb ist vns gestrigs tags in vnser Vettern, Schwagern, vndt Sohns Josaias von Wolmerinkusen vndt Johann Melchior von Meschede absein allererst zugestellt vnd zue handen kommen. Ob wir nun woll vermuge vnser Lehenspflicht schuldich, auch in vnderthanigkeit ganz willig, diesem E G. gnedigem beuelch würcklich zu geleben vndt nachzusetzen, so ist es vns doch vor dissmall, wegen kürze der Zeit vnd dass vnsere obgedachte Vetter, Schwager vnd Sohn, nit inheimisch, vnmöglich, gelangt derwegen zu E. G. G. vnser vnderthenig demutige bitt, die wollen vns vor diessmall auss erheblichen hindernissen zu gnaden vbersehen vnd vnsers nottwendigen verhaltens halber in gnaden nicht verdammen. Wollen vns so bald vnser Vetter, Schwager vnd Sohn widerumb inheimisch anlangen werden, beraden vnd vf negst E. G G. gnedig erfordern, wie gehorsamen Lehnleuten gepurt, einstellen . Getrostens zu E. G. G. vns also vnderthenig vnd demutig. Vndt thun dieselb gottlicher gnadenreicher langwiriger Gefristung ganz getrewlich befehlen . Dat. Anrücht den 15. Juny ao. 1610. stylo correcto

Ewer Gräflich Gnaden vnderthanige demutige
Vrsula Dochter zu Buren . Wetwe von Meschede.

429. Verkauf. 1610, 28. Juli.

Herbert von Lohn zu Baldeborn und seine Frau Anna Maria Schüngel verkaufen ihren freien Erbhof zu Schüren, genannt Brandtshof, so wie ihn Hencke Schüngel und dessen Sohn Heneke, der Grossvater und Vater der Verkäuferin,

Fahne, Meschede. 16

pfandweise untergehabt hat, an die Gebrüder und Vetter
Alhard Jürgen, Salentin, Mordian und Johan Melchior von
Meschede. 1610, 28. Juli. — 1554, 21. Dec., besassen die-
sen Hof Henninch Schüngel zum Schnellenberge und seine
Frau Marg. vom Plettenberg, welche ihn an Jaspar Schade
zu Cobbenroth und dessen Frau Antonie verpfändeten.
Marg. war 1567 Wittwe und tritt 1572 mit ihrem Sohne
Henninch Schüngel auf.

430. Schuldverschreibung. 1610, 25. December.

Ursula von Meschede, weiland Philipps von Meschede
Tochter, bekennt, ihrer Schwägerin Goda, geborne v. Spiegel
zum Desenberg, Frau v. Brenken, 400 Rthlr. zu schulden.
Bürge für diese Schuld ist ihr Bruder Johann Melchior von
Meschede, Droste zu Anröchte. 1610. In den heiligen Feier-
tagen zu Weihnachten.

431. Eheberedung. 1611, 6. Februar.

Sie findet statt zwischen Rutger Ketteler zu Middelburg
und Bockshövel, Sohn weiland Conrad Ketteler und Berthen
geb. von Raesfeld seelig, und Jungfer Ursula v. Meschede,
Tochter weiland Philipps v. Meschede zu Almen und Anröchte,
chur-cöln. Raths und Drosten zu Brilon, Rüden und Geseke, und
Ursula, geb. Erbtochter zu Büren, Wittwe. Die Braut soll vom
Bräutigam zur Morgengabe haben den Kackerbeckenhof, im
Kirchspiel Libborg und Bauerschaft Ostwich gelegen. Von
ihrer Mutter und ihrem Bruder Joh. Melchior v. Meschede
zu Almen und Anröchte, Drosten zu Rüden und Geseke, erhält
sie eine Aussteuer und einen Brautschatz von 3500 Thalern.
Diesen Vertrag genehmigen: Braut und Bräutigam, Goswin
und Caspar Ketteler, Brüder, Domherren zu Münster, Georg
Henrich v. Diepenbrock zu Buldern, Namens seiner Frau
Anna Ketteler von Middelburg; dann Ursula, geb. Edeltochter
zu Büren, Wittwe v. Meschede, Joh. Melchior v. Meschede,
als Mutter und Bruder, und Jobst v. Varendorf zu Milsen
für seine Frau Clara Anna v. Meschede, Tochter von Alme.
Als Verwandte und Freunde sind zugegen von Seiten des

Bräutigams: Goswin und Caspar Ketteler, Brüder, Domherren zu Münster, Georg Henrich v. Diepenbrock zu Buldern, Johann Ledebur Ketteler zu Werburg, Droste zu Limburg, Goswin v. Raesfeld zu Roemberg und Werdt, Herr zu Herfeld, Droste zu Bockeloh, und Bernard v. Münster zu Meinhövel. Von Seiten der Braut: Ursula, geborne Edeltocher zu Büren, Wittwe v. Meschede, Johan Melchior v. Meschede, Jobst v. Varendorf zu Milsen, Henr. Westphalen, fürstl. paderborn. Rath, Hofmeister und Droste zu Lichtenau und Wünnenberg, Alhard v. Hörde zu Schwarzenraben, Droste zu Lippe, Jobst v. Landsberg zu Erwitte, Droste zu Mark, Oberstlieutenant, und Henninch, Droste zu Erwitte und Schweckhausen, kur-cöln. Gograf zu Erwitte. 1611, am Sonntag Sexagesima als den 6. Februar.

432. Quittung. 1611, 21. April.

Die Vorgenannten: Ruttger Ketteler und Ursula von Meschede quittiren der Wittwe Ursula v. Meschede und deren Sohne Joh. Melchior v. Meschede zu Almen und Anrüchte, Drosten zu Rüden und Geseke, 3000 Rthlr. Brautschatz und 500 Rthlr. Aussteuer und verzichten auf alle Erbansprüche an die von ihrem Schwiegervater und Vater Philipp v. Meschede zu Almen etc. nachgelassenen Güter. Mit dem Siegel des Ruttger Ketteler und seiner und seiner Frau Unterschrift.

433. Schuldverschreibung. 1611, 21. Mai.

Ursula, Edeltochter zu Büren, Wittwe v. Meschede und Johan Melchior v. Meschede, Mutter und Sohn, bekennen, von ihrem Vetter Jobst von Landtsberg zu Erwitte und Marck, kur-cöln. und paderborn. Rath und resp. Landdrosten, und Dorothea, geb. v. Erwitte, seiner Frau, 2000 Rthlr. empfangen und diese zur Abtragung des, an ihre Tochter und Schwester Ursula v. Meschede, Frau v. Ketteler zu Middelburg, verschriebenen Brautschatzes verwendet zu haben. — Sie verpfänden hierfür ihren angekauften, in und um Anrüchte gelegenen Graffenschen Erbsitz mit zugehörigen Gütern. 1611, am hochheiligen Pfingstabend.

434. Schuldverschreibung. 1611, 22.—24. Mai.

Josias von Wolmerinkhausen zu Almen empfängt von Henrich Waldtschmidt, fürstl. paderb. Rentemeister und Amtmann zu Werelsburg und Büren, 300 Rthlr. zu 6 Proz. und verpfändet ihm dafür seinen zu Almen gelegenen Eisenhammer. 1611, in den heiligen Pfingstfeiertagen.

Auf der Rückseite ist vermerkt: dass Friedr. Wilh. v. Gogrebe, fürstl. waldeck'scher Oberjägermeister und Hofmeister und Ottilia Charlotte v. Hanxleden, Herr und Frau zu Oberalme und Mengeringhausen etc., diese Schuldverschreibung mit 100 Rthlr. von dem Choralen- und Küsterfond des Doms zu Paderborn eingelöset haben. 1689, den 1. August.

435. Lehns-Revers. 1611, 26. September.

Josias von Wolmerinkhausen zu Alme bekennt, von Elisabeth, Wittwe und Frau zu Büren etc., mit dem Wensterhof und dem Gehölz, genannt der Rammesberg, gelegen in der Almer Mark, nach Mannlehnsrechte belehnt zu sein.

436. Schreiben. 1612, 3. März.

Ferdinand, Administrator der Kur-, Erz- und Stifter Cöln, Lüttich etc., ersucht, als erwählter Bischof von Paderborn, Caspar Diedr. v. Schorlemmer, Joh. Melchior v. Meschede, Reinichen von Bucholtz und Laurenz Schüngel, die Capitulation, welche nebst dem Bischofe vier aus der Ritterschaft unterschreiben müssen, zu unterschreiben und zu versiegeln. Dat. Cöln 1612, den 3. März.

437. Vergleich. 1612, 4. October.

Wegen der im Vertrage von 1602 zwischen weiland Hrn. Drosten Philipp von Meschede und den Gebrüdern Alhard, Jürgen, Saltentin und Mordian v. Meschede aus der väterlichen und grossväterlichen Erbschaft ungetheilt gebliebenen Gütern wird jetzt zwischen den genannten Brüdern und dem jetzigen Drosten Johan Melchior v. Meschede also verfügt: 1) die in der Sammtkiste vorhandenen Originale und brief-

lichen Nachrichten werden sofort getheilt; 2) alle grossväter-
lichen oder altväterlichen Güter, welche noch nicht getheilt
sind, sollen taxirt und getheilt werden; 3) Jagd, Fischerei,
Hude und Weide sollen ungetheilt bleiben etc. Schiedsfreunde
dabei waren: Arnold von der Horst, Domdechant zu Pader-
born, Rabe Westphalen etc.

438. Eheberedung. 1613, 5. Januar.

Sie findet statt zwischen Johan Melchior von Meschede
zu Almen und Anröchte, Sohn des † Philipp von Meschede,
kur-cöln. Raths und Drosten zu Brilon, Rüden und Geseke,
und der noch lebenden Ursula, geb. Edeltochter zu Büren,
und Odilia Elisabeth von Landsberg, Tochter des Jobst von
Landsberg zu Erwitte und Mark, und der Dorothea, geb. von
Erwitte zu Welschenbeck. Der Bräutigam bringt als Hei-
rathsgut seine beiden adlichen Sitze zu Almen und Anröchte
in die Ehe, dagegen die Braut eine Aussteuer und einen
Brautschatz von 6000 Rthlr. Der Bräutigam verspricht als
Morgengabe das Haus zu Altengeseke und zur Leibzucht das
Haus zu Effelen und den dritten Theil aller seiner Mescheder
Erb- und Güter. Von Seiten des Bräutigams sind zugegen
und siegeln: Alhard Georg v. Meschede, Domherr zu Pader-
born, Henrich Westphalen zu Herbram, Laer und Mulszborn,
fürstl. paderb. Rath, Hofmeister und Droste zu Lichtenau,
Herman Gottschalk von der Malsburg zu Hohenbom und Si-
berhausen, fürstl. hessischer Geh. Rath, Henrich v. Ense zu
Westernkotten, Jobst v. Varendorf zu Milsen und Rötger
Ketteler zu Middelburg und Boickhövel. Von Seiten der Braut:
Jobs v. Landsberg, der Vater, Rabe Diedrich Overlacker,
Statthalter der Ballei Westfalen, Comthur zu Molheim, Died-
rich Overlacker zu Grimberg und Hemmer, fürstl. clev.-mär-
kischer Rath, Droste zu Altenahr und Iserlohn, Alhard v.
Hörde zu Schwarzenraben und Störmede, Droste zu Lippe,
Christoph von Hörde zu Eringerfeld und Störmede, Henninch,
Droste zu Erwitte und Schweckhausen, Henrich v. Werme-
rinkhausen zu Heithoff. 1613, am Abende der heil. drei
Könige. (Mit 14 wohlerhaltenen Siegeln.)

Von demselben Jahre, 23. Januar, findet sich eine Ur-
kunde im Almer Archive, worin die Eheleute Philipp Henrich
von Schaffhausen und Elis. von Fürstenberg dem Caspar
Kleinsorgen, der zu Rüden wohnt, für 50 Rthlr. Darlehn eine
Rente von 7 Müdde Hafer aus ihrem Brunsteinshofe zu Effelen
verschreiben.

439. Schuldbekenntniss. 1617, 26. März.

Clara Anna, geborne v. Meschede, Frau des Jobst von
Varendorff zu Milsen, für sich und Felicitas, ihre Tochter,
bekennt, dem Johan Melchior v. Meschede, kur-cöln. Rath
und Drosten etc-, ihrem Bruder, 500 alte Rthlr. gegen jährlich
30 Rthlr. Zinsen zu schulden, welche sie zur Erbauung des,
ihr in der Eheberedung zur Leibzucht verschriebenen Hauses
nebst fünf Nebenhäuser, gelegen in Bielefeld, verwendet hat.
1617, auf das heilige Osterfest.

440. Bestallung. 1618, 1. August.

Ferdinand Erzbischof zu Cöln, ernennt den Drosten zu
Anröchte, Johan Melchior v. Meschede, zum westfälischen
Rath, wofür er jährlich 100 Rthlr cölnisch aus der Kellnerei
zu Arnsberg bekommt. 1618, 1. August.

441. Vorladung. 1618, 12. September.

Wilhelm v. Bavaria, Freiherr zu Hollinghoven, Land-
droste von Westphalen, fordert den chur-cöln. Rath und Drosten
Joh. Mel. v. Meschede auf, zur Berathung über die Grenz-
streitigkeiten zwischen Churcöln und Paderborn am 18. Sept.
in Geseke zu erscheinen; nebst Instruction für die Berathung
und Protocoll über die zwischen Geseke und dem Paderborn-
schen abgeschrittene Schnade.

442. Inventar der Kleinodien, Baarschaften und Klei-
der der verstorbenen Ottilie Elisabeth, geborene
v. Landsberg, Frau Joh. Melchior v. Meschede.
1619, 9. Juli.

Anno 1619 am 9. July haben die Wolledele viellehr vnnd
tugendreiche fraw vrsula geborn Edelltochter zu Beu-
ren, Wittibe von Meschede Drostin zu Anröchte, so
dan fraw Margaretha gebohrne von Ouellackher Wit-
tibe spiegelsche. Wie auch J. Anastasia gebohrne von Mes-
schede, vnnd Juffer Sybilla gebohrne von Landtspergh, die von
weilant der auch woll viellehr vnnd tugentreichen fraw Otihlie
Elisabethe gebohrne von Landtspergh, fraw von Meschede
Dröstinne zu Anröchte, ihrer respectiue geliebter Dochter
vnnd Schwestern christselichen Andenckensz hinderlassene
bewegliche gütere, baerschafften, kneinodien, vnnd kleider,
auffgesucht vnnd nachfolgenden inhalts befunden, vnnd ver-
zeichnen lassen.

Klinodinge. Anfenglich ein Carcant von schwantzig stuckhe
dern dasz mittelste von funff Diamanten, vnnd vier rubinen,
vier mitt einem Diamant, funff mitt rubinen, vnnd die vbrige
Zehen mitt vier grossen perlen. Item ein kleinoidt der ritter
st. Jorge mitt 9. Diamanten, vnnd sechs rubinen. Noch ein
grosz kleinott vom Meerweiblein, von perlemutter mitt .22.
Diamanten vnnd auch so viell rubinen sampt dreien grossen
perlen. Noch ein kleinott ihm spillraidt mitt 33. Diamanten
funff Rubinen vnnd einer schmaragde. Item ein kleinodt eine
Meycken auffs Haupt mitt zehen rubinen vnnd einer schma-
ragde. Item ein Carcantlein vmb den Hals von sieben stuck-
hen vnnd eilff rubinen. Item ein Medaillie von 37. Diamanten,
welche die Godtselige fraw Drostinn ihrem Allerliebsten dem
Hern Drosten etc. zeit ihres Lebens verehrett gehatt. Noch
ein Medallie von Eilffen Diamanten vnnd 9 rubinen samp noch
funff perlen, so gleichfals dem Hern Drosten etc. von seiner
Allerliebsten seligen verehret. Item ein budtkrantz von 21.
stuckhen, mit 19 Diamanten. Item sechszehen stuckhe so
man auffm Haubt gebraucht deren achte mitt rubinen vnnd

achte mit perlen. Item funff Dutz geschlagne roesen, vnnd
noch zwey derselben, Item ein klenodt so ein Hirsch mit .4.
Diamanten zehn rubinen, vnnd kleinen perlen. Item zweyn
Ohrengehenge mitt vier schmaragden vnnd sechzs rubinen,
Item funff geamulirte federkensz mitt Commuinkhen vnnd per-
len. Item zwei gulden Bierkens mit 16 perlen. Item drey
dutz vnd vier gespunnene eingelegte rosen mitt perlen. Item
noch ein par Ohrenghenglein, mitt zehen rubinleins. It. vier
gulden schlengleins, in die Ohren gehörich. It. Ein gulden
ringe mitt einer grossen spitzigen Diamanten. Item einen
ring mitt einer spitzen Diamanten. It. einen ring mitt einer
spitzen Diamanten, vnnd spittzen rubinen. It. einen ring mitt
einer spitzen Diamanten. Noch sechs Taffell Diamanten,
deren einer mitt funff Diamanten. Noch einen mitt einer
Taffell, vnnd taffell rubinen. Noch einen mitt einer rubinen.
Item einen ring mitt einer schmaragde vnd ein rubin. Noch
einen ring mitt einem turchois. Item Ein ringlein so gean-
gelert mitt einen Rubein. It. ein ring Handt in Handt. It. Noch
zwey geamelierte Ringelein ohne stein. Item ein Ring mitt
einen geamelirten Hertze ohne stein. Item der godtseligen
frawen trauringe vnnd pittschafft.

Guldene vnnd perlene Ketten. Item eine guldene lange
ketle, halb mitt gedreheten geliddern . Wierhent ein pfundt
vnnd 24 loth. It. ein geamelirte guhlene Ketten mitt perlein,
mitt 15. rondten, vnnd funffzehn langen stuckhen sampt drei-
tzige roseleins weigent 1. ℔. vnnd 12. loth. Noch eine grosse
guldene kettchen wegent 3. ℔ vj loth. so Jobsten philips
zuständigh. Item ein guldene pantzer ketten, mitt einer anti-
quiteten, vnnd kleinen Euleken wegen 1. ℔. vnnd 10 Loth,
ist dem H. Drosten zuständig. Item zwey pantzer Armbende
wiegent 10 Loth weniger anderthalb quentin. Item vier strenge
kleiner pantzer ketten sampt sieben guldene Nateln wiegent
zusamen 7½ Loth. Item .2. strenge geschnorter perlenketten
mitt schwartzen Agathen wegent 1. ℔ vnnd Neun Loth we-
niger ein quentin mitt 20. korben, mit 20 knopffen mitt 40.
schwartzen Agathen. Item ein perlen ketten von zweyen
strengen mitt hundert guldene korblein wiegendt 12½ loth.
It. noch ein perlen Ketten mitt braunen agathen vnnd kleiner

guldenen pfeilens wiegen 17.loth. Item sechs strenge rondter
perlen wiegent 12. loth. Item zwey loth eingeschnorter per-
len minus 1 quentchen. It. drey loth an perlen Hansbandlein
vnnd noch einen perlen vnnd Ametissen. It. noch befunden
ein schwartz sieden gürdtlein mitt gulden geammelerten
schlosserleins mitt beutell vnnd spiegell. Item ein gulden
Hauben mitt kleinen perlen. It. ein schwartz Hauben mitt
einem loth perlen. Item zwey silberne buchsen mitt ihren
waffen. Item ein silbernen Antrecker, vnnd jn silber gefaste
Haerbürste mitt ihren Waffen. Noch ein kleyer in silber ge-
faste Haerbürste mit ihren Waffen. Noch ein Kleyder burste
jn silber gefast vnnd Sohnnenveher (Fächer) gleichfals in silber
gefast. Item ein mit silber beschlagen kamb. It. ein perlen
Nostercken mitt granaten. Item funff federckhens gehorig an
den lobbendrath von gold vnnd perlen. Item funff silberne
mitt seidenfleuest vnd flittern, gleichfals an den lobbedraeth
gehörich.

Folgen lerners die Kleyder. Ein rock, von schwartzem
geblumbten sammet viermalh mitt guld. posament gebordet
Item ein rockh von schlechtem sammet mitt einem von perlen
gebordirten kragen. Item ein schlecht sammeten Rock mitt
schwartzen sattinen corden gebordet. It. Noch einen gebleum-
meten sammeten Rockh mitt spanischen mawen mitt guld.
stuckh gefuttert. Item ein schwartzen sattinen rock, gefuttert
mit schwarzem sattein mit einer silberen blumen auf spanisch
gemacht. It. ein schwartz Damasten rockh mit guld. tränsen
gebordet. Item ein schwartz seidenen grobgruen rockh. Item
Eine violen braune flowelen seile, dreymall mitt guld posa-
ment gebordet. Item ein roidt sattein seile zweymall mitt
gulden Frawigs goldt gebordet. Item ein roidt vnnd weisz
Dammasten seile, viermal mitt guld. posament gebordet. Item
ein in Carnat armoseiden seile, dreymahll mitt silbern posa-
ment gebordet. Item ein Goldtgelb, vnnd blaw Coleur Armo-
seiden Seile, viermahll mitt guld posament gebordet. Item
ein schwartz verblometen sammeten Menthelen zwey mall mitt
gulden posament gebordet. Item ein goltgelb seiden Leteur
seile, mitt allerhandt blomenwerckh. Item ein grune samme-
ten Deckhe mitt einer gulden grunte von funff bahnen. Item

sechs stuckhe von acht baden grun vnnd gelb armseidene Gartinen. Item den vmbhang gleich der Deckhe. Hierbey zu gedenckhen, dasz auch an golde rthr. vnnd kleinem gelde an die funffzig rthr. werth befunden.

443. Verkauf. 1619, 11. November.

Peter Peltz und seine Stiefkinder verkaufen ihren Hanenhof zu Effelen nebst Antheil am Zehnten dem Johan Melchior von Meschede. 1619, auf Martini Episcopi Fest.

444. Verkauf. 1621, 14. Januar.

Conrad Wrede zu Milinghausen verkauft, weil seine sämmtlichen Güter wegen vieler elterlicher und grosselterlicher Schulden in Concurs gerathen sind, seinen Erbhof zu Effelen, den Herman Boickman zu Pacht hat, und seine beiden Zehnten zu Effelen und zu Miste im Aschenthale, welche er von seinen Eltern ererbt und durch Aussteuer seiner Geschwister erworben hat, dem Johan Melchior von Meschede für 5700 Rthlr. Der Kaufpreis wurde folgender Art abgetragen: 2200 Rthlr. hatte der Käufer, 1400 Rthlr. Engela von Berninghausen, Wittwe des Henrich Wrede, Bruder Conrads, 245 Goldgld. und 18 Rthlr. Thomas Muthel, 40 Goldgld. die Kirche zu Effelen, 536 Rthlr. Albert Klepping zu Soest zu fordern, so dass Conrad noch 1190 Rthlr. herausbekam. Ludolph Wrede, der Bruder Conrads, dem für seine Einwilligung vom Käufer der Werth für den Unterhalt eines Pferdes versprochen worden war, erhielt 1627, 25. Januar, als er, nach dem Tode seines Bruders Conrad, den Einwilligungsund Verzicht-Act ausstellte, 100 Rthlr.

445. Schätzung. 1621, 27. März.

Mordian und Johann Melchior von Meschede lassen auf den, ihnen gehörigen Brandthof zu Schüren die Ansprüche ihres bisherigen Colon Brandt, der abziehen will, an den Gebäuden und an der Kalk- und Mistdüngung vor dem Richter zu Calle und Remblinghausen schätzen.

446. Instruction. 1621, 29. November.

Statthalter und westfälische Räthe instruiren Johan Melchior v. Meschede, chur-cöln. Rath etc. und Anton v. Padberg» was dieselben bei Mauritz, Landgrafen zu Hessen etc., wegen der, von demselben occupirten Stadt Vockmarsen vortragen und werben sollen. Dat. Arnsberg 1621, den 29. Nov.

447. Verkauf. 1622, 31. Januar.

Christoph Noggeraidt und Margaretha Reichemachers, Eheleute zu Brilon, verkaufen 10½ Morgen zehntfreies Erbland zwischen Effelen und Menzel an Johan Melchior von Meschede.

448. Schreiben des Grafen von Waldeck an Johann Melchior von Meschede. 1622, 5. März.

ollradt Graf vnndt Herr zue Waldeckh. Vnnsern gunsligen grues vnnd geneigten willen zueuohr . Edtler Vnser lieber Besondere . Was Ihr ahn D. Arcularium geschriebenn, vnnd demselben zue verstehen geben, wassmassen Ihr ein Zeitlang von dem ewrigen mit nicht geringem schaden absein müssenn, dauon hatt er vns in Vnderthenigkeit ahnzeige gethan. Alss Vns dan solchs schmertzlich vorkommen, so tragenn wir billich desssfals mitleiden mit euch, mit dem ahnerbieten, wofern Ihr euch ein Zeitlang in Vnser Grafschafft auffzuhaltenn begehret, dass euch selbige zu solchem ende offen, vnnd Ihr Vns wilkommen sein sollet. Weilen wir aber ohne dass Vns ahngelegener sachen halber mit euch zu vnderreden, begehren wir gunstig, Ihr wöllen euch forderligst anhero erhebenn . vnnd vnsere gemüths meinung vernehmen. Woltens euch dem wir mit gunstigem geneigtem willem woll gewagenn nicht verhaltenn . Datum Arolssen am 8. Martii ao. 622.

Wolradt Graue zu Waldeck m. p.

Dem Edtlem vnndt Vestem Johann Melchiorenn von Meschede churfürstlichen Drosten zue Anreucht, Vnnserm lieben Besondern.

449. Der Churfurst von Cöln gesinnt von Kaiser
vacante Lehne für seinen verdienstvollen Hof-
marschall, Kriegs-Commissar und Rath Johann
Melchior von Meschede. 1623, 23. Februar,
sammt Antwort. 1623, 14. März.

llerdurchleuchtigster etc. E. Key. Maytt. geruhen Aller-
gnedigst ob dem einschlusz zuuerlesen, wasz gutte
Hoffnungh der vest, mein hoffmarschalck, Kriegs Com-
missarius, Rhatt vnd lieber getrewer Johann Melchior
von Messchede zu Allmen geschöpfft, durch meine vnderthe-
nigste Intercession . E. Maytt. weittberumbter Key. liberalitet,
gnadt vnnd vorschub zugenieszen, wie jch nun bemeltem
meinem Marschalcken seiner zu gemeiner wollfarth, vnnd E.
Key. Maytt. Dienst (dahin alles von mir angesehen gewesen ist)
geleisteten trew vnnd redlichkeit gutte zeugnusz geben kan,
also ist mir nur gahr zu woll bewust, wie feyandtlich mit
raub, plunderen, brandt vnnd ebodungh seiner sonst nit schlecht
gewesener gutter vnnd haabsehligkeiten, von E. Maytt. widder-
werttigen jhme zugesetzt worden, Dahero jch der getrösteter
Zuuersicht lebe, E. Maytt. werden obbemelten meinen Rhatt,
alsz welcher noch offt vnnd langh zu dienst vnnd befürderungh
des gemeinen wesens zugeprauchen ist, zu gepettenem effect
dieser meiner vnderthenigster vorbitt dahin Allergnedigst ge-
nieszen laszen, damit Er würcklich empfinde, dasz seine ge-
leistete dienst aggradirt, zur Continuation jhme veranlaszungh
gegeben werde, vnnd sich zuerfrewen haben möge, diese
meine wollgemeinte Intercession habe dasz jenigh wasz Er
meritirt, vnnd jch jhme jn gnaden gunne, gefruchtet, Dardurch
werden E. Maytt. obbemelten Messchede zu jhrer deuotion
allergnedigst mehr vnnd mehr verbinden, vnnd jch thue mich
zu Key. Gnaden vnnd hulden gehorsambst beuehlen. Regens-
purgh den 23 Feb. Ao 1623.

An die Rom. Key. Maytt. von Churf. Dhllt. zu Colln
abgangen.

er Röm. Kay. auch zu Hungern vnd Böhaim Könl. Mt. etc.
Unserm Allergnedigsten Herrn, ist in vnderthenigkait
getrewen vleisz vorgebracht worden, waszmassen bey
derselbigen, desz hochwürdigsten Fürsten, herrn Ferdi-
nanden Ertzbischouens zu Cölln, desz heiligen Römischen Reiches
durch Italien, Ertz Cantzlers, vnd Churfürstens, Bischouens zu
Lüttich, Hildeszhaim, Münster, Paderborn, vnd Stabel, Probstens
zu Berchtesgaden, Pfalzgrauens bey Rheyn, hertzogen in Ober
vnd Nider-Bayern, Rath, Hofmarschalch, vnd Kriegs Commissa-
rius, Johann Melchior von Messchede, gehorsamist angesuecht vnd
gepetten hat, jhne, in ansehung vnd zu etwas Ergätzung
seiner, die verschiener jahr vber, von jrer Mt. etc. vnd der
getrew, gehorsamen Churfürsten vnd Stendten offenen Vheind-
ten, erclärten Äächtern, vnd Rebellen bey denen im Nider-
landisch Westphalischen Craisz fürgegangenen Kriegs Empö-
rung vnd allgemainen Landtszuerderbung, erlitenen vnerträg-
lichen Schäden, mit ainem in der vntern Chur Pfaltz gelenen
Hirchpergischen Lehen zu Lauterszhauszen, oder zum fahl
darbey villeicht bedenckhen fürfallen möchten, mit jrgent
andern selbiger orthen, oder anderstwo heimbgefallenen Re-
bellen Güettern, ausz Kay. milte gnedigist zubegaben. Wie
nun höchstermelte Kay. Mt. etc. hierinnen mit vorgenanten
von Messchede, ain sondetbar gnedigstes Mitleiden tragen,
vnd demselben, in angeregtem seinem vnderthenigisten An-
suechen vnd bitten, sowol vmb yezt gehörter vrsachen willen,
alsz auch zumahl, in betrachtung der, von obhöchstgedachtes
herrn Ertzbischouen zu Cölln, Churfrl. Dht. für jhne von
Messchede eingewenten staatlichen Vorschrifft mit gnaden zu
willfahren nicht vngenaigt sein, yedoch, weil die Sach
sich noch zur Zeit in obgeschriebner Pfaltz haubtsächlich
dergestalt nicht beschaffen findet, dasz jhre Kay. Mt. etc. in
obuerstandenen oder andern dergleichen Praetensionen ain
gewisz und bestendiges Disponieren, oder sich entschliessen
künden, alsz stellen Jhre Kay. Mt. etc. es für dismal dahin,
dasz dieselbige mehr obbesagtes von Messchede vnderthe-
nigisten pitten, zu seiner Zeit mit gnaden eingedenckh sein,
vnd sich alszdann zur gebür gnedigist erclären wöllen, wie

dann Jhre Kay. Mt. etc. Ime im vbrigen mit Kaiserlichen
gnaden wolgewogen verbleiben, SIGNATUM in Jhrer Kayserl.
Mayt. etc. vnd desz heiligen Raichs Statt Regenspurg, vnter
dero aufgetruckhtem Secret Jnuszigl, den viertzehenden disz
Monats MARTY ANNO Sechszehenhundert dreyundzwainzigisten.

450. Verkauf. 1624, 1. December.

Catharina von Affelen, Wittwe Flashaer, verkauft den
Hof zu Effelen, der laut Gewinnnotteln an Johann Borsteke
für 18 Müdde hart Korn, 12 Müdde Hafer und zwei Tage
Pferdedienste verpachtet ist, dem Joh. Melchior v. Meschede.

451. Verkauf. 1624, 23. December.

Peter Roynck, Krämer zu Rüden, verkauft einen, von
Peter Haeken zu Effelen erworbenen halben Hof zu Effelen
an Johann Melchior von Meschede.

452. Sollicitationsschreiben des Landgrafen Ludwig zu Hessen. 1625, 11. April.

Ludwig von Gottes gnaden Landtgraue vu Hessen, Graue
zu Catzenelnbogen . Vnsern gnedigen grus zuvor.
Vester, besonders Lieber . Nachdem wir eine Notturft
ermessen, gegenwerttige, die hochgelerte vnsere Hoff-
rath vnd liebe getrewen . Johann Philipp Kleinschmiden vnd
Adam Leuthen, dero Rechten Licentiaten, nacher Bonn ab-
zufertighen mit gnedigem befelch, in der noch vnerortterten
Marpurgischen Liquidationssachen, Euch vnd den andern sub-
delegirten keiserlichen Commissarien, zu desto mehrer vnd
schleuniger beforderung des werckhs, allerhandt nothwendi-
gen, vnd zu denen sachen dienlichen bericht, vnd communi-
cation zu thun, alss gesinnen wir hirmitt an Euch gnedig-
lichen, ihr wöllet obbemelte vnsere abgeferttigte Rathe, in
guter recommendation haben, vnnd euch gegen Sie, vnd in
dem gantzen haubtwerckh, daran wir ohne dass zumahl nicht
zweifeln, also befordersamb erweissen, wie dissfalls vnser

sonderbahres gutes vertrawen zu euch gentzlichen gerichtet
stehet . Das seind wir vmb Euch, in wolgewogener gnaden,
vnd nach vnsserer liquidation sach hoher wichtigkheit, hin
widerumb würcklich zu erkennen geneigt. Datum Darmbstadt
den 11. Aprilis Anno 1625.

dess herrn allezeit guter freundt wol toh lebe
Ludtwig L. z. Hess.

Dem Vesten vnserm liben besondern Johann
Melchiorn von Meschete churfurstlichen cöllni-
schen Geheimen Rath, Cammerern vnd Trosten
zu Alenvort, Anrecht', Gesseke, Ruden vnd
Wahrstein.

453. Verkauf. 1625, 30. Mai.

Die Eingesessenen des Dorfes Effelen, um den, [beim
braunschweigischen Ueberfall angedrohten Brand abzuwenden,
verkaufen dem Johann Melchior von Meschede 3½ Morgen
Land. 1625, den 30. Mai.

454. Belehnungsgesuch. 1626—1653.

Zwei Concepte eines Schreibens derer von Meschede an
den Landgrafen von Hessen-Darmstadt aus den Jahren 1626
und 1653, worin sie Letzteren bitten, dass er sie wieder mit
dem jährlichen Fuder Wein aus der Kellnerei zu Zwingen-
berg belehnen möge. — Es liegt bei: Ein jüngerer Bericht
des Licentiaten Ishing, dem folgende Stücke aus dem von
Mescheder Archive zu Grunde liegen: 1. Original-Lehnbrief
Ludwigs, Landgrafen zu Hessen, an Joh. Melch. v. Meschede,
worin er demselben wegen geleisteter treuen Dienste mit einem
Fuder Wein, wie dasselbe jährlich an der Bergstrasse wächst,
zu Mannlehn belehnt.. Dieser Wein soll von dem Kellner
zu Zwingenberg bis nach Frankfurt geliefert werden. 1624.
— 2. Orig.-Lehnbrief des Landgrafen Georg, über einen Fu-
der Wein an die v. Mescheder Vormundschaft, den Land-
oomthur von Overlacker, den von Beringhausen und v. Ense,
Namens der drei nachgelassenen Söhne des Johann Melchior

von Meschede, mit Namen Jobst Phillipp, Wilhelm Alhard und Ferdinand Melchior. 1627, den 5. Juni. — 3. Schreiben des hessischen Kammerpräsidenten etc., worin die Zahlungsschuldigkeit eingestanden, allein auf den, durch die Nördlinger Schlacht hervorgerufenen verderblichen Zustand aufmerksam machend, die Zahlung hinausgeschoben wird. 1639, den 3. April — und 4. die Nachricht, dass noch im Jahre 1647 gewisse Personen zur Erhebung des Weins bevollmächtigt gewesen sind.

455. Uebertrag. 1627, 21. März.

Ursula, Wittwe v. Meschede, geborene Tochter zu Büren, cedirt dem Hermann Greven, Rathsbürger zu Lippstadt, ihre Forderung von 200 Reichsthaler aus dem Hause weiland Johann Semmen, gewesenen Bürgermeisters daselbst, welches Haus zu Lippstadt gelegen ist. 1627, uff Sonntag Judica.

456. Inventar über den Nachlass des Joh. Melchior v. Mescheder, auf Veranlassung der Vormünder seiner Kinder angefertigt. 1627, 21. April.

IN GOTTES NAHMEN, AMEN, Kundt vnnd zu wissen sie hiemitt Jedermänniglichem, welchen iegenwertiges jnventar um vorbracht wirdt, dasz ihm Jahr nach vnsers einigen hern erlösers vnnd zählichmachers Jesu christi heilsamer Geburth ein Tausent sechs hundert sieben vnd zwantzig, in der zehenten indiction romer zins zahll genandt, hie herschung vnnd regierung desz Allerdurchleuchtigsten Groszmägstigsten vnnd vnvberwindtlichsten Fursten vnnd Herrn Hern FErdinanten desz Andern disz Nahmens, ausz Godtlicher providentz erwelten römischen Käysers, zu allen Zeiten mehrern desz reichs in Germanien, zu Hungern, Böheimb, Dalmatien, Croatien, vnnd schlauonien Konigen vnd Ertzhertzogen zu Oesterreich, Hertzogen zu Burgundt, Steyer, Cärnten, Cräin vnd Wurtenbergh, Grauen zu Habspurgh, Tyroll, vnd Gürtz etc. Vnsers Allergnädigsten Hern, Ihrer Kays. Maiest.

Reichs regierung desz romischen im achteten, desz hungari-
schen im Neunten, vnnd desz Böhemischen im zehenden
jahre am Mittwochen den 21. Aprilis auff wieland desz woll-
edlen vnnd gestrengen Johan Melchior von Meschede etc.
Churfurst. Collnischen geheimen rhat, Cammerer vnnd Dros-
tens zu Ru.len, Geseke, Stattberge, Volckmarscheim vnnd An-
ruchten etc. wollsäliger gedächtnusz adelichen behausung
zu Alme, die WollErwurdtiger, auch Woled. vnnd gest. Herrn
raht Dietherichen von Ouelackher, desz ritterlichen Teutschen
ordentz der Balley Westphalen Landtcompthur zu Müllheimb,
Churfurst, Cölnischen . raht in Westphalen etc. Anthon von
Beringhausen etc. vnnd Walter philipsz von Ense etc. respec-
tiue Erbgesessen zu Eichellborn vnnd Westernkotten, als ausz
beuelch ihrer churfürstl. Durchl. zu Coln etc. von deroselben
westphälischen Hern Landtdrosten vnnd rählen angeordnete
vnnd beaidete Vormündere wolghts. hern Drosten Johan Mel-
chiors von Meschede seligen, nicht allein in erster Ehe mitt
der woledlen Odilien Elisabethen von Lansperg seelig erzeug-
ter zweyer Sohne, nemblich Jobst philips vnnd Wilhelm Al-
harts, vnnd eintziger Dochter vrsulen Dorothen; sondern auch
in zweyter Ehe, mitt der auch woledlen Catharinen von Pent-
zenaw etc. gezeugten vnnd hindergelassenen eintzigen Sohns
Ferdinant Melchiors Matthia, vnnd eintzigen Dochter Marga-
rethen Catharinen etc. von mir Christian Vöcth sampt rich-
tern zu Alme etc. vnnd Johan Schmitzs gerichts scheffen in
der persohn erschienen sein vnnd mundtlich angeben lassen,
dieweil ihnen, als Vormündern, vermög rechtens, vnnd ge-
leisteten Aidts obligt, ein rechtmässiges inventariums, deren
berurten ihren pflegkindern, angefallenen verlassenschafft auff-
richten zu lassen, aber solches wegen Kreigsempörung vnnd
ausz andern Ehehafften Verhinderung bisz hierzu nicht ver-
richten könne, dasz sie derowegen mich obgntn. richteren
neben bieverorneten gerichts Scheffen ersuchet ha' en wollen,
alsolche verlassenschafft rechtlicher gebur zu inventarizirn, die
darin gehörige Gütern auffrichtig zu describirn, vnnd ihnen
darüber glaubwürdtigen versigelten schein mittzutheilen. Es
haben auch wolgte. hern Vormündera bei denen hiebeuor
von vnsz geleisteten aiten vnnd pflichten vnsz aufferlecht

den inhalt dieses inventarij heimblich zu halten, vnnd nicht
ferners, dan sich in rechte geburet, zueroffnen, vnd im an-
fang darab austrucklich protestirt, wofern in disz inventa-
rium etliche Guttere so darin nicht gehörich, ex eorrore
gesetzt worden, dasz dieselbe für nicht gesetzt gehalten:
vnnd wofern ausz vnwissenheit vnd jhrthumb einige guttern,
so darin gehörig, ausz dem inventario auszgelassen worden,
dasz dieselbe hernegst bona fide, hinzugesetzet werden sollen,
wollen auch vber disz alle andere beneficia juris sich hier-
mitt reservirt haben. Wan nun wir richter vnnd scheffen
obglt. solches nicht abschlagen köhnen, sondern vnsz rechts-
wegen darzue schuldig erkandt . So haben wir mitt belie-
bunge wolglt. Herrn Vormundere den Ehrenhafften Johan
Hoffman ad hunc actum zum Schrieber auffgenohmen, den-
delben gleichfals seiner pfligt, damitt er wolgt. seligen hern
Drosten vnnd dessen Erben zugethan fleissig ermanet, vnnd
den inhaldt desz jnventarij heimblich zu halten aufferlegt,
darauff auff zeit vnnd platz wie obstehet, disz jnventarium in
Gottesz Nahmen angefangen. Vnnd haben also anfanglich
auff des herrn Drosten seligen Archiuo folgende Bücher ge-
funden. Vorsz Erste die Tischreden Luttheri in folio etc.

(Hier folgt die Bibliothek, bestehend aus 220 theologi-
schen, juristischen, historischen und belletristischen Werken,
darunter Luther neben Escobar und Sanchez, viele grie-
chische, römische, italienische Klassiker; auch Manuscripte,
unter andern: historia Westphaliae, folio. Nach der Biblio-
thek folgt die Aufzählung der Archivalien, darunter auch ein
Paquet, betreffend: die Holländer und das Stückgiessen,
woraus man folgern könnte, dass die Almer Hütte Kanonen
gegossen hat. Siehe auch unten Seite 261—262. Nach den
Archivalien werden die Möbel aufgezählt, nämlich:)

Ferner gefunden zwehen schlechte Tische, von aichen
holtz gearbeitet. Einen ciszren stoeckh, so zu Verwahrung
geltern gebrauchlich, mitt einem schlüssell. Herbarium teutsch
in folio, welchen die Wittwe Drostin gebrauchet. Vnnd ist
wieter nichts mehr auff obge. gemach gefunden. Nachmit-
tagh auff die Mittellkammer gekohmmen, daselbsten erstlich
gefunden in einer viereckigen Kisten von dannen bretter ge-

macht. Einen Mantell von ploer Armesiden mit zwehen gol-
den posamenten mitt einem violen braunen gultenen stuck
gefutterdt. Einen bloen Armosieden Mantell vngefuttert vnnd
sonder porten. Einen Mantel von schwartzen geplumeten
Domast ganz schlegt. Einen schwartzen Mantel von sieden
grobgroen, mitt schwartzer Armosiden gefuttert, vnnd einer
schwartzen Gallonen gebremet. Einen Mantell von schwart
armosieden, mitt Armosiden wiederschein gefuttert, vnnd mitt
schwartzen gallo\en vmbher geportuert. Ein par ausz ein-
ander getrenter Buchsen von violen braun sartin, mitt golt
portuert, durchstochen, vnnd mit weisser, vnnd gelber Armo-
sieden vntergelegt. Ein wanbest von gulden verblümbten
stuckh mitt einer gulden gallonen verbremet. Ein frantzotisch
Goller von parfumirtem letter protirt mitt guldenen blumen,
vnd vndergelegt mitt bloer Armosiden. Ein rodsamete buch-
sen mit laschen, verbremet mitt zwey gulden Gallonen vnnd
knöpffen, vndergeleget mitt gelber Armosieden. Ein rodt-
sartin wambest durchschnitten vnnd mitt gelber Armosieden,
vnnd roden Daffet vnderlegt. Ein gantz schwertz kaffen
buchsen vnnd wambest mitt schwartz sattinen Ermbelen.
Buchse vned wambest, vor aschen sieden grobgron verbre-
met mitt schwartz vnnd silber gallonen vnnd knopffen be-
setzet, gefuttert mitt schwartz Armosiden, darbey ein par
aschen grae seiden strumpffe angehefft. Ein par silberfarbe
buchsen von perpatuan schnee weisz vberher mitt gulden
breiten posamenten verbremet. Ein par buchsen, vnnd ein
wambest von schwartzem sartin, vberher mitt goldt borduert.
Ein Casiackhe von getruckelen schwartzen sammet, mitt
zweymalh geborduerten schnuren ausz schwartz sartin vber-
setzt, vnnd schwart armosiden vnderfuttert. Ein schwartzen
Mantell, von guetem schwartze gewant mitt viermahlen sar-
tinen gepurpurten schnuhre verbremet, vnnd vntergefuttert
mitt grosz geblumet getrukt schwartz sammet. Sechs weher
gehenck, deren funff mitt Goldt vnnd silber durchstickhet,
das sechste aber mitt schwartz sieden auff weisz sartin ge-
stickbt, darbey funff Gurteln. Ein par gröner daffet hosen-
bänder mitt gulden spitzen. Ein par gröne sieden strümpff,
oben an golden knopffe. Ein schwartz Müschen mit seiden

fluesen. Ein par vergulter Buggell. Ein schwartzer kurtzer roeck mitt halben Ermbeln von gewant mitt gantzem schwartzen sammet gefuttert, vnnd mitt schwartzen seiden schleiffen vbersetzt, vnnd ist damitt die kiste beschlossen worden. Ein lange schwartze schmale gegibelte kiste, darin gefunden: Ein par sparen mitt silber eingelegt, zwey par weisse stifflen, darunter ein par mitt peltze gefuttert. Ein Goller von Ehlend leder mitt Gulden posamenten vbersetzet, vnnd verbremet oben mitt einem weissen wambest kragen, vorn mitt aschfarben sieden Nesseln eingezogen. Noch ein Goller von Ellendt mitt einer breiten posament verbremet, darin Ermbelen von weissen vnnd schwartzen Kanifas. Ein par Buchsen vnnd ein wambest schlegt von schwartzen perpetuan in trawren brauchlich. Noch eine Kasiackhe darzu gehorig, mitt schwartz armosiden vnderfüttert. Ein schwartz sartinen alt wambest mitt kleinen schwartzen schnueren gantz vberher vbersetzet vnd vnderfuttett, mitt wiederschein armoside. Ein groen spanisch reisz mantell, mitt gulden gallonen vnnd knöpffen vnderfuttert mitt silberfarber poie. Ein alter fuchs rockh von Groen gewant, vnnd mitt gulten schleiffen besetzt ist herauszgeplieben vnnd auffgehenckt worden. Ein schwartzen trawen Mantell, von perpetuan mitt poie vnterfuttert. Ein reit rocke von braunem gewant mitt schwartz seiden schnuren verbremet. Ein schwartzen schlechten mantell von gewant. Ein braunen mantell von gueten gewant, mitt einer golden gallonen vmbsetzet, voran 23. silbern knopffe vergültet. Ein mantell von gutem schwartzem gewant, mitt gueten schwartzen gantzem sammet vnderfuttert, diese Kiste ist auch voll vnnd zugeschlossen worden.

Demnach in obgeruertem gemach, nicht alle saichen, so darauff gehörig wahren, bei Handen gewesen, ist die jnventarisation in der schreibstuben am reisigen stall vorgenohmmen, vnnd dasz vbrige gemach so lang bisz auff folgenden tag, auszgestellet, hatt also in der schreyberey gefunden wie folget: Acta in sachen Meschede contra Westphalen. Ein paquet von allerhandt Missiven No. 20. Ein paquet etlicher Brenckischer, vnnd andere partheyen sachen No. 21.

(Es folgen noch 14 Akten-Pakete.)

Einen schlechten Tisch, vnnd ein schlecht Trisüer, ein
geländer banckhe, vnnd ein 'schabelle mitt einen groinen
Kussen. Ein schreib kocher, darin gewesen silbern schreib
zeug, welchen die Wittwe vor der H. Vormündern ankunfft
zu sich genohmmen.

Ferner in der vnderstuben gefunden, welches Tohmas
Mutell bewohnet: ein dubbelten grosen eisen offen, ein trisuer
mitt 32. adelichen wappen, so vergultet, Lansperg concer-
nirent, vnden mitt zwey verschlossenen schappen, vnd zwehen
anszeugen. Etliche bettstätte mitt einem schlechten Himmel,
vnnd einem pahr alten gartinen. Ein deckhbetthe mitt einem
breiten Voerzugh. Ein vnderbetth mitt einem weissen vber-
zugh. Zwehen pulwen vnnd zwey kussen, vnd ein par beth-
laken. Einen verschlosseneu tisch. Ein Lehenbanck, zwey
scabellen, eins mitt der lehen. Zwey groine Kussen, ein
Drippen, vnnd ein gewantz. Ein lang metahllen wacht Horn,
mitt einem Bayerischen Wappen. Ein veltkeller mitt dreyen
grossen gläsern fleschen, vnnd zwey kleinen, vnnd ein zu-
brochene. Zwey par pistollen, dern ein oben mitt einem
silbern bandt, welche der Drost selig selbst gefuhrt. Ein
pantheleyr rohre, vnnd reimen. Drey lange Roher mit Birsch
anschlägen, vnnd mitt bejn eingelegt, so gezoegen sein. Ein
lang blatt frantzosisch rohr, mitt einem frantzosischen fewr-
schloss, hatt einen langen anschlag. Ein holsteinische Büxen
mitt bein eingelegt gantz rostig. Ein Mueszquetten lauff. Ein
pahr eisige pahlachen Stangen, hatt Mutel. Ein grosz plasz-
balche, so auffm Bergwerck gebraucht worden, gehörig alhir
halb, der andere Theill den andern mittgewerckhen desz
berghwercks auff st. Catharinae Gruben. Ein purgir stuell
als ein schreineken. Ein messing scher beckhen. Sechs
vische körbe zu forellen. Ein grosz eisern Zange. Ein
grosz eisern Nagell zum wagen.

Im gewelmickhen an gemelter stueben gefunden einen
kleinen Tische mitt einem ledig fusz.

Im ingange in der vndern stuben gefunden funff mus-
quetten, ohne zubehörungen, vnnd ein fewer roher, blieben
daselbsten, vnnd sollen zur defension gebraucht werden.

Auff dem hoff befunden .3. gegossen eisene stuckhe

vnnd ein geschmits stuckhe, so dem Oberkeller zu Arnspergh gehörig, hats alhier von Geerdt Busch erkaufft.

Den 24. Apriņis. Aulf der mittelen kammer gefunden an silber vnnd vergulten geschirr. Drey vergulte Becher mitt Deckeln, hatt der gröste gewogen .60. Loth, Der ander .48. Loth, Der dritte .44. Loth. Eine ordi·arie silbern flasche inwendig ganz vergultet, vnnd auszwendig allein an denn sechs Eecken wigt 64. Loth. Ein silbern Bierbecher wigt 24 loth. Ein silbern Nappe von 24. Loth. Noch ein silbern Nappe deme ein ohr abgebrochen hatt gewogen 14½ Loth. Vier silbern Leffel wägen 12 Loth vnnd seind noch funff Leffell bey dem Goldtschmit zu Meschede, wegen... — An Gläsern. Ein gros christallen glaesz dasz römische reich genanndt, mit einem romischen Adeler. Zwey grosse gemahlte gläser, welches dasz eine groszrömer ist, mitt ernen vergulten Wappen. Noch ein klein vergulteten gläsern römer. Dreittzehen christaline wein gläser, dern sechs lange vnnd spitzsige seindt. An zihn werckhe. Zwantig schussell Engelländisches zihn wägen 41¾ ℔. Vier vnnd zwantzig teller Englisches zihn wegen 26½ ℔. Achtzehen grosse schussell mitt breitten renthen Englisch zihn wägen 49¼ ℔. Vier vnd dreitzig Teller sunder zeichen wägen 29. ℔. Funff bethe potte, von gemeinem zihn wegen 12. ℔. Ein Lauor candell vnnd Beckhen englisch zihn hatt gewägen .7. ℔. Ein nürenbergisch auszgetrieben Lauor Candell vnnd beckhen hatt gewogen .7. ℔. Zwehen Leuchter von englisch zihn wegen 5. ℔. Noch zwehen Leuchter, ein saltzfasz, ein Nappe von collnischem prob zihn gewogen .7. ℔. Vier vnnd zwäntzig Teller englisch zihn wegen 27. ℔. Funff schussell englisch wägen 13½ ℔. Eilff schussel von collnischem grob zihn mit breithen ränthen 25½ ℔. Noch vier grosz schussel englisch zihn wagen 14¼ ℔. Vierzehn Teller colln. prob. zihn wägen 12 ℔. 19 alte schussell von colln. prob. zihn wagen 40½ ℔. Vier vnnd zwantzig teller collnisch prob zhin wägen 22 ℔. Zwey kleine vnnd .2. grosse Mostert schussell wägen zusamede .2½ ℔. Sechs kleine schussel, ein kuchen schussell, ein Moster candel wägen zusamede 8½ ℔. Vier bethe pötte von gemein zihn, darunter doch einer von englischem zihn wagen zusamede 11¼ ℔. Ein auszgetriben Lavor candell vnnd beckhen, vnnd ein schlegt Lavor beckhen ohne candell wägen zusammen 10 ℔. Ein hohen blaen Kruge mitt einem zihnnen Deckhell, Noch .2. blae Kruege, ieden von einer Masz mitt zhinnen deckheln, Einen braunen dickhen Khrug, mit einen zihnne deckel. schwey eiserne liechtschern. Zwehen messinge leuchter. Ein messing leichtschern daran die spitze abbrochen. Nachmittag in obgemelter Kammér inventrizirt. Einen Degen, mitt einem versilberten creutze. Noch einen Degen mitt einem schwartzen Creutze, darin zwey durschsichtige stichbletter sein an der scheiden ein Frantzotisch Letther gehenckhe. Vier gartinen von groin Armosiden Widerschein, Einen darzu gehörigen Umblauff von grunen gaffe auff gulden grundt mitt vranien farb vnnd grunen sieten fränsen. Auch ein Deckhe von grunem geblumbtem gaff auff gulden grundt gefuttert mitt rodem schechtert. Ann Leingewerck. Ein gross schrein vohrn etwas breiter als hinden, darin seindt 3 pahr Tüchen Bethlachen, von vier Banen, drey pahr schlechte kussen zieche. Noch ein pahr Tüchen bethlachen von 4. banen. Noch ein phar schlechte kussen zieche. Zwey lange drillen Tischtuch mitt netteln blatt. Zwey handltucher mitt netteln blatt. Neunzehen Tisch salvett von netteln blat. Zwey kurtze tischtücher von rosen muster. Ein lang tischtuch, auch von rosen muster. Funff handtucher auch von rosen muster. Noch 10. salvetten von rosen muster. Ein trihuers Laekhen mitt gestickhten kanthen. Zwey par Kussen zeichen mitt geschnitten werckh. Ein eintzige Kussen zeichen mitt speltwerks kanten. Noch ein eintzige kussen zeichen mitt strickwerks kanten. Noch ein schlecht kussen zeichen mitt ein blatter saum. Funff tägliche drillen Tischteucher. Noch ein alt drillen tischtuch. Volgt nun wasz in die grosse kiste, so mitt vielem eysen beschlagen, gelegt worden. Ein pahr Tüchen bettlachen von .5 banen, Noch ein par gemeine bethlachen von 4. banen. Sechs drillen Tischtücher, auff der Knechte Tische. Sechs drillen Trisuers Laekhen. Ein alt trillen tischtuch. Ein par bethlaekhen von .3. banen. Obgenente sachen siendt in obgemelter kisten enthalten.

Ferner ist volgent Leinwant der Wittfrawen lehensweis zu gebrauchen, zu gestelt worden. Drey pahr newe bethlaekhen von gemeinem Tuch vnd von drey banen. Noch 3. pahr newe betthlachen desselben Tuchs von 2½ banen. Sechspahr kussenzeichen von gemeltem Tuch. 5. tuchen gartinen vnnd einem vmblauff von Tuch. Eilff tägliche tischtücher drillen. Funfhalb dusin tischsalvetten von drill. Zwolff drillen bandtucher. Sechs drillen tischtucher auff der knechte tische. Ein par flägszen bethlacken von 2½ banen. Zwey kurtze feine drillen Tischtucher mitt ganszaugen. Ein dusin drillen salvet von diesem erstgemelt muster. Zwey lange tischtücher, mitt dem drillen rosen muster. Ein dusin salvett auch mitt diesem drillen Rosen muster. Sechs hantucher auch desselbigen muster. Noch ein drillen Tischtuch mitt nettlen batt. Ein dusin salvett, desz selbigen musters. Ein par schlecht kussen zeichen von weissem Tuch. Drey drillen Handtucher fur die knechte. Ein par flägsen bethlacken von .2. banen. Ein pahr haiden kussen zeichen. Noch ein tuchen kussen zeichen. Eerner gefunden: Zwehe gewant tischdeckhen, eine grune, die andere roidt. Eine rustung als brust; vnnd ruckstuck mitt einen Ringkragen caetera desunt. Ein lang alt hollsteinische Buxen. Zwoe bantheleyr rohr. Zweypahr alte pistollen hulfftern. Abbildung salvatoris nostri et B. M. Virginis. Item desz sälig. H. Drosten schilleringe im 19 Jahre Zwey grae huete, vnnd ein schwarzer mit einem silbern bandte. Ein bredt spill. Funff eisene gartinen Stängskehn. Wieter auff dieser Kammer nichts gefunden.

Auff der spatzier kammer gefunden, wie volgt. Ein betthestelle mitt einem deeckhbetthe. Ein vnderbetthe von drill mitt blaen striechen; Zwey parchet kussen. Ein pulmen von drill mitt blaen striechen. Ein parchet deckhbetthe mitt bloen striechen. auff dem Deckebetthe, ein drillen vnderbetthe mitt bloen striechen. Ein pulmen von drill mitt bloen striechen. Ein parchet kussen. Ein graue schleechte deckhe weiss geblumbt. Drey stucke schwartze gartinen mitt einem vmblauff von pletze. Einen ledigen tisch, darauff ein schwartze gewants deckhe. Zweyen eisenen brantruehten. Desz seligen hern Drosten todtliche abcontrafeitung mitt einer schwartz armosiden gartinen.

Auff der grossen Kammer vber der reisigen stall gefunden: zwey himmell bethstätte jede mitt 1 deckhbethe. Funff stucke bunte gartinen mitt einem vmbhange. Noch .4. stüeckhe gartinen gelb in gruen mitt ganszaugen sonder vmblauff. Ein drillen vnderbetthe mitt bloen striechen. Ein pulmen auch also. Zwey parchete kussen. Ein parchet weis vberbetthe. Ein seiden deckhe gelb vnnd schwartz vnderfuttert mitt schwartzem lienen tuch. Ferner ein drillen vnderbethe mitt bloen striechen, ein pulmen also. Zwey weisparchet kussen. Ein weisz parchet deckbethe. Noch ein alt drill vnderbetthe mitt bloen striechen. Einen pulmen auch also. Ein alte Deckhe gruen vnnd bloe. Noch ein newe drill vnderbetthe, mitt vielen bloen striechen. Einen alten drillen pulmen. Ein gruene puffling decke mitt 11 schwartzen striechen. Sechzehen panckwercks kussen, jedes mitt zweyn wappen, die Dröstin concernirent. Einen ledigen schlechten Tisch mitt einer alten panckwercks deckhen groen vnnd bloe. Zwehen eisene brantruehten. Zwehen kleine verschlossene kisten einander gleich mitt 4 adelichen verguldten wappen, dar zu die Landrostinn Lanspergh den schlüssell haben solle, seint nicht eroffnet worden. Sechs abcontrafeitung, als philipsen von Meschede vnnd seiner gemahlin, der Droste seelig. sampt seiner seligen frawen, der alten frawen spiegelsken, vnnd Jobsten philipsen von Meschede.

Auff dem vnder korn balcken. Ein grosse knipe waag. Funff alte schillerey etlicher vor langst verstorbener von Meschede, seint auff die Mittelkammer gebracht. Ein brylohns korn scheffell. Etliche Tredt zu windt eisern. Vier eisene hellen da man die gefangene Leuth einschliessen khan. Ein Mescheder branteisen. Zwehn kohrnschauffeln. Drey grosse gedreyete finsterstäbe von eisen. Ein seel an der winten im auffzugh. Ein vhr werck auff dem obristen balcken. Funff verschlossene kisten, so keine eroffnet worden. Darunter seindt etliche gesampt kisten.

Auff der grossen obern stuben vier tische dern zwehn mitt schwartzen gewant Deckhen. Sechs grosse sesseln von schwartz getruckten Leder mitt gelben missingen negeln beschlagen. Zwolff andere Leinstuell, mitt schwartzem getruck-

ten Leder vnnd missings negeln. 2. schabeln. Zwey bencke
mitt Lehnen. Noch drey groesse stuell, funff kleine vnnd
ein Kinderstuell vonn holtz. Die stube voden vmbher mit
schwartzen wandt bekleidet. Ein dubbelten eisenen offen.
Zwey brandt eisen. Ein eisen distillir offen sampt einem
zihnen kolben. Zwolff schwartze trippe stuell kussen, noch
drey alte kussen von grunem gewant, vnd ein alt schwartz
trippe stuell kusse. Diesz allesz in obgeschriebener stueben
ist der Witwe vnder handen gelassen worden.

Ain Luer bethken, darauff die fraw Wittwe schlafft mitt
schwartzen gartinen von schwartzem Armosiden. Ein drillen
vnderbetthte mitt bloen striechen. Einen pulmen von drill
mitt bloen breiten stiechen. Ein weisz barchet deckhbethe.
2. barchet Kussen. Ein grun schirm zwergs vber die Kam-
mer mitt grunem pletze bezogen. Ein klein tischen. Ein betthe
pfanne, Disz alles hatt auch die wittwe vnder händen.

Auff dem grossen Sahell. Ein positivum mitt seinen
blaesz bälgen daruber ein Deppich, Zwehen ein ander gleiche
kasten, so ledig vnnd der seligen Frawen zuständig gewesen,
mitt 8. wappen. Ein kleider schaeppe, so ledig. Ein alte
grosse Kisten, vberher mitt eysern beschlagen.

Auff thurneken gefunden am Saell. Zweyen grosse
messings leuchter, in einem Zimmer auffzuhäncken dienlich.

Auff der praelaten kammer am Zwerghausz. Eine bethe
stetthe mitt einem feinen Himell vnnd einem deckbethe.
Drey leinen Damasco gartinen gelb vnnd roidt. Ein vmb-
lauff von grunem Syrsey mitt grun vnnd gelb Fransen. Ein
guidt drillen vnderbethe mitt bloen striechen. Ein pul-
men auch also. Zwey parchet kussen, Ein parchet Decke-
beth, noch ein alt drillen vnderbethe mitt bloen striechen,
ein pulmen auch also. Ein weisse alte wulne Deckhe. Ein
al'e graue Deckhe. Ein ledigen dische mitt einer grunen
alten gewant deckhe. Zwey brantruheten.

Auff der mitteln stuben obgemelten Zwerghausze ein
doppelten eisen offen.

Auff der Holländer Kammer gt. Zwerghauses. Ein Himel-
bethstähte, vnnd deckhe bethe mit drey bunten alten garti-
nen caetera desunt. Noch ein bethestäthe sonder gartinen.

Ein grob leinen laekhe. Vnderbethe. Ein gueten drillen pulmen mit bloen striechen Ein barchet Kussen. Ein brantruheten. Einen ledigen tische mitt einer alten banckwercks deckhe.

In der obersten vnnd vorndern kammer, auff dem Zwerghauss gegen dem Garten. Ein Himmell bethstäthe mitt einem Deckhbethe. Ein gantz weisz drillen vnderbethe. Ein drillen pulmen mit bloen streichen. Ein barchet Kussen. Ein klein barchet Deckhebethe alt iedoch guidt. Ein ledigen tisch. Zwey gebrochene schabell. 17. bundt schuffglaesz.

Auff desz kochs kammer, ein ledige alte bethstäthe sonder Himmell. Auff der botten kammer. Ein alte ledige bethstäthe sonder Himmell.

Auff der grossen Kammer am Saell. Ein geschmitt grosz branteisen. Ein scaboll, vnnd ein klein stuell. Ein kupffern khuell kessell.

Sontags den 25. Aprilis nachmittag auff der Capellen st. Jacobi gefunden. Ein Altar von Alabastar mitt einer eingesetzten tafüllen der resurection christi, dern noch drey ratione temporis gebraucht werden. Als visitationis B. M. virginis, Nativitatis christi. Die letzte von sanctissima trinitate. Ein kelg von silber vnnd vergullet neben einer paten, vnnd kleinen silbernn leffelken. Ein Corporall vnnd kelch beutell. Ein Meszgewandt roidtarmsieden mitt einem weissen armosiden Creutz cum requisitis. Eine newe albe. Ein schwartz meszgewandt von schwartzem englischen gewant mitt einem weissen daffeten creutzen vnd requsitis. 3. messings Altar Leuchter. 2. mesz cändel von zihn. 2. sieden kuskens auffs altar. Ein alt romisch meszbuch. Ein alt zubrochen bloe meszgewandt. Ein klein alt crucifix. Sechs vergultene täffelkens von gipsz. Ein schwartz antipendium. von hern Say. Noch ein Antipendium von roder armosieden. Ein weisz altar duch mitt grossen spitzen neben einem drillen operculo. Ein von holtz geschnittenes bildt s. Jois. Baptistae. Sechs kleine Zehlbänckhe.

In dem brawhausz etc. Eine newe eingemaurte viereckige kupfferne Braupfanne, hatt von neiden gekostet 125 Konigsthaler. Eine meische boden. Zwey bier boeden. Ein

heldt. Ein drinckenstannen. Ein ruher eisern. Ein newe
grosz ledig Biervaesz mitt sex eiser bänden. Drey alte ledige
bier väesz etwasz kleiner als dasz vorig, indesz mitt vier
eisern bändte. Drey alte kueffen von wein Vässern ge-
schnitten. Einen backofen, teichtroch, vnnd darzu gehörigen
bereitschafft. Im Fleisch keller gefunden. Funff kufen klein
vnnd grosz. Im Bier Koller. Ein groesz vaesz voll guetem
altem violen bier. Noch 3. kleine vaesz mitt bier auff der
herrn tisch. Item 3. vasz mitt Knechte bier. Funff ledige
kuefen klein vnnd grosz.

Im Weinkeller etliche staab fenstereysern. Ein vaesz
von vier ohmb mitt wein. Item ein väscheu von einer hal-
ben ohm mitt wein. Zwey alte Messings beckhen.

Im alten Molckenkeller. Ein schappe mit .2. Thüre ne-
ben einer alten Anrichte, fünff steinerne flasschen.

In der dünstern Kammer. Ein alt Trisuer mitt .2. aus-
zeugen. Ein alt schappe mitt schwehen Thüre. Ein alt ge-
himelde bethsäthe mit einer Deckhebethe. Ein alt drillen vn-
derbethe mit bloen strich. Ein pulmen auch also, noch ein
alt pulmen von groben Laekhen mit bloen streichen. Ein alt
schlecht drillen kussen. Ein alt zubrochen drillen oberbethe.
Ein schlecht drillen vnderbethe. Ein newen drellen pulmen
mit bloen striechen. .2. barchet Kussen. Ein bunte Deckhe
gelb vnnd roidt. Ein schlechten Tisch. Ein ein eisenen
Brantrubeten, ein eisern seelbräther. Ein alte Banck vnnd
Stuell zubrochen.

Aud der Kinderstuben. Einen efach kleinen eisern offen.
Ein eichen Tisch an Eckhen beschlagen, mitt einer alten
Deckhe. Ein dreeckhebethe. Ein drillen vnderbeth alt. Ein
alt leinen pulmen, vnnd 3. barchet kussen klein vnnd
gross. Ein alt barchet deckh bethe. Ein alte deckhe grundt
roidt vnnd weis. Ein weisz beschlagen schreyn.

Auff der vnderstuben im auszhang. Eine kleine betthe-
stäthe vberher mit grunem pletze vberzogen. Ein alt grusse
tisch deckhen zerbrochen auch von pletze. Ein alt eisern
gehänckh zum Cronnenment gehorig.

In der Kuchen. Ein grossen schefen kupffern kettel-
vngefer .6. eimer grosz. Ein ronte neweu kupffern kessel.

Noch einen kleinen von einem eimer auch new. Ein alter
rondten kupffern kessell von vngefher 2. eimer. Einen
schefen kupffern kessell vngefher 2. eimer grosz. 2. kleine
messings kessell. Ein alten messings durchschlage. Ein me-
tahlen tiggell. Ein klein metahlen mörser mitt ein eisern
stötter. 4 eisen pfannen klein vnd grosz. 2. eisen pfannen
mitt fussen. Neun eisene gegossene pötte klein vnnd grosz.
Ein fleisch biel. 3. hackhemesser. Ein Bractpfannen. 3.
braedtspeisse, vnnd ein braetheisen, da der spiesz eingehet.
Ein seelbräter im schornstein. 5. eisen kochleffell. Ein
eisene Fewrschuppe. Ein messings kinderpannigke. Zwehn
messings wasserfüllen, dern ein new die ander alt. Ein
gross schappe mitt .2. thürn, so der koch brauchet. Zwehen
grosse brandtruheten, neben einem grossen heerdteisen. Ein
röster, eine eisen fewr stüffken, ein eisen hatl mitt 3. ha-
helhaken, Ein wasser kufen.

Im Waschhauss einen kleinen brawkessel, so gepfändet
sein solle, vnnd Caspar Brüggeman daruon berichten kahn.
Ein grossen eingemauerten eisern potth. Ein butterschwen-
gell. Zweyen Waschestörckhe. Ein grossen Kahrrn. 25
milchstuntze.

In der Molckenkammer 8 Kuefen klein vnnd gross. 2.
leigeln.

Auffm newen balcke vnderm Taghe .3. grobbe wiltgarn,
acht rehe garn; drey haafengarn. Ein alt vischzehgen.

Auff der Winte ein seill ein Gofel genandt.

Auff der schregnerey. Ein zimblichen Vorrath an Holtze
als dännen brettern vnnd Eichen Holtz zu bieervässern. Ein
eisen geschlagen Ofen. Ein eisen Vhrkhe, hatt Thomas
Muttell zu sich zu verwahren genohmmen.

Im reisigen stall gefunden sechs schwartze Kutschen-
pferde, neben einer grossen Kutschen vnnd zubehörigen Kut-
schengeschier, berichtet die Wittwe vnd andere solche ihr
vom Drosten seligen verehret sein sollen. Noch ein braun
pferdt, so Johan Hoffman gebraucht mitt einem sattell vnnd
zaum, sonder stangen. Eine kleine Gutsche mitt zwehe wa-
gen, zwehe grosse Hüttenbälge in der kammer hinder am
reisigen Stall.

Auff der oberen stall kammer ein betth stätthe alt Ein alt leinen vnderbethe, ein alt drillen pulmen. Zwey alt gestreigte kussen von drill. Ein alt leinen oberbethe, Noch ein gantz schlecht vnderbetthe. Ein bloe gestreicht kussen von drill alt. Zwey alte schlechte deckhen zubrochen.

Den 28. Aprilis. morgens frue wider angefangen vnnd gefunden Erstlich vier praune Muttorpferde, so zum Ackerbaur gebracht werden neben einem Wagen mitt Waage vnnd schwengell, vnnd zubehörigen geschier der pferde. Noch einen alden Erndewagen, mitt Waag vnnd Halsdraege. Noch einen alten paggagiwagen, so mehren Theill gebrochen, ohne die rader. Vier Erndtelettern. Vier Egen mit eisenen zähnen. 2 pfluge mit seiner zubehörungen. Die vordere kammer am Vorwerkhe. Ein alte Bettestette sonder botthe. Zwey newe balelgseell. 2. Bandreippe. 4. newe sille kusse. 2. Erndenfurcken. 4. Mistfurckhen. 2. Bandtketten, noch ein riemketten so an der Kutschen gebraucht wirdt.

Ferner im Vorwerckhe 30. melckhe kühe vnnd einen ochsen von vier Jahre an einer seiten im Vorwerckhe. Drey Lubochsen, deren zwey im vierten vnnd eine im dritten. Drey schwartze stärcken im 3. Jahr. Sieben kleine rinder im dritten Jahr. Noch 4. kleine rinder von einem Jahr. Neun fasellkalber von diesem Jahr. einen efachen kleinen eisern Ofen. Ein gross eisen pottk, von 2. Emer. 2. wassereimere. Noch .2. alte so vntauglich. Ein bette mit einer drillen Bewren. .2. alte pulme. 2. alte Deckhen weiss. Ein alt Vndbetthe mitt einer buntten büren. Ein bundtrode Deckhe. Ein schneidtbanck mitt dem Mess. ein Wäschküfe.

Im Zehenthauss. 10 Ziegen vnnd 2. böckhe. Zehen junge Ziegekens.

Auff der speckboene im Vorwerckhe 62. seite specks mitt ihre schincken. 59. Halbschweinskopff. 87. mettwürst fürs Volck. 12 schweinschincken. 37. guete mittwürste. 8. schaffschinckhe, vnnd eine zimblichen Vorath an kurtzfleisch als Rippen Rückhestuckhe vnnd schrattfleisch, wie auch an Bluet- vnnd Leberwürsten.

Ferner im Vorwerck 20. Haubtschweine vngefher von 3. Jahre 24. mittellmesige schweine. 9. ferckhen.

Im schaßstalle 145 melckhe schaeße. 115 jungen Lämmer.
156. güste schaeße, als Hämmell, Jährlinge vnnd güste schaff.
Ferner hatt die Wittwe angeben, dass sie nachfolgende
sachen alnoch vnder handen habe, vnnd zu brauchen behalte.
behalte. 5. pfar flägshen bethlaakhen. 8. pahr haihen Laaken
von .2. Banen. 3. pahr Tuchen Laekhe von 4. Banen. Noch
ein par von 3. Banen. Vier phar Kussenzeichen, dern 2. pfar
mitt strickwercks Kanten, ein par mitt nehewerckh, vnnd
dass letzte portuert mit weissen garn.
Als nun die Hern Vormündere, à dato dess 26. April.
biss heut den dritten May von vnderscheidtlichen rendtschrei-
beren wegen der jährlichen intraden rechnung aufgenohmmen.
damitt man auss deren rechnunge ein sicher Corpus der
jährlichen rente vnnd Gefelle, vnnd wass man hingegen andern
verpflichtet, zusamenbringe, vnnd diesem inventario inverlie-
ben möchte, So hatt man heuth vmb nachmittages zeit nach
genanter alsolcher rechnungen dass inventarium ferner conti-
nuirt vnnd hatt also zum anfange Thomass Muttell ein Leinen
beutlichen den Hern Vormündern vorbracht, worin folgende
dem Hern Drosten zuständigen Sorten gefunden. Einen
guldten gnadenpfenning dess Landgrafen vonn Darmbstadt,
zwehe alte Goltgulden. Ein sehr klein gulden gnadenpfenning
Ertzbischoßen Ernesti. Ein gross guldten trawring, darauff
inwendig der Datum gesetzt a⁰. 1613 . mitt volgende Litteren
O. G: G: G: Ein Guldten petschier deren von Meschede
mit eine staehel. Ein guldten ring mitt einem Duerkoiss,
noch ein alt stahel mitt einem Mescheder Wappen. Dess
Drosten selig. guldten petschir mitt einem bloen Stein. Ein
vnbekahnten steinekhen gelb vnnd rodt mitt einer figuer ge-
schnitten. Zwehye silberne antiquitaten dern ein Cæsaris
Augusti, die andere aber Cæsaris Galbae. Ein sehr kleine
Antiquitet von silber Ertzbischoßen Ernesti. 4. kleine silberne
antiquiteten. 17. kleine alte phenninge. Ein Reichsthaler Mauritz
Landtgrafen zu Hessen Anno 1624. 21 Kleine kupffere vnnd
pleiene antiquiteten. Sigillum Ciuitatis in Almeda.
Obgeschriebene sachen sein in ein Leinen beutelchen
wider eingelegt, verpetschirt, vnnd auffm archiuo in dem
pette verwart worden. Dieweiln auch die II. Vormündere

berichtet dass wegen Kriegsgefahr etliche Kisten, darin ver-
scheidene mobilien enthalten auff andere orter als Colln,
vnnd Statt Lippe geführt sein sollen, darzu sie die schlüssell
nicht gefunden, auch die fraw Wittwe Landrostin von Lans-
pergs, zu den 2 kleinen alhie stehenden Kisten, darin gleich-
fals etzliche mobilien enthalten hinder sich haben soll. als
wollen sie nach zustellung der schluessell vnnd empfangenem
genügsamb bericht dieserhalbe die Inventarization vorbehalten
haben.

Verzeigniss der Immobilien jährlicher intraden, Renten
vnnd gefellen, so dem seilig. Hern Drosten eigenthümlich
zustehen. Erstlich Der adeliche sitz zu Almen mitt seinen
mero et mixto Imperio, Gebewen, Gräben vnnd Weyhern, Vor-
werckhe, Zehenthauss; Schaffstall, Garten, Wiltbanen, grobe
vnnd kleine Jagt, vnnd dern Meschedischer samptgehöltz;
als Müncheholtz Bernscheidt Bucholtz, Johanen Tahl, klein
vnnd grossen Bögell, dass Broich bei Allmen, vnnd etliche an
diese gehöltzer anstossende Berge vnnd Kneppe, Item ack-
herbaw, darzu gehörige Wisen vnd Landereyen, welche
heut dato obgeselzt Jacob Beckher pfachtsweisse vmb ein
sichers jährlichs daruon zu entrichten, laut darüber verfas-
ten Contracts, vnndergethaen. Demnegst thuet die in den 3.
Dörffern Almen, Neden vnnd Tulen, laut der Registern ste-
hende pfagt jarliches, jedoch ein Jahr mehr als dass ander.
An roggen 124 scheff. Gerste 110 schef. Mangkhorn 5 schef.
Haber 295½ scheff. Der Zehent vnnd Willhuer ist auch
nicht alle jar gleich wie die register aufweissen. Dan man
A°. 1613 auss dem Kneblinghauser zehent, zu dess Hern
Drostens Selig. quoten empfangen an roggen 23¼ scheff.
Gersten 8. schef. Habern 42. schaffel, alless Almsicher
Maess. Auss dem Tulischen zehent an Gersten 12½ schef.
Habern 25. schef. Wolffter zehent an Habern 4 schef. Berck-
her zehent, Habern 7 schef. Aussm zehent am Lohe im
matfelde, Hab. 2 schef. Der Zehent zu Almen vnnd Neden
ist heut Jacob Beckher, angenommenen meyer, vmb ein
sichere summe Roggen, Gerste, Mengkohrn vnnd Habern 5. Jahr
lang vermög Contracts verliehen worden. Die Willehuer
hatt 1613 gethan roggen 1 spindt. Gersten ½ schef. Habern

65 scheff. Die Mahlemühle thuet jarlichs, zu dieses Hauses quoten an Multerkohrn .91. schef. Die Oliemühle thuet jarliches anhero 4. Rht. Der eisen Hütte einkünfte ist vngewis. Dass Dienstgeldt in den .3. obgemelten Dörffern, wan selbige nicht geleistet werden, thuen jährliches anhero 197 Rht. Hatt sonsten 205 rht. gethaen, weiln aber Crassius Gerdt zu Neden für seine dienste duppelte pfagt gibt, gehen 8. Rht. ab. Schultschwein in Almen, laut Registers jahrlichs .8. Zu Neden 13. Vberdiss gibt Henrich Arnts Wittwe für dass schultschwein zu Neden anhero jahrlichs 1 Rht. In Thulen Schuldtschwein 5. Vber disz gibt schlüters fur dasz schultschwein anhero j. rht. Dasz wisen geldt thuet in obgemelten 3. Dorffern zusamen jahrlichs 6 Rht. 11 ghross. Ferner hatt man in diesen .3. Dörffern den flags |dienst. an honnern jahrlichs 172. Ann Eyern zu Tuhlen vnnd Neden .1740. Tribgeldt zu Neden 28 groschen, vnd j Lamb. Dasz Mastgeldt in obspecificierten Mescheder gehöltze ist vngewisz. So viell die Efflische gutern, vnnd deren jahrliche jntraden belanget, thuen dieselben nunmehr laut Jois. Tillmannj von jahr 1625. vbergebenen registers jahrliches an pfagt vnnd zehentkohrn (wie der zehent nicht alle jahr gleich) An roggen 15 Malter 3½, muth, an Weitzen 3 muth, Gersten 30½ Malt. 1 mutt 3. spindt, Habern 27. malt. 3½ mutt. 3 spindt, schuldtschwein 3. An hoinern 57. An Eyern 320. An hoffgeldt 2 rhl. 8 schil. Der scheffers hoff zu Efflen thuet jährlichs 100 reichsthaler.

Ferner thuet die sauerländische rente, so dem stam Meschede in sampt zustehet, zu desz seligen H. Drostensz antheill vermöge Jois. Tillmannj Registers de Annis 1624, et 1625. jährliches an gelde 93. rht. 3 schil. 9. gr. An roggen 6½ Malter 2. scheff. 1½ spindt. Gersten oder Mengkohrn 2½ Malter 2. schef. 2½ spindt. Habern 28½ Malter. Eine gansz, 13. schuldtschweine. Höner 41½. Eyer 88. hemel 2⅛. Flags oder hanffen 18½ ℔. Rueben 9. scheff. Handthienst 18. Die mast ist vnbestendig vnnd geringe. Der Fuchs zu Brenckhen gibt dasz vierte jahr zu desz herrn Drostens antheil 6. rht. welche Anno 1624. bezahlt seindt.

Folget die Brenhkesche Rente, darbey in obacht zu

nehmen, dasz mitt Brenckischer vnnd Opspringer Mühlen, järliches vmbgewechselt, vnnd wan die von Brenckhen die Opspringer Mühlen gebrauchen, dasz alsdan die Meschedische Erbgenommen, dagegen der Brenckher mühlen gefelle erheben, welche järlichs mehr als die opspringer mühlen auffbringen kahn. Darausz dan die vngleichheit der jährlichen jntraden entstehet. Demnegst in acht zu nehmen, dasz die Brenckische renhte in zehen theil getheilt vnnd davon der H. Droste seelig sechs theil gehabt, vnnd dasz der renth schreiber Godtfridt Funckhe fur seine jährliche besoldunge, dasz pforthausz daselbsten, nebenn dem platze, Baumhoff, Garten vnnd hauszbauwe gebrauchet. Hier negst thun die Brenckhischen mayer vnnd zehenten neben der Mühlen zum sprung in sampt jährlichs an roggen 13½ Malt. 3½ Mutt. ½ spindt. An weitzen 1½ mutt., wan aber die mühlen zu Brenckhen, an stadt der Mühlen zum Sprunge gebraucht wirdt erstreckhen sich die jährliche intraden etwas höher, wie solchs gemeltesz Funckhe register auszwiesset. Die Gerst renthe erstrecken sich ins sampt auff 9. Malt. 4. Mutt. 2½ spindt. Die haber rente, weilen der haber zehent mitt alle Jahr gleich, trieft jährlichs nicht gleich ein, hatt Anno 1625. inssampt gethan 30½ malt. 4½ mutt. ½ spindt, alies Brenckischer Maess. Die jährliche Geldtrenthe erstrecken sich ins sampt auff 37. Rht. Der Huner ist 37. Eyer 500. Welche Huner vnnd Eyer neben dem Krimpkhorn gemelten Funckhen auch wegen seiner mühe nachgegeben worden. Von dieser vorgeschriebener Brenckischer renthe kommen der Hern Vormündere pflegkindere zu sechs Theil. Die Anröchtische, Graffische vnd andere vorgeschriebene des orts gelegene gueter betreffent, weiln die alte fraw mutter Drostin dieselbe ad vitam gebraucht vnnd sich von Tyllmanns vnnd Thönissen Münsterman berechnet lassen vnd derwegen den Hern Vormündern zu derselben güttere inventarization nitt hatt gebuern wollen, ist darumb in diesem Inventario nichts vermeldet worden.

Folgen Pfandtverschreibung. Erstlich bei der westphälischen Landschaft A⁰. 1625 angelegt 6000 rth. capital, davon jahrlich auff st. Jacobi 360 rth. jährlichs entrichtet werden, vnnd ist die Verschreibung noch nicht versiegeldt.

Bey Philipsz Otto vom Broich zu Brenckhen 800 rthr. capital davon pension 48 Rht. auff st. Michaelis. Am Hauss Bewren 1000 Rthr. capital, darob der Halbscheid Mordian von Meschede zustehet. Darab jahrlichs 60 rthr. pension auff pfingsten entrichtet werden, vnnd gemelter Mordian niemahlen pension gekriegen haben solle.

Bey Wilhelm Jobsten Westphalen 1000 rht. capital, dauon jahrlichs .60. rht. pension auff Ostern. Noch bey der westpfälischen Landtschaft 1000 Rthr. Capital, so die H. Patres Societatis zu Münster in solutum ihrer Verschreibung auf 2000 Rthlr. sprechent bekhommen, welche die Original-Verschreibung alnoch hinder sich haben. Die jahrliche Zinse, als .55. Rthlr. seindt auff st. Laurentij fellig. Bey Philippsz Hillebrandt Gogreuen zu Brochusen 620. goltg. Capitall daruon .300. goltg. Capital erlagt, welche Mutel auff Ostern empfangen, vnnd gestrigen Tags in Rechnung bracht. Die pension ist fellig auff Michaelis.

Noch beim Hauss Bewren 800 rthr. Capital vnnd etwas mehr, darab man jährliches auff St. Michaelis Pension 48 rhtr. 12. gros. empfangen, welche der H. Landtroste Lanspergh sel. seiner Dochter der Fraw Drostin selig in abschlag vorgeschlagenen brautschatzes angewisen, aber nunmehr desselben Wittwe Fraw Landtrostin abgelost vnnd wieder bey dess selig. Henniekhe Drosten Wittwe zu Erwiten angelegt sein. Dieweiln auch die Hern Vormündere von Thomass Muethell rentmeistern zu Almen von den almischen vnnd andern Jntraden, von Johansen Tillmanni wegen der Efflischen vnnd Sawerländischen renthen, von Godtfreidt Funckhen wegen der Brenckischen renthen, vnnd von Casper Bruegman wegen almischen jntraden vom Jahr 1613 vnd etliche folgenden Jahren rechnung auffgenommen vnd sich also etliche restanten bey denselbigen befunden, wollen die Hern Vormündere sich derentwegen zu dern beschluss referirt haben. Hingegen ist der H. Droste selig schuldig den Juffern zur Lippe 600. rht. capital, darab järlichs 36. rthr. pension auff Martini entrichtet werden. Den Ketteler zur Mittelburgh 1000 rthr. capital. Item zu anfange diesen Baws, der H. Droste von Junckher Mordian gelehnet .100. rthr. Dess selig. Thöniess von Lohen Erben vnnd dess renthmeisters Creutzkamps hinderlassenen Kinder schuldig 500. rthlr. capital. Darab jährlich in 8bris 30. rhtr. pension. Item dem paderbornischen H. Landtdrosten schuldig 300 Königsdlr. capital. Item muss man dess selig. H. Drosten Schwester Jungfraw Anastasien leibzugtsweiss jahrlichs entrichten 200 rht·, dern 100 rthr. auff Ostern vnnd 100. auff Michaeliss fellig. Ferner hatt man von Christopfeln 'Kahle Rentmeister zu Melrikhe 1000 rthr. capital auffgenommen, pension erstmals fellig auf Oestern Anno 1828, welche summe zu abzahlung von weylandt Engeln von Bernighausen an erkaufften Efflischen vnnd Mistischen Zehents gebraucht ist worden. Auch forderdt Marschalck Höffling wegen dess Hern Drostens selig. Compa. 1065. vnnd etliche rhtr. Noch Hern Botterweck schuldig .51. rhtr. welche Tillman selig zu bezahlen gehabt, aber verplieben.

Wan nun diss alles obgesetzter massen also vor vnss richter vnnd scheffen obg. auff platz vnnd Zeit ergangen vnnd wir solches in der person gesehen vnnd gehördt, So haben wir durch obg. von vnns hierzu angenommenen Schreibern dass Inventarium in diese Form bringen lassen vnnd selbigess mitt dem Gerichts-Insigell, auch vnser subscription, so viell vnser schreiben gelehrnet, bestättigt. So alless geschehen an stadt Orth, vnnd platzen, auch im Jahr, Monat, Tage, wie darbey vermeldet.

Christian Voeth Richter. Johan Hoffman Schreiber.

***

457. Quittung. 1628, 20. Mai.

Mordian von Meschede zu Alme quittirt den Minorennen seines Vetters Johann Melchior von Meschede, chur-cöln. Kammerherrn, Raths und Drosten etc. 500 Rthlr. Kapital und 14 Jahre rückständige Zinsen zu 420 Rthlr. 1628, 20. Mai.

458. Inventar. 1628, 5. Juli.

Es wird aufgenommen auf Veranlassung der minorennen Kinder des Joh. Melchior von Meschede, gewesenen Drosten zn Anröchte, chur-cöln. Geh.-Raths und Kämmerer, resp. Kriegs-Kommissar S. Ligae, über eine grosse Anzahl von

Pretiosen, Gold, Silber etc., welche der Verstorbene bei obschwebendem Kriege nach Cöln in Gewahrsam gebracht hatte. 1628, den 5. Juli.

459. Salentin v. Meschede beschenkt seine Tochter Elisabeth. 1629, 10. December.

In Gottesz nahmen Amen. Kundt vnndt zue wiszen sey menniglichen, mit diesem offenen Instrument, dasz jm jahr nach der geburt vnsresz herrn Jesu Christi tausent sechshundert neun vnndt zwantzigh in der zwolfften Rohmer zinsz zahll montaghs den zehenden monats Decemb. vmb vier vhr, nachmittag, bey herschungh vnndt Regierungh desz allerdurchleuchtigsten Groszmechtigsten vnndt vnuberwintlichsten Forsten vnndt herrn herrn Fridrich desz Andern. Vor mir Notario vnnd zeugen vndenbenent erschienen der Ehrwürdigh vnnd wolledell herr Salentin von Meschede thumbherr zu Paderborn, in seinem auff der thumbfreiheit gelegenen hoff, auff der Schlosskammeren so in der hohe auff den hir stösset, schwach zwar von Leib, vnnd im bedt sitzende, jedoch guten verstandts vnnd vernunfft, wie ahn ihme anders nit zu spuren wahr, vnnd hat zuuerstehen geben, wie dasz er ausz gueten freien willen vngezwungen vnnd vngedrungen geneigt vnnd entschloszen wehre, seiner lieben Thochter Catharina vnnd ihren eheman hochgelärten herrn Andres Worth dero rechten Doctor seinen antheill alles dessen, so er annoch mit vnnd beneben seinen bruder dem wolledlen Mordian von Meschede, ahn dem auch wolledlen Johannsen von Wolmerinckhauszen, vnnd nuhn mehr dessen Erben zuforderen hetten, zuuorehern vnnd zuuorgeben, in der aller besten form, wie esz alsz ein legatum oder vbergab auff den todtfall donatio mortis causa genant, oder ein Codicill am bestendigsten von rechts oder gewonheit wegen, geschehen solte konte oder mogte, jnmassen er dan selbige seine quoten vnnd ansprache gantz vnd gaer nichts auszbescheiden, ihnen vorglt. beiden eheleuten omni meliori modo, auff folgenden fall vbergab vnnd vberliesz, nemblich also vnnd dergestalt wehre esz sache, dasz er ehe sie eheleute, nach dem vn-

wandelbahren willen Gotts, mitt todt abgehen wolle, dasz sie
alstan, solchen seinen antheill eigenthumblich krafft dieser
vbergab haben vnnd behalten, auch damit ihres gefallens, alsz
mitt ihren anderen erb- vnd eigenen guttern zuschalten vnd
zuwalten, mit den von Wolmerinckhauszen in der guete vber
seinen quoten zuuergleichen, oder den daruber angestelten
gerichtlichen procesz auszzuwahrten gute fuge vnd macht
haben sollen, vnd hadt wolgltr. H. Salentin von Meschede
nach beschehener vorberurter vbergab mir Notario beiseins
der getzeugen, darauff die handt gegeben, dasz alles wasz
obstehet sein bestendiger wille vnd vermachnusz weher,
deszen dan vorgemelte beide ehelente aldahr gegenwertigh
donationem acceptando sich bedancket, darumb Ich dan auch
ad futuram rej memoriam et pro testimonio veritatis hiruber
diesz offenes instrument verfertiget, geschehen Im ihar romer
Zinzahll, monat, tagh, stunde Kaiserthumb vnd ort, wie ob-
stehet, in beisein der erwurdig wolgelerten vnd bescheidenen
herrn Wilhelmi Lumeri Probsten zu thum Kirchen H. Men-
sonis Bähr vnd Urbain Johannis Lopers, der thumbkirchen zu
Paderborn beneficiaten, dan auch hendrici Lopers schatz-
einnehmers, Jorgen Standtfast Burger zu Paderborn vnd Jo-
han Ahlers von Benhauszen, alsz respectiuê parochi, vnd
glaubhaffter hirtzu sonders beruffener getzeugen.

Hermannus Hanxleden Not. qui s. subscr.

460. Schuldbekenntniss. 1631, 26. März.

Raab Westphalen bekennt, dem Mordian v. Meschede zu
Almen 200 Rthlr. zu schulden und Behufs Diedrich Alhard
Westphalen empfangen zu haben. Alme, 1631, den 26. März.

461. Inventar. 1633, 21. Januar.

Es wird von den Vormündern der Minorennen v. Meschede
über Gegenstände, welche wegen der gefährlichen hessischen
Kriegeshändel nach Lippstadt in Gewahrsam gebracht worden
sind, aufgenommen und erstreckt sich über Leinwand, einige
Gold- und Silber-Geräthe und über eine grosse Anzahl von
Dokumenten und Obligationen.

462. Eheberedung. 1635, 7. Februar.

Christoph v. Hörde zu Eringerfeld und Störmede, ältester Sohn weiland Christophs v. Hörde und Elisabeth von Fürstenberg macht einen Heirathsvertrag mit Jungfer Ursula Dorothea von Meschede, Tochter weiland Johans Melchior v. M. zu Almen, kur-cöln. Raths, Kämmerers und Drosten zu Anröchte etc. und Odilia Elisabeth v. Landsberg. Der Bräutigam bringt seine beiden adlichen Häuser Störmede und Eringerfeld als Heirathsgut in die Ehe und verspricht der Braut zur Morgengabe den Schulze Rosenhoff zu Langenstrate. Die Braut bringt als Brautschatz 5000 Rthlr. und zur Aussteuer 1000 Rthlr. etc. 1635, den 7ten Februar stilo novo.

463. Rezess. 1635, 23. Juni.

Jobst Philipp v. Meschede, Droste zu Anröchte, und Walther Philipp v. Ense, sein und seiner Geschwister Vormund, einerseits, Christoph v. Hörde zu Eringerfeld und seiner Hausfrau Ursula Dorothea v. Meschede andererseits, verständigen sich über die Entrichtung des in den Ehepacten versprochenen Brautschatzes. Erstere überweisen den Letzteren ein Kapital von 1400 Rthlrn., welches bei der cölnisch-westfälischen Landschaft und von Wolmerinkhausen belegt ist, als Aussteuer und 6000 Rthlr. bei der cölnisch-westfälischen Landschaft stehend als Brautschatz. Geschehen zur Lippe (Stadt) 1635, den 23./13. Juny.

464. Bestallung. 1636, 29. April.

Ferdinand, Erzbischof zu Cöln, ernennt den Jobst Philipp von Meschede zu Alme auf Absterben seines Vaters zum Drosten der Aemter Geseke, Stadtberge, Rüden und Volokmarszen. Es liegt bei: Die Eidesformel, Vorladung und das Protokoll über die Eides-Abnahme.

465. Schuldverschreibung und Vergleich. 1636, 2. August.

Jost Philipp v. Meschede zu Alme etc. bekennt, sich mit Moritz, Frei und Edelherrn zu Büren, Herrn zu Ringelstein und Geist etc., wegen früherer Forderungen auf die Summe von 2000 Rthlr. verglichen zu haben. Geschehen Schloss Geist.

466. Verzicht. 1636, 27. October.

Zu Gunsten des Jobst Philipp v. Meschede, Drosten zu Anröchte, verzichtet dessen jüngerer Bruder Wilhelm Alhard für 7500 Rthlr. als Kindstheil auf die elterlichen Güter.

467. Rentkauf. 1636, 2. December.

Vor Ludolph Estinghausen, Gografen zu Stromberg, verschreibt Jobst Philipp v. Meschede zu Alme etc. dem Balthasar v. Bönninghausen eine Rente von vier Malter Korn. Geschehen Haus Geist 1636, den 2ten December.

468. Testament des Jobst Philipp von Meschede zu Alme und Anröchte, Drosten. 1637, 11. Febr.

Seinen Bruder Wilhelm Alhard von Meschede ernennt er zu seinem Universal-Erben, unter dem Bedinge, dass er in eifriger, unwandelbarer Profession des katholischen Glaubens sich rühmlich qualifizire und sich rücksichtlich der Almenschen Güter den Anordnungen seiner Vettern, der Testaments-Executoren, nämlich des Reichskammergerichts-Präsidenten Mauritz, Edelherrn von Büren, Caspar Philipp von Ketteler zu Mittelburg, Domherrn zu Paderborn, Propst zu Bustorf, und Balthasar von Bönninghausen, füge, welche seinen Willen kannten. Möchte sein Bruder die Bedingungen nicht erfüllen, so substituirt er seinen Halbbruder Ferdinand Melchior von Meschede. Sterben beide Brüder ohne männliche Erben, so sollen seine Almenschen Güter an Mauritz, Edelherrn von Büren, seinen Vetter, fallen und dieser irgendwo ein Kapuziner-Kloster bauen. Balthasar von Bönninghausen soll dann den Graffenhof und die Güter zu Anröchte erhalten und im Uebrigen die Töchter der genannten Brüder, oder, wenn diese fehlen oder sich dem Testamente widersetzen, seine Vettern, die Ketteler zu Middelburg, seine Erben sein. Die Kapuziner in Paderborn und die Conventualen in Soest erhalten jede 100 Thlr., die Observanten zu Warendorf 200 Thlr. Gegeben auf dem Hause

Geist, 1637, 11. Februar. Dieses Testament fand sich in Duplo und uneröffnet im Bürener Archive und wurde erst 1844 ein Exemplar aus archivalischen Gründen eröffnet. Es konnte nicht zur Vollziehung kommen, weil Testator kurz nach der Errichtung schwachsinnig wurde und stets unter Vormundschaft stand, dabei heirathete und eine zahlreiche Nach-. kommenschaft hinterliess.

469. Aerztliches Gutachten über den Gesundheits-Zustand des schwachsinnigen Jobst Philipp von Meschede, Drosten, unter Angabe der anzuwendenden Arzneimittel, aufgenommen, nachdem sich nngefähr drei Monate vorher bei dem Kranken die ersten Symptome der Melancholie gezeigt hatten. 1637, 10. Juni.

Aus dem Bürener Archive.

Cum Dominus Meschede Satrapa te Anröcht, alioquin sanus et integer sine causa manifesta metuat, contristetur, hominum consortia fugiat, solitudines quaerat, totamque vitam in latibulis et taciturnitate transigendam ducat, praeterea multa animo ridicula, et a ratione alinea concipiat, non dubitamus, quin cum melancholia conflictetur eaque primaria, ac potissimum capitis vitio contracta, Caput siquidem temperamento calidius (ut ex signis non obscuris apparet.) sanguinem adurit, ac in succum melancholicum conuertit, qui post suo atrore et exustione mentis sedem interturbat, ac animum ita exagitat. vt non tantum ridiculae, sed et absurdae imaginationes continenter illi obuersentur Cerebrum autem hic primario et per se non autem hypochondriorum consensu, aut totius corporis vitio affici, ex eo patet, quod inculpata praecesserit valetudo, nulla Symptomata in hypochondrys molesta fuerint, nec signa redundantis in toto corpore melancholici sanguinis apparuerint. Quod ad praesagitionem attinet, sciendum illam melancholiam quae proprio Cerebri vitio fit, contumacem & curatu difficilem existere: periculum insuper ne humor ille melancholicus nimium incalescens maniam, aut

in neruos translatus horribiles conuulsiones, vel in cerebri
ventriculos affatim irruens apoplexiam vel epilepsiam tandem
excitet, cuius rei pronuper in hoc Domino non obscura habui-
mus indicia. Curandi rationem á venae sectione auspicati
sumus, cum praesertim totum corpus sanguine abundaret, post
materiam melancholicam clysteribus, & melanchogogis blan-
dioribus sub duximus. Jnterim cerebro & cordi medicamentis
appropriatis robur adflauimus · & somnum si non spontè obre-
peret omnibus modis, vtpote pedilattys, vnguentis soporiferis,
emulsionibus ac laudano opiato conciliauimus. Praeterea bal-
neum aquae dulcis saepiuscule imperauimus, quo nihil poten-
tius faecem emollit melancholicam: ita vt Galenus frequentibus
balneis, victu humido, et cibis euchymis, sine alio potentiori
remedio huiusmodi affectum non semel sese curasse profitea-
tur . Et huic methodo jnstitimus, & in posterum insistendum
esse censemus: Loci jnterim mutationem summè suademus,
vt taliter aegrotantis animus exhilaretur & simul jucundissi-
mis amicorum sermonibus demulceatur, spe bonâ erigatur,
& quaecunque terrorem possint incutere, maeroremque afferre,
remoueantur.

Syllabus medicamentorum quibus hactenus vsus Dominus satrapa.

R. Rad. Cichorij.
     polipodiscj. an. $\frac{3}{5}$ β.
     Cort. Rad. Cappar.
     Tamorisci an. $\frac{3}{5}$ ij.
     Herb. Scolopend.
     Fumariae an· m β.
     Cuchutae
     Epithymij an. p j.
     Sem. paeoniae.
     Sesellos an $\frac{3}{5}$ ij.
     Fol. sem. Al. // $\frac{3}{5}$ ij.
     Mechoacanna el $\frac{3}{5}$ β.

R. Cons. rad. Paoniae.
     Scorzouerae an. $\frac{3}{5}$
     Pinrobat. condit.

Agarici trocisc.
     Turpetsi zunx an. $\frac{3}{5}$ β.
Rad. hellebori nigri
     Cremoris tart. an. $\frac{3}{5}$ ij.
     Salis Gemmae.
     Diagridij an. Э j.
     Zingiberis $\frac{3}{5}$ β.
     Cinanomi
     Cubebarum an. $\frac{3}{5}$ ij.
     Galaɴgae
     Cariophillorum an. $\frac{3}{5}$ i.
Incissa & contusa indantur
saccolo ex cilicio. R. Beut-
lichen zum Laxier wein.
     Nucis mose. cond. an. $\frac{3}{5}$ β.
     Cons. Melissae
     Anthos.

Boraginis.
Buzlossae an. ℥ β.
Confect. Alkermes ℨ ij.
Cran. sum. pp. spl. di-
ambre diamosci an ℈ ij.

R. S. diambrae
diamosci
diapaeonies
dianthos a. ℨ j.
Cubebar.
Mays
R. An Epilept. Lanegij
Cerasor. nigrj an ℥ iiij.
Betoniae
Cinnamomi an. ℥ ij.
R. Tab. ex tartaro cum ol.
cinnamomi parato
℥ vj.
sg. Küchlen.

Vnz. algis. ¹)
Visci querc.
Gran. paeoniae an ℈ j.
Spir. Vitr. ℈ β.
Syrupi de paeonia j s.
F. Condit. R. Haupt vnd
hertzsterckung.
Cardemomi
Cinnamomi an. ℨ β.
Ol. cinnamomi gutt. vj.
Sacchari an. Cinamomi
oliss. ℥ vj.
F. Confect. Morsuln.
Confect Alkermes ℨ ij.
Sp. diambrae
diamosci an. ℨ β.
Misce. R. Krafft waszer.
R. Vntz. Alabastrini ℨ ij.
bals. rosa. ℈ j.
aq. maiorianae ℈ β.
opijareto diss. gr. v.
Misce. sig. balsamb zum haubt.

Scriptum decimo Junij Anno millesimo sexcentesimo tri-
gesimo septimo postquam Dns. satrapa tribus prope modum
mensibus hisce insultibus melancholicis conflictatur, quorum
principia decimo quinto Martij eiusdem anni, euidenter
primum, & ad sensum animaduersa sunt. Ita attestamur

Ita attestor Bernhard Rottendorff M. Dr.
Johann Stutt idem attestor. M. Dr.

¹) Wohl Fucus Algae?

470. Mystisches Testament des Mordian v. Meschede. 1639, 24. Juni.

M NAHMEN DER ALLERHEILIGSTER VND VBERGEBENEDEITEN DREIFALTIGKEIT GOTTES AMEN. Kundt vnnd offenbahr sei hirmidt allenn vnnd jedenn, dem oder denen jegen wärdrige schrifft zu sehenn, lesenn oder horenn lesenn vor kumbt, dasz ich Mordian vonn Meschede, Erbgesessener zu Allmenn, offt vnnd viellmahles mit einem-christlichenn Ernnst embsich betrachtet, vnnd bey mir selber vberlegt habe, das der mensche kein pleibende stadt in diesem jammerthall hatt, sondern von Gott alsz ein Pillgram in disz müheseligh vnnd vergengliche leben gesetzt, also dasz dem mennschenn welcher der sterbligkeidt vnnterworffenn, nicht bewust ist, wan ihmenn sein schöpfer vnnd erlöser, durch denn zeitlichenn thöedt, welcher gewisz, aber nicht vnngewissers, dan die stunde desselbenn, ausz dieser weldt wiederumb beruffenn wolle, damit mich dann die vnngewisse stunde desz thoidtsz, nicht ohn verordtneter sachenn ergreiffe, derohalbenn zancks vnd zweitracht vmb meine verlassenn haeb vnnd güettern, welche Gott der Allmachtige mir gnediglich bescheret vnnd verliehenn (darfür seiner Allmacht vmmer werendenn ¦dannck sagenn thue) enntstehenn möge, desselbige so vielt an mir ist, zuuor kommenn, So habe ich mit gutem zeitigenn rhat vnnd wolbetachtem gemüth, mir vorgenohmenn, disz mein testament, satzungh, ordtnungh, codicill- vnnd letztenn willenn zu machenn wie hernach folgt.

Erstlich, demnach die Sehle nach dem Ebenbildt Gottes geschaffen, vnd dasz vortrefflichste, allem zeittlichenn gutt billigh vorzusetzen ist, so will ich dieselbe, so sie von meinem leibe, nach 'dem vnwandelbahren willen Gottes abscheidenn wirdt, dem allmechtigenn Gott, Ihrem Schöpfer vnd Herreon Jesu Christo meinem Elöser vnnd Seeligmacher, in seine Gottliche hennde, vnnd grundtlose Barmhertzigkeit vnnd das reich der himeln, allen Christglaubigenn vonn anbegin der weldt verheissenn, daselbst zu besitzenn das Erbtheill seines himlischenn Vatters, allerdemütigst befohlenn habenn.

Denn thodtenn leib aber annbelangent, woll ich hiermitt

geordnet haben, vnd vonn meinen jnstituirten **Erbenn** zugleich
begehrt, dasz sie denselbenn mit gewonlichenn christcatholi-
schenn ceremonijs vnnd Pristernn in anwesenn meiner ade-
lichenn freündtschafft vnnd Allmischenn vnnterthanenn, in die
Kirche s. Lutgerj zu Allmenn, bisz zu allgemeiner auferste-
hungh des fleisches am jüngstenn tage, ehrlich, jedoch ohne
allen eusserlichen gepregh (dafür ich hiermitt gebettenn ha-
benn woll) begrabenn, auch folgentz ohnlengst darnach einen
grabstein, darauf mein schildt vnnd hellm, sambt einer ge-
bührlichenn vberschrifft vnnd jahr zahll meines abscheidens
gehawenn sey, legenn lassenn sollenn vnnd wollenn.

Dieweill ich dann auch mit sonnderlichem fleisz mich
erinnert, das nicht sündthafftiges noch beflecktes in dasz reich
der himmelnn gehenn magh, vnnd dann die menschliche natur
blöde vnnd schwach, auch leichtlich zum zorenn vnnd ohn-
willenn zu bewegenn ist, alsz woll ich hirmitt Gott Allmech-
tigenn zuvörderst, vnnd demnechst alle menschenn, so ich
jemals erzürnet oder beleidiget habenn möchte, vmb nach-
lasz vnnd Christliche verzeihungh gebettenn habenn, mit
erbietungh, den jenigenn so mich auch etwann mitt wordtenn,
werckenn vnnd der that erzürnet oder beleidiget habenn mü-
genn vonn grundt meines hertzenns auch gerne zuuerzeihen.

Demnechst, vnnd damit in künfftiger meiner demigration
vnnd abscheide vonn dieser welt, zu Gott in dasz Ewige
Vatterlandt, an trostlichenn concomitanten vnnd suffragistenn
nicht ermangeln müge, hab ich nach dem Gottlichenn befelch.
psalmo 40 Beatus qui intelligit super egenum et pauperem,
quoniam in die mala liberabit eum Dominus, vnnd desz heill-
samen raht desz herren Christi gefolget, Gottseelige Priestere
vnd Arme, durch nachfolgende verordtnete elemosinas vnnd
pia legata erwecket, das dieselbenn durch ihr innigliches vnnd
ohnablessiges gebett zu denn ebigenn himlischenn taberna-
culen meine sehle, nach dem abscheidt vom leibe confoiren
sollenn, zu welchem vorgltm. ennde ich nachfolgende pia
legata verordtnet. Allsz erstlich legire ich denn Herrenn
observanten s. Francisci zu Bilefeldt, 50 Rthllr. Denn Herrenn
Capusinis zu Paderbornn 50 Rthllr. Dem Herrn Hermanno
zu Anrüchte bey dasz Mescheder beneficium, 50 Rthllr.

Dero Stifftskirchenn zu fritzlar in mei testatoris et fratris Henrici a Meschede perpetuam memoriam 100 Rthllr. So will ich auch hirmit der Kirchenn s. Lutgeri zu Allmenn vierhundert Rthllr. bei herrenn Willhellm Westphalenn Paderbornischenn Lanndtrostenn auszstehennt, vermacht habenn, gestaldt daruonn bemelte Kirchenn im nothbaw zuerhaltenn, vnnd einen thurn daran zu bawenn, nebenn einem gutenn seidenem miszgewandt, vnnd vbergultem silbern Kelch mit seiner Zubehörungh. Im gleichenn will ich auch in behuff der Armenn allgemeinen Kinder zu Niedern Allmen hunderdt Rthllr., so mir die von Hanxleden zu Oistwigh, vonn denn zweihundert Rthllr. damit sie denenn vonn Meschede verhafftet sein vnnd mir pro mea quota die halbscheidt zustenndigh, vermacht habenn, gestaldt vonn denn pensionibus, zu winterlichenn Zeitenn hosenn vnd schuen, damit sie nicht erfrierenn mogenn, ein kauffenn vnnd machenn zu lassenn.

It. jedem zeitlichenn pastorj vnd custodj der Kirchenn s. lutgerj zu Allmen legire ich auch jährliches wegenn wochentlicher messe, so pro salute animae testatoris in perpetuum mit gehorennder andacht gehalten werdenn sollen, 7 Rthllr. derenn der Pastor 5 vnd der custos 2 geniessen sollenn, welche vonn denn pensionibus der vbrigenn 600 Thllr. bey Herrn Willhellm Westphalenn Paderbornischen Landtrosten genohmenn werdenn sollenn. So verschaffe ich auch dess in Gott jüngst verstorbenen Pastors zu Allmenn Hern Johann Hollschers nachgelassenenn erbenn, für die getrewe dienste, welche säligh ermelter pastor in seinem lebenn erzeiget vnnd bewiesen hadt, 20 Rthllr., meiner darbey zu gedenncken.

Nach dem dann auch der WollEdler Gestrenngh vnnd Vesten Johann Georgh vonn Holdinghausenn mein freündtlicher lieber Vetter, mir vor andernn viell guttsz erzeiget, auch in meinen nöthenn vnd beschwehren getrewlichenn rhat geleistet. vnnd beistenndigh gewesenn, dähero er auch vor andernn, welche solches nicht gethann, bedacht werdenn soll vnd musz alsz will ich demselbenn vor allen anndernn zuuorab 2000 Rthllr, von denn nachstendigen geldernn, welche ich Wolmerckhausenn gelehndt, nebenn meinem Hause zu niedernn Allmenn, mit beygelegenem vorwerck, gebewen, baumhoue

vnd müsegardten, jacht vnd fischerey beim hause vnnd acker-
baw, alsz dem Eltsten nach landtszgebrauche, legirt vnnd ver-
macht habenn, doch dero gestaldt dasz er die andere erbenn
nach billigkeit vnd erkendtnus guter leuthe seines beliebenns
mit gütern oder geldt dauon abwilligen soll.

Dieweill ich auch mit meiner beihabennder hauszhalter-
vnnd verwahrerin Lischenn Schorennbergh drey Kinder, alsz
Gerhardt, Clara vnd Catharina geheissenn, erzeügt so noch
vnnbestadtet, vnnd damit selbige mit der zeitt bey gute leüthe
vnnd desto füeglicher zu ehrenn gebracht werden mügenn
gebe legire vnnd verschaffe ich ihnenn vnnd sonderlich mei-
nem Sohne Gerhard erstlich 1000 Rthlr. bey dero Stadt Bri-
lohnn auszstehenndt, mit denn bisz hirzu aufgeschwollenenn
pensionibus, darbey zu niedernn Allmenn zwei verfallenn
Bawrenngüter, desz schultenn vund Weuerszgüter genanndt,
mit ihren pertinentijs am lannde wiesenn vnnd gardtenn,
gestalt dieselbe wiederumb zu restauriren zu ihrem vnnd
der Mutter besserenn vnnterhalt zu gebrauchenn, ferner sol-
lenn ihnenn vier Kühebiester, 20 schaffe vnnd die zwey for-
dernn pferdt ausz dem ackerspanne, jhre hauszhalltungh da-
mit annzufahenn, wie auch vonn vorhandenen früchtenn 15
Malt. Kornn ann roggenn gerstenn vnnd habernn verehrt sein,
dabey ich auch begehrt habenn woll, wann Gott mast be-
scherenn wirdt, dasz die Erbenn solchenn Kindern jedes jahrs
vnnd so offt mast sein wirdt, jhr lebennsz zeit achte schweine
auf dem gehöltze in der mast frey gehenn lassen wollenn.

Zu deme soll ihnenn per modum legati, so sie sich an-
derst woll verhaltenn vnnd die legata nicht ohnnützlich dila-
pidiren werdenn, hiermit vermacht sein, die schuldt vnnd
pfandtverschreibungh zu Oestwich, die verschreibungh auf
200 thlr. bey Juncker Dieterich Westphalenn, 100 Rthllr. zu
Nehen, so die Dorffschafft von entpfangenem borgkornn zu
Anrochte nachstenndigh sambt denn 80 rthllr., so bey Will-
hellm Schollinngh vnnd dessenn mit Interessenten, wie auch
bey dem dorff Allmenn auszstehennde 80 vnd 50 Rthllr., so
ich bey Hertzigh Christians vonn Braunschweigh vnd desz
kleinen Jacobs zeitenn, ich der dorffschafft guidtlich vorge-
schossenn habe, vnnd allnoch vnbezalt hinderstelligh sein.

Betreffennt die zwey Dochter vnnd Medtgens, Clara vnd
Catharina, denenn sollenn jedenn zu ihrer auszstewr vnnd
Ehrenpfennigh 500 Rthllr. von einer hanndtschrifft auff 1000
Rthllr. bey Wollmerckhausenn auszstehenen gelendtenn geldtsz.,
nebenn noch 1000 Rthllr. vonn denn 1000 goltgl. bei Woll-
merckhausenn auszstehenenn braudtschatzes, dasz also jede
1000 Rthllr. zu ihrer Ehe vnnd auszstewr zu geniessenn
haben sollen hirmit legirt vnd verschaffet sein.

Anlangent meine hauszhalter- vnd verwahrerin Lischen
Schornbergh soll derselbenn in recompensam bewiesener
trewe, von meiner restirender schuldt zu Anrochte legirt vnd
gegebenn sein 200 Reichszthallr, soll sonstenn bey dem Sohnn
vnnd thöchternn ihr victualitium von denn verschafftenn
legatis mitt habenn vnnd behaltenn.

So ist auch mein will dasz meine jnstituirte erbenn pro
confirmatione dieses meines letztenn willenns, Dem Hoch-
Ehrwürdigen vnd Hochgelährten Herren Petro Martini dero
rechtenn Licentiaten vnd Chrfl. Collnischenn Officialj zu Werll
zehenn goldtgüldenn ausz der haereditet verschaffenn vnnd
richtigh machenn, auch bey demselbenn vmb confirmationn
dieses testamentsz vnnd letztenn willennsz anhaltenn sollenn
vnnd wollenn, dann ich ihme dieserhalb diss legatum ver-
schafft habe, vnnd hiermit allnoch verschaffenn thue.

Vnnd nachdeme jnstitutio haeredis ein wesentliches für-
nehmensz stückh vnnd grundtfest eines jedenn rechtmessigenn
testaments vnd letzten willennsz ist, So jnstituire vnnd er-
nenne ich zu meinem ohnzweifliehen Erbenn, Denn Woll-
Edlenn Gestrengh vnnd Vestenn Johan Georgen vonn Holling-
hausenn, Chur- vnnd Fürstlichenn Trier- vnd Ossenbrücki-
schenn Amblmann zu Freüszburgh vnnd Hachennbergh, Wie
auch die Wolledle Gestrennge verspective hochwürdigen Raba-
num Ottonen Thombherrnn zu Paderbornn vnnd Alhardt Jobstenn
gebrüdere vonn Schorlemer zu Hellinghauszenn meine freudt-
liche liebe Vetternn vnnd Schwester Kindere, aller meiner
ander vnlegirten haab vnd nahrung nicht daruon auszgeschlos-
senn mobilienn Pfandtschafflen, güternn, Gericht vnnd gerech-
tigkeitenn, an jacht, fischerey, geholtz, Lenndernn, Wiesen,
Mühlenn, Zehenten, renthenn vnnd Einkombstenn auch wasz

deßen im sawrlanndt, zu Meschede an der haer, zu Anrochte vnnd anderstwohe, an speciale höuenn gelegen vnd zugehörigh, wie das mir mein Gottseeliger Vatter Christoffer von Meschede erblich hinderlassenn, doch also, dasz selbige meine Verlassenschafft in zwei gleiche theile getheilet werdenn sollenn, dauonn die helffte meinem Vettern Johan Georgenn von Hollinghausenn zu sich nehmenn, die andere Halbscheidt aber besagte von Schorlemer insz gesambt brüderlich vnnd aequis portionibus theilen auch ebenfalsz damit ihres gefallenns schaltenn vnd walten mügen, da sich auch der fall zutragenn sollte, dasz gedachter mein Vetter von Hollinghausenn für mir dem testatore mit thodt abgehenn, so ist mein wille, dasz alsdann dessenn Sohne vnnd in abgangh deroselben gltes. meines Vetternn von Hollinghausenn dochtere ihnen substituirt sein sollenn; Mitt diesem auszdrücklichenn anhangh vnd specialbefelch dasz obglte. meine also instituirte Erbenn solche vorgedachte legata fleissigh vnnd ohnuerzüglich zugleich ins gesambt auszrichtenn vnnd anweisenn sollenn, zum fall sie aber darin saumbhafft vnnd miszhelligh sein würdenn (dessenn mich doch zu ihnenn keines weges versehenn thue), Ich darüber ihre conscientias hiemit grauirt, sie vor Gottes angesicht verklagenn, vnd vor dessen strengem gerichte hiernegst antwordt von ihnen erforderen will.

So ist auch mein wille, zum fall etwann wieder verhoffenn mein aufgerichteter letzter wille, wegen ermangelnder solennitet wie ein formale oder solemne testamentum nicht geltenn solle, dasz esz alszdan jure codicilli, fidei commissi, donationis causa mortis, et inter viuos oder jure legati geldenn müge, oder wie sonsten mein letzter wille in jure zu behaubtenn werdenn konte, solte oder mochte, jnnmassenn ich dann auch meinenn jnstituirtenn erbenn nach auszweisungh der institution possessionem meiner nachlassennschafft auch bey meinem lebenn cedirt vnnd krafft dieses cedire vnnd vbergebe, vnnd dieselbe in dessen nahmen nunmehr besitzlichenn einzuhabenn, bester massen constituire.

Endtlich ist auch mein testatoris letzter wille vnd ernstliche meinungh wo einer oder annder meiner gesetztenn vnnd jnstituirten Erbenn, auch benandter legatarien wieder disz

mein testament thätten hanndelnn oder verhindertenn, esz
geschehe gleich mit wordten oder mitt der ihatt, in oder
ausserhalb rechtenns, auf dasz solches wie obstehet, nicht
vollenzogenn oder auszgerichtet werdenn solle, oder sich ann
deme, darin er erblich von mir instituirt oder legatsweise
ihme verschaffet, nicht begnüegenn lassenn wöldte, auch süns-
tenn einiger massenn diese meine disposition thadtlenn oder
anfechtenn würde, dasz derselbe sein erblheill oder legatum,
hirmitt ipso facto, ohne rechtliche erkenndtnusz vnnd erkle-
rungh verwürckt, vnnd derselbige anndernn meinen gehor-
samen Erbenn annwachsenn sollenn.

Vnd damit disz mein testament vnd letzter wille desto
stattlicher gehandhabet, vnd volnstrecket werden möge, so
setze ordtne vnd bitte ich zu meinem rechtenn wahrenn
trewhandlern vnnd vollstreckernn denn Hochwürdigstenn in
Gott vnd Durchleüchtigstenn Fürstenn vnnd Herren Herren
Ferdinandt Ertzbischouenn zu Cöllnn vnnd Churf. meinen
gnedigstenn Landtszfürstenn vnnd Herrenn, vnnd bittenn den-
selben vnterthänigst, dasz jhre Churf. Durchl., oder dero-
selben nachfolgere, diesen meinen letzten willenn gnädigst
handthabenn wollenn, alsz sich dasz gebührt vonn rechtsz-
wegenn vnnd sie deszwegen Gott Allmechtigenn rede vnnd
Antwordt gebenn wollen, vnd vor solche mühe waltungh
sollenn meine obernente Erben Hochstgmltr. jhr Churf. Durchl.
hundert goltguldenn geben vnnd vnterthänigst entrichtenn.

Solches alles sampt vnnd sonders, so hirinn geschriebenn
stehet ist mein testament, codicill vnd letzter wille, so will
auch denselbenn also in allenn puncten vnd clausuln, wie
vorgemelt fast vnnd steiff gehaltenn haben, dessenn zu mehrer
vnnd wahrer Vrkundt hab ich Mordiann von Meschede disz
mit Eigener hanndt vnterschriebenn vnnd vnterdrückungh
meiner angeborner Ringhpitschafft beschlossenn so geschehen
vnd verrichtet zu Niedern Allmenn auf meines testoris be-
hausungh auf der stuben im Saahll, Freitagh denn 25. Junij
Anno 1639.

Mordian von Meschede.

Darunter folgt das Siegel Mordians v. M. und siebenmal
das Siegel des Conrad Vlenborgh, alles in rothem Siegellack.

Ich Conrad Vlenbergh offenbahrer Notarius bezeüge mit obfürgedrüekter Pittschafft vnd dieser meiner eigener handtschrifft dasz ich von dem wolled. vnd gestrengen Mordian vonn Meschede, welcher gesagt, dasz disz in diesem schreibenn gesetzte Puncta sein testament vnd letzte will sey alsz ein zenge requirirt vnnd erbettenn wordenn dessen zur Vrkundt ich disz also.

Ausser Conrad Ulenberg, der im Notariatsacte des Heegwitz auch Pastor von Alme genaunt wird, waren noch sechs Eingesessene und Scheffen anwesend, nämlich: Georg Goltstein zu Niedern-Alme, Simon Grebyn von Ziegenhain jetzo zu Alme, Henricus Schmidt, Christoph Stratman, Jacob Schulten und Georg Diestelkamp, von denen die vier Ersten, ähnlich wie Ulenberg, selbst unterschrieben, für die beiden Letzten aber, welche schreibensunerfahren waren, Ulenberg unterschrieb als Notarius, der auch für alle siegelte. Ueber den Hergang der Sache nahm Georg Heegwitz von Brilon einen Act dahin auf: dass Mordian von Meschede am 24. Juni 1639, Nachmittags 2 Uhr, zu Niedern-Alme vor ihm erschienen sei mit der Erklärung: er habe ein geheimes Testament angefertigt und auf Papier geschrieben, dass dieses Papier von Meschede mit grüner Schnur verfestigt, mit seinem Pettschaft versiegelt, demnächst von den Zeugen unterschrieben und zuletzt mit diesem Natoriatsacte bekräftigt sei. Hinter dem Notariatsacte steht: „Confirmanus et approbamus salvo jure serenisimi Principis Clementissimi Domini nostri et cuiuscunque Peter Martini L. Officialis."

Officialis curiae Archiepiscopalis Arnsbergensis, Werlis, Coloniensis dioecesis residens judex ordinarius vniuersis et singulis praesentes nostras approbationis literas visuris notum facimus quod nos suprascriptum testamentum sive vltimam voluntatem quondam Praenobilis et strenui Domini Mordiani de Meschede, haereditarii in Allmenn etc. Nobis ad examinandum et approbandum, praesentatum, vti, justum legitimum et canonicum, authoritate nostra qua fungimur ordinaria, confirmauimus ratificauimus et approbauimus, decretumque nostrum iudiciale interposuimus, pro vt confirmamus,

ratificamus approbamus et interponimus per praesentes, jure
cujuscumque salvo. Decernentes exnunc ad illius executionem
realiter et actualiter procedi posse et debere . In cujus rei
fidem hasci nostras literas per Notarium nostrum infrascrip-
tum supscriptas, nostroque signeto in capite signatas, sigillo
majori officialatus nostrj subimpresso communiri fecimus.
Anno Domini Millesimo sexcentesimo quádragesimo, die qui-
dem Martis vigesima septima Mensis Novembris.

Ferdinandus Faueréo Not. cois.

in fidem supscripsit.

471. Vernehmung von fünf Schützen über Vorgänge nach dem Tode Mordians von Meschede. 1639, 24. November.

Die Aussagen ergeben folgenden Thatbestand: Am 17.
November erwirkte Catharina von Rüspe, die Wittwe von
Holdinghausen, von den Räthen zu Arnsberg, dass fünf
Schützen, nämlich Görd Eikner als Führer, Herman Betten
von Bigge, Jürgen Roissen von Assinghausen, Detmar Betten
von Winiaringhausen und Hildebrandt von Antfeld, in die
Behausung des Mordian von Meschede abgesendet wurden,
dessen Leichnam noch über Erden stand, um genannte Wittwe
und ihre Kinder in Besitz des Nachlasses zu erhalten. Die
Schützen kamen in der Nacht vom 22. auf 23. November in
Folge schriftlichen Befehls des Briloner Richters Mattheus
Hoyngh in dem Sterbehause zu Alme an, Ihre Ankunft
war kaum ruchtbar geworden, als, Nachts 12 Uhr, der Droste
Jobst Philipp von Meschede und Johann Jobst von Hanx-
leden, der Meier des Drosten, ein Knecht und ein Junge alle
mit gespannten Büchsen die Treppe zu der Wohnung des
Mordian v. M. hinaufstürmeten, die Thüre sprengten und in
das Zimmer drangen. Die Erklärung des Führers, man solle
zurückbleiben oder es werde geschossen werden, wurde
durch die Gegenerklärung des Hanxleden: es sei so böse
nicht gemeint, beseitigt, dagegen von den Schützen Legitima-
tion für ihr Dortsein verlangt. Der Führer zeigte den Befehl

der Räthe und des Richters. Hanxleden nahm das Schreiben in Empfang, las es und als er bis zum Befehle des Briloner Richter gekommen war, riss der Droste es ihm so schnell aus der Hand, dass es zerriss und ein Stück davon in der Hand des Hanxleden blieb, zerknitterte es und steckte es in die Tasche. Dabei schrien beide: der Richter von Brilon ist ein alter Schelm, er hat keine Macht, uns hier zu befehlen, wir haben unser eigenes Recht. Da mittlerweile noch Johann Wiesen und mehrere andere bewaffnete Mannschaft des Drosten erschien, so sahen sich die Schützen ausser Stande, der Gewalt Gewalt entgegen zu setzen. Der Droste und Hanxleden drangen daher ungehindert in die Kammer des Christoph Schickardt, wahrscheinlich Schreiber und Rentmeister des Verstorbenen, schlugen ihn ganz erbärmlich und schleppten ihn die Treppe hinunter auf den Gang. Hanxleden hatte ihn beim Barte, riss ihn hin und her und schrie: „Hast Du nicht meiner Base von Wolmeringhausen Unrecht gethan!" Der Droste rief dazwischen: „Stoss ihn nieder! Schere ihm den Bart mit dem Beile!" und dergleichen, während der Misshandelte um Gnade und um sein Leben bat. Die Wittwe von Hüldinghausen und ihre Töchterchen stürzten aus ihrer Kammer und baten jämmerlich um Schonung, aber es half nicht; dreimal wurde das Licht ausgeblasen und die Misshandlung fortgesetzt, bis Domherr Rab Otto von Schorlemmer hinzukam und den Schickardt in seine Stube flüchtete. Hierauf liess der Droste den Führer der Schützen in sein Haus abführen, dorthin auch die vier anderen Schützen entbieten. Von diesen ging jedoch nur Jürgen Roissen in das Haus, die übrigen blieben vor der Brücke stehen. Hanxleden examinirte ihn, wo er die übrigen habe, und goss ihm, auf die Antwort, dass sie draussen vor der Brücke ständen, ein Glas Bier in's Gesicht, um ihn blind zu machen und raubte ihm die Büchse und Armatur. Vor der Gefangennahme rettete er sich nur durch die Flucht. Den Führer liessen der Droste und Hanxleden, nachdem sie bis zum Morgen „durchgesoffen" hatten, unter dem Vorgeben: er habe in ihrer Herrlichkeit auf churfürstlichen Befehl widerrechtlich exequirt, drei Stunden in's Loch setzen und dann erst, während sie auf die

Jagd zogen, wieder nach Mordian's Haus zurückkehren. Am
24. November gegen Abend zogen die Schützen wieder ab.
In Ober-Alme rief ihnen Hanxleden auf der Strasse nach,
sie sollten dem Richter sagen, dass er ein Schelm sei.
Das Protokoll ist von Jacob Prange, Gerichtsschreiber
zu Brilon, gefertigt und von Theodor Bergenthal, Pastor in
Crumbach, 1642, 10. October, beglaubigt.

472. Supplik nebst Bescheid. 1640. 2. März.

Die Wittwe von Holdinghausen und die Gebrüder von
Schorlemmer bitten den kur-köln. Landdrosten, ihnen bei
der Errichtung von Pallisaden auf ihrem eigenen Boden,
zwischen ihrem und des Drosten v. Meschede Hause, Beistand
zu leisten, um dadurch fernere nächtliche Ueberfälle des
Letzteren abzuwehren. Es leigt bei: Bescheid der kur-köln.
Kanzellei, worin die Errichtung der Pallisaden erlaubt und
dem Drosten v. Meschede jede fernerne Störung untersagt wird.

473. Eheberedung. 1643, 20. September.

Rötger von und zu Landtsberg und Hausmannshausen,
Oberst, als Vater, und dessen Frau Wilhelmine von Butler
gt. Kesseler und deren Sohn Arnold Friedrich von und zu
Landtsberg, kaiserl. und chur-cöln. Rittmeister über eine freie
Compagnie zu Pferde und hildesheimscher Droste zu Erigs-
berg, als Bräutigam, schliessen einen Ehevertrag mit Jobst
Philipp v. Meschede zu Almen, Anröchte, Effelen und Bren-
ken, chur-cöln. Drosten zu Anröchte, Rüden, Geseke, Volk-
marsen und Marsberg, behuf dessen Schwester Catharina
Margaretha von Meschede, Tochter des † Johann Melchior
von Meschede, chur-cöln. Rathes, Cämmerers und Drosten
und dessen ebenfalls † Frau Catharina, geborene Freiin von
Pensenaue,*) als Braut. — Der Vater des Bräutigams tritt
diesem loco donationis propter nuptias das uralte Haus Landts-
berg nebst anderen im Amt Landtsberg gelegenen Grundbe-

*) Catharina von Pintzenau heirathete nach dem Tode
des v. Meschede den Rittmeister Arnold. v. Schorlemmer.

sitzuungen etc. ab. Der Bräutigam verspricht zur Morgengabe eine goldene Kette oder 300 Dukaten und verschiedene Güter zu Witthum. Jobst Philipp von Meschede, Bruder der Braut, gibt dieser zu Aussteuer und Brautschatz aus den väterlichen Gütern, auch als Erbtheil ihres verstorbenen rechten Bruders Ferdinand Melchior, ein für allemal 5,000 Rthlr. Es unterschreiben und besiegeln: Arnold Friedrich v. Lansberg, Droste und Rittmeister; Margr. Catrin v. Meschede; Arnold v. Lansberg, Probst zu Oberkirchen; Rütger v. Lansberg zu Haus Berghof; Jobst Philipp von Meschede, Droste; Christoph von Hörde; Wolter Philipp von Ense zu Westernkotten; A. v. Ketteler zu Middelburg; Johann Wolff von Haxthausen; Friedrich von Fürstenberg; Johann Bernd Voigt v. Elspe; Gisbert von der .... Die Verhandlung geht in der Stadt Attendorn vor sich 1643, den 20. Sept.

474. Bittschrift nebst Bescheid. 1645, 25. Januar.

Clara und Catharina, natürliche Töchter des Mordian v. Meschede, bitten, den kur-köln. Richter zu Brilon anzuhalten, den Nieder Meyer zu Oestwichte ausser Besitz und sie im Besitz des Hofes zu setzen, Nebst Befehl an den Richter zu Brilon, die Supplikantinnen zum Besitz ihres Legats zu verhelfen.

475. Immission. 1645, 17. Juli.

Johann Hoffmann, westfälischer Secretär zu Paderborn, wird wegen einer Forderung von 500 Thaler aus einer Urkunde von 1637 in den heiligen Osterfeiertagen, sprechend auf Mordian von Meschede, mit Genehmigung der Erben desselben, in den Antheil des Debitors an den Zehnten und die Pächte zu Neben per Notarium immittirt. 1645, 17. Juli

476. Lehnbrief. Gegen 1651.

Georg Friedrich, Graf zu Waldeck etc., Sohn des Grafen Wolradt seelig, belehnt, nachdem auf Absterben des Caspar v. Dorfeld, des Letzten des Stammes, die Lehnshand an dem Dorfe Hoppeke etc. eröffnet und darauf Ernst Anton v. Padberg von seinem Vater Grafen Wolradt seelig am 5. Januar 1639 belehnt worden ist, jetzt den Caspar Hillebrand v. Padberg, des genannten Ernst Anton v. Padberg seeligen Sohn, für sich und seine Brüder Ludwig, Friedrich Rabe Josias, Elmerhaus und Otto Friedrich und für seinen Vetter Ernst Christoph v. Padberg und alle ihre Mannleibeslehns-Erben, 1) mit dem Dorfe Hoppeke, mit dem Haus und Zubehör, mit der Kirche und dem Kirchthurm; 2) mit dem Zehnten in und ausserhalb des Dorfes zu Meveringhausen; 3) mit dem Wehr zu Hoppeke etc.; 4) dem Hofe Bredenbeck etc.; 5) ½ Hufe Landes in der Dickbecke beim Dolsberge; 6) ½ Hufe Landes in der Untern; 7) 13 Morgen Land in der Frauwinkel; 8) einem Hofe in der Hengbecke, einem lütgen Hofe zu Disbecke; 9) dem Eichhofe zu Kefflike und einer Hufe daselbst; 10) mit zwei Hufen zu Nehen; 11) den Zehnten zu Meveringhausen und zu Weiszenhausen; 12) mit einer Mahlstätte zu Brilon etc.; 13) mit drei Hufen zu Alme und einer Mühle daselbst; 14) mit drei Hufen zu Holtzhausen in der Herrschaft Padberg; 15) zwei Hufen zu Ottler; 16) mit dem Hofe in der . . . . ; 17) mit dem Hofe zu Nehen; 18) mit dem Hofe zu Ratlinghausen; 19) mit zwei Hufen zu Vasbeck etc.; 20) zwei Hufen zu Schwalefeld etc. und 21) mit etlichen Gütern in der Briloner Feldmark, so wie alle diese Güter weiland Johann to Hotepe von den Grafen zu Waldeck zu Lehn getragen und demnächst die von Dorfeld inne gehabt haben. (Um das Jahr 1651.)

477. Lehnbrief. 1652, 5. Februar.

Die Vormünder des Drosten Jobst Philipp v. Meschede zu Alme, des Ältesten des Stammes v. Meschede, die Lehnshand führend, belehnen Suighard Brüggeman, Bürgern und Gerichts-Schöffen zu Brilon,. als Erbfolger des Herman Kleinschmidt, mit einer halben Hufe Landes, in der Keffliker Mark vor Brilon gelegen. 1681, 24. Nov., wurde Johan Brüggeman, Sohn Schwechard's Brüggeman, belehnt. (Vergleiche Fahne, Cod. dipl. Bocholt., S. 300, N⁰. 4.)

478. Vergleich. 1652, 15. Juli.

Mechtild, Wittwe v. Twiste, geborene älteste Erbtochter von Wolmerinckhausen, und ihre Schwester Anna Elisabeth, Frau von Hanxleden, vergleichen sich mit Clara und Catharina Meschede, natürliche Tochter des Mordian v. Meschede zu Nieder-Alme, respective mit deren Ehevögten, Jobst Hopping und Nicolaus Laten, über die, den Letzteren von ihrem Vater Mordian v. Meschede vermachten Legate. Geschehen Twist, den 15. Juli 1652.

479. Vergleich 1653, 14. Juli.

Alhard Jobst von Schorlemmer und Catharina Elisabeth von Rüspe, Wittwe von und zu Höldinghausen, Erben des Mordian von Meschede, übertragen den Schwägern: Jobst Hüpping und Nicolaus Latterich, als Ehevögten der natürlichen Töchter des Mordian von Meschede, an Stelle der ihnen im Testamente vermachten 1000 Rthlr. das vollspännige, sogenannte „Kaufmanns Haus und Gut" in und bei Niederalme dienst- und pachtfrei, nur der Landesschatzung, -Hoheit und dem Zehnten unterworfen, Wiederkauf vorbehalten; ausserdem 300 Rthlr. oder vielmehr deren Zinsen aus den Gefällen zu Anröchte. (Vergl. unten 1670, 27. Sept.)

480. Vergleich. 1653, 20. September.

Die Erben Wort vergleichen sich mit denen von und zu Holdinghausen dahin, dass, im Falle ihnen ihre Ansprüche aus dem Testamente des Mordian v. Meschede ganz zugestanden werden, sie ihre Forderung, von Salentin v. Meschede herrührend, schwinden lassen wollen. Arnsberg, den 20ten September 1653.

481. Schuldverschreibung. 1661, 19. August.

Johan Dietr. v. und zu Holdinghausen für sich und seinen abwesenden Bruder Emmerich Leo v. H., bekennt, dem Cyriacus Mendani, Pastor zu Calle, gegen Verpfändung ihrer Wollmerinckhausen-Sauerländischen Gefälle und Güter, 200 Rthlr. zu schulden. — In dem Acte wird erzählt, dass die

Gebrüder v. Holdingshausen ihr adliches Haus Berge an
N. von Brabeck, Domdechanten zu Münster, verkauft
und aus dem Kaufgelde dem genannten Pastor 500 Rthlr.,
auf Berge lastend, abbezahlt hätten; Letzterer habe ihnen
nunmehr zur Befriedigung des Ludwig v. Schade zu Bles-
senohl auf's Neue 200 Rthlr vorgestreckt.

482. Schicht- und Theilung. 1663, ohne Tag.

Zwischen den Vormündern des Jobst Philipp v. Meschede
und dessen Frau einerseits und dem II. von und zu Holdings-
hausen anderntheils, werden mehrere, noch gemeinschaftliche
Wiesen getheilt, namentlich: die bei dem Hause des von
Holdingshausen gelegene Neuenwiese — die Dirckswiese —
die Langenwiese — die Speckwackelswiese neben dem Teiche.

483. Entlassung aus der Hörigkeit. 1664, 4. Febr.

Georg Holscher kauft seine Ehefrau Hencken mit drei
Thaler aus der Leibeigenschaft des Drosten von Meschede
frei. 1664, 4. Februar.

484. Erbtheilungs-Vergleich. 1664, 12. Juli.

Er verhält sich über den Nachlass des Mordian v. Meschede
zwischen den Gebrüdern v. Holdingshausen und den Gevettern
v. Schorlemmer zu Heringhausen und Eickelborn, welche
deshalb schon mehrmals vergebens und namentlich 1664, 21.
und 25. April, zu Anröchte verhandelt haben. Die v. Schor-
lemmer erhalten die Anröchte-, Haar- und Tülenschen Renten,
mit Ausnahme der sauerländischen Brabeck'schen Güter,
welche zu gleichen Theilen in Gemeinschaft bleiben. Die v.
Holdingshausen erhalten die Almeschen und Nehenschen
Güter. Weil aber der Letztern Antheil kleiner als der Ersteren
ist, so erhalten die Höldinghausen zur Ausgleichung: das
Alme'sche Gehölz, den Antheil am Knevelinghauser Zehnten,
den Schulzenhof zu Altengeseke etc. und als Prælegat das
Wolmeringhausen'sche Kapital ad 2,000 Rthlr. und den ade-
lichen Sitz zu Alme nebst anklebender Gerechtigkeit etc. —

Unterschriften: Joh. Dietr. von und zu Holdinghausen. Franz Gaudens v. Schorlemmer. Emmerich Leo v. Holdinghausen. Johann Joachim v. Schorlemmer. Ludolph Jobst v. Schorlemmer. 1664, den 12ten Juli.

485. Bestallung. 1664, 13. Juli.

Maxmilian Heinrich, Erzbischof zu Cölln, ernennt den Rittmeister Emmerich Leo von Holdinghausen zu Almen, zum Obristwachtmeister zu Fusz und Capitain über eine, aus hildesheim. und westphäl. Mannschaft formirte Compagnie. 1664, den 13. Juli.

486. Vergleich. 1664, 23. September.

Emmerich Leo von und zu Holdingshausen, chur-cöln, Kammerherr und Oberstwachtmeister zu Fusz, und sein Bruder Joh. Diedr. v. und zu Holdingshausen, vergleichen sich mit den Erben Worth über ein Kapital von 1000 Goldgld. Brautschatzgelder, herrührend von Mordian und Salentin von Meschede. 1664, den 23. September.

487. Local-Termin zu Thülen. 1666, im December.

Adam Philipp v. Ense und Jacob Kannengieser, Richter zu Brilon, als Commissare des Landdrosten von Westphalen, erscheinen im Dorfe Thülen, um gegen die Einwohner zu inquiriren, welche den Herren v. Meschede ihre Rechte verweigern, nämlich von einem vollspännigen Hof 8 Thaler, von einem halbspännigen 6 Thaler, für ein Herrenschwein, wenn es nicht in natura geliefert wird, 4 Reichsthaler und von den Leibeigenen den Sterbefall zu erheben. Es kommt ein Vergleich zu Stande. 1666 im December. (Annotationsbuch des W. Rötger von Meschede, Seite 133.)

488. Schuldbekenntniss. 1667, 29. August.

Dorothea Margaretha, geb. von der Reck, Wittwe von Meschede, und ihr Sohn Ferd. Melchior von Meschede, bekennnen von dem fürstl. paderborn. Landrentmeister Johann

Hofmann 800 Rthlr. aufgenommen zu haben, um ihrem ver-
storbenen Manne resp. Vater die letzte Ehre zu erzeigen.
Datum Alme, 1667, den 29. August.

489. Schuldverschreibung. 1668, 23. Juli.

Dorothea Margaretha, geb. von der Reck, Wittwe von
Meschede und Melchior Ferdinand von Meschede zu Alme,
Mutter und ältester volljähriger Sohn, bekennen dem Died-
rich Epping, Kaufhändler in der Stadt Lippe, 3,500 Reichs-
thaler zu schulden. 1668, den 23./13. Juli.

**490. Status Bonorum, wonach sich die Erbfolger
in successione et divisione hereditatis zu hla-
ten haben, aufgerichtet von Dorothea Margr.,
geb. v. d. Reck, Wittwe des Jobst Philipp v.
Meschede zu Alme, churcöln. Drosten zu An-
röchte, Rüden und Geseke, behufs ihrer fünf
Töchter. 1668, 8. November.**

Zu wissen seye hiemit allermenniglichen demnach die
Fraw Wittibe vnd Erbenn weylandt Jobsten Philipsen
vonn Meschede zu Allme 'ihrer Churfürstl. durchl. zu
Cöllen etc. gewesenen Drostens zu Ahnröchte Rue-
den vndt Geseke, bey sich erwogen wie dasz zu erhaltung
dero adelichen geschlecht vndt familien in hiesigem Landt,
wie auch sonsten vb- vndt brauchlich, dass mit Zuziehung
dero negster adelicher ahnbewandten, und gefreunden auch
befundener Notturfft nach mitt Vorwissen vnd ratification der
Obrigkeith ein sicherer status bonorum, wornach sich die
Erbfolgere in successione et divisione haeriditatis zu achten,
auffgerichtet zu werden pflege, vndt dann die wollg. fraw
Wittieb vnd Erben ihres respec. Eheherren vndt Vatteren
durch den zeithlichen Thodt fast frühezeitig beraubet, auch
zur zeith mit keinen Vormünderen, weilen dieselbe einer nach
dem anderen verstorben, versehen, dan gleichwoll mit Suc-
cession dero Meschedischen Elterlichen guther es gerne
gleich anderen observirt, folgentz zwischen Brüderen, vnd
Schwesteren friedt- vnd Einigkeith conservirt sehen wolten.

so haben dieselbe mit zuziehung Churf. colln. H. Landtröes-
tens in Westphalen, freyherren von Landtsbergh folgender
gestaldt denselben formirt, vndt eingerichtet, nicht zweiffe-
lend, dasz gleichwie derselbe hiesiger Landts Vereinigung auch
der Billichkeit vnd adelichen gewöhnheit ähnlich vndt ge-
mees die gesambte Meschedische Erbfolgere denselben ge-
nehm halten, auch schiers künfftig in Successione et divisione
sich achten werden. Anrochte Berge vndt Effelen .95. malt.
haber. zu Hardt die Halbscheidt gerechnet ad .12. rthlr.
machet 1140. Die geldt rhente 199. minus 2¼. Die Scheffe-
rey zu Effelen 60. Dieses ist zu verstehen ohne Weinkauff,
ohne sterbfälle, ohne mastung, ohne holtz, ohne Brüchten
vndt wasz dergleichen vngewisse fälle sein. Allmen, Nehen
vnd Thülen Kniflinghausen vnd Milinghausen Zehendte an Rog-
gen 287. Scheffel, Gersten 188. Scheffel .2. Spindt, Haberen
443. Scheffel, zu geldt iedtweder Scheffel Rocken .20. gro-
schen, Gersten 18. gr., Habren ¼ ohrt. Thuet zu gelde ad
364. rthr. 5. gr. Aus diesen Dorfferen 28. Schweine, iedes
zu 4 rthlr., 112 rthr. An noch schweinegelt, caves .1. rthr.,
schuttersche ½ rthr., = 1½ rthr. Dienstgeldt aus diesen dreyen
Dorfferen, nehische Drifftgeldt vnd ein Lamb .12. gr., summa 197.
Wiesegeldt aus allen dreyen Dorfferen 6. Rchthr. 11. gr. Hühner
.182. zu 2. groschen 1. hun = 10. 4. gr. Eyer 1740. 12. zu 1.
gr. = 4. 1 gr. Brabeckische sauerländische gütere. Zu geld
gerechnet, Kohrn, schwein vnd Alles 110 Rthr. Zehnn Scheffel
haber. ad ¼ rthr., = 25. Neun Scheffel Rüben 1 Rthr. Hemmele
ein Jahr durch das andere gerechnet 1 Rthr. Eyer .88. 12 zum gr.
= 7. gr. 3. d. Brandt thor Schuiren 20½ Scheffel, Meistermen zu
Enckhausen 18. und von Meresberg 9. Scheffel zum Rtrichsorth
= 12 rthr. minus ½ ohrt. Die Hausbauet vngefehr 150 rthr.
Die Ohligmühle 4. Die Brenckische rhenten werden specifi-
cirt zu hart Kohrn 10. malt. 2½ mütt ein spindt, habern 6
maldt. 1½ mütt vnd 1½ s pindt. geld 7 rtr., das Mütt abnge-
schlagen zum rthr. = 166 Rthr. Broch zu Brencken von 800
rthr. Capital 40 rthr. Gogreve 300 goldgl. Capital 18½ rthr. 9 gr.
Fraw Wittibe Hanxleden von 100. rth. 5. Bei Juncker Philips
Drosten zu Ervite von 150 rthr. 7½ rthr. Dieses wieder zu verste-
hen ohne gehöltz oder Kohlen, Mast, Weinhaus, Eigenthumb,

Brüchten, sterbfälle summa 2073. rthr. $20\frac{1}{2}$ gr., $+$ 560 rthr. 26 gr.; $=$ 2634 rthr. $10\frac{1}{2}$ gr. Schulden so vorabgezogen vnd verpensionirt, vnd noch müssen abgelegt werden. Haus Büren Capital.2000. intressen $=$ 100. Bucholtz zu Störmede dessen Brautschatz 500. $=$ 25, Budde in Lippstadt 100. $=$ 5. Doctor Gerlaci zu Ritberg 250. $=$ $12\frac{1}{2}$. Serges Erbenn 200. $=$ 10. Horffman zu Paderborn zur Begräbniss oder Trauer 300. $=$ 18. Happen zu Büren 235. $=$ $11\frac{1}{4}$. Kalen Erben im Rittbergischen 350. $=$ $17\frac{1}{2}$. Kirche zu Effelen 40. $=$ 2. Die vier Priester zu Paderborn 100. $=$ 5. Adrian Schilder zum langen Landt 84. $=$ 4. Clöster Gallilea 100. $=$ 5. Schule zu Ahnröchte 100. $=$ 5. Also liquides Capitalrh. 4369. $=$ $220\frac{3}{4}$ mit intressen. Hinzu kompt Eppings nunmehr liquidirte schuldt vnd hirauf gegebene obligation 3500. total 7859. $39\frac{3}{4}$. Die Frau Mutter, so lang sie Haushaltung haltet, bis der Söhnen Einer mit Vorwissen vnd Belieben deroselben vnd der freundtschafft sich verheyrathen wirdt, erstlich die gantze Hausbawet mit der Ohligmüllen ahngeschlagen vhngefehr ad 154 rthr. Die beide Zehenden zu Niederen Allme vnd Neben oder alle zu sagen in den dreyen dörfferen fallende zehenden vnd rhenten sich erfragendt ad 173. Scheffel Rocken, 158. Scheffel 2. Spindt Gersten, 421. Scheffel Habren. Deme vorigen Anschlag nach das Scheffel Roggen ad 20 gr., das Scheffel Gersten ad 18 gr., Habren ad $\frac{1}{2}$ rthr., thuet zu geldt 280. rhr.; summa 434 rhr. Solte aber der eltester Sohn obengesetztermasen heyrathen vnd also die Haushaltung zu Allme selbsten antretten, so solle deroselben freystehen, auff deme Haus Allme drey Zimmere nach Belieben zu nehmen vndt bei deme Sohn zu bleiben, oder ihro das Haus vnd Hoff Graffen eingeraumbt werden, mit nöhtigem Brandtholtz vnd von Ländereyen zu zweyen pferden, eine oder andere Wiese, vorhandener fischeteich vnd ahn geld rhenten iährlich 200 rthr. Jedoch zu verstehen, alles was von ihro herkommen ad dies vitae vorbehalten, wie dann auch, dass dieselbe Wittieb bleibe, solte sie aber heyrathen wollen, ad dies vitae hundert rthr. auf Meschedischen gütheren, vndt mehr nichtz gegeben werden. Gehet also ab wegen der Creditoren vnd Vnderhalt der Mutter 195 Rthlr. von obigen 2634 rthr. Deme ältiesten Sohn pleibt das adliche Praerogativum des Hauses Al-

men, Graffenhoffs, so nur vor eine Leibzucht geachtet, vndt
Effelen vor eine adeliche Meyerey mit allen ihren Jagdten,
hohen vnd nieder Gerechtigkeithen, Jurisdiction, gerichteren,
brüchten, holtzungen, fischereyen, viehetriefften, vnd was deme
anklebt, vermöge Landtrechten, vnd juris primae geniturae
vnd dar derselbiger zum geystlichen Standt vonn Gott beruf-
fen, so gehet solches auff den zweyten, dritten vnd bis letz-
ten zu. Dann einmahl auff dies adliche Stück nur Einer
heyrathen kann, oder magh, jedoch auff sein zugetheiltes
Quantum oder der Güter nach vngefehr ertheilter Legitima
nach vnbenohmen wirdt, vnd also aus selbigem Quanto zu
geystlichem oder welltlichem Standt ohne fernere Gravirung
des Stamhauses vnd güter si h zu qualificiren vnd zu appli-
ciren hat, Jedoch dass solches zugetheiltes vndt angewiese-
nes Quantum deme Ältiesten oder welcher die güther antret-
ten mögte, damit von deme Corpore nichts möge versplittert
werden, die Einlöse vorbehalten bleiben muss. Wann nun
die adeliche Familie gleichs anderen, so einer dem anderen
weichet, als bey den Familys v. Fürstenberg, von Hörde, von
Schorlemmer, von Brabeck, von Kettleren vndt anderen vielen
vornehmen Häusern zu sehen ist, pleiben solle, vndt nicht
den bauren gleich der Leffell auf dem Korb ausgetheilet
werde, So müssen alle vorhandene Bethwercke, Leinenzeugh,
Mobilien, Bücher, alles Viehe, Silbergeschier bei dem Haus
verpleiben, ausgenommen, sölten einige Ringe, Perlen, Klein-
odien oder Weibergeschmuck sein, solches denen Töchteren
nach Thodt der Mutter sonsten weiters nit zuwachsen vnd
da mit Vorwissen vnd Belieben der Mutter, Brüder vndt
Freundtschafft eine oder andere sölte nach deme Willen
Gottes geheyrathet werden, jhro zwei Hundert Rthr. einmahl
vorall, wann bey dem Haus nichts vorhanden, in Platz Klei-
der vnd Kleinodien gegeben werden. Vnd weilen nun Gott
der Herr diese Ehe mit vielen Kinderen gesegnet, so doch der
gütige Gott wann sich in kindtlicher schuldiger Einigkeith
halten vnd mit ihrem billigem assignato der Legitimae der
Freunden vnd Verwandten Guthachten noch, damit Nahmen
vndt Stamb der Gottsehliger lieber Voreltern Meinung nach
verbleiben können, sich befriedigen vnd als fünff Söhne vnd

fünff Töchtere, theils zu ihren völliegen Jahren, theils min-
deriährige vorhandensein vnd also jedtwederen vonn Söhnen
nicht vber die 3000 rthr. würde können zugelegt werden,
woraus sich zum geistlichen oder weltlichen Standt zu quali-
ficiren, zu studieren, zu reysen oder Präbenden zu werben
haben vnd solches gleichwoll sich ad .15000. rthr. ertragen,
so würden die Schwestern, daho eine oder andere sölte ahn
ihres gleichen geheyrathet werden, nicht mehr als die Halb-
scheidt eines Bruders auff das höchste praetendiren können,
so ist .1500. rthr. vnd sich ertragen ad .7500. rthf. ohne die
zweyhundert rthr. vor die ansetzung ad .1000. rhr. vnd also
dem ältesten Bruderen oder welcher die güter ahntretten
mögte, wann das Totum sölle conservirt pleiben ad .30659.
rthr. zuwachsen, so doch aus deme residuo so hiernacher
folget, vor vnd nach abzulegen sein, iedoch hieraus abzuneh-
men, dass beschwerlich fallen einem Bruder oder Schwester
ein mehrers zuzulegen, indeme dreysig Tausendt rthr. eine
grose summa vnd wan schon einen guthen Heyrath thuen
sölte, genug sein leben abzulegen, (wan das Totum vor die
Familie solle conservirt pleiben) zu thuen finden. Ist also die
Meinung hirmit, damit nicht alles in confussione stehen,
keymandt auch der Mutter Brüderen die gütere abzuforderen
habe, oder eins durch das andere gemischet vnd alles in Vn-
richtigkeith zumahlen gerathe, vnd pleibe, das jedweder
Bruder zu seinem Vnterhalt an platz der .3000. rthr. 150. rhtr.
iährlichs auf denen Meschedisscen güteren ahngewiesen wer-
den söllen, damit sich aus zubringen, denen Töchteren aber
so lange dieselbe vnverheyratheten Standts sindt vnd bleiben,
zum Kleidt, Handtpfenning jedwederer 25. rthr. iährlichs so
sich ertragt, ad .875. rthr. ist also assignirt deme —
Eltesten. — Zweyten — Dritten — Vierten — Fünfften —
Erstererer Tochter — Zweyter Tochter — Dritter Tochter
— Vierter Tochter — Fünffter Tochter — Wirdt also der
abzugh sein iährlichs von dem 2634 Rthlr. die Summa
1701 Rthlr. welchen also vor die Bedienten hinzugesetzet,
Doctorem Budde, Rhentmeisteren zu Anröchte, Richteren zu
Alme ad 64 Rthlr. vndt weilen der eltisten Tochter die
sauerländische Brabekische gülbere eingeranmbt seindt ad

hundert Rthlr. Jedoch vorahn die fünffhundert Rthlr. der
Frowen vonn Bucholtz unter den schulden ad .25. Rthlr. ver-
meldet vnd also .75. Rthlr. mehr abgehen, würden vngefehr
iährlichs ad 784 Rthlr. dem hohen anschlag nach verpleiben dha-
mit den Creditoren, den Söhnen zu praebenden oder tochtern
zu ihren beruffenen standt geholffen vnd allgemach das hausz
vnd rhenten redintegrirt werden vnd was etwan abgehen
aus den Reservatis des Gehöltzes, Mast vnd dergleichen er-
setzet werden.

Gleich wie nun dieser Status den güteren gemäss, auch
einer von dem hirbey interessirten ahn seiner filial quoten in
Betragt dehro den gütern ahnklebenden Beschwerden vndt an-
deren hirbey zufallenden qualitäten verkürzet also ist der-
selbe von allerseitz interessirten Theilen, als weil dieselben
ihre vogtbahre Jahre erreichet, auch zu mehrer Bekräfftigung
von Churfürstl. H. Landtrösten mit vnterzeichnet vnd mit de-
ren gewöhnlichem Cantzley Einsiegell bekräftiget worden.
So geschehen Arnsperg, den 8. Novembris 1668.

Dorothea Margaretha Wittibe ven Meschede,
geborene vonn der Recke.

F. M. v. Meschede. Margaret Agnes von Meschede.
F. G. v. Meschede. von Landtsberg.

Der Vertrag ist am 28. October 1676 von der Regierung
Namens des Erzbischofs von Cöln confirmirt.

491. Eheberedung. 1668, 8. November.

Ignatz, Freiherr von und zu Weichs und Reiste, chur-
cöln. Kämmerer, hildesheinscher Oberforst- und Jägermeister
und Oberstlieutenant, schliesst einen Ehevertrag mit Dorothea
Elisabeth von Meschede, ältesten Tochter des † Jobst Phil.
von Meschede zu Almen, Anrüchte und Effelen, chur-cöln.
Drosten zu Anrüchte, Rüden und Geseke, und der Dorothea
Margr., geb. von der Reck. — Sie erhält zum Brautschatz
aus den Almenschen Gütern 1,500 Rthlr. und aus besondern
Rücksichten noch 500 Rthlr. Ausserdem legt ihr Bruder Fer-
dinand Melchior von Meschede ihr aus seinem Peculio cas-
trensi noch 500 Rthlr. zu. 1668, den 8. November.

Fahne, Meschede. 20

492. Quittung. 1669, 21. Januar.

Ursula Dorothea, geb. v. Meschede, Frau von Bocholtz zu Störmede, Drostin zu Waldenberg, quittirt den Söhnen und Erben ihres verstorbenen Bruders Jobst Philipp von Meschede, gewesenen Drosten zu Geseke und Anröchte über gezahlte Brautschatzgelder 6000 Rthlr. und ausserdem verglichene 2250 Rthlr., zusammen 8250 Rthlr. und verzichtet auf künftige Erbanfälle aus väterlichem und mütterlichem Vermögen. Waldenburg, 1669, den 21. Januar.

493. Eheberedung. 1670 (ohne Tag).

Johann Arnold von Hörde zu Schönholzhausen, Sohn des † Adam Rötger von Hörde zu Schwarzenraben und Störmede, gräfl. Lippeschen Raths, Drosten zu Lippstadt und Lipperode und der Catharina Elisabeth Stael v. Holstein, schliesst einen Ehevertrag mit Theodora von Meschede, Tochter Jobst Philipps v. M. zu Almen, Effelen, Brabeke, Brenken und Anröchte, und der Dorothea Margr., geb. von der Reck zu Kaldenhoff. — Der Bräutigam bringt als Heirathsgut in die Ehe: seine Erbe und Güter, welche ihm von seiner noch lebenden Mutter am 8. Juli 1666 abgetreten und was er von seiner verstorbenen Frau von Plettenberg ererbt hat. Die Braut bringt zur Aussteuer 200 Rthlr. und als Brautschatz 1600 Reichsthaler. 1670 (ohne Tag).

494. Güter-Taxation 1670 (ohne Tag).

Eidliche Aufnahme der Güter im Sauerlande, zu Brabecke, Altenfeld und Osterwald, veranlasst durch Emmerich Leo von Höldinghausen, Domherrn zu Hildesheim, und Ferdinand Melchior von Meschede, churcölnischen Kammerherrn, Oberstwachtmeister und Königlich spanischen Hauptmann. 1670 (ohne Tag).

495. Vertrag 1670, 8. April.

Ferdinand Melchior von Meschede zu Alme, Effelen und Anröchte, Königl. spanischer Hauptmann, vergleicht sich mit seiner Schwester Margr. Agnes v. M., Stiftsdame zu Keppel,

und verspricht ihr, in Rücksicht der geringen Praebendal-
Renten, zu den nach dem Vertrage von 1668, 8. Novbr.
ihr als Kindestheill zugelegten 25 Rthlr. jährlich noch
15 Rthlr. zukommen zu lassen. 1670, 8. April.

496. Vergleich. 1670, 27. September.

Metilde von Wolmerinckhausen, Wittwe v. Twiste, tritt
den beiden natürlichen Töchtern des Mordian von Meschede,
für deren testamentarische Forderung von 1000 Rthlr. folgende
Gegenstände zum unwiderruflichen Eigenthum ab: ¼ am
Thüleschen Eichholz, zu 250 R.; Lüken Alberts Gut zu
Niederalme sammt Gefällen zu 250 R.; an der Halbscheid des
oberen Hammers jährlich 10 R. gleich 200 R. Capital; 10
Morgen Land im Madfelde, bei Bleiwäsche zu 200 R.; 3
Morgen Wiesen in der Erlenwiese zu 60 R. Verhandelt zu
Niederalme auf Haus Holdinghausen, 1670, 27. September.

Das obige ¼ Eichholtz verkauften die Töchter 1677,
27. September an Wilhelm Westphalen.

**497. Uebertrag und Besitzergreifung. 1670, 27.
Sept. und 2. Oct.**

Metilde von Wolmerinkhausen, Wittwe v. Twiste über-
trägt für die den Holdinghausen laut Vertrag vom 18. März
1654 schuldigen 3000 Rthlr. sammt rückständigen Zinsen dem
Emmerich Leo von Holdinghausen, Domherrn, alle ihre Güter
im Sauerlande zu Brabecke, Westernbodenfeld, Frilinghausen,
Brehmeke, Marpe, Köttinghausen, ihre Antheile an der Mühle
zu Brabecke, an den Zehnten zu Altengeseke und Knebling-
hausen und ihre Gefälle zu Ober- und Nieder-Alme. 1670,
27. September.

Diese Güter fielen später auf Johan Diedr. v. Hölding-
hausen und Wilhelm Rutger von Meschede, s. 1684, 22. Aug.

Emmerich Leo von Holdinghausen ergreift Besitz von
dem v. Twisteschen Antheil der Güter zu Ober- und Nieder-
Alme, zu Brabeke, dem Zehnten zu Knevelinkhausen und dem
Schulzenhofe zu Altengeseke, welche Güter ihm die Wittwe
von Twiste, geborne von Wolmerinkhausen, verkauft hat.
1670, den 2. bis 16. October.

Fahne, Meschede.   20*

498. Eheberedung. 1671, 12. April.

Der Reichsfrei, Hoch-Edelgeborne Gernandt Philipp Johann von Riedt, Sohn des † freien Reichs-Hoch-Edelgebornen Andreas Joest von Riedt und der † Anna Margreth, gebornen Kettig von Bassenheim, schliesst einen Ehevertrag mit Margreth Agnes von Meschede, Tochter des † Jost Philipp v. M. zu Almen, Effelen, Brabcke, Brenken und Anröchte, und der Dorothea Margr., geborne von der Reck zu Kaldenhoff, Wittwe. Die Braut bringt als Brautschatz 1500 Rthlr. Dagegen verschreibt der Bräutigam der Braut das Doppelte, 3000 Rthlr. Die Urkunde ist unterschrieben von: Gernandt Philipp von Riedt. Margr. Agnes v. Meschede Jost Wilhelm Philipp von Riedt. Georg Anton von Riedt, Domherr zu Mainz. .... v. Meschede. 1671, den 12. April. — Geschehen auf dem Hause der Heerz in der Grafschaft Nassau.

Am 14. August 1673, quittiren die Eheleute Gernandt Philipp von Riedt und Margreth Agnes von Meschede ihrer Mutter Dorothea von der Reck, Wittwe von Meschede, und ihrem Bruder Wilhelm Rötger von Meschede, als Aeltesten des Stammes, den, in der Eheberedung vom 12. April 1671 versprochenen Brautschatz und Aussteuer von 1500 Rthlr. Zugleich verzichten dieselben zu Gunsten des Mannsstammes der von Meschede auf allen künftigen Erbanfall der elterlichen Güter. — Mit Unterschrift und Siegel der Margreth Agnes, Frau von Riedt, geb. von Meschede und des Gernandt Philipp von Riedt.. Geschehen Haus Alme.

499. Verkauf 1671, 27. Mai.

Nicolaus Ising, Bürgermeister zu Belike, verkauft einen Morgen auf der Haar an Ferdinand Melchior von Meschede, Herrn zu Alme, Anröchte, Effelen, Brabeck und Brenken, Königl. spanischen Hauptmann über eine Compagnie Deutsche, und an dessen Bruder. 1671, den 27. Mai.

500 Schenknng. 1671, 19. September.

Ferdinand Melchior Christoph und Wilh. Rötger von Meschede, Gebrüder, schenken dem Kloster stae. Mariae zu

Ueberwasser binnen Münster zum Kindstheil ihrer Schwester Odilia, welche am 21. September 1671 daselbst Profession thuen will, die Summe von 350 Thlr.

501. Verkauf. 1675, 10. März.

Das Kotersgut zu Nehden ist in Folge Absterbens des Besitzers wüste liegen geblieben, die hinterlassene Wittwe ohne Vermögen es in Stand zu setzen, es wird demnächst von Rotger von Meschede, dem Grundherrn, an den sich melden-Joist Flick von Brilon in folgender Art verkauft: Flick zahlt 70 Thaler Kaufpreis, wovon der Grundherr nach Gebrauch, den dritten Pfenning erhält, um sich daran auch für rückständige Pächte schadlos zu halten. Das Uebrige erhält die Wittwe, um sich ein geringeres Gut dafür anzukaufen. Weil das Gut verwahrlost, soll Pachter das erste Jahr nur das halbe Herrenschwein und 2 Thaler, das 2.—5. Jahr das ganze Herrenschwein und 4 Thaler, später aber die ganze volle Pacht, nämlich das Herrenschwein, 6 Thlr. und ausserdem die Dienst-(Mäh-)Gelder zahlen. (Vergl. unten No. 504.)

502. Diedrich Philipp und Franz Gotfr. v. Meschede genehmigen den Vertrag vom 8. Nov. 1668, worin ihre Kindesquote festgesetzt wird. 1675, 4. März.

503. Testament des Emmerich Leo von Holdings-hausen, Domherrn zu Hildesheim. 1677, 1. Jan.

1. Wenn er zu Alme, wo er sich befindet, stirbt, will er in der Minoritenkirche zu Brilon neben seiner Mutter begraben werden. 2. Was nach Bezahlung der Legate von seiner Nachlassenschaft übrig bleibt, soll seine Schwester, Frau Odilia Margreth von Holdingshausen, und wenn dieselbe vor ihm sterben sollte, deren Tochter Elisabeth, zur Hälfte ad pios usus verwenden und die andere Hälfte für sich behalten. Alme 1677, den 1. Januar.

Es liegt bei: Testament des Emmerich Leo von Holdinghausen, Domherrn zu Hildesheim, de dato Haus Alme

den 2. Januar 1677. 1. Stirbt er zu Alme, so will er in der
Minoritenkirche zu Brilon begraben werden; 2. seinen Schwes-
tern Johanna Maria, Abtissin zu Keppel, und Sybilla Elis.,
Stiftsdame zu Villich, vermacht er vorab jeder einen silber-
nen Becher und drei Stück Leinewand; 3. seine Schwester,
die Wittwe Odilia Margreth, welche ihm lange die Haushal-
tung geführt und bei der Reparatur des Hauses Alme viele
Mühe gehabt, soll nebst ihrer Tochter Elisabeth lebensläng-
lich den Zehnten zu Nieder-Alme geniessen, und eben so
lange aus dem Zehnten zu Nehen und den besten Pächtern
jährlich 200 Rthlr. zum Voraus haben etc.; 4. zu seinen
Erben ernennt er seinen Bruder Johann Diedrich v. Hol-
dinghausen und seine genannten drei Schwestern zu gleichen
Theilen. Haus Alme 1677, den 2. Januar.

Ferner liegt hei: Notarielle Recognition der Unterschrif-
ten und Siegel der Zeugen des Testaments des Emmerich Leo
von Holdinghausen, Domherrn zu Hildesheim. 1677, 2. Jan.

504. Verpachtung. 1675.

Wilhelm Rottger von Meschede verpachtet 2 Morgen in
der Bercken gelegen und zu seinem adligen Hausbau gehö-
rig, auf 15 Jahr an Hermann Lutter zu Nehden. Pächter
muss das erste Jahr, sobald er saet, 3 Scheffel Roggen, das 2.
Jahr 3 Scheffel Mangkorn, das 3. und 4. Jahr jedesmal 3
Scheffel Hafer von dem Morgen zahlen Das 5. Jahr ist
Brache und zahlt Pachter nichts, worauf im 6. Jahr wieder
3 Scheffel Roggen etc. gezahlt werden. Wenn nach dem 15.
Jahre Verpächter nicht sellst wieder den Acker bebauen
will, soll die Pacht von Pächter gegen Erlegung von 1 Rthlr.
Gewinngelder per Morgen fortgesetzt werden können. —
Solcher Pachtacte hat Wilh. Rötger in diesem und den fol-
genden Jahren viele abgeschlossen, woraus hervorgeht, dass
damals in Alme Fünffelderwirthschaft bestand: Roggen, Mang-
korn (Roggen und Hafer), Hafer, Hafer, Brache.

505. Gesuch. 1675, 8. August.

Schreiben des Prior und Convents zu Corvey an Emme-
rich Leo v. Holdinghausen, Domherrn zu Hildesheim, worin

derselbe ersucht wird, ihnen ein mit seinem Wappen ver-
ziertes Fenster in ihre neuerbaute Kirche zu schenken, 1675,
den 8. August. Nebst willfahrender Antwort desselben.

506. Eheberedung zwischen Wilhelm Rötger von Meschede und Maria Elis. von Höldingshausen. Geschehen Alme, 1677, 7. Februar.

Wilhelm Rötger von Meschede, Erb- und Gerichtsherr zu
Almen, Anröchte, Berge und Effelen, der Bräutigam, ist Sohn
von weiland Jobst Philipp v. M., kur-cöln. Drosten zu Anröchte,
Geseke und Rüden, und Dorothea Margreth von der Reck, die
Braut, eine Tochter von Johann Diedrich von und zu Höldings-
hausen, auch Erb- und Gerichtsherrn zu Alme und Hülsz,
Herrn zu Schweppenburg und Maria Elis., geborne Freiin von
Metternich etc. Die Braut bringt zur Aussteuer nebst Braut-
schatz, den ganzen Antheil ihres Vaters an die Almeschen
Güter, so wie er solchen von weiland seinem Oheim Mordian
von Meschede per testamentum erhalten hat. Der Vater soll
lebenslänglicher Niessbraucher bleiben, verspricht aber seinem
Schwiegersohne jährlich 100 Rthlr. und will diese Zusteuer
nach Gutbefinden vermehren und nach beendetem Schwep-
penburger Prozess die Hälfte des Niessbrauchs der Schwep-
penburger Güter und ⅓ des Weinwachses den Brautleuten
sofort abtreten. Dem Bruder des Brautvaters Emmerich Leo
von Höldingshausen, Domh. zu Hildesheim, soll der Niess-
brauch des Holdinghauser Antheil der Almeschen Güter, den
er zur Hälfte pro in divisio besitzt, lebenslänglich belassen
werden. Nach dessen und des Brautvaters Tode aber sollen
die Braut und ihre Schwester, Maria Rosine von Holdings-
hausen, die Güter theilen und die Schwiegermutter, geb. v.
Metternich, dann ihren Wittwensitz zu Alme oder Holding-
hausen wählen können. Der Bräutigam verspricht zur Mor-
gengabe den Ertrag des Zehnten zu Nehden und als Leib-
rente 300 Rthlr. Rente. Die Urkunde ist unterschrieben und
besiegelt von: Wilh. Rotger v. Meschede; — Franz Gottfr.
von Meschede; — Diedrich Philipp von Meschede; — Joh.
Moritz von Meschede; — Joh. Arnold von Hörde zu Schön-

holzhausen; — Died. v. Landsberg, Landdrost in Wesfalen;
— Joh. Diedr. von und zu Holdingehausen; — Maria Elis.
de Holdingshausen; — Mar. Elis., Frau v. Holdingshausen,
geb. v. Metternich; — Johan Philipp von und zu der Heesz.

Am 11. Februar 1677 erfolgte die Dispensation des Ge-
neral-Vicariats zu Cöln von den drei kirchlichen Proklamatio-
nen für Wilhelm Rötger von Meschede und Maria Elisabeth
von Holdingshausen, um sich zu Cöln copuliren zu lassen,
worauf der Pfarrer zu Maria Ablass in Cöln am 13. Februar
die Trauung vornahm. — Aus dieser Ehe entspross Maria
Magdalena, welche 1680, 16. Oct., zu Alme getauft wurde.

Am 17. Oct. 1686 zu Brilon, leisteten die Schwestern Maria
Elisabeth v. Höldinghausen, Ehefrau des Wilhelm Rötger v.
Meschede und Maria Rosine von Höldinghausen, Ehefrau von
und zu der Hees, und deren Tochter, Wittwe von Gülpen,
Verzicht auf die elterlichen, von Höldinghausenschen Güter.

507. Vergleich. 1677, 7. Mai.

Johan Diedrich von und zu Holdinshausen und seine 3
Schwestern, Johanna Maria, Abtissin zu Keppele, Sybilla Eli-
sabeth, Stiftsfräulein zu Vilich, und Frau Odila Margreth v.
Holdingshausen, vergleichen sich wegen Testament und Nach-
lassenschaft ihres am 1. Mai 1677 verstorbenen Bruders Em-
merich Leo, Domherrn. Geschehen Alme 1677, den 7. May.

508. Cession. 1677, 4. August.

Clara Meschede, Henr. Wilh. Hüping, Mutter und Sohn,
wie auch die Vormünder der Minorennen Laterich, wegen
ihrer Mutter, cediren dem Wilh. Westphalen zu Fürstenberg,
Herbram und Laer etc. einen ihnen von Mechtild von Wol-
merinkhausen, Frau von Twiste, 1670 cedirten Antheil an
dem oberen Eisenhammer zwischen Ober- und Nieder-Alme
gelegen, für die Summe von 200 Rthlr. 1677, den 4. August.

Auf der Rückseite steht, dass Wilhelm Westphalen diese
Obligation dem fürstl. Waldeck'schen Jägermeister Friedrich
Wilh. v. Gaugreben cedirt habe. 1688, den 19. Juli.

313

509. Schuldverschreibung. 1679, 11. Juni.

Henrich Wilhelm Hüpping verpfändet für 30 Rthlr. dem kurfürsl. Landschreiber Michael Gerling sein ganzes Vermögen. Arnsberg, 1679, den 11. Juny. — Am Schlusse findet sie eine weitere Cession, wodurch Johann Hermann Gerling, Richter zu Eversberg, obige Obligation dem Franz Gottfried v. Meschede zu Alme überträgt. Haus Alme, 1707, 5. April.

510. Cession. 1679, 28. Juni.

Die Erben von Clara und Catharina Meschede, natürliche Töchter des 1639 verstorbenen Mordian von Meschede, nämlich: die gedachte Clara, Wittwe von (Jobst) Hupping und ihr Sohn Wilhelm Henrich Hüpping, Nicolaus Latterich, Wittwer der gedachten Catharina und deren Sohn Mordian Latterich, alle Eingesessene zu Alme, übertragen dem Wilh. Rötger von Meschede zu Alme, Anröchte und Effelen und dessen Frau Maria Elis. von Höldinghausen, die ihnen von Mordian v. Meschede vermachte Pfandschaft von 800 Joach.-Thaler sammt urtheilsmässigen, rückständigen Zinsen von 480 Rthlr. Geschehen Alme, 1679, 28. Juni.

511. Schuldbekenntniss. 1680, 23. Juni.

Diedrich Philipp von Meschede zu Langenau und seine Frau Johanna Sibilla von der Hees leihen 600 Rthlr. zum Behufe der Tilgung einer Schuld des Hauses Langenau von Ignatz, Freiherrn von Weichs zu Wenne und Reiste, chur-cöln. Oberjägermeister, fürstl. hildesheimischen Oberdrosten zu Calle und Remblinghausen und dessen Frau, geborene von Oeynhausen, und verpfänden dafür insbesondere die Pächte an der Haar zu Anröchte. 1680, den 23. Juni.

512. Schuldbekenntniss. 1680, 16. Juli.

Clara Meschede, Wittwe Henrich Wilhelm Hüpping und und ihr Sohn Henrich Wilhelm Hüpping, bekennen an Anna Elisabeth, Freifrau von Weichs, geb. von Oenhausen, 100 Rthlr. gegen Spezial-Verpfändung des ihnen erbeigen gehörigen,

323

zu Alme gelegenen Joachim Ermls Hofes zu schulden. Alme,
1680, den 6. Juli. Nebst Cession, wodurch Elisabeth von
Oinhausen, Frau von Weichs, obige Obligation ihrem Bruder
Wilh. Rötger von Meschede überträgt. Alme, 1691, 9. Nov.

513. Uebertrag. 1681, 1. Juli.

Diedrich Epping, Bürgermeister und Kaufmann zu Lipp-
stadt, erhält vor dem Gericht zu Rüden, wegen seiner Forde-
rung an Wilh, Rotger von Meschede zu 6281 Rthlr. und 516
Rthlr., statt der jährlichen Zinsen eine Rente von 26. Malter
harten Korns aus dem Zehnten zu Effelen und 20 Rthlr. aus
der dort'gen Meierei überwiesen. 1681, 1, Juli.

514. Vergleich. 1682, 21. Februar.

Derselbe findet statt zwischen Doroth. Marg., geb. v. d.
Reck, Wittwe v. Meschede, und ihrem Sohne Wilhelm Rötger
v. M., als jetzigem Stammfolger, worin sie demselben die ihr
zur Leibzucht verschriebenen Güter, namentlich den Graffen-
platz (Burg in Anröchte), abtritt und sich dagegen eine Rente
von jährlich 100 Rthlr., freie Wohnung und freien Tisch aus
bedingt. 1682, den 21. Februar.

515. Schuldurkunde. 1682, 19. Mai.

Jürgen Cordes, Schulte zu Aldengesike, leiht mit Geneh-
migung seiner Gutsherren, des Diedrich von und zu Hölding-
hausen zu Alme und des Wilhelm Rotger von Meschede zu
Alme und Anröchte, 50 Rthlr. von den Dominicanern zu Soest.
1682, 19. Mai.

516. Lehnsherrlicher Consenz. 1683, 19. Januar

Schreiben des Johann Jacob de Wrede zu Milinghausen,
worin er seinen Lehnsherrn Wilhelm Rötger von Meschede
zu Alme etc. um die Erlaubniss bittet, die von ihm lehns-
rührigen Hufen in den Aspen vor Westernkotten dem Henning
Evers, Gerichtschreiber zu Erwitte, übertragen zu dürfen.
1683, den 16. Jan. Nebst Genehmigung vom 19. Jan. 1683.

517. Vergleich. 1683, 2. April.

Wilhelm Rotger v. Meschede vergleicht sich mit seinem
Bruder Diedrich Philipp v. Meschede zu Langenau über die
väterlichen und brüderlichen Güter und verzichtet Letzterer
darauf unter der Bedingung: dass Ersterer ihm 1) zu den
bereits erhaltenen 500 Rthlrn. noch 2500 Rthlr. gibt; 2) die
ganze Forderung an die v. Gaugreben zu Brockhausen ab-
tritt; 3) das Recht an Rumpelmans Hof im Stift Münster
und an den mütterlichen Kaldenhoff'schen Gütern, nach ihrer
Mutter Tode, einräumt; wogegen 4) Diedrich Philipp v. M.
nach Landesgebrauch auf seine Ansprüche an die elterlichen
Güter für sich und seine Frau Johanna Sibilla, geb. von der
Hees, verzichtet. 1683, den 2ten April. Es siegelt auch
Georg Philipp v. Dorloh.

518. Friedrich Wilhelm Meckenheim, für sich und die Kinder seiner Schwester Anna Margaretha, verkaufen Wilhelm Rutger v. Meschede ihren Nüsenhof zu Effelen. 1683, 10. April.

519. Quittung. 1683, 17. Mai.

Dietrich Philipp von Meschede quittirt seinem Bruder
Wilhelm Rötger von Meschede zu Alme 2000 Rthlr. auf Ab-
schlag der, im brüderlichen Vergleich vom 2. April 1683 ver-
sprochenen 2500 Rthlr. Alme 1683, den 17. Mai.

1686, 24. Mai, quittirt er neuerdings 1000 Rthlr., wofür
ihm Obligationen überwiesen sind.

520. Uebertrag. 1684, 22. August.

Johann Diedrich von und zu Holdingshausen, Herr zu
Almen und Schweppenburg etc., überträgt seinem Schwieger-
sohne Wilhelm Rötger von Meschede zu Almen etc. zu Behuf
dessen Frau, seiner Tochter, und deren Kinder, jedoch vor-
behaltlich des lebenslänglichen Niessbrauchs, alle seine sowohl
Lehn- als Erbgüter, die er von seinem Bruder, Domherrn zu
Hildesheim, wie auch von denen von Twiste ererbt hat, so

wie dieselben zu Brabeke im Sauerland, zu Almen und anderswo gelegen sind. Sign. Holdingsbausen 1684, den 22. Aug.

521. Vergleich. 1685, 1. Februar.

Wilhelm Rötger v. Meschede zu Almen, Anröchte, Effelen etc. vergleicht sich mit Ignatz, Frhrn. v. Weichs, kurcöln. Kämmerer, Brigadier und Oberst, Stifts Hildesheimischen Ober-Forst- und Jäger-Meister etc. und dessen Frau Elisabeth, geb. v. Oynhausen, wegen eines dem Letzteren schuldigen Kapitals von 5630 Rthlrn., worunter 3000 Rthlr. Brautschatzgelder, herrührend von Doroth. Elis. v. Meschede, des Kreditors verstorbene erste Frau und des Debitors Schwester. 1685, den 1ten Februar. — Wilhelm Rötger v. Meschede hat ein quadrirtes Wappen, 1.4 den Mescheder Sparren, 2.3 den Holdinghauser Balken.

522. Schuldverschreibung. 1685, 6. Mai.

Die Eingesessenen zu Ober- und Nieder-Almen verschreiben an Wilhelm Rötger v. Meschede zu Alme, Effelen, Anröchte und Brenken, ihrem Erb- und Gutsherrn, 200 Rthlr. in ⅓- und ⅙-Stücken gegen jährlich 10 Rthlr. Zinsen, welche Summe dieselben zur Anschaffung von Saatkorn unter sich getheilt haben. — Es liegt bei: Original-Recognition der Ortsvorsteher von Alme über richtigen Empfang der 200 Rthlr. Alme, den 6ten Mai 1685.

523. Vergleich zwischen den Schwägern Johann Philipp von und zu der Hees, zu Ohel und Höldinghausen und Wilhelm Rotger v. Meschede zu Alme. Geschehen Alme 1685, 26. Nov.

Der Nachlass ihres † Schwiegervaters Johan Diedrich von und zu Höldinghausen, zu Almo und Schweppenburg wird folgender Art getheilt: Hees, dessen Frau Maria Rosine von Höldinghausen heisst, erhält das Haus Höldinghausen; Meschede dagegen mit seiner Frau Maria Elisabeth von Höldinghausen erhält das Höldinghauser Haus zu Alme, muss aber als Mehrwerth 3000. Rthlr. zahlen. Das Haus Schweppenburg soll verkauft werden.

Da sich später herausstellte, dass das Haus Hüldinghausen zu geringe geschätzt und deshalb Wilhelm Rotger v. Meschede übermässig verkürzt war, so kam zwischen dessen Sohn Died. Adam von Meschede und den obigen Eheleuten von Hees 1715 ein Vergleich zu Stande, worin Eied. Adam v. M. entschädigt wurde.

524. Vollmacht. 1686, 20. Juli.

Wilhelm Rotger v. Meschede und dessen Frau Mar. Elis. v. Holdingshausen ermächtigen ihren Vetter Johan Philipp von und zu der Hees, fürstl. Rittmeister, um mit den Erben Lantz wegen Differenzen, herrührend von ihrem Vater Johan Diedr. von und zu Holdingshausen einen Vergleich zu treffen. 1686, den 20. Juli.

525. Vergleich. 1686, 7. November.

Dorothea Margr., geb. von der Reck, Wittwe v. Meschede, vergleicht sich mit ihrem Sohne und tritt zum Besten der Familie das ihr als Witthum verschriebene Haus Anröchte demselben ab; wogegen er ihr jährliche Renten als Leibgedinge verschreibt. 1686, den 7. November.

526. Vergleich. 1687, 15. August.

Damian Herman von Hüldinghausen zu Lützelaw und Bruchmühlen wird für seine Ansprüche an Haus Höldinghausen und die dazu gehörigen, von Cöln und Deutz abhängigen Lehne mit 1000 Rthlr. abgefunden, die ihm auf die Bicken'schen Lehne vorbehalten bleiben. Geschehen Attendorn 1687, den 15. August.

527. Quittung. 1688, 6. September.

Johann Adam von Bruch zu Fredeburg und seine Frau Anna Catharina von Meschede quittiren ihrem Bruder Wilhelm Rötger v. Meschede zu Alme, Anröchte, Effelen und

Brabeke auf ihren Brautschatz abschläglich 1200 Rthlr.
Fredeburg 1688, den 6. September. — 1692, 14. April, quit-
tiren beide Eheleute den Rest 500 Rthlrn.

528. Diedrich Kunst, Eingesessener zu Effelen, ver-
verkauft den Binnerhof daselbst an Wilhelm
Rutger v. Meschede. 1688, 10. October.

529. Diedrich Philipp von Meschede zu Langenauwe
wird von Wilhelm, Freiherrn v. Fürstenberg,
Propst zu Meschede, mit dem frei-adligen
Hause Brockhausen bei Ostwich belehnt, so
wie solches Joh. Diedrich Voss zum Rodenberg
zu Lehn getragen hat. 1689, 20. Mai.

Died. Philipp hatte es von gedachtem Voss gekauft und
besass es schon 1686, wo er davon zum Landtage aufge-
schworen wurde. Da er jedoch den schuldigen Restpreis von
650 Rthlrn. nicht zahlen konnte und die Wittwe des Joh.
Died. Voss, Sophie Wilhelmine v. Bodelschwing, beim Gerichte
zu Brilon die Immission erwirkte, so verkaufte er das Gut
am 14. Mai 1698 für 1875 Rthlr. an Johann Wilhelm von
der Decken, der es im selbigen Jahre, am 4. August, an
Died. Adam von Hanxleden für dieselbe Summe veräusserte.

530. Bürgschaft. 1692, 4. September.

Dietr. Philipp v. Meschede zu Langenau empfängt 200
Rthlr. von dem Kemmerer Henrich Wichardes zu Brilon, behufs
Aufschwörung seiner ältesten Tochter in das Stift Keppel,
für dessen Rückzahlung sein Bruder Wilhelm Rötger ven
Meschede zu Alme Bürgschaft leistet. 1692, den 4ten Sept.

531. Gottfrid von Meschede verkauft sein Gut Best-
wig an Franz Anton von Hanxleden. 1693,
27. April.

532. Klage. 1695.

Die Brüder Diedrich und Dominicus von und zu Brenken klagen gegen die Erben weiland Catharina geb. v. Meschede, Wittwe Alhards v. Brenken; namentlich gegen die v. Meschede zu Alme, die v. Westphalen, v. Schorlemmer etc. auf Herausgabe der Erbschaft. 1695.

533. Bestallung. 1695, 15. September.

Joseph Clemens, Erzbischof von Cöln, ernennt den Wilhelm Rötger v. Meschede auf Effelen und Alme zu seinem Kämmerer. 1695, den 15. Sept.

534. Ernennung. 1696, 24. October.

Wilhelm Rötger v. Meschede wird auf dem Landtage zu Arnsberg in Folge Verzichts des etc. v. Korff zu Störmede etc. zum Ritterschafts-Deputirten der Helweges-Abtheilung ernannt.

535. Nicolaus Becker und Eva Epping, Eheleute, verkaufen ihren Antheil an dem Frischenhof zu Effelen dem Franz Godfrid von Meschede. 1699, 28. Juni.

536. Quittung. 1700, 18. Februar.

Edmund, Frhr. v. Weichs, quittirt seinem Oheime, Wilhelm Rötger von Meschede, 1500 Rthlr., als die Hälfte dessen, was seine seelige Mutter als Brautschatzgelder und angelegte Kapitalien beim Hause Alme stehen hatte, und wovon die andere Hälfte seiner Schwester, Dorothea Francisca v. Weichs, gebührt. Alme 1700, den 18ten Februar.

537. Eheberedung zwischen Guslav Adam v. Gaugreben und Maria Magdalena v. Meschede. 1701, ohne Tag.

Friedrich Wilh. v. Gaugreben, der Vater, tritt seinem Sohne das Haus Ober-Alme, genannt die Tinne, ab; Wilh.

Rötger v. Meschede, der Vater der Braut, gibt ihr 8000 Rthlr. Dos und eine Aussteuer, dazu einen Antheil an der obern Mühle und verschiedene Dienste zu Ober-Alme.

Aus dieser Ehe ist entsprossen: Maria Helene v. Gaugreben, über deren Aufnahme in das Annunziaten-Coelestiner-Kloster zu Düsseldorf ein Briefwechsel von 1721—1722 vorliegt. Sie wurde am 22. Juli 1722 eingekleidet.

538. Lehnbrief. 1701, 4. Mai.

Wilh. Rötger v. Meschede zu Alme, jetzt die Lehnshand führend, belehnt Johan Becker, Bürger zu Brilon, mit einer halben Hufe Landes zu Deszbecke vor Brilon und einem Echtwerk Holzes in der Keffliker Mark. 1701, den 4ten Mai.

1705, 6. Juli, wurde derselbe Johan Becker von Franz Gotfried v. Meschede belehnt.

539. Muthschein. 1705, 16. Februar.

Franz Godfrid v. Meschede, als Vormund der Minorennen v. Meschede, ertheilt auf Absterben des Henrich Meschede, Bürgermeisters zu Brilon, dem Jorgen Meschede, Senior, item Johan Jorgen und Johan Raban Meschede, Fratres und Eingesessenen zu Brilon einen Muthschein. 1705, den 16. Febr.

540. Schuldverschreibung. 1701, 11. November.

Wilhelm Rötger v. Meschede, kurcöln. Kammerherr, bekennt von seinen Vettern, den Brüdern Wilhelm und Friedr. Wilh. v. Westphalen, Domherrn zu Paderborn und Halberstadt, resp. und kurcöln. Kämmerern, Ritterschafts-Deputirten des Herzogthums Westphalen, Herrn zu Fürstenberg, Herbram, Laer etc., 3120 Rthlr. darlehnsweise empfangen und zur Abtragung einer Schuld an die Laurentianer Börse binnen Cöln verwendet zu haben. 1701, den 11. November.

541. Eheberedung. 1702, 28. Januar.

Wilhelm Rötger von Meschede, Erb- und Gerichtsherr zu Alme, Anröchte, Berge und Effelen, Ritterschafts-Deputirter des Herzogthums Westphalen, schliesst einen Ehever-

trag mit Agnes Margr. Catharina, geb. v. Raesfeld, Wittwe
Schilder zu Dreckburg. — Der Bräutigam bringt als Morgen-
gabe die Einkünfte des Zehnten zu Nehen, die Braut aus
den, mit ihren Mitteln angekauften Dreckburgischen und Strom-
bergischen Gütern und aus dem von ihr eingelösten Zehnten
zu Iggenhausen 3000 Rthlr. als Brautschatz in die Ehe; auch
bestellt Letztere an ihren Moventien und Hausmobilar einen
Niessbrauch während der Ehe. Die Urkunde ist unterschrie-
ben und besiegelt von: Wilh. Rötger von Meschede; A. M.
C., Wittwe von Schilder, geb. v. Raesfeld; Reinhard Melchior
von Bocholtz; W. L. von Imbsen. Actum Dreckburg, 1702,
den 28. Januar.

542. Brautschatz-Verschreibung. 1702, 20. Juni.

Wilhelm Rötger von Meschede zu Niederalmo gibt seiner
Tochter Maria Magdalena v. M., nachdem sie am 6. Dec. 1701
mit Gustav Adam v. Gaugrebe, Sohn des Friedr. Will. von
Gaugrebe zu Oberalmo verheirathet worden ist., zufolge Ehe-
beredung vom 28. Januar 1700, als Brautschatz 3000 Rthlr.,
als Aussteuer 500 Rthlr. und ausserdem Antheil an der obern
Mühle, an der Gerichtsbarkeit und an 17, genannte, Colonen
in Oberalme. Friedr. Will. von Gaugrebe, der Vater, tritt
seinem Sohne das von Friedr. v. Twiste seelig angekaufte
Haus Oberalme, die Tinno genannt, ab. 1702, den 20. Juni.

543. Schuldverschreibung. 1703, 24. August.

Die Vormünder der Kinder des Wilhelm Rötger von
Meschede bekennen den Vormündern der minnorennen Kinder
des Johan Adolph, Freiherrn von Plettenberg zu Lenhausen,
die Summe von 12000 Rthlr. zu schulden. — Dieses Capital
hatte ursprünglich bei der Landdrostin v. Wrede, geb. von
der Horst, als Creditorin gestanden, war von dieser an Friedr.
Ferd., Frhrn. v. Hörde zu Eringerfeld cedirt, alles unter
Verpfändung des Hauses Graffen und der Anröchte'schen Gü-
ter. Der v. Hörde hatte das Kapital gekündigt, worauf diese
neue Verschreibung erfolgte. 1703, den 24. August.

544. Schuldverschreibung. 170., 12. Juli.

Franz Gotfried von Meschede, als Vormund der Minorennen von Meschede zu Niederalme, bekennt von Christoph Homerich, Conductor des Hauses Fredeburg, 300 Rthlr. erhalten zu haben, um damit eine Stiftspräbende für Fräulein Sybilla von Meschede zu gewinnen. 170., den 12. Juli.

545. Verzicht. 1705, 23. September.

Ferdinand Franz v. Meschede verzichtet auf das Primogeniturrecht an din väterlichen und mütterlichen Güter zu Alme, Anröchte, Effelen, Berge, Brenken, Brabeke und im Sauerlande zu Gunsten seines Bruders Dietrich Adam von Meschede, behält sich dagegen jährlich 20 Rthlr., freie Tafel für sich und seinen Knecht und Futter für zwei Pferde unentgeltlich aus. 1705, den 23. September.

546. Lehnbrief. 1705, 15. Septeber.

Das Domkapitel zu Cöln sede vacante belehnt die Vormundschaft der Minorennen von Meschede auf Absterben des Wilh. Rutger von Meschede mit dem Zehnten zu Knevelinghausen. 1705, den 15. September.

547. Eheberedung. 1705, 28. October.

Sie wird ungefähr ½ Jahr nach vollzogener Ehe zwischen Philipp Godfried Spiegel zum Desenberg und Maria Francisca Dorothea, geb. v. Meschede geschlossen. Geschehen Geseke 1705, den 28. October.

548. Vergleich. 1707, 1. März.

Joist Grothe, Bürgermeister zu Brilon, räumt den Vormündern der Minorennen des Wilh. Rötger v. Meschede, wegen 446 Rthlr. aus Waarenlieferungen Abschlagszahlungen ein. 1707, den 1. März.

549. Uebertrag. 1707, 19. October.

Justus Adam von Gaugreben zu Oberalme cedirt dem Friedr. Wilh. v. Westphalen zu Fürstenberg und Laer etc..

seinen Antheil an dem, früher zu dem Hause Bruch gehörigen, untersten Oberalmischen Hammer, so weit ihm derselbe nach seines Vaters Tode zufallen wird. 1707, den 19. Oct.

550. Schuldverschreibung. 1707, 20. Oct.

Gustav v. Gaugreben zu Oberalme und seine Frau Maria Magd. v. Meschede, borgen von Fried. Wilh. v. Westphalen zu Fürstenberg 400 Rthlr., um damit vom Rittmeister von Bocholtz zu Störmede den Oberen-Hammer zu Ober-Alme, der dessen Vorfahren verpfändet ist, einzulösen. 1707 20. Oct.

551. Vergleich. 1707, 23. Ociober.

Diedrich Adam, Freihr. v. Meschede zu Alme etc., jetzt durch seinen ältesten Bruder Ferd. Franz, erklärter Stammherr, vergleicht sich mit seiner Schwester Maria Dorothea Francisca geb. v. Meschede, Ehefrau des Philipp Godfried von Spiegel zum Desenberg und Oberklingenberg, und verspricht ihr aus den elterlichen Gütern, jedoch ausgeschlossen die Rheinischen, Schlesischen und Nassauholdinghausischen, welche bisher Herr von der Hees besitzt, 3000 Rthlr. Brautschatz, wogegen sie auf alle elterlichen Güter verzichtet, mit Ausnahme der gedachten, von dem Herrn von der Hees bisher besessenen Erbschaft, welche ex pacto familiae, bei Abgang des Holdinghauser Geblüts an das Haus Alme fallen soll und namentlich besteht in Ansprüchen an die Herrschaften Schweppenburg, Rath, Hülss, an die Grafschaft Zulauff und und in Forderungen aus dem Klutischen und Lützinger Hofe herrührend, sofern diese durch rechtliche Entscheidung oder durch Vergleich ausgemacht werden. 1707, den 23. October.

552. Verzicht. 1707, 24. October.

Ferdinand Franz von Meschede, ältester Sohnes weiland Wilhelm Rötgers von Meschede zu Alme, Anröchte, Effelen, Brabecke, Brenken etc., Deputirten der Ritterschaft des Herzogthums Westphalen, verzichtet zu Gunsten seines Bruders Diedrich Adam von Meschede, unter Beitritt der Vormünder, des Diedr. Franz Joseph, Frhrn. von Landsberg, Donnperl 'es

und Domherrn respective zu Osnabrück und Hildesheim, und
des Franz Gottfried von Meschede zu Alme, auf das Recht
der Erstgeburt, so dass er demselben alle väterlichen und
mütterlichen Güter abtritt, wogegen dieser ihm 4000 Reichs-
thaler Kapital und bis zur Abtragung desselben jährlich
5 Prozent Zinsen, ausserdem lebenslänglich standesmässige
Tafel für sich und seinen Diener auf dem Hause Alme
nebst Wohnung, Holz und Möbeln unentgeldlich verspricht.
1707, den 24. October.

553. Vergleich. 1708, 10. Januar.

Der zum Erb- und Stammherrn erklärte Diedrich Adam
von Meschede zu Alme, Effelen, Anröchte etc. vergleicht sich
mit seinen Geschwistern auf Grund eines Specialvergleichs
vom 23. Oct. 1707, über Dos und Legitima. Hiernach be-
kommen gemäss der elterlichen Verfügung vom 28. Jan. 1700:
1. Sybilla v. M., Stiftsdame zu Geseke, 2. Caecilia Lucia,
3. Therese v. M., jede 3000 Rthlr., 4. Joseph Clemens v. M.
dagegen 4000 Rthlr. In Folge dieses Vergleiches verzichten
die Vormünder dieser Minorennen von Meschede im Namen
ihrer Pflegebefohlenen auf alle Erbansprüche an den elterli-
chen Nachlass. 1708, den 10. Januar.

554. Vergleich. 1708, 29. Januar.

Diedrich Adam von Meschede vergleicht sich mit seiner,
am 10. Jan. 1708 zu erscheinen verhindert gewesenen Schwester
Maria Rosina von Meschede, Stiftsdame zu Langenhorst; er
verspricht ihr als Brautschatz 3000 Rthlr. und als Aussteuer
200 Rthlr. wenn sie heirathet, so lange sie aber Stiftsdame
bleibt, erhält sie nur 75 Rthlr. jährlich. Dieselbe verzichtet
dabei auf ihre Ansprüche an die elterl. Güter. 1708, 29. Jan.

In einer Urkunde vom 28. März 1708 verspricht er ihr,
sich auf den Verzicht vom 29. Jan. 1708 beziehend, noch
ausser der daselbst vereinbarten Summe 3000 Rthlr.

555. Schuldverschreibung. 1708, 16. Februar.

Der Vormund der Minorennen v. Meschede bekennt von
Jobst Arnold Christoph, Freiherrn von Bocholtz zu Störmede

etc. 500 Rthlr. als Darlehn erhalten und zur Abbezahlung der Briloner Creditoren verwendet zu haben, und stellt dafür zu Pfande den neuerbauten Eisenhammer, der unter dem Hause Alme bei der Papiermühle liegt. 1708, den 16. Febr.

556. Eheberedung. 1708, 25. März.

Diedrich Adam von Meschepe, Sohn des Wilhelm Rötger v. M. zu Alme, Anröchte, Berge und Effelen, weiland gewesenen Ritterschafts-Deputirten des Herzogth. Westphalen, und der Maria Elisabeth Wilhelmine v. Höldingshausen, schliesst einen Ehevertrag mit Anna Adriana v. Schorlemmer, Tochter des Caspar Engelb. v. S. zu Overhagen, Obersten und Hildesheimschen Drosten zu Schladen etc. und der Sophie Elis., Freiin Wolff-Metternich zu Gracht. — Der Bräutigam verspricht als Morgengabe aus den Brenken'schen Gefällen 60 Rthlr. Rente und von einem Capital an Brenken ad 800 Rthlr. Species die Zinsen mit 40 Rthlr. Die Braut erhält von ihrer Mutter und ihrem Oheime Franz Wilhelm von Schorlemmer, Domherrn zu Hildesheim, kurcöln, Gch.- und hildesh. Regier.- und Cammer-Rath, weltlichen Hofrichter und Drosten zu Steinbrück etc. 3000 Rthlr. als Brautschatz und 800 Rthlr. als Aussteuer. — Die Urkunde ist unterschrieben und untersiegelt von: Diedrich Adam von Meschede; Anna Adriana v. Schorlemmer; Diedrich Franz Joseph v. Landsberg, Domprobst als Vormund; Sophie Elise v. Haxthausen, geb. Wolff-Metternich; Therese, Wittwe Freifrau v. Plettenberg, geb. Wolff-Metternich; Luise, Freiin v. Asseburg, geb. Wolff-Metternich; Franz Wilhelm von Schorlemmer. Actum Neuhausz, 1708, den 25. März.

558. Taufscheine. 1708, 25. August.

Aus dem Bürener Archive.

Aus diesen geht folgende Abstammung hervor:

Jobst Phil. v. Meschede, h. Margaretha Dorothea von der Recke.

Theodor Philipp von Meschede, geb. zu Anröchte 12. Mai 1652, h. Juliana Kleinschmidt.

Franz Joseph v. Meschede, geb. zu Neucleusinen 25. Aug. 1708.

558. Schuldverschreibung. 1708, 10. September.

Diedr. Adam von Meschede bekennt von Johan Evens, der Rechte Doktorn und Richter zu Brilon, 200 Rthlr. Darlehn empfangen zu haben. Geschehen Niederalme, 1708, 10. Sept.

559. Recess. 1708, 18. November.

Agnes Margreth Christine, geb. Freiin v. Racsfeld, Wittwe des Wilhelm Rötger v. Meschede, setzt sich mit ihrem Stiefsohne Diedrich Adam von Meschede, wegen Veränderung ihres Witthums und Abrechnung über die von der genannten Wittwe seit 1703 geführte Haushaltung der Minorennen v. Meschede, durch die beiderseitigen Bevollmächtigten auseinander. Die Wittwe erhält lebenslang als Witthum 200 Rthlr. jährlich und statt einer Wohnung jährlich 20 Rthlr. 1708, 10. Nov.

560. Eheberedung. 1709, 2. Februar.

Rembert Dietrich v. Cloedt zu Hanxleden und Elspe etc., Sohn weiland des Diedrich Joist v. Cloedt und der Anna Margreth von Galen zu Ermelinkhoff und Hilbeck, macht einen Ehevertrag mit Maria Rosina von Meschede, weiland des Wilhelm Rötger v. Meschede etc. und der Maria Wilhelmina Elisab. v. Hohlingshausen hinterlassenen Tochter. Die Braut erhält zum Brautschatz 4000 Rthlr. und zur Aussteuer 200 Rthlr. 1709, den 2. Februar.

561. Testament. 1709, 19. April.

Franz Wilhelm von Schorlemmer, Domherr zu Hildesheim und Droste zu Steinbrück, testirt und vermacht: 1. dem Fräulein Maria Anna von Wabersnow lebenslänglich 60 Rthlr., 2. seiner Frau Schwester von Schorlemmer zu Heringhausen 200 Rthlr. und deren Sohne Leopold v. S. 100 Rthlr.; Letztern ausserdem in dem Falle, dass seine nachbenannten beiden Vettern ohne Leibeserben sterben, 10000 Rthlr.; 3. zu Erben setzt er ein: seine beiden Vettern Herrn. Werner und Franz Wilh. v. Schorlemmer, Kapitain und resp. Domherr zu Hildesheim. Der Erstere, ältere, soll ⅔, der jüngere ⅓ haben!

4. seine Baase Maria Johanna, Stiftsdame zu Vylich, erhält jährlich 200 Rthlr. wenn sie im Stift bleibt und im Fall der Heirath 4000 Rthlr. als Brautschatz; 5. seine Baase Maria Therese, Verlobte des Grafen von Nesselrode, erhält zu Aussteuer 1000 Reichsgulden und 5000 Rthlr. Brautschatz; 6. die Frau von Meschede ist bereits bestattet. Er verpflichtet die drei Schwestern, auf ihre Ansprüche an die elterlichen Güter zu verzichten und ernennt 7. Curatoren für die fünf Kinder seines verstorbenen Bruders Caspar Engelbert, nämlich für obige zwei Söhne und drei Töchter. Hildesheim, 1709, den 19ten April.

562. Schuldverschreibung. 1709, 7. August.

Diedr. Adam v. Meschede zu Alme und seine Frau Anna Adriana, geb. v. Schorlemmer, bekennen von Franz Gottfried von Meschede, als Vormund des Fräuleins v. Bruch zu Fredeburg (später Frau v. Kerekerinck zu Sunger) 3000 Rthlr., den Thaler zu 36 Mariengroschen Darlehn empfangen zu haben.

563. Quittung. 1711, 2. October.

Die Priester am Dom zu Paderborn bekennen, dass die Frau Hofmarschallin Freifrau von Haxthausen, Namens des Frhrn v. Meschede zu Alme eine Schuldverschreibung über 100 Joachims-Thaler vom Jahre 1556 am Tage Remigii Eppi. eingelöset hat. 1711, den 2ten October.

564. Schuldverschreibung. 1712, 24. September.

Agn. Marg. Wittwe v. Meschede zu Alme bekennt, dem Stephan Hülsmann, Kaufmann zu Lippstadt, 50 Rthlr. aus Waarenlieferung und baarem Darlehn zu schulden. Geschehen Lippstadt 1712, den 24. September.

565. Schreiben und Quittungen über bezahlte Gelder, welche Diedrich Adam v. Meschede seinem Bruder, Fähndrich in Chalons, nach Frankreich per Wechsel übersandt hat. 1713 und 1714.

566. Information. 1714, 30. August.

Dietr. Adam von Meschede schreibt seinem Mandatar, dass sein Grossvater v. Holdingshausen den 7. Sept. 1684 auf dem Hause Holdingshausen gestorben, in der Almischen Pfarrkirche begraben sei und dass das Haus Holdingshausen zu Almo nicht höher als zu 18000 Rthlr. angeschlagen werden künne. 1714, den 30. August.

567. Quittung. 1714, 13. November.

Franz Gotfried v. Meschedo und seine Pflegebefohlene, Therese v. Meschede, bekennen, dass ihr Vetter resp. Bruder Diedrich Adam v. Meschede, Stammherr zu Almo etc., ihnen zur Erlangung einer Präbende im Stift Langenhorst für obige Therese 1000 Rthlr. ausgezahlt hat und dass er diese an ihrem Kindstheile und Brautschatzgelde künftig kürzen künne.

568. Quittung. 1715, 9. April.

An. Elis. Ursul., geb. v. Schorlemmer, Wittwe v. Weichs, und Ferd. Dietr., Frhrn. v. Weichs, quittiren dem Diedrich Adam v. Meschede 500 Rthlr., welche bis dahin am Hause Almo für ihren Theil gehaftet haben, herrührend aus dem Vergleich der Holdingshausen'schen Güter. Datum auf Haus v. Weichs zu Hirtzburg, 1715. den 9. April.

569. Testament. 1715, 20. August.

Joseph Clemens von Meschede, der im Begriffe steht, nach Rom zu Collegium Germanium abzureisen, setzt seinen Bruder Johan Diedrich Adam v. Meschede zu Almo und dessen Frau Anna Adriana von Schorlemmer zu Erben ein. Paderborn, den 20. August 1715.

570. Testament. 1715, 23. October.

Diedrich Adam, Frhrn. v. Meschede, und Anna Adriana, geb. Freiin v. Schorlemmer, setzen zur Vorbeugung künftiger Uneinigkeiten zwischen ihren jetzt lebenden drei Kindern: Hilmar Joseph, Maria Therese und Wilhelm Werner, und denen, die sie noch erzielen möchten, die Erbfolge fest und sprechen dabei (wiewohl irrig) von Grundsätzen, wornach schon seit mehreren Generationen in der Familie v. Meschede die Güter unter die Kinder vertheilt seien. 1715, den 23. October. — Es war die Zeit, wo man das Erstgeburtsrecht für das ganze Familiengut als Vorrecht der Geschlechter einzuschwärzen suchte.

571. Vergleich. 1715, 5. December.

Diedr. Adam v. Meschede, Erb- und Stammherr zu Niederalme, vergleicht sich mit seiner Schwester Sybilla v. Meschede, Ehefrau des Anton Wilhelm v. Padberg, dahin, dass, wenngleich er nach der elterlichen Disposition vom 23. Jan. 1700 nur verpflichtet sei, ihr als Brautschatz 3000 Rthlr. und als Aussteuer 200 Rthlr. zu zahlen, worauf sie behufs einer Stiftspräbende bereits 500 Rthlr. erhalten habe, er ihr dennoch noch 3000 Rthlr. zur gänzlichen Abfindung zahlen wolle. 1715 den 5. December.

572. Vergleich. 1717, den 20. Februar.

Ferdinand Franz v. Meschede, der ältere, vergleicht sich mit Diedrich Adam v. Meschede, seinem jüngeren Bruder, über die Abtretung des Primogeniturrechts des Erstern an Letztern. Beide haben schon im Jahre 1705 und 1707 hierüber Vergleiche geschlossen, sind demnächst darüber in Rechtsstreit gerathen und schliessen jetzt, nach versuchter Sühne, folgenden Vergleich: 1) Es bleibt bei der früheren Abtretung des Primogeniturrechts an den jüngern Bruder. 2) Statt der Verpflegung des älteren Bruders auf dem Hause Alme, welche früher festgestellt war, soll Letzterem die früher verglichene Summe von 4000 Rthlrn. binnen sechs Wochen und ausserdem die Summe von 2000 Rthlrn. gezahlt werden. 3) Statt der Naturalverpflegung wird ihm eine jährliche Rente von 100 Rthlrn. ad dies vitae angewiesen. 1717, den 20. Febr.

Es liegt bei: 1) Supplik des Ferd. Franz v. Meschede und darauf erfolgtes kurfürstl. Zahlungsmandat an Diedrich Adam v. M. wegen nicht innegehaltener sechswöchentlicher

Zahlungsfrist der 2000 Rthlr. De dato Bonn den 9. April 1717.
2) Interims - Quittung des Gerich's zu Brilon über die von
Diedr. Adam v. Meschede ad depositum gezahlten 2000 Rthlr.
1717, den 10. May. 3) Quittung des Ferd. Franz v. Meschede
an seinen Bruder über gezahlte 2000 Rthlr., worin derselbe
nochmals den geschlossenen Erbverzicht ratifizirt. 1717, den
7. Juni. 4) Eine Anzahl Quittungen über halbjährig gezahlte
50 Rthlr. vom Jahre 1747—53.

573. Schuldverschreibung. 1718, 30. April.

Diedr. Adam v. Meschede und seine Frau Anna Adriana,
geb. v. Schorlemmer, bekennen, Behufs Abzahlung ihrer Frau
Schwester v. Gaugreben 300 Rthlr. von ihrer Mutter, der
Frau Witttwe Freifrau v. Haxthausen, geb. Wolff-Metternich
zu Gracht, erhalten zu haben. 1718, den 30. April.

574. Testament. 1720, 15. Februar.

Sophia Elisabeth, geb. Wolff-Metternich, Wittwe von
Haxthausen zu Dedinghausen, testirt: 1) sie will bei den
Observanten in Paderborn neben ihrem Manne Simon Hilmar
von Haxthausen begraben sein; legirt 2. ihren drei Töchtern
Anna Adriana geb. v. Schorlemmer, Frau v. Meschede, der
Frau v. Nesselrode und Fräulein Marie Johanna v. Schor-
lemmer verschiedenes Silbergeräth und ihre seidenen Kleider;
3) ferner ihrer Enkelin Maria Therese von Meschede, Töchterlein
der Anna Adriana, Frau v. Meschede, ebenfalls verschiedene
Silbersachen und setzt 4) zu Erben ihre vier Kinder, nämlich
Herman Werner v. Schorlemmer und ihre obigen drei Töch-
ter, deren Theile genau angegeben sind. Paderborn 1720,
den 15. Februar. Testatrix machte später noch zwei Codi-
cille, wovon das erste das Datum hat: 1722 den 29. April

575. Schuldverschreibung. 1720, 27. Juni.

Diedrich Adam, Frhrn. v. Meschede, bekennt, dem Bür-
germeister Laurentius Vogt 500 Rthlr. zu schulden. Datum
Paderborn, 1720 den 27. Juni.

576. Schuldbekenntniss. 1720, 11. Juli.

Verschiedene Einsassen von Niederalme bekennen, dem Diedrich Adam v. Meschede 185 Rthlr. 26 Gr. an Zehnten, Wildeheuer und geborgten Hafer in Folge von Misswachs des vorigen Jahres schuldig geworden zu sein und versprechen diese Summe mit 5 Prozent zu verzinsen. Niederalme, den 11ten Juli 1720.

577. Eheberedung. 1720, 28. September.

Arnold Georg von und zu Brencken (seit 1716 Wittwer der Helene Catharine Agnes Marie v. Böselager), jüngster Sohn weiland Diedrich v. und zu Brencken, Wever, Verne, Alffen etc. und der Catrin Gertrud geb. v. Korff zu Harkotten und Stürmede, schliesst einen Ehevertrag mit Lucie Wilhelmine Amalie Luise v. Meschede, Tochter des Wilh. Rötger v. Meschede zu Alme, Effelen, Anröchte, Brabeke, Brenken etc. und der Maria Elis. Wilhelmine von und zu Holdingshausen zu Alme etc.

Die Ehe ist bereits den 31. December 1716 geschlossen, der Ehevertrug aber bis jetzt noch nicht ausgefertigt. Sie bringt als Brautschatz 3500 Rthlr., bekommt zur Morgengabe den Genuss des Hardenmeier im Dorfe Brencken und als Witthum freie Wohnung und 300 Rthlr. jährlich etc Geschehen Wever 1720, 20. Sept.

578. Quittung. 1721, 28. October.

Maria Odilia Francisca von Bruch, Stiftsdame zu Hohenholte, quittirt dem Dietr. Adam, Frhrn. v. Meschede, und dessen Frau Andriana v. Schorlemmer, ihrem Vetter und ihrer Base, 100 Rthlr., so dass diese ihr nur noch 640 Rthlr. zu verzinsen brauchen. 1728, den 28ten October.

579. Schuldverschreibung. 1723, 20. August.

Diedr. Adam v. Meschede bekennt, von dem Capucinessen-Kloster in Paderborn 200 Rthlr. Darlehn erhalten zu haben. 1723, den 20ten August.

580. Schuldverschreibung. 1723, 20. August.

Diedr. Adam von Meschede bekennt, von der Bürger-
meisterin Vogt zu Paderborn 300 Rthlr. Darlehn erhalten zu
haben. 1723, den 20. August.

581. Schuldverschreibung. 1723, 14. September.

Dietrich Adam v. Meschede bekennt, von Mathias Be-
leke aus Drewer 200 Rthlr. Darlehn erhalten zu haben.
Geschehen Effelen 1723, den .14. Sept.

582. Schuldverschreibung. 1724, 20. Februar.

Therese Caroline v. Meschede, Stiftsdame zu Langen-
horst, bekennt, von ihrer Base, Maria Odilia v. Hörde, Stifts-
dame zu Notteln, 300 Rthlr. Darlehn erhalten zu haben und
verpfändet ihr dafür ihr Kindstheil am Hause Alme. Ge-
schehen Langenhorst 1724, den 20. Februar.

583. Eheberedung. 1726, 9. April.

Diedr. Adam, Frhr. v. Meschede zu Alme, Anröchte,
Effelen, Brabeke, Brenken und Berge etc., Sohn des Wilh.
Rötger v. M. und der Maria Elis. v. Holdingshausen schliesst
einen Ehevertrag mit Dorothea Francisca, Freiin von Bruch
zu Bredeburg, Tochter des Adam v. Bruch zu Fr. und der
Catharina v. Meschede. Die Braut bringt als Brautschatz
2500 Rthlr. Es haben den Act unterschrieben und besiegelt:
D. A. v. Meschede, F. G. v. Meschede, Francisca Dorothea
v. Bruch, F. W. v. Kerkering zu Sunger, Odilia Francisca,
Frau v. Kerkerink geb. v. Bruch. Actum Haus Sunger 1726,
den 9ten April. — Es liegen vier Dokumente bei, betreffend
die päpstliche Dispensation zur Ehe des Johan Diedr. Adam,
Frhrn. v. Meschede und der Dorothea Francisca, welche im
zweiten Grade blutsverwandt sind, nämlich: 1) Breve des
Papstes Benedict XIII. an den Official des Bischofs von
Paderborn, worin er Letzteren bevollmächtigt, die Dispensa-
tion zu ertheilen. Datum Romae apud Sanctum Petrum
sub Annulo Piscatoris. Die XIII. Februarii 1726 Pontificatus

anno secundo. Mit der Aufschrift: „Dilecto filio Officiali Venerabilis Fratris Episcopi Paderbornensis." 2) Informatio pro Exeoutore Apostolicae Dispensationis in forma pauperum in 2do. aequali consanguinitatis vel affinitatis gradu. Mit der Unterschrift: „F. Engelbertus Pauck. ord. ftrum. minorum de strictiore observantia S. S. Theol. Lcctor. Emeritus. Münster 1726, den 20. März. 3. Pantaleon Episcopus Thyatirenus, Suffraganeus Paderbornensis, Abbas Aldinghoffensis et Archidiaconus in Alme et Thüle, bekennt, dass er im päpstlichen Auftrage (das päpstliche Breve ist eingeschaltet) dem Johan v. Meschede und Dorothea von Bruch die gewünschte Dispensation hiemit ertheile. Paderbornae 1726, den 24. März. 4. Pantaleon, Weihbischof von Paderborn cto., erlaubt den Brautleuten, ohne die sonst erforderliche Proclamation die Ehe einzugehen. Paderbornae 1726, den 24. März.

584. Vergleich. 1726, 6. November.

Diedr. Adam v. Meschede zu Niederalme vergleicht sioh mit seiner Schwester Therese Caroline v. M., Ehefrau des Friedrich Christian v. Cornarens zu Asselt, in der Art: dass, wenngleich er nach der elterlichen Disposition vom 23. Jan. 1700 nur verpflichtet, ihr zur völligen Abfindung die Summe von 3000 Rthlrn. als Brautschatz und 200 Rthlr. als Aussteuer zu zahlen, er sich doch verbindet, ihr noch ein für alle Mal 3500 Rthlr. zukommen zu lassen. 1726, den 6ten November.

Die Frau v. Cornarens war früher Stiftsdame zu Langenhorst, woselbst sie 1714 eine Präbende erhielt.

585. Schuldschein. 1728, 27. Februar.

F. W. Vogt, gnt. Stordeur, bekennt, von dem Frhrn. v. Meschede zu Alme, Anröchte, Effelen und Brencken etc. 1000 Rthlr. gegen 4 Prozent Zinsen empfangen zu haben. Paderborn 1728, den 27. Februar.

586. Bestallung. 1728, 18. November.

Clemens August, Erzbischof zu Cöln, ernennt den Johan Diedrich Adam v. Meschede zu Alme, Anröchte, Effelen und

==

334

Brabeke zu seinem wirklichen Kurfürstl. Geheimen Rath.
1728, den 18ten November.

587. Antichrese. 1729, 13. Januar.

Diedrich Franz Wilh. v. Gaugreben zu Ober-Alme gibt
dem Adam Ulrich zu Volbrexen für geliehene 600 Rthlr. zu
6 Prozent Zinsen unter gewissen Bedingungen seinen, zum
Hause Alme gehörenden Hammerherdt in antichretische Pfand-
schaft. 1729, den 13. Januar.

588. Zeugniss des Gerichtes zu Marsberg. 1729, 20. Juli.

Es heisst darin: dass Therese Caroline geb. v. Meschede,
Frau des Friedrich von Cornarens, Hauptmanns im kurcöln.
fürstl. münsterischen Nagelischen Regimente, die Tochter des
Wilh. Rötger von Meschede und der Maria Elisabeth von
Holdingshausen sei.

Geschehen Marsberg 1729, den 20ten Juli.

589. Revers. 1729, 16. November.

Diedr. Adam v. Meschede zu Alme bescheinigt seinem
Vetter und seiner Base von Gaugreben zu Oberalme, dass er
ihnen nach erfolgter Zahlung geliehener 200 Rthlr. ihre Ori-
ginal-Ehepakten, worin ihnen die Oberalmschen Colonen unter
gewissen Bedingungen cedirt seien, zurückgeben wolle. Alme
1729, den 16. November.

590. Verkauf. 1730, 7. Mai.

Diedrich Franz Wilhelm von Gaugreben und Maria Bal-
duina geb. v. Scheick, Eheleute, verkaufen dem Diedr. Adam.
Frhrn. v. Meschede, kurcöln. Geh. Rath etc., und Francisca
Theodora Bernardina, geb. von Bruch, Eheleuten zu Nieder-
alme, für die Summe von 2200 Rthlrn. den zum Hause
Oberalme gehörigen Eisenhammer nebst Zubehör. 1730, den
7ten Mai.

==

691. Bestallung. 1730, 15. Septembrr.

Clemens August, Erzbischof zu Cöln, ernennt den Diedrich Adam v. Meschede zum westfälischen adlichen Rath. 1730, den 15. September.

592. Renteverkauf. 1732, 21. Juni.

Dietr. Adam v. Meschede zu Alme etc. verkauft den Patres Societatis Jesu zu Büren 40 Rthlr. jährliche Rente für erhaltene 100 Rthlr. 1732, den 21ten Juni.

593. Testament. 1734, 27. März.

Franz Godfried von Meschede, Vikar zu Meschede, setzt seines Bruders Sohn, Diedrich Adam von Meschede, zum Erben ein. Geschehen Alme 1734, den 27ten März.

594. Schuldverschreibung. 1740, 22. November.

Franz Dominicus von Hanxleden zu Oistwich verpfändet dem Freiherrn Diedrich Adam von Meschede zu Alme für 400 Rthlr. Darlehn und 5 Prozent Zinsen verschiedene Colone zu Brabeke und Brenken und seinen Antheil an der Jagd und Fischerei daselbst. 1740, den 22. November.

595. Verkauf. 1741, 12. April.

Joseph, Freiherr v. Schorlemmer zu Heringhausen und Hellinghausen, verkauft dem Dietrich Adam, Freiherrn von Meschede, für 1460 Reichsthlr. seinen Antheil des Zehnten zu Thülen, welchen die Mutter des Verkäufers, die verwittwete Frau v. Schorlemmer, geb. Freiin v. Niehausen, dem gedachten v. Meschede bereits für vorgestreckte 100 Rthlr. behufs einer Stiftspräbende für ihre Tochter verpfändet hatte. — 1741, den 12ten April.

596. Lehns-Vollmacht. 1741, 25. August.

Das Kloster Gallilaea ertheilt zur Lehnsgesinnung des Guts zu Walden von denen von Meschede, auf Absterben der

Jungfer von Bucholtz, als Lehnsträgerin und des Franz God-
fried v. Meschede, als Lehnsherrn, Vollmacht. 1741, 25. Aug.

597. Lehnbrief. 1741, 28. August.

Diedrich Adam von Meschede zu Alme etc., belehnt die
Maria Anna Hirnstein, professa in Kloster Gallilaea, mit dem
Gut zu Walden, Krspl. Calle gelegen. 1741, den 28. August.

298. Lehnsrevers. 1741, 28. August.

Bernard Kersting zu Walden bekennt von Diedrich Adam
Freihrn. von Meschede zu Alme, mit einem halben Gute zu
Walden zu rechtem wahrem Mannlehn belehnt zu sein. 1741,
den 28. August.

599. Schuldverschreibungen 1743—1745.

1. Rembert Diedrich von Cloedt zu Hanxleden bekennt
seiner Schwester, Wittwe von Kerckerinck, geborne v. Bruch,
100 Rthlr. zu schulden. Haus Hanxleden 1743, den 29. Mai.

2. Regina v. Cloedt bekennt von Adam Everhard Ulrich
100 Rthlr. zu 4 procent, welche sie Behufs ihrer Brüder, na-
mentlich zum Marsch in die Compagni verwenden will, unter
Specialverpfändung ihrer Hovesaat zu Hanxleden. als Darlehn
empfangen zu haben. — Sie unterschreibt und besiegelt diese
Verschreibung Namens ihres Bruders Stephan von Cloedt.
Alme, 1745, den 30. März. — Unter der Obligation befindet
sich die Cession der Forderung durch A. E. Ulrich an Sr.
Excellenz Herrn Geh.-Rath Frhrn. von Meschede sub dato:
Alme 1751, den 21. Januar.

3. Cloedt gerieth in Consurs und wurden beide Forde-
rungen im Classifications-Erkenntniss, von 1756 den 4. Juni, locirt.

600. Erbkaufbrief. 1745.

Jacob Korff zu Niederalme verkauft, mit Genehmigung
des Gutsherrn Geh.-Raths von Meschede, dem Johan Bernd
Struch, einen, neben des Verkäufers Wohnhause gelegenen
Speicher für 130 Rthlr., wovon dem Geh.-Rath. v. Meschede

als Gutsherr der dritte Pfenning gebührt. Niederalme, 1745 (ohne Tag).

601. Kauf. 1745, 17. Febr.

Died. Adam v. Meschede, Geh. Rath, kauft in dem öffentlichen Verkauf vor dem Gericht zu Bödefeld den vierten, Hanxledischen, Theil des Gutes Brabecke für 3800 Rthlr. 1745, 17. Febr.

602. Bürgschaft. 1745, 3. Mai.

Diedrich Adam von Meschede verbürgt sich für die Brüder Fritz Ernst Frhr. v. Weichs, Oberjägermeister, Philipp Franz und Wilhelm Joseph von Weichs, Domherrn zu Münster und resp. zu Paderborn, in Prozesssachen gegen die Gebrüder von Spiegel zu Rotenburg, in Folge Bescheid des kaiserl. Reichskammergerichts, dass gegen die v. Spiegel die Execution nicht eher verhändt werden könne, bis von denen v. Weichs Caution mit Gütern geleistet werde, welche im Stift Paderborn gelegen seien. Arnsberg, 1745, den 3. Mai. — Unter demselbigen Tage gelobt Fritz Ernst, Frhr. v. Weichs, für sich und im Namen seiner Brüder dem gedachten D. A. v. M. für seine Bürgschaft Schadloshaltung.

603. Bestallung. 1747, 27. August.

Clemens August, Erzbischof zu Cöln, ernennt den Kämmerer Friedrich Adolph Frhrn. v. Meschede zu seinem wirklichen westphälisch-adligen Rath cum voto et sessione. : 1747, den 27. August. Nebst Abschrift des Vereidungs-Protokolls.

604. Eheberedung. 1749, 14. Febr.

Friedrich Adolph, Frhr. von Meschede, curcöln. Kammerherr und westphäl. adliger Rath, zweiter Sohn des Diedrich Adam Frhrn. v. M., curcöln. Geheimen und adligen Raths, auch westphäl. Ritterschafts-Deputirten, Erbherrn zu Alme, Effelen, Anröchte, Almerfeld, Brabeke, Bronken etc. und der weiland Adriana, geb. Schorlemmer, schliesst einen Eheber-

Fahne, Meschede. 22

trag mit der Wittwe des weiland Franz Arnold, Frhrn. v.
Raesfeld zu Ostendorff, Johanna Rosine, geborne Freiin Droste
zu Vichering, Tochter des Maximilian Heidenrich D. zu V.,
Erbherrn zu Dorfeld, Visbeck, Beveren, Asbeck, Holtwick etc.,
curcöln., bischöfl. münsterschen Geh. Raths, Erbdrosten des
Stifts Münster, Drosten zu Ahaus und Hostmar, Komman-
deurs des S. Michaelis-Ordens, und der weiland Maria An-
tonnette, Freiin v. Schenking zu Beveren. Die Frau Braut
bringt als Brautschatz ihr jetiges und künftiges Vermögen,
der Bräutigam das Haus Alme, welches ihm sein Vater seit
einigen Jahren abgetreten hat, und 30,000 Thlr., welche ihm
sein Vater binnen Jahresfrist zahlt, um damit die Schulden
der Ostendorfschen Güter zu bezahlen, in die Ehe. Der Bräu-
tigam verspricht als Morgengabe der Braut jährlich 400 Rth.
Mit den Unterschriften und Siegeln von Johanna Rosine,
Wittwe von Raesfeld, geborne Droste von Vischering und
Friedrich Adolph von Meschede. Geschehen resp. Almerfeld
den 11. und Ostendorff, den 14. Februar 1749.

605. Eheberedung. 1749, 8. Juli.

Franz Ludolph, Frhr. v. Hörde zu Eringerfeld und
Störmede etc., chur-cöln Kammerherr, Sohn des Franz Chri-
stoph v. H. zu E., Stürmede, Booke, Verna und Vohediek,
westphäl. adl. Raths und Ritterschafts-Deputirten und der
Franzeline Odilie Theodore Freiin v. Galen zu Dinklage,
schliesst einen Ehevertrag mit Odilie Charlotte Franzeline
Josephine, Freiin v. Meschede, Stiftsdame zu Geseke, Tochter
des Dietr. Adam, Frhr. von Meschede zu Alme, chur.-cöln.
Geh.-Raths, Kammerherrn und adligen Raths, Ritterschafts-
Deputirten, Herrn zu Alme, Almerfeld und Anröchte und der
Thedora Francisca, Freiin von Bruch etc. — Der Bräutigam
verspricht der Braut zum Spielgeld eine Rente von 200 Rth.
und als Morgengabe die Revenue des allodialen Schulzenho-
fes zu Aschenthall ad 50 Reichsthlr. Der Vater gibt der
Braut zum Brautschatz 6600 Reichsthlr. und die Mutter legt
400 Rth. hinzu. Summa 7000 Rth. Ausserdem eerhält sie
1000 Rth. von der Geseker Praebende. Es unterschreiben

und besiegelen: Franz Ludolph, Frhr. v. Hörde. Franz Christoph, Frhr. v. Hörde. Diederich Adam v. Meschede. Odilia Franc:sca v. Meschede. Francisca Odilia, Frfr. v. Hörde, geb. Freiin v. Galen. Dorothea Francisca, Frau v. Meschede, geb. v. Bruch. Actum Almerfeld 1749, den 8. Juli.

Aus §. 4 geht hervor, dass die Braut Odilie Charlotte Franceline Josephine v. Meschede die einzige Tochter der zweiten Ehe ihres Vaters war.

606. Notariats-Document. 1749, 5. Oct.

Wilhelm Werner, Frhr. von Meschede, Domherr zu Hildesheim und Osnabrück, ergreift für und im Auftrag seines Vaters, des chur-cöln. Geh.-Raths Johann Diedrich Adam, Frhr. von Meschede den Besitz des Hauses Alme, welches Gut Letzterer seinem jetzt verstorbenen Sohn, dem Kammerherrn Friedrich Adolph Franz, Freiherrn v. Meschede, ad dies vitae abgetreten hatte. — 1749, den 5. October. "

607. Vollmacht. 1749, 48. Oct.

R. v. Geyer zu Cöln bevollmächtigt den Joseph Anton von Schade zu Antfelt vom Freiherrn von Meschede die auf Gut Brabecke vermachten 3800 Thlr. in Empfang zu nehmen. 1749. 18. Oct.

608. Notariats-Document. 1749, 20. Nov.

Es enthält das Inventarium der, von Friedrich Adolph Franz, Frhr. von Meschede, chur-cöln. adligen Rath und Kammmerherrn nachgelassenen Effekten, aufgenommen auf Veranlassung seines Vaters und Benefizial-Erben Diedrich Adam, Frhrn. v. Meschede. Actum Alme 1749, den 20. November.

609. Rückbürgschaft. 1750, 14. April.

Fritz Ernst, Frhr. v. Weichs stellt dem Geh.-Rath Frhrn. Frhrn. v. Meschede, welcher in Sachen gegen die v. Spiegel zu Rothenburg ihm seinen Antheil des Guts Brenken als Caution angewiesen, zu seiner noch grösseren Sicherheit

Fahne, Meschede. 22*

als Spezial-Pfand sein unbelastetes, adliges Haus Cörtling-
hausen. 1750, den 14. April.

610 Schutzbrief. 1742, 25. Febr.

Diedrich Adam v. Meschede ertheilt dem Juden Salomon
Isac einen Schutzbrief dahin, dess derselbe sich in der Frei-
herrlichkeit Alme aufhalten, seinem Handel nachgehen und
sich in Niederalme selbst eine Wohnung anschaffen darf etc.,
für welches Geleit er jährlich 8 Thaler zahlen soll. 1752,
den 25. Febr.

611. Gerichtlich bestätigte Verfügung. 1752, 10. Juni.

Geh-Rath Diedr. Adam von Meschede trifft Bestimmun-
gen auf Absterben seines Sohnes, des chur-cöln. Kammerherrn
und adligen Raths Friedr. Adolph v. Meschede, wegen Suc-
cession seines einzigen Sohnes, des Domherrn zu Hildesheim
und Osnabrück Wilhelm Werner v. Meschede in seine Güter
und wegen des Witthums seiner Frau, geb. v Bruch, am
Hause Almerfeld etc. 1752, den 10. Juni.

612. Schuldverschreibung. 1754, 30. April.

Diedr. Adam v. Meschede bekennt von der Freifrau v.
Landtsberg, geb. v. d. Reck, 200 Stück Pistolen, als Darlehn
empfangen und zur Befriedigung seiner Frau Schwiegertochter
(v Raesfeld zu Ostendorf) verwendet zu haben. Geschehen
Arnsberg, 1754 den 30. April.

613. Bestallung. 1754, 17 August.

Clemens August, Kurfürst etc., Grossmeister des St. Mi-
chael-Ordens, ernennt den wirkl. Geheimen und westfälisch-
adligen Rath Diedrich Adam Frhrn. v. Meschede zu Alme,
Almerfeld, Effelen, Anröchte, Brabeke und Brenken, Ritter-
schaftl. Deputirten des Herzogthums Westfalen, nicht nur
zum Ritter, sondern auch zum Commendatoren oder Gross-
kreuzherrn des St. Michael-Ordens. 1754, den 17. August,
im 62. Jahre der Stiftung des Ordens.

614. Vergleich. 1755, 31 Oct.

Er verhält sich zwischen dem Geh. Rath Diedrich von
Meschede, als Gutsherrn zu Brabecke und den Eingesessenen
daselbst wegen des schädlichen Heidehackens und des Hauens
des Brand-, Bau- und Zaun-Holzes. 1755, 31. Oct.

615. Testament. 1759, 21. Nov.

Maria Johanna Sibilla Ursula Antonnnette v. Schorlem-
mer zu Overhagen, Seniorissa und Kapitularin zu Vylich,
testirt und bestimmt namentlich: 1. Ihr Schwager v. Meschede
zu Almen erhält einen Zulast von 3 Ohm rothen Wein, wel-
cher in der Theilung zu Vylich und Dollendorf ihr zufallen
wird, sollte sie 6 Ohm erhalten, so soll er alle 6 haben. 2.
Ihrer seel. Frau Schwester v. Meschede Tochterkind, Maria
Francisca v. Bocholtz zu Störmede, erhält ihre silberne Toi-
lette und andere Silbersachen. 3. Ihre Schwester, Gräfin v.
Nesselrode, geb. Maria Therese v. Schorlemmer, nebst gewis-
sen Münzen auch ein Portrait ihres Bruders Franz Wilh. v
Schorlemmer, Domherrn zu Hildesheim, welcher zu Aachen
bei den Kapuzinern begraben liegt. 4. Ihre Schwester-Toch-
ter, die Wittwe Freifrau von Beveren erhält mehrere Silber-
sachen und die Portraits der Familie v. Meschede, die ihr
wegen ihres Gemahls verwandt sind, ferner ein grosses Por-
trait des Frhrn. v. Gelder etc. 5 Ihre Frl. Baase, der Frei-
frau v. Merode Tochter, erhält unter andern das Portrait ihrer
Mutter seel., ihres Stiefvaters Frbrn. v. Haxthausen und zwei
grosse Portraits des Domherrn von Imbsen und seines Bru-
ders. 6 Zum Universalerben setzet sie ein ihren Bruder
Hermann Werner Joseph von Schorlemmer zu Overhagen,
sowohl in das, was sie von ihren Eltern, als was sie von
ihrem Bruder Franz Wilh. v. Sch. und von ihrem Oheim,
dem Domherrn Franz Wilh. v. Sch. ererbt hat. Sollte er
aber ohne Erben sterben, so sollen 4000 Rthlr. Kapital Maria
Francisca v. Bocholtz, Tochter-Kind ihrer Schwester v. Me-
schede, und N. v. Nesselrode, Stiftsdame zu Dietkirchen und
Bonn, Tochter des Sohnes ihrer Schwester, der Gräfin v. Nes-
selrode unter sich theilen. Actum Vylich, 1759 den 21. Nov.

616. Bestallung. 1761, 26. Oct.

Maximilian Friedrich, Erzbischof von Cöln, ernennt den Wilhelm Werner Ferdinand v. Meschede zu Almen, Domkapitulatoren zu Hildesheim und Osnabrück zu seinem wirklichen kurfürstl. Geheimen Rath. 1761, den 26. October.

617. Testament. 1764, 11. September.

Wilhelm Werner von Meschede, Domherrn zu Hildesheim und Osnabrück, testirt und vermacht sub 2 der Domkirche zu Hildesheim zu einem Anniversarum 1000 Rthlr.; sub 3 der Pfarrkirche zu Alme zum Unterhalt des ewigen Lichtes 500 Rthlr.; sub 4 derselben Pfarrkirche 100 Rthlr., für deren Zinsen der zeitige Pastor pro refrigerio animae suae vier h. Messen circa quatuor anni tempora lesen soll. Einen Erben ernnt er nicht. Geschehen Hildesheim 1764, den 11. Sept.
— Es liegt bei: a) eine Schrift, worin der Domherr Wilh. Wern. v. Meschede die Executoren seines Testaments ernennt. 1764, den 13ten April. b) Protocollarische Vernehmung des Adam Hermelinck, Bedienten des am 9ten Januar 1765 ohne Ernennung eines testamentarischen Erben zu Hildesheim verstorbenen Domherrn W· W. v. Meschede über die im Sterbehause nicht vorgefundenen Baarschaften und Obligationen desselben. 1765, den 21. Januar.

618. Todtenbrief über das am 9ten Januar, Morgens zwischen 5 und 6 Uhr erfolgte Ableben des Domherrn zu Hildesheim und Osnabrück, Wilh. Wern. Ferd. von Meschede. Hildesheim 1765, den 10ten Januar.

619. Zwei Schreiben des Caspar Arnold, Frhrn. von Bocholtz, de dato Störmede den 13. Januar 1765 und den 24. Dez. 1766.

Sie sind an seine Schwiegermutter, Frau v. Meschede. gerichtet und empfiehlt er darin ihr und seinem Schwiegervater, nach Absterben deren letzten Kindes, des Wilh. Wern. v.

Meschede, Domhern zu Hildesheim, zur Vorbeugung künftiger Prozesse, wegen Uebergangs der v. Mescheder sämmtlichen Güter auf seine Kinder eine genau abgefasste Disposition ausfertigen zu lassen.

620. Notarials-Document über eine letzwillige Verfügung. 1768, 1. Februar bis 5. März.

Theodor Adam, Frhr. v. Meschede, chur-cöln. Geh.-Rath, Erbherr zu Almen, Almerfeld, Effelen, Brenken, Anröchte, Brabeke etc., gestattet zur Vollstreckung seiner testamentarischen Disposition, worin er seine Frau Dorothea Francisca, geb. von Bruch, zur Universal-Erbin eingesetzt und derselben den Theodor Werner, Frhrn. v. Bocholtz, Drosten zu Schladen und Beverungen, Erbherrn zu Niehausen, Hennekenrode etc., als ältesten Sohn seiner Tochter, substituirt hat, dass diese seine eingesetzten Erben den Besitz sämmtlicher Güter, deren lebenslänglicher Genuss er sich jedoch vorbehält, ergriffen, welche Besitzergreifung denn auch wirklich per Notarium bewirkt wird. 1768, vom 1. Februar bis 5, März.

621. Inventar. 1769, 6. Februar.

Es erstreckt sich über den Nachlass des chur-cöln. Geh.-Raths Diedr. Adam, Frhrn. v. Meschede, aufgenommen auf Antrag des fürstl. Paderbornischen Geh.-Raths und Obermarschalls Theodor Werner, Frhrn. v. Bocholtz. Actum Alme 1769, den 6ten Februar.

622. Vergleich zwischen der verwittweten Freifrau von Kerkerink zu Sunger, geb. von Bruch. und dem Paderbornschen Geheimen-Rath und Obermarschall Theodor Werner, Freiherrn von Bocholtz. 1769, 22. Februar.

Der Erblasser des Letzteren, Died. Adam, Freiherr von Meschede, hat seiner Wittwe, der Freiin von Bruch, das Haus Effelen zu willkürlicher Benutzung vermacht. Letztere ist bald nach ihrem Ehcherrn gestorben und ist obige Wittwe von Kerckering ihre Erbin. Damit nun das Haus Effelen bei den Mescheder Gütern verbleibe, räumt der Obermarschall der Wittwe Kerckering den lebenslänglichen Niessbrauch ein, legt jährlich 300 Rthlr. dazu und zahlt 10,000 Rthlr. Capital.

623. Lehnsrevers. 1769, 3. Juli.

Franz Joseph von Meschede zu Langenau beurkundet, dass das Collegium der Jesuiten zu Büren ihn mit dem Hofe zu Berge zu rechtem Mannlehn belehnt hat. 1769, 3. Juli.

Aus dem Bürener Archive.

624. Testament. 1769, 22. Juli.

Franz Joseph von Meschede-Langenau setzt den Johann Joseph Meschede zu seinem Universal-Erben ein etc. Geschehen Anröchte 1769, den 22. Juli.

625. Handriss des in der Altstädter Kirche zu Korbach befindlichen Denkmals des Otto v. Wolmerinkhausen.

Auf demselben kniet in der Mitte Otto v. W. in betender Stellung und zu beiden Seiten sind die Wappen seiner acht Ahnen angebracht:

Wolmerinckhausen.	*Meschede.*
Dalwigk.	*Malsburg.*
Reine.	*Brenken.*
Meisenbuch.	*Schachten.*

Wolmerinck- Reine. Dal- Meisen- Meschede. Bren- Mals- Schach-
hausen.   wig. buch.   ken. burg. ten.

Wolmerinckhausen. Dalwig.   Meschede.   Malsburg.

Wolmerinckhausen.   Meschede.

Otto von Wolmerinckhausen.

Siegel- und Wappenbuch.

Siegel des heil. Engelbert als Propst von St. Georg in Cöln,
zu der Urkunde von 1214.

Siegel des Stifts St. Georg in Cöln,
zu der Urkunde von 1214.

Siegel der Abtei Siegburg,
zu der Urkunde von 1224.

N⁰· 4.

Siegel Godfrids, Marschalls von Westphalen (zu Rüden),
zu der Urkunde von 1241, N⁰· 4, S. 5.

N⁰' 5.

Siegel Bertolds, Burggrafen zu Büren,
zu der Urkunde von 1241, N⁰ 4, S. 5.

N° 6.

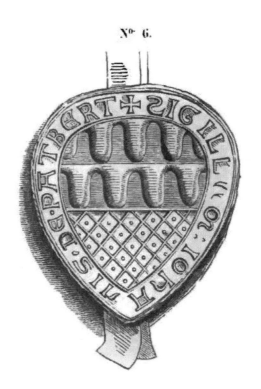

Siegel Johanns von Padberg,
zu der Urkunde von 1241, N° 4, S. 5.

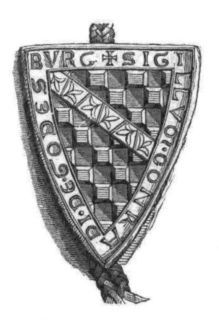

Siegel Conrads von Godenberg,
zu der Urkunde von 1253, N°· 12, S. 13.

—◦✿◦—

,

Fahne, Meschede.

Siegel Walthers von Dalcberg,
zu der Urkunde von 1253, No. 12, S. 13.

Siegel der Burgmänner von Wolfshagen,
zu der Urkunde von 1253, No· 12, S. 13.

Tafel X.

Darstellung wie die Urkunde No 12, S. 11—13 besiegelt ist.

Solcher X finden sich sieben hintereinander, den sieben Siegeln entsprechend. Die Schnüre laufen von der Verschlingung in der Mitte des X rückwärts zwischen dem Umschlage des Pergaments hinab, durchbohren es in der Falte und bieten so das Ende für die Siegel. In jedem X finden sich zwei Farben, welche bündelweise zusammengelegt sind. Im ersten sind die Farben Grün und Weiss, im zweiten Gelb und Weiss, im dritten und fünften wie im ersten, im vierten und sechsten wie im zweiten, im siebenten Blau und Weiss.

Siegel Godfrieds von Meschede,
zu der Urkunde von 1298, No 27, S. 26.

Siegel des Grafen Otto von der Lippe.

Siegel Theoderichs, Edelherrn von Volmenstein,
(Vergleiche No. 20, S. 22.)

Siegel des Reiner von Bocholtz, 5J. Abts zu Corvey,
zu der Urkunde von 1560, Nᵒˑ 308, S. 177.

Anröchte.

Ardey.
Nᵒ 13, 21.

Beringhausen.
Nᵒ 150, 155.

Bockenwörde.
Nᵒ 15.

Bocholtz.

Bodenhausen.
Nᵒ 334, 351.

Bornen.
Nᵒ 10, 43.

Bönninghausen.

Brambach.
Nᵒ 304.

Brilon.
Nᵒ 46, 107.

Broch.

Brochhausen.
Nᵒ 100.

Bocholt, Freiherrn.

Grafen von Bocholtz, ältere Linie (Bocholtz-Alme, jetzt Besitzer
der Herrschaft Alme.)

Büren.
N° 71, 77, 288.

Borscheid.
N° 281.

Calle.

Canstein.
N° 299.

Clodt.
N° 420.

Cobbenroth oder
Coppenrath.
N° 148.

Corf.
N° 534.

Cornarens.
N° 584.

Cervel.
N° 177.

Dorloh.
N° 517.

Dorveld.
N° 127, 343.

Düstern,
1492 Bürgermeister zu Lippstadt.

Elspe
N° 473.

Ense.
N° 102, 107, 188.

Ermitte,
1576, 17. Mai.

Frilinghausen
N° 212.

Fürstenberg.
N° 292.

Galen.
N° 325.

Gangrebe, Gagreue.
N° 167, 351, 379.

Graffen..
N° 310, 349.

Hanzleden.
N° 150, 188, 309.

Haxthausen.
N° 473.

Heiden.
N° 292.

Helefeld.
N° 57.

Fahne, Meschede. 24

Heltzabel.
N⁰ 192.

Haberg.
N⁰ 394.

Höldinghansen.
N⁰ 481.

Holle.
N⁰ 160.

Hörde.
N⁰ 287, 288, 351.

Hörde.
N⁰ 287.

Hörde zu Boeke.
N⁰ 320.

Horhusen.
N⁰ 192, 242

Hasen.
N⁰ 61.

Husten.
N⁰ 42.

Immessen.
N⁰ 198.

Korgen.
N⁰ 67.

Fahne, Meschede.   24*

381

Ketteler.
Nᵒ 431.

Ketteler.

Kleinsorgen.
Nᵒ 351.

Landsberg.
Nᵒ 431.

Langenstrot.
Nᵒ 134.

Lilien.
Nᵒ 297.

Loen.
Nᵒ 416.

Lumern.
Nᵒ 414.

Lürwald.
Nᵒ 258.

Malsburg.
Nᵒ 337.

Metternich.
Nᵒ 556.

Moers.
Nᵒ 110.

le

Meschede,

führten in Gold einen rothen Sparren, der sich auf dem Helme über einer goldenen Säule vor einem Federbusche aus Pfauenfedern wiederholt.

Neden, Nehen.
N° 158

Nehem.
N° 82.

Nydegen gt. Schnyder.
N° 230.

Neuenar.
N° 381.

Oynhausen.
N° 249.

Oer.
N° 80.

Overlacker.
N° 438.

Padberg.
N° 230.

Padberg.
N° 326.

Papen.
N° 378.

Pappenheim.
N° 312.

Plettenberg.
N° 66, 82

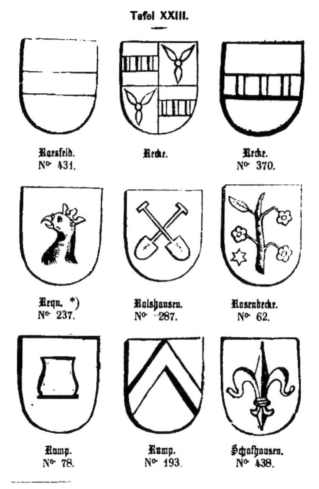

Karsfeld. N⁰ 431.	Ercke.	Ercke. N⁰ 370.
Ergn. *) N⁰ 237.	Bolshausen. N⁰ 287.	Rosenbecke. N⁰ 62.
Ramp. N⁰ 78.	Ramp. N⁰ 193.	Schafhausen. N⁰ 438.

*) Diese Reyn scheinen mit den Schilder eines Stammes, auch dürften sie wohl mit den Reynen in Unna ein Geschlecht bilden, obgleich letztere einen ganzen, zum Fluge gerichteten (silbernen) Vogel in ihrem blauen Schilde führten. Vergleiche über sie, meine Geschichte der Westphälischen Geschlechter S. 320.

Tafel XXIV.

Schade.
N⁰ 188.

Schade.
N⁰ 429.

Scharpenberg.
N⁰ 42.

Schenking.

Schilder.
N⁰ 220.

Schorenberg.
N⁰ 337.

Schorlemmer.
N⁰ 78, 288 307.

Schüngel.
N⁰ 292, 420.

Spiegel.
N⁰ 315, 547.

Stamb v. Heide.
N⁰ 407.

Stotere.
N⁰ 78.

Suchtorp.
N⁰ 226.

Chülen.
Nᵒ· 57, 58.

Chülen.
Nᵒ· 158.

Chülen.
Nᵒ· 192.

Corch.
Nᵒ· 139.

Cmiste.
Nᵒ· 312.

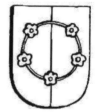

Dolsch.
Nᵒ· 82.

Dorenborp.
Nᵒ· 419.

Berne.
Nᵒ· 59.

Birmond.
Nᵒ· 283, 278.

Disbech.
Nᵒ· 238.

Droste Bischering.
Nᵒ· 604.

Dolmestein.

Waldeck.
No. 295.

Weichs.
No. 569.

Wermkinhausen.
No. 438.

Westerholt.
No. 66.

Westphal.
No. 98, 210.

Wolf-Lüdinghausen.
No. 414.

Wolff-Metternich.
No. 574.

Wolmerinkhausen.
No. 334.

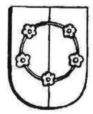

Werde.
No. 103, 107.

Register.

Die Zahlen zeigen auf die Seiten, * bedeutet Ort, K. Kloster, die einge-
klammerte Zahl das öftere Vorkommen auf derselben Seite.

Berghof * 295.
Bergrait * 153,
Bergstrate * 43.
Bergwerk, 261, 323, 325.
Beringhusen (Berninghusen)
Cordt 97, Nolken u. Cordt,
Brüder, 101, Tonies 101,
149,150,166, Arnold, To-
nies, Heneken, Brüder,105,
111, 118, 123, Arnold der
Alte 106, Volpard 127,
Henrich 146, Johann 186,
Arnold 214, Anton 257,
Engel 276.
Berler *, 95, 214.
Berlips, Erich, 186.
Bestallung als Pastor, 8, als
als Schiedsrichter, 19, 21,
als Marschall 41, 70, als
Rittmeister 99, als Dom-
dechant 203, als Rath u.
Thürwärter 219, 246, als
Gorichter 236, als Rector
Magnificus 237, als Rath
279, als Kammerherr 319,
333, 337, 340.
Beswick * 318.
Beurdinghausen (vergl. Bru-
wordinghausen), Anselm
2. Bertram 2. Johann 5.
Bewern * 275.
Bichen * 98.
Bielefeld * 246, 285.
Bier 161.
Biginchof * 17.
Bilstein 100, 130, 192.
Bilstein N. 23.
Binnerhof * 318.
Bipartitum 95.
Biso, Johan 10.

Blomenstein, Herman 11.
Bochem * 111.
Bocholz, N. 31, 93, 165, Rein-
hard 177, 244, Ferdinand
Wilhelm 181, Adam Ar-
nold, h. Ursule v.Meschede,
305, 306, Theodor 181,
Franz Wilhelm 181. Ar-
nold Ch. 324, N. 336,
Maria Francisca 341, Cas-
par Arnold, 342, 343,
Theodor Werner 343.
Bocholtz * 89. 141, 208.
Bockenberg * 78, 313.
Bockenscheid * 149 (siehe
Bokeuschede.)
Bockenuorde (s. Bokenvorde.)
Bockeloh * 243.
Bodeken K. 148, 219.
Bodenhausen, Wilke180,188,
194, 198, 200, 201, 202,
203, 205, 206, 207, Mel-
chior 180, 237, Otto Hen-
rich 180.
Bodelschwing, Sophie Wilh.
318.
Bodenlohe * 1.
Bodenstruck * 1.
Bodeveld* 98,101,119,120,
122, 127, 210, 212.
Bodenveld, Eremfrid 18.
Boderike, Bernard 15, 20.
Bodinke (vergl.Budiken), Ger-
lach 3.
Boechen, Aleff 85.
Boinen, s. Boynen.
Bokenschede 87, 148, 163.
Bokenvorde (vergl. Schüngel),
Gerwin 3, Goswin 15.
Bolicke, Godart 130, N. 134.

Lohn, s. Loen.
Lon * 9.
Lon, Herman, 29.
Loyf, Jurgen, 86.
Loyman, Henrich, 82.
Luhberinghausen * 151.
Lude * 54, 64.
Ludinghausen, gnt. Wolf, Henrich, 234.
Ludolffsgut, 140,
Lumern, Wilhelm, 234, Wilhelm, 278.
Lunen, Diedrich, 81, Johann, 81.
Lünink, Ludger, 7.
Lurwald, Diedr., 84. N, 134.
Lützelaw * 317.
Malberg * 180.
Malsburg, Otto, 150, 202, 206, 207, Eckkebrecht, 190. Jorgen, 194. Herman Godschalk, 245. N., 344.
Mangkorn, 272, 273.
Mansfeld, Gräfin, Dorothea, Ehefrau Büren. 224
Marburg * 184, 254.
Marketgeve korn, 51.
Marpe * 119, 210
Marsberg(mons martis)25,50.
Marschälle: Henrich, 3, 13, 15. Godfrid, 4. Johan, 5. Albert von Störmede, 15. Hunold (v. Plettenberg), 17, 20. Herman v. Osede, 21. Stephan, 23, Arnold von Hochstaden, 25. Ruprecht v. Virneburg, 35. Bertold von Büren, 41. Simon, Bischof v. Pader-

born, 42. Henrich, Bischof v. Paderborn, 54, 55, 58, 59, 61. Henrich von Oer, 70, 71.
Martini, Peter, 291.
Marxheim * 164.
Matfeld, 142, 143, 151.
Meckenheim, Frid. Wilhelm und seine Schwester Anna Marg., 315.
Mecklinckhusen * 119.
Medebach, Amt, 41.
Medebecke, Conrad, 11, Wicher, 18. Johan, 26,
Medricke, Henrich, 13. Goissen 134, 135.
Meeste, Egebert, 2. Heribert, 2. Ludolph, 2. Volesar, 2.
Meinhövel * 242.
Meisenbug,Joh.,112,179,314.
Meldrike * Alt u. Neu, 104.
Meldrike, Godfrid, 34. Gerard, 34. Noldeken, 89, 97, 175.
Melchede (Melschede), Johan, 216.
Memorien, 8, 93, 104, 125. 148, 173, 280, 342.
Mendani, Cyriacus, 297.
Menden, Amt, 41.
Mengen, N., 134. Vergl. Graffen.
Mengerinchausen * 167.
Mengkorn, s. Mangkorn.
Meninchusen Meininghausen, Conrad, 10. Diedrich, 81.
Menzel * 101.
Merkelinghusen * 98, 118.
Merode, N.. 341.
Meschede * 21, 30, 31, 34,

Fahne, Meschede.   26

112, 113, 115 (2), 118,
1466 †, 118.
Ihre Kinder:
1. Cracht 91, 93, 94, 96,
Domherr zu Münster 96,
97, 98.
2. Diedrich 91, 93, 94 (2),
96 (3), 97, 98 (2), 99,
100, 101, 104, 105 (3),
106, 107, 108, 109 (3),
110 (3), 111, 112, 114,
115, 118, 122, 123 (2),
124, 125, 126, 127, 130,
(4), 131, 132, 137, 138,
139 (3), 141, 142, 143,
144, 1500 † 145, 171.
Johanna v. Oer, seine Frau,
98, 99, 100 (3), 105,
111, 130, 131.
3. Bernd 91, 93, Domherr
zu Münster 107, 108,
110, 111, 113, 118, 122,
123, 124, 125, 129, 130,
131, 132, 133, 137, 138,
139, 143, 144, 171. .
4. Gert (Gort, Godert) 91,
93, 94, 96, 98, 99, 101,
105 (2), 106, 107, 108,
109 (2), 111 (2), 112,
115, 118, 122, 123, 125,
127, 131, 132 (2), 137,
138, 143 (2), 145, 1509
†, 156, 171.
Sophia von Brenken, seine
Frau, 108, 109, 111,
123, 138, 145.
5. Henrich 91, 93.
6. Philipp 91, 93.
7. Lippolt 97, 98, 105 (2),
106, 108, 109 (2), 110

(2), 111 (2), 112, 115
(2), 118, 122, 123, 125,
127, 131, 132 (2), 136,
138 (2), 1493 †, 143.
Yliane v. Reine, seine Frau,
125, 138 (2), 143.
8. Styneke, h. N. Schade,
139.
Kinder Diedrichs und
Johannen von Oer:
1. Henrich 131, 137 (2),
138 (2), 139 (3), 142,
143, 145 (3), 146 (3),
147 (2) 148 (3), 149 (3),
150, 154 (2), 155 (3),
156 (2), 157 (2), 158,
161, 162 (2), 1515 † 164.
Anna (v. Bruch) seine Frau
137 (3), 138, 139, 145,
146, 147, 148, 149, 156,
157, 1515 Wittwe 164.
2 Bernd 131.
Söhne Gerts zu Oberalme
143 und der Sophia
v. Brenken 143, Linie
zu Oberalme:
1. Gördt 143, 145, 148,
154, 156, 157, 159, 161,
162, 163, 169 (2), 170,
171, 172, 173, 177, 179,
184, 185, 1554 † 186.
Margaretha, seine Frau,
145 (2), 148.
2. Volmar 143, 154, 156,
157, 173, 174, 177.
Johann und seine Frau
Anna 159.
Kinder Henrichs und
Annen, Linie zu Nie-
deralme:

1. Gerdt unmündig 149, 156, 158, 163, 164 (3), 166 (2), 168 (2), 169(2), 170, 171, 172 (2), 173 (2), 174, 175 (3), 176 (3), 177 (2), 179 (2), 180, 181 (2), 182, 184 (2), 185, 186, 187, 188, 189, 190, 191, 192 (3), 193 (4), 194 (2), 197(3), 198, 200, 201 (3), 202, 203 (2), 205, 206, 207, 208, 213 (2), 214 (3), 215, 222, 225.

Anna v. Westphalen, seine Frau, 171, 175 (2), 177, 179, 181, 182, 185 (2).

2. Diedrich 157, 158, Domherr zu Münster 162, 163, 165, 176 (2), 177.

3. Catharina 157, h. Jost v. Schorlemmer 165, 176

4. Odilia 157, h. Meßerth v. Brambach 175, 176.

Kind Godderts u. Marg., Linie zu Oberalme:

1. Christoph 157, Domherr zu Münster.

2. Crafft 157, 173.

3. Otto 157, 173, 174. N. v. Ketteler, seine Frau, 174, 1531 Wittwe.

4 Catharina 157, h. Wilke v Bodenhausen, 188, 194, 198, 200, 202, 203, 205, 206, 207, 208, 214.

5. Anna 157, h. Herm. v. Wolmerinkhaus. 188, 194, 198, 200, 201, 202, 203, 205, 206, 207, 208, 214.

6. Agatha 157, h. Franz de Wrede 188.

7. Bernd natürlicher (Bastard) Sohn) 171.

Johann Franz und seine Frau Anna Gertrud 183. Kinder Gerts und Anne v. Westphalen: Linie zu Niederalme:

1. Elisabeth, h. J. Wilh. v. Brenken 178, 179.

2. Godert d. O. R. 184(2).

3. Catharina; h. Alhard v. Brenken, 1576 Wittwe, 214, 215, 224, 225, 319.

4. Christoph 172, 180, zu Alme 191, 197, 205, 215, 217, 218 (4), 1586 †, 217, 218, 219, 221, 224, 225, 232.

Zeitlose v. Wolmerinkhausen, seine Frau, 190, 224, 225, 232.

5. Philipp 164, 180, 185, · zu Meschede 191, 197, 205, 217, 218 (2), 219 (2), 224 (2), 225, 227, 229, 230 (4), 231 (4), 232 (2), 235 (2), 236 (2), 237, 241, sein Bildniss 265.

Ursula v. Buren, seine Frau, 219, 230, 239, Wittwe 241, 242, 243, 244, 247, 256, ihr Bildniss 265.

6. Henrich, Domherr zu Paderborn 171, 191, Dechant 203, 219, 225.

7. Diedrich 191, 225.

Druckfehler und Zusätze.

S. 12, Zeile 10 von oben, statt: presertium lies: presertim.

  „ 13,   „ 12   „   „   „   necessilas   „   necessitas.

  „ 15,   „   7   „   „   „   honis   „   bonis.

S. 16 ist in der Urkunde durchweg zu lesen statt: Ghesike, Geseke.

S. 12 von unten statt: Widenbureshusen, Budteshusen und Othelmesdorp lies: Widerbureshusen, Budteshem und Othelinctorp.

S. 16, Z. 6 v. u., statt: Conventus et villici lies: Conventus, villici.

S. 17, Z. 6 v. o., statt: quos lies: quas.

  „ 17, „ 13   „   „   „   super   „   siue.

  „ 17, „ 15   „   „   „   hodiernum lies: hunc.

  „ 32, „   3 v. u.   „   Fridericicio „   Friderico.

S. 35. Die Urkunde N⁰. 41 muss also lauten:

Noverint universi et singuli ad quos presentes littere pervenerint. Quod Ego Agnes de Sledesem Canonica secularis Ecclesie in Hyrse, redditus trium Marcarum susatensium denariorum, quos quidem redditus Decanus et Capitulum Ecclesie Meschedensis annuatim secundum ordinationem Reverendi in Christo patris et dominii, domini Henrici Coloniensis Eccl ee Archiepiscopi pro usufructu et viteductu mihi persolvere tenebantur, prout in eiusdem domini Archiepiscopi litteris, super hoc confectis plenius contitinetur. Decano et Capitulo de Meschede predictis pro quatuor decim Marcis susatensium denariorum voluntarie vendidi, et de predicto precio michi esse satisfactum ab eisdem recognosco per presentes. Insuper promitto quod predictam Ecclesiam Meschedensem vel Decanum et capitulum predictos super alibus juribus vel redditibus tamquam michi debitis vel competentibus ab eisdem, per me vel per alium ammodo non inpetam, nec eos inpediam vel inpedire faciam quoquo modo,

sed pro posse meo promovebo bona fide, utque predita ven-
dicio firma permaneat, renuntio omni exceptioni juris et facti,
doli mali et cujus libet consuetudinis defensioni, que michi,
ut minus premissa servarem, suffragari possent in futurum.
Testes super dicto contractu fuerunt: Godefridus dictus de
Mesckede miles, Henricus dictus Rusticus et Arnoldus dictus
de Hoghenschede famuli et alii quam plures fide digni. Ad
majorem vero evidentiam et firmitatem premissorum, sigilla
honorabilium virorum offilialis prepositi Susatensis et Gode-
fridi de Meschede militis predicti, una cum sigillo quo ego
et sorores mee domicelle de Sledesem', communiter utimur
presentibus peto apponi. Et nos officialis et Godefridus mi-
les predicti ad petitionem prefate Agnetis de Sledesem sigilla
nostra presentibus duximus apponenda. Datum Anno Domini
M. ccc, vicesimo sexto ipso die Ypoliti et sociorum ejus.

S. 43, Z. 18 v. o., statt praedicte lies: predicte.

S. 44. Die Urkunde No· 61 muss also lauten:

Universis presentia visuris et audituris. Ego Gotfridus
dictus de Hustene famulus natus quondam Conradi de Hustene
famuli felicis memorie. Cupio fore notum publice protestando,
quod ego in presentia honestorum militum Hermanni de Scar-
penberg, Thiderici de Messcede et Godfridi filii sui consan-
guineorum meorum nec non aliorum subscriptorum, in Opido
Ruden constitutus matura deliberatione prehabita proprietatem
et directum dominium Decime in Kelinchusen in confinibus
dicti Opidi Ruden site, cum universis suis juribus et perti-
nentiis per me olim, ac Dominum Conradum dictum de Hu-
stene militem cognatum meum pari manu mediantibus hone-
stis militibus Hermanno de Scarpenberg predicto ac Gotfrido
de Messcede pie memorie avunculo meo vero et legitimo
provisori, sicut in instrumento super hoc confecto, per eos-
dem milites pro me quia sigillo tunc proprio carui, sigillato
plenius continetur, religiosis viris Domino Abbati et Conventui
Monasterii in Breydelar ordinis Cysterciensis Paderbornensis
Dyoecesis ex certa scienta pro determinata pecunia mihi
et dicto meo provisori persoluta et tradita, rite et rationabi-
liter venditum, quam decimam a nobis et a nostris progeni-

toribus Conradus dictus de Andope et Albero filius ejus dic-
tus Clot quondam in pheodo habuerunt, recepta renunciatione
et resignatione ejusdem Decime ab eisdem, hiis diebus debita
et consueta, ex inductu memoratorum consanguineorum meo-
rum premissam venditionem assignationem et renunciationem
magis approbare et ratificare iterato cupiens, proprietatem
dicte Decime in Kellinchusen que me et meos legitimos here-
des et coheredes ab antiquo contigebat ac spectare dinosce-
batur nec non directum Dominium cum suis juribus et per-
tinentiis universis prefatis viris Religiosis Domino Abbati et
Conventui in Breydelar jam dicti Ordinis Cysterciensis donavi,
assignavi, tradidi et cum debita renunciatione ad ipsum Mo-
nasterium transfero in hiis scriptis in magnis et minut:s ha-
benda jure proprietatis et possessionis perpetuo et ab ipsis
possidenda, Nichil michi juris et meis heredibus ac cohere-
dibus ex nunc in antea in eadem decima et suis pertinentiis
penitus reservando, firmam et justam ejusdem proprietatis et
directi dominii prefate decime pretactis viris Religiosis cum
requisitus fuero pre omni inpetitione Warandinam prestiturus
omnibus exceptionibus et defensionibus juris canonici seu
civilis michi vel meis heredibus et coheredibus de jure vel
de facto contra premissa suffragari valentibus posttergatis.
In cujus rei testimonium meum Sigillum ac Thiderici et
Gotfridi filii sui de Messcede militum meorum avunculorum
sigilla presentibus litteris sunt appensa. Et nos Thidericus
ac Gotfridus de Messcede milites prenominati ad singulares
preces suppradicti Godefridi de Hustene famuli nostri cognati
ac suorum heredum et coheredum omnium circa premissa
atque in evidens testimonium omnium premissorum sigilla
nostra duximus presentibus litteris apponenda. Datum Anno
Domini Milesimo Trecentesimo quadragesimo primo. vJ Ka-
lendas Septemeris. Testes cum hec fierent astiterunt: Sifri-
dus de Brylon miles, Johannes de Scarpenberg senior, Her-
mannus et Johannes dicti de Scarpenberg, Arnoldus et Engel-
bertus fratres dicti Hittertat, Everhardus dictus Munik e
Johannes dictus de Sewordinchusen famuli, et alii quam plu
res probi fidedigni:... —

S. 46, Z. 8 v. o., statt eine lies: eme.

S. 92, Z. 9 v. u., statt Sturte lies: Steerte.

„ 94, „ 8 v, o., statt Gord, Sohn Diedrichs, lies: Diedrich, Sohn Gords.

S. 100, Z. 9 v. u., statt 11 lies: 8.

„ 101, „ 5 „ „ „ Januar lies: Juni.

„ 102, „ 15 „ „ „ Hinrike: lies: Hinrike,.

„ 104, „ 15 „ „ „ ihem lies: ihrem.

„ 106, „ 16 „ „ „ 10 lies: 13.

„ 109, „ 15 „ „ „ Gerg lies: Gert.

S. 111 sind die Nummern 174. 175. verkehrt eingereiht; sie müssen, dem Datum nach, hinter N⁰· 180 eingeschoben werden.

S. 116, Z. 9 v. u. statt, März lies: Mai.

„ 118, „ 22 „ „ „ 1446 lies: 1466.

S. 142 fehlen folgende Nachrichten in der Note: „15. Gert v. Meschede und die Eingesessenen von Nehen, welche ein Stück Hochwald ausgerottet haben, stellen vor Notar Johann Rudolphi die Grenzen des Feldzehnten zu Nehen fest. 1520, am achten daghe der hilliger hochtyt Paischen (15. April). 16. Zeugenverhör über die Grenzen der Mark Nehen. 1528, Sunavende nach dem Sundage Reminiscere (14. März). — Es geht daraus hervor: dass Johann von Neden mit seinem Sohne Johann diese Mark mit dem Dorfe Nehen an Henneken Hanxlede und dieser sie weiter an Henrich v. Meschede verkauft hat.

S. 170, Z. 7 v. o., statt patru lies: patrui.

„ 171. Die Urkunde N⁰· 294 gehört vor N⁰. 293.

S. 182, Z. 11 v. u., statt Spiege lies; Spiegel.

„ 189, „ 6 „ „ „ Staken l.: Straken.

„ 190, „ 8 „ „ „ 1460 1: 1560.

„ 212, „ 21 „ „ „ hoineri l.: hoiner.

„ 219, „ 14 „ „ „ artum l.: actum.

„ 223, „ 13 „ „ „ Petzdeche l.: Pelzdeche.

„ 238, „ 6 „ „ „ vtumtur l.: vtuntur.

„ 257, „ 15 „ „ „ Vöeth l.: Vöeth.

„ 264, „ 21 „ „ „ Eerner l.: Ferner.

„ 266, „ 26 „ „ „ ·Stiechen l.: Striechen.

S. 269, Z. 12 v. u., statt Schregnerey l.: Schreynerey
„ 282, „ 2 „ „ „ Scorzouerae l.: Scorzonerae.
Auf Tafel XVIII. muss das Wappen der Graffen mit dem
der Hoberg auf Tafel XIX. und das Wappen der Hoberg
mit dem der Graffen verwechselt werden.
S. 401 bei Meisenbug statt 314 lies 344.
Ausserdem ist zu bemerken, dass mehrmalen statt Propst,
Papst, irrig Probst, Pabst steht.
Es sind noch folgende Urkunden aus dem Archive des
Geschlechts Meschede nachzutragen:

1. Herman v. Scharpenberg übergibt seinen eige-
nen Hof zu Ratlinchusen dem Gottschalk von
Thülen und dessen Magd Elsen und ihren
Kindern zu Eigenthum. 1403, feria V. post
Agatha Virg. (9. Februar.)

2. Redeke Volland und sein Bruder, Herman Vol-
land, mit Zustimmung Ihrer Mutter Petronella.
verkaufen für 30 rhein. Gulden dem Merseken
Crevet, Bürger zu Soest, ein Malter hart Korn als
Rente aus ihrem Grossen Hofe zu Altenyeyschen.
1419, ipso die purificationis B. M. V. (2. Febr.)

Aus einer späteren Urkunde ergibt sich, dass 1438 Aleid,
Wittwe des genannten Herman Vollande, von Neuem mit
Herman Spaken, Bürger zu Corbecke, verheirathet war.

3. Grete von Walterinchusen, Bela und Styne
ihre Töchter, übertragen dem Heneke von An-
röchte alle ihre Ansprüche an den Nachlass
des Henrich von Anröchte, worüber ihr Vater
mit genanntem Heneke in Streit gewesen ist.
1427, crastino Gundberti Abbatis (29. Nov.).

Die Urkunde ist besiegelt von Johann den Feygher, ge-
schworener Gerichter zu Erwitte und Rötger Schade.

4. Ermvart von der Molen, Sohn des verstorbenen
Ritters Ludiken, verkauft dem Hans Waldeggers
zu Westerneden einen Busch zu Westerneden.
1442, feria VI. post bt. Odelrici Conf. (9. Juli.)

5. Gert v. Meschede steht auf Seiten Conrads von
Padberg gegen Roprecht, Erzbischof von Cöln.
1463—1480.)
Seiberts, Nro. 593.

6. Johann Rump, Sohn des † Cord, verkauft an
Catharina Rump und die Clusenerschen zu
Odacker 26 Müdde hart Korn aus seinem
Hofe zu Effelen, genannt den „Rumpehof";
wiederlösbar mit 80 rhein. Gulden, à 10 Schil-
linge. 1483, up St. Agatha Dagh (21. Jan).
Es siegeln seine Vettern: Johann Rump zu Ostwich und
Herr Johann von Hanxlede, Amtmann zu Hertesberge.
Diese Rump siegeln mit dem Sparren.

7. Lippolt v. Meschede und seine Frau Eliane,
welche ihro Tochter Thelen an Johann Valen
verheirathet und den jungen Eheleuten 50
Kaufmannsgulden als Aussteuer versprochen
haben, geben ihnen statt deren einen Hof zu
Anröchte zu Eigenthum. 1483, up St. Mathaeus
Dagh Apost. (21. September.)

**8. Ludeke von Greste und seine Frau Jutta ver-
kaufen dem Augustiner-Kloster zu Lippstadt
ihre Wiesen, Büsche etc. im Kirchsp. Liesborn.**

Es siegeln: Ludeke (er führt eine Wolfsangel an ihrer
Kette) und sein Vetter Bernd von Düstern, Bürgermeister zu
Lippstadt (dessen Wappen auf Tafel XVII. steht), sowie sein
Schwager Johann Scheleken. — Auch wird die Verhandlung
vor Henrich de Weldige, geschworener Gogreven zu Herte-
velde, verlautbart.

    Scheike.   *Weldige.*

**9. Johann, Herzog von Cleve, belehnt Ropert von
Steinen mit dem Kaelthove (Kaldenhovce) im
Gerichte Hamm, Kirchsp. von der Mark. 1490
28. August.**

Diesen Hof brachte Dorothea Marg. von der Recke dem
Jost Philipp von Meschede in die Ehe.

Endlich ist noch zu bemerken: dass alle Urkunden, bei
denen kein Bewahrungsort vermerkt ist, sich im Almer Archive
befinden, und dass Nytegge gt. Schnyder, Tafel XXII., einen
Adler im Wappen führe, der in dem Siegel an der Urkunde
Nᵒ· 135, S. 99, so zerquetscht ist, dass er zweien sich durch-
kreuzenden Linien ähnlich sieht, wie auf gedachter Tafel
irrig angegeben ist.

Schriften und Musikalen von **A. Fahne**, welche durch die Verlagshandlung zu beziehen sind.

———·ⵯⵯⵯ·———

Diese Werke sind die Früchte eines ein und dreissig jährigen, angestrengten Fleisses und eines 15000 Thlr. übersteigenden Geldopfers. Sie haben dem Verfasser nicht allein in Deutschland, sondern in dem ganzen gebildeten Europa Anerkennung geschafft; mehr oder weniger weitläufige und günstige Beurtheilungen liegen darüber in den bedeutensten Blättern vor· So seit 1843 verschiedene Male in der Kölner Zeitung, ebenso in der Düsseldorfer, Westphälischen, Vossischen, Kreuz-, Edinburger und Allgemeinen Zeitung (namentlich 1860, Beilage zu Nr. 241): ferner im Echo, den Blättern für literarische Unterhaltung, belgischen, französichen und halländischen Zeitschriften, in der Zeitschrift für vaterländische Geschichte und Alterthumskunde Westphalens, den Bydragen voor vaderlandsche Geschiedenis, I. Deel, S. 119—124 u. s. w. Anerkennungen von namhaften Gelehrten liegen vor von: † Legationsrath Varnhagen von Ense (27. Juni 1852), Hefener (25. Oct. 1854), Mooyer, Minister von Hammerstein (1854), Dr. Lacomblet, Professor Simrock, Professor Bernd, M. Gachard, Director der Archive des Königreich Belgien, PL. van dem Berg, Mr. Bernard Burke, dem berühmten Heroldo Ihrer Majestät der Königin von England und Verfasser der Peerages, Baronetage, Heraldic Illustrations. Viele gelehrte Gesellschaften haben den Werth der Werke noch besonders dadurch hervorgehoben, dass sie ihrentwegen aus eigenem Antriebe den Verfasser zu ihrem Mitgliede ernannten, so z. B.: 4. Mai 1845 der Wetzlarsche Verein für Geschichten und Alterthumskunde; 14. Januar 1847 die Akademie zu Gendt; 30. Mai 1853 die Gesellschaft für Geschichte und Alterthumskunde Westphalens; 1. December 1853 die Société historique et archéologique zu Leyden. Am 16. Januar 1859 erwählte ihn der Gelehrten-Ausschuss des germanischen Museums zu Nürnberg zu seinem ordentlichen Mitgliede und ausserdem haben ihn, abgesehen von huldvollen Schreiben verschiedener Fürsten und Regenten, am 24. Februar 1854 Se. Majestät König Friedrich Wilhelm IV.; am 22. December 1857 Se. Hoheit Fürst Anton zu Hohenzollern-Sigmaringen; am 2. December 1860 Se. Königliche Hoheit der Prinz-Regent durch Verleibung der grossen goldenen Medaille für Kunst und Wissenschaft ausgezeichnet.

    1. **Bilder aus Frankreich vom Jahre 18 31.** Beiträge zur Beurtheilung unserer Zeit. Berlin 1835, bei G. Reimer. 2. Thlr. 2½ Sgr.

2. **Das Fenster- und Licht-Recht** nach römischem, gemeindeutschem, preussischem und französischem Rechte. Berlin 1835, bei Theodor Brandenburg. 8. Neue vermehrte Ausgabe. Ebenda 1840, bei G. Krantz. 15. Sgr.

3. **Auszug** aus voriger Schrift. Berlin 1835, bei J. F. Starke.

4. **Die Düsseldorfer Malerschule** in den Jahren 1834, 1835 und 1836. Düsseldorf 1837, bei J. H. C. Schreiner. 8.20 Sgr.

5. **Meine Schrift:** „Die Düsseldorfer Malerschule" und ihre Gegner. Ebenda 1837, bei J. H. C. Schreiner. 8. 7½ Sgr.

6. **Etwas über Ehrenkränkungen** mit besonderer Berücksichtigung der exeptio veri, der Beleidigung durch Denuntiation und im Amte nach gemeinem, frnzösischem und preussischem Rechte. Ebenda bei J. H. C. Schreiner. 8. 5. Sgr.

7. **Geschichte der adligen Familie von Stommel** in ihren verschiedenen Linien am Rhein, in Hessen und der Wetterau. Mit Wappen und anderen Abbildungen. Düsseldorf 1842. folio 1½ Tblr.

8. **Diplomatische Beiträge** zur Geschichte des Cölner Domes und der bei diesem Werke thätig gewesenen Künstler, mit Urkunden, architectonischen Abbildungen und einer Karte. Cöln 1843, bei M. Dumont-Schauberg. 8. Zweite vermehrte Ausabe 1849. Düsseldorf bei J. H. C. Schreiner. 8. 12½ Sgr.

9. **Das Staatsamt** und die Gesetze vom 29. März 1844. Düsseldorf 1845, bei J. Buddeus. 8. 10 Sgr.

10. **Geschichte der cölnischen, jülichschen und bergischen Geschlechter** in Stammtafeln, Wappen, Siegeln und Urkunden. Erster Theil. Stammfolge und Wappenbuch mit 1000 Holzschnitten, 200 lithographirten Siegelabbildungen, Häuseraufrissen, dem Bildniss des Verfassers etc., A—Z. 1848, Cöln und Bonn, bei J. M. Hebe.rle. folio. 8 Tlhr.

11. **Der politische Jesuitismus** im neuen preussischen Jagdrecht. Ein Beitrag zur Charakteristik der Berliner National-Versammlung und ihrer Wortführer. Cöln 1849, bei C. F. Eisen. 8. 7½ Sgr.

12. **Das fürstliche Stift Elten** aus authentischen Quellen. Bonn, Brüssel und Cöln, Heberle'sche Buchhandlung 1850. 8. 2 Sgr.

13. **Hasenclevers Illustrationen** zur Jobsiade. 1850, Düsseldorf bei W. Kaulen. 2. Auflage, Cöln 1852, bei J. M. Heberle.

14. **Denkschrift** für die schleunige Erlassung eines Entschädigungs-Gesetzes für die durch das Gesetz vom 31. October 1848 betroffenen Jagdeigenthümer. Düsseldorf 1851. 8. 5 Sgr.

428

15. **Ueber die Pflicht des Staates**, die rheinischen Jagdeigenthümer des rechten Rheinufers zu entschädigen. 2. Auflage. Berlin 1851, bei M. Simeon. 8. 5 Sgr.

16. **Geschichte** der cölnischen, jülichschen und bergischen Geschlechter, einschliesslich der neben ihnen ansässig gewesenen clevischen, geldrischen und mörsischen, in Stammtafeln, Wappen, Siegeln und Urkunden. Zweiter Theil. Ergänzungen und Verbesserungen zum ersten Theil. Stammfolge und Wappenbuch der clevischen, geldrischen und mörsischen Geschlechter. A—Z. Mit 600 neuen Familien, mehr als 600 in Holz geschnittenen Wappen und der Abbildung des von Reinhard v. Dassel erbauten erzbischöflichen Pallastes zu Cöln. Cöln und Bonn, bei J. M. Heberle (H. Lempertz) 1848. folio. 5½ Thlr.

17. **Aus dem Wirken** eines preussischen Gemeinderaths 1852. 8. 7½ Sgr.

18. **Der Carneval**, mit Rücksicht auf verwandte Erscheinungen. Ein Beitrag zur Kirchen- und Sittengeschichte. Cöln und Bonn, 1854. 8. 1⅓ Thlr.

19. **Die Grafschaft** und freie Reichsstadt Dortmund, erster Band, auch unter dem Titel: Die Dortmunder Chronik mit Urkunden und Wappen-Abbildungen. Ebendas. 1854. 8. 1½ Thlr.

20. **Die Grafschaft** und freie Reichsstadt Dortmund, zweiter Band, auch unter dem Titel: Urkundenbuch der Grafschaft und freien Reichsstadt Dortmund 1. Abtheilung. Ebendas. 1855. 8. 2 Thlr.

21. **Die Grafschaft** und freie Reichsstadt Dortmund, zweiter Band, auch unter dem Titel: Urkundenbuch der Grafschaft und freien Reichsstadt Dortmund, 2. Abtheilung, Ebendas. 1857. 8. 1 Thlr. 22½ Sgr.

22. **Die Grafschaft** und freie Reichsstadt Dortmund, dritter Band, auch unter dem Titel: Statutarrecht und Rechts-Alterthümer der freien Reichsstadt Dortmund mit einer Ansicht der Stadt aus der Vogelperspective vom Jahr 1600. Ebend. 1855. 8. 1½ Thlr.

23. **Die Grafschaft** und freie Reichsstadt Dortmund, vierter Band, auch unter dem Titel: Die verschiedenen Geschlechter Stecke, Beuerhaus' Entwurf, Niederhofs Memorabilien, Nachträge zu Chronik und Urkundenbuch. Ebenda 1859. 1⅓ Thlr.

24. **Die Westphalen** in Lübeck. Ebend 1855. 8. 20 Sgr. In diesem Werke finden sich nahe an 500 Familien, welche von Westphalen nach Lübeck und von da zum Theil weiter nach Curland, Finnland, Schweden etc. übersiedelt sind.

25. **Schloss Roland**, seine Bilder-Gallerie und seine Kunstschätze, mit Kupferstichen, Lithographien und Holzschnitten von Ernst Fröhlich, T. W. Janssen, Wilhelm Krafft und Anderen, so wie mit den Monogrammen der Künstler. Ebenda 1853. 4. 2 Thlr.

26. **Die Herren** und Freiherren v. Hövel I., 1. Abth., auch unter dem Titel Geschichte der verschiedenen Herren von Hövel, mit vielen Portraits, Wappen, Siegeln und Musikbeilagen. folio.

27. **Die Herren** und Freiherren v. Hövel I., 2. Abth., auch unter dem Titel: Geschichte und Genealogie derjenigen Familie aus denen die Herren von Hövel ihre Frauen genommen haben, mit fast 300 Grabmalen, Wappen und mehr als 250 Stamm- und Ahnentafeln. Ebenda 1860. folio. Gewöhnliche Ausgabe 12 Thlr., Prachtausgabe 24 Thlr. (26 und 27 werden nur zusammen verkauft.) In diesem Werke findet sich die Geschichte von 24 verschiedenen Familien von Hövel, ferner der Geschlechter Berken, Berswordt, Borre, Brockes, Brömse, Bronckhorst, Buckhorst, Corff, Cunow, Cappel, Clüver, Doetinchem, Dorne, Dücker, Fürstenberg, Grothaus, Hachenberg, Hanxleden, Heiden, Heigen, Holdinghausen, Kerckering, Kettenburg, Klepping, Köhler, Köhne, Lafferdes, Leite, Lüdinghausen, Lüneburg, Melman, Morian, Nagel, Neheim, Neuhof, Oer, Oynhausen, Pape, Petersen, Raesfeld, Reoke, Rodenberg, Romberg, Schaphusen, Schilling, Schorlemmer, Schücking, Schwansbell, Sloet, Spiegel, Stecke, Stottebrügge, Suderman, Swaefken, Valcke, Voss, Varendorp, Warmeböcken, Wencker, Werdt, Wenge, Wittekind, Wickede, Wistrate, Wrede, Wulf, Wullen, Wyck, Wylach und vieler andern.

28. **Die Herren** und Freiherren v. Hövel, zweiter Band. Urkundenbuch mit Siegeln, Notriats- und Wasserzeichen und einer Autographen-Tafel. Ebenda 1856. folio. Gewöhnliche Ausgabe 6 Thlr., Prachtausgabe 12 Thlr.

29. **Desselben Werkes** dritter Band, auch unter dem Titel: Gotthard V. von Hövel Chronik und seine und seines Vetters Gotthard VIII. v. Hövel Streitschriften. Ebenda 1856. folio. 5 Thlr.
Von dem I. u. II. Bande dieses Werkes sind Prachtausgaben in 3 Sorten erschienen: 1. schwarz, à 36 Thlr., 2. colorirt, à 60 Thlr., und 3. mit Gold und Silber, à 80 Thlr.

30. **Die Dynasten,** Freiherren und jetzigen Grafen von Bocholtz, erster Band, 2. Abtheilung, auch unter dem Titel:
Geschichte und Genealogie derjenigen Familien, aus denen die Herren von Bocholtz ihre Frauen genommen haben, mit mehr als 500 Wappen, Grabmalen und ebensoviel Stamm- und Ahnentafeln. Ebenda 1858. folio.

430

Gewöhnliche Ausgabe 12 Thlr., Prachtausgabe 24 Thlr.
Dieser Band enthält die Geschichte der Geschlechter
Asseburg, Belinghausen, Bentink, Biland, Boedberg, Boe-
nen, Bree, Brede, Brempt, Brenken, Brochhausen, Busch-
feld, Cortenbach, Dript, Droste, Erp, Eyck, Eyl, Frie-
mersheim, Galen, Geldern, Goor, Gymnich, Groesbeck,
Gryn, Hatzfeld, Haxthausen, Heidhausen, Hoemen, Hürde,
Horrick, Hoensbroeck, Hovelich, Hucking, Hund, Ingen-
hoven, Ketzgen, Krickenbeck, Lauwick, Mansfeld, Mer-
feld, Merwyk, Meschede, Metternich, Moers, Münster,
Niehausen, Ollmüssen, Plettenberg, Poliart, Proyd, Sand,
Sarwerden, Schade, Senden, Spede, Spee, Varrick, Vell-
brück, Vincke, Wachdendone, Weichs, Westerholt, West-
phalen, Wittenhorst, Wyenhorst und Notizen über viele
hundert andere.

31. **Die Dynasten**, Freiherren und jetzigen Grafen v. Bocholtz,
zweiter Band, auch unter dem Titel:
Urkundenbuch, mit mehr als 300 Illustrationen. Ebenda
1860. folio. Gewöhnliche Ausgabe 8 Thlr., Prachtaus-
gabe 16 Thlr.

32. **Die Dynasten**, Freiherren und jetzigen Grafen von Bo-
choltz, dritter Band, auch unter dem Titel:
Chronica Abbatiae Gladbacensis, mit Wappen und
sonstigen Illustrationen. Ebenda, 1856 folio. gewöhnliche
Ausgabe 3½ Thlr., Prachtausgabe 7 Thlr.

33. **Die Dynasten**, Freiherren und Herren von Bocholtz, vier-
ter Band, auch unter dem Titel:
Die Aufschwörungen, Grab- und Denkmale der gräflichen
Familie von Bocholtz, sammt den Aufschwörungen und
Ritterzetteln des Ober-Quartiers von Gelderlnd, einer
historischen Einleitung und einer Anleitung die alten
Ahnentafeln auf jetzige Formen zurückzuführen. Mit circa
900 Wappen und der Abbildung des Bocholtzer Altars im
Dome zu Münster. Ebenda 1857. folio. Gewöhnliche
Ausgabe 7 Thlr., Prachtausgabe 12 Thlr.

34. **Geschichte** der westphälischen Geschlechter unter beson-
derer Berücksichtigung ihrer Uebersiedelung nach Preussen,
Curland und Liefland, mit fast 1200 Wappen und mehr
als 1300 Familien. Ebenda 1858. folio. Gewönnliche
Ausgabe 14 Thlr., Prachtausgabe 16 Thlr.

35. **Geschichte** der Grafen, jetzigen Fürsten zu Salm-Reifferscheid,
nebst Genelogie derjenigen Familien, aus denen sie ihre
Frauen genommen. Mit Siegeln, Ansichten von Schlös-
sern etc., zweiter Band, auch unter dem Titel:
Codex diplomaticus Salmo-Reifferscheidanus cum multis
sigillis et tabulis lithographicis et xylographicis. Ebenda
1858. folio. Gewöhnliche Ausgabe 8 Thlr., Prachtaus-
gabe 12 Thlr.

36. **Chroniken** und Urkundenbücher hervorragender Geschlechter, Stifter und Klöster. I. Band- Urkundenbuch des Geschlechts Meschede mit einem vollständigen Register, vielen Siegeln, Wappen und einer Ansicht auf 27 Tafeln. Cöln 1862. 8. 2 Thlr.

37. **Six danses** pour le Pianoforte à la memoire du jour de naissance de Julie Stommel et de séjour agréable à Neustadt à la Hard 1828. 10 Sgr.

38. **Drei Lieder** mit Begleitung des Pinoforte, opus 16. Berlin 1834, bei Th. Brandenburg. 10 Sgr.

39. **Cinq variations** et Polonise sur un thème original pour le Pianoforte, dédiées à Mademoiselle Julie Stommel, opus 17. Berlin 1834, bei Th. Barndenburg. 7½ Sgr.

40. **Drei Gesänge** für vier Männerstimmen, opus 18. Berlin 1835, bei Th. Brandenburg. 7½ Sgr.

41. **An die Geliebte**, Ariette mit Begleitung des Pianoforte, opus 19. Berlin 1835, bei Th. Brandenburg. 7½ Sgr.

42. **Li Sentimenti**. Duo per il Pianoforte e Violino Principale, opus 20. 1835. Bonn bei J. F. Mompour. 27½ Sgr.

43. **Fantaisie mélancolique** pour le Piano et Violoncello, opus 22. Berlin bei Th. Brandenburg. 10 Sgr.

44. **Divertissement** pour le Piano et Alto concertantes, opus 23. Berlin 1836, bei Th. Brandenburg. 10 Sgr.

45. **Rondoletto** con Introduzione per il Piano e Flauto e Violino, dedicato al signore Aurelio Stommel, opus 24. Bonn bei J. F. Mompour. 12½ Sgr.

46. **„Die Kappe hoch"**, Lied mit Pianofortebegleitung, den Carnevalsfreunden für das Ehrendiplom. Düsseldorf 1843. 5 Sgr.

47. **Drei Lieder** mit Begleitung des Pianoforte, dem Herrn Aurel Stommel und Fräulein Wilhelmine von Hövel, bei Gelegenheit ihrer, am 1. Dezember 1844 zu Dortmund gefeierten Hochzeit gewidmet. opus 25. Düsseldorf 1844. 6 Sgr.

48. **Innige Liebe**, Gedicht von Körner, für eine Sopranstimme mit Begleitung des Pianoforte, der Gräfin Wilhelmine von Westerholt-Gysenberg gewidmet. opus 26. 5 Sgr.

49. **An Sie**, Gedicht von A. Fahne, für eine Singstimme mit Begleitung des Pianoforte componirt und der Gräfin Wilhelmine von Westerholt-Gysenberg gewidmet. opus 27. 5 Sgr.

50. Der Reichsgräfin Wilhelmine v. Westerholt-Gysenberg zum Namenstage. Lied für Tenor und Pianoforte. opus 28. 7½ Sgr.

Unter der Presse sind:

51. **Die cölnische Erbvogtei.** 8.
52. **Geschichte** der Dynasten von Bocholtz, I. Bd. 1. Abtheilung. Auch unter dem Titel:
Geschichte der verschiedenen Familien von Bocholtz. Mit blattgrossen Holzschnitten und Nachträgen zu den übrigen Bänden.
53. **Forschungen** auf dem Gebiete der rheinischen und westphälischen Geschichte, erster Band, auch unter dem Titel:
Das cölner Eidbuch.
54. **Desselben Werkes** zweiter Band: auch unter dem Titel:
Die Weberzunft.
55. **Geschichte** der Dynasten v. Reifferscheid, jetzige Fürsten v. Salm-Reifferscheid, nebst Genealogie derjenigen Familien, aus denen sie ihre Frauen genommen, ersten Bandes 2. Abtheilung. folio. Mit vielen Wappen und sonstigen Illustrationen.
56. **Die Fahnenburg** und ihre Kunstschätze, sammt urkundlichen Nachrichten über ihre Umgegend, Stadt und Stift Gerresheim, Gemeinde und Kloster Rath. Mit vielen Holzschnitten. 8.
57. **Chroniken** und **Urkundenbücher.** Bd. 2.

Düsseldorf, Stahl'sche Buchdruckerei, Grabenstrasse.

le